# 多重人格交響曲

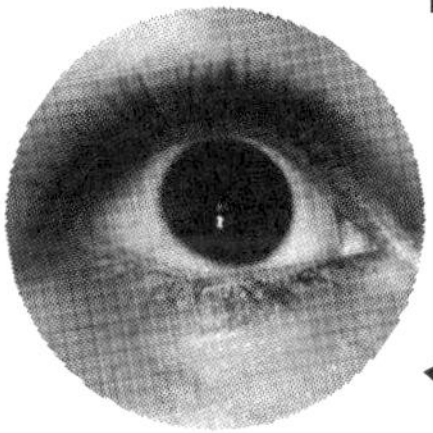

Your Symphony of Selves

Discover and Understand More of Who We Are

## 發現　與　理解　複數自我

詹姆斯・法第曼 James Fadiman
喬丹・葛魯伯 Jordan Gruber——著

吳研儀——譯

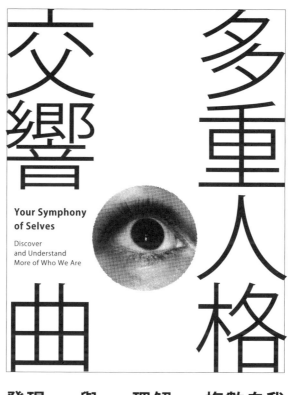

# 好評推薦

這本神奇的書敦促我們用全新的方式看待自己，還有我們的人生。作者教導我們，我們不是單一的自我，反而是包含了多重的自我，每個自我都有自己的寶貴之處。這本美妙的書會幫助你了解並擁抱現在的你，還有可能的你。

——伊黎・華德曼（Ayelet Waldman），著有《愛與其他不可能的追求》（*Love and Other Impossible Pursuits*）、《真正美好的一天》（*A Really Good Day*）

對於我們內在的多樣性，這本書出色又綜觀全局的探究，既迷人又實用。作者們以其優雅與博學多聞，探索我們心靈中的幽微之處，而弔詭的是，從「自我」的多樣性之中，他們發現了一種深刻而療癒的完整性與自由。

——瑞克・韓森（Rick Hanson）博士，著有《神經佛法》（*Neurodharma*）

這本書優雅細膩地探索了已有多年歷史卻看似新穎的主題：我們是由不同的「可動零件」組成的。自言自語並不只是專屬於地鐵站裡的怪人，而是一種內在心理劇，可以領導我們接近整合得更好、更「在一起」的交響式自我。現在，我將會告訴客戶們：「先讀這本書，再回來跟我談！」

——史蒂芬・拉森（Stephen Larsen）博士
紐約州立大學阿爾斯特學院（SUNY Ulster）心理學榮譽退休教授

這本洞見深刻的書，創造出一幅對人類心理學的理解具有深刻蘊含的透視風景畫。對於每個有心發現自我的人來說，這都是必讀之書。

——比爾・林頓（Bill Linton）

優索納研究所（Usona Institute）的執行長兼共同創辦人

對於構成每個人的許多實體，這是一份深刻、傑出又有說服力的陳述。我希望這本書會有它應有的成功與影響力。

——理查・史摩利（Richard Smoley），著有《一種愛的神學》（*A Theology of Love*）

基於我在這本書裡讀到的內容，我現在清楚地認出自己的某些自我：我的科學家自我、我的個人成長自我、我的性靈自我、我的「我是不是偶爾有點瘋？」自我……而它們全都得到寶貴的觀念與練習，可以變得更和諧。我要多謝法第曼與葛魯伯帶來這本傑出的書！

——查爾斯・塔特博士（Charles T. Tart）

著有《意識變化狀態》（*Altered States of Consciousness*）

這本書在多種表現上，包括科學、藝術、宗教和文化，都是力作。書中談論了每個人身上存在的多重個人與人格。無論你在閱讀本書以前抱持著多麼懷疑的觀點，它都會讓你深思，而你會認眞看待它。

——阿里・馬克・卡同（Ari Mark Cartun）

帕羅奧圖生命樹會堂（Congregation Etz Chayim）資深退休拉比

令人震驚的是，我的各種人格面具似乎全都同意，法第曼與葛魯伯以基於事實、充滿洞見又極端有用的方式，拆解這個複雜的主題。對於你大多數（就算不是全部）的自我而言，這是一本必讀之書。

——佛斯特·甘博（Foster Gamble）

清晰羅盤傳媒（Clear Compass Media）總裁與共同創辦人

從腸子裡的微生物群基因體，到腦袋裡的聲音，每個人都是一個社群，就像作者在這本迷人、輕鬆的書裡所解釋的。單一一元化自我的錯覺，干擾了我們去想清楚從免疫學、精神醫學到社群本質在內的一切。每個人都是一首自我的交響曲，而我的自我們向你的自我們高度推薦這本書。

——克里斯·萊恩（Chris Ryan），《黎明性愛》（*Sex at Dawn*）的共同作者

作者們以清晰、實際的散文，還有來自宗教、哲學與心理學文獻的豐富內容，提出強勁而清楚的支持論據，傑出地表述成一種誘人的邀請：快停止相信你是單一的自我，開始協調你身上多樣化而難以捉摸的種種集團，並且與它們爲友。

——艾瑞克·戴維斯（Erik Davis），著有《高度怪誕》（*High Weirdness*）

在過去半個世紀以來，詹姆斯·法第曼一貫地走在文化尖端，探索並闡明其中的內容。這本書也不例外，法第曼與身爲學者暨作家的搭檔喬丹·葛魯伯，以承認並弘揚所有人體內許多聲音的方式，對這個主題進行知性上的探究，文字妙筆生花。

——公共衛生碩士、傳統順勢療法治療師戴納・烏爾曼（Dana Ullman）
著有《順勢療法革命》（*The Homeopathic Revolution*）作者

這是一本非常特別的書！《多重人格交響曲》的觀念反映了原住民族之間一直普遍理解的事。所以說，這本書深入挖掘到本質性的宇宙眞理，是一份讓人享受並可從中學習的寶藏。

——理查・卡茲（Richard Katz）博士
著有《原住民族療癒心理學》（*Indigenous Healing Psychology*）

我們的自我意識是幻覺，我們全都包含了不同的自我，這個觀念起初可能看似奇怪。不過，這本書的偉大成就，在於它不只是讓這個觀念完全合情合理，作者們還展現出這如何幫助我們更加了解自己；培養並整合這些多重自我，又如何能讓我們更健康、更快樂。

——方洙正（Alex Soojung-Kim Pang）博士，
著有《短一點：工作做得更好、更聰明也更少的指南》
（*Shorter: Work Better, Smarter, and Less——Here's How*）

這部力作結合了來自精神醫學、哲學、宗教、神經學、人文學、社會科學與行爲科學的洞見，內容深刻而具有娛樂性，深入探究鮮少有人探索的人類心靈深處。書中甚至包含讀者可以應用的活動與練習。讀者很快就會領悟到，自己可能再也不一樣了。

——史丹利・克里普納（Stanley Krippner），
《個人神話學》（*Personal Mythology*）的共同作者

我的堂哥詹姆斯．法第曼有一種不可思議的能力：拿起一個問題，在他手中冷靜地翻轉，從許多不同角度觀察它，然後加以解決，他眼中總是有一種興致盎然的光采。在我讀過他跟葛魯伯一起寫的書以前，我從沒想過，多種角度之所以能夠存在，是因爲他有不受限於單一自我的意識。他就是一支團隊！這本書裡的觀念看似簡單，但那就是重點：爲什麼要在事情可以很簡單的時候，把它們搞得很難呢？

——安妮．法第曼（Anne Fadiman）

著有《黎亞：從醫病衝突到跨文化誤解的傷害》（*The Spirit Catches You and You Fall Down*）

法第曼和葛魯伯的話：「在正確時刻處於正確心態。」用在軍事戰鬥機駕駛員身上再適用不過了。在那個以一馬赫速度移動的世界所創造的無情環境中，不連貫或不一致的思緒將會產生災難性的結果。生死之間的差別，就靠戰鬥機飛行員找到心理上的最佳自我。

——巴斯特．葛羅森（Buster Glosson）美國空軍退休三星上將

著有《伊拉克戰爭》（*War with Iraq*）作者

在這本迷人的書裡，作者們提供了讓我們能夠仁慈地接納並重視自身與他人的洞見。他們揭露了一種好得難以置信的機會，讓我們可以透過擁抱不同的自我，導向心理凝聚力與完整性，來過更健康的生活。

——達倫．柯克本（Darren Cockburn），著有《活在當下》（*Being Present*）

Contents


好評推薦　2

致謝　10

給讀者的註釋：這其實沒有那麼激進　13

SECTION I

## 我們全體歡迎你們全體

Chapter 1　我們要講什麼，以及希望達成什麼　16

Chapter 2　健康複數自我模型的益處　36

Chapter 3　心理健康就是在正確時刻處於正確心態　75

SECTION II

## 我們周遭的人格多重性：文化與知性的回顧

Chapter 4　語言、聲音與流行文化　102

Chapter 5 宗教與哲學中的靈魂和自我 155
Chapter 6 許多心靈論許多心靈——心理學家與人格多重性 186
Chapter 7 佛學、科學與後現代思考的匯聚之處 245


## SECTION III 理解、承認，並與我們的自我工作

Chapter 8 複數自我的解釋——起源、屬性與角色 276
Chapter 9 複數自我如何合作——隱喻與模型 325
Chapter 10 複數自我工作的工具、技術與策略 352


## SECTION IV 二十一世紀的健康正常複數自我

Chapter 11 性靈、治療與社會文化上的回覆 386
Chapter 12 從傳統連續體到擴充版完整光譜 419
Chapter 13 重述重點、反省與提醒 431

附錄　解離：起源與用法，問題與建議　445
註釋　464
索引　495

# 致謝


完成一個重要計畫的巨大喜悅之一，就是能夠感謝那些幫助計畫完成的人。

**吉姆**（詹姆斯的暱稱）：首先最重要的是，要多謝我的妻子桃樂西（Dorothy），還有我的女兒蕊妮（Renee）和瑪莉雅（Maria）。她們多年來一直在敦促我寫這本書。瑪莉雅特別有功，她從來沒有停止講過：「爸，你『必須』寫那本書。」就算在我寫下這些話的時候，我還可以聽到她的聲音。

雖然感謝共同作者可能不常見，但要不是喬丹提議幫忙我，還接手管理我數十年來做簡報而累積的大量檔案與筆記，這本書絕對不會出現。喬丹讓我們必須用來工作的這些材料，在質與量上都有大幅增進，而且變成了任何人都夢寐以求的最佳合作夥伴。

特別感謝佛斯特·甘博，他讓我有機會在心靈中心（Mind Center）報告自己在這個主題上的想法（事實上，當時的聽眾就包括喬丹）。聽眾的反應給予我勇氣，讓我繼續挖掘從一開始就覺得顯而易見卻又藏得極佳的事物。

**喬丹**：我感謝妻子蓋兒（Gail），還有我們的生活伴侶，琳達（Linda）與米契（Mitch），以及所有的親密友人。在我深深潛入這個讓人沉浸其中的計畫時，感謝他們全程的支持與非凡的好脾氣。我特別想感謝女兒黛安娜（Diana），不但忍受我的許多自我，在她面對兩所大學到底要挑哪一所這類事情的最後決定時，向我展現健康的自我模型力量有多強大。

至於吉姆，在心靈中心的活動結束大約一年後，我們在一個研討會上再度碰面，由於我們住得很近，彼此很快就熟悉了。吉姆在我的生活中已經存在許多年了，一直都是朋友，但也是導師，而後來（現在）還是合夥人及共同作者。跟吉姆這樣重要而優秀的頭腦與心靈深切合作，這種殊榮再怎麼讚美都不爲過。桃樂西，感謝妳讓我占用他這麼多心力，也感謝妳這一路上的無條件支持。

多謝麥克斯·泰勒（Max Taylor），感謝你的熱忱、研究技巧，以及最重要的明智建議。也要感謝喬伊·丹尼爾斯（Joy Daniels），你的堅定態度與對第一稿的早期評論都是無價之寶。大大感謝我的姪女，伊蘭娜·葛魯伯（Ilana Gruber），她在超級短的時間內，做到了非常棒的工作。最後，我要表達對母親蘿拉·葛魯伯（Lola Gruber）無盡的佩服景仰，她耐心地等待了漫長的五年，在八十二歲的年紀，才把這本書的實體拿在手裡。

我們都想感謝內在傳統·熊與夥伴出版社（Inner Traditions · Bear & Company）了不起的支援團隊。強·葛雷恩（Jon Graham），在你接受了我們的草稿，還跟我們分享你個人的興奮感受時，我們知道我們終於到站了。接下來，派翠西雅·莉鐸（Patricia Rydle）提供的重要且及時的幫助出現了，她帶領著我們經歷早期階段，並且幫助我們穿越某些極端艱難的出版流程急流。

有無限的感激要獻給我們的企畫編輯凱拉·托赫（Kayla Toher），她不只是幫助我們管理並追蹤五花八門的驚人材料，而且逐字逐句、有時候是一個字母、一個字母給出編輯上的意見，磨平了許多粗糙的邊緣，到最後哄著我們把這個作品變成一本更棒的書。

我們也大大感激文字編輯伊莉莎白·威爾森（Elizabeth Wilson），公關曼森尼塔·卡本特

（Manzanita Carpenter），還有凱莉・包文（Kelly Bowen），她照看著我們累積稿件的過程。特別感謝封面設計師亞倫・戴維斯（Aaron Davis）以及製作團隊，把這本書的許多元素串連起來。還有珍妮・列維坦（Jeanie Levitan），我們感覺到妳關注著全部的過程，而我們想要感謝妳組成這個頂尖團隊，在出版流程中的每次互動中，都讓我們感覺到有強健能幹的人手在扶持我們。

此外，我們想要感謝以下所有人，以某種方式對本書的創作做出貢獻：Ari Annona、Giselle Bisson、Dave Blazek、Ellen Bob、Rob Breszny、Dennis Briskin、Dennis Browe、Jeri Burns、Ari Cartun、Conrad Chaffee、Luba Schwartzman Chaffee、David Chilcott、Tammy R. Coffee、Brooklyn Cook、Joy Daniels、Erik Davis、Lisa Delan、Gabriel DeWitt、David Eagleman、Bill Eichman、Liz Elms、Liam Galleran、Cindy Lou Golin、Lion Goodman、Ray Grasse、Helen Green、Helene Gruber、Cathy Guisewite、Jeramy Hale、Molly Hale、Wynn Hausser、Rocío Herbert、Jean Houston、Anodea Judith、Yuri Koshkin、Luther Kitahata、Daniel Kottke、Chaim Koritzinsky、Stanley Krippner、Krisztina Lazar、Anne- Marie Lemonde、Andy Leventhal、Donna Lewis、Marty Lupowitz、Tom McCook、Karen Mckenzie、Annika Mongan、John Nadler、Carter Phipps、Jamie Prieto、Celia Ramos、John Rhead、Lori Schwanbeck、Marna Schwartz、Amber Seitz、Richard Smoley、Judith Springer、Darin Stevenson、Jackson Stock、Kinta Striker、Charles Tart、Tom Upton、Boris Vainer、Selene Vega、Sam Webster、Don Weiss、Laura Wigod。還有感謝拉蒙納街上在馬辛小館（Bistro Maxine）、庫帕咖啡（Coupa Café），還有喬與果汁（Joe & Juice）的每個人，在這一路上的每一步都提供咖啡因、食物、友善微笑和對話。

最後，特別感謝喬丹的貓兒們與吉姆的狗兒們，牠們提醒我們，自我的變化並不只限於人類。

給讀者的註釋

# 這其實沒有那麼激進

許多年來，我致力於理解爲什麼健康的複數自我（healthy selves）似乎是非常激進的觀念，但同時在這麼多層面上，這件事感覺上完全顯而易見。在我們開始對心理學史做研究之後，才認清了某件非常重要的事：在心理學早期，唯一眞正的爭議是發生在兩個團體之間，其中一個是由認爲每個人類都有複數自我的科學家與哲學家組成，另一組人則是由重要的臨床醫師——致力於發展第一批心理疾病理論的人——所組成，他們認爲不同的自我只會出現在其病患的口中。

然後，在一九〇〇年代早期，發生過一次根本的巨變，從此之後，討論複數自我就不妥當了。這次巨變如此徹底又無人挑戰，所以從實質上來說，在心理學或精神醫學上再也沒有對健康複數自我的討論了，雖然偶爾會出現解釋較不健康的複數自我的理論，在日常對話中也會討論到這個觀念。

我們沒有把自己看成是某種人類本性激進新觀點的倡議者，反而領悟到我們只是繼續探索並闡明人類在普遍壓抑這個觀念以前的思維方式。（我們描述了這種壓抑及其驚人成功的理由。）

在我們發現自己不是開路先鋒時，這個計畫就變得沒那麼刺激了。不過，領悟到我們只是重新發現一個發展完整的傳統，並且用當代詞彙來呈現，也讓我們無比寬心。「複數自我」一直都在這裡，甚至在心理學裡，所以我們不妨學著跟它們一起工作。

——詹姆斯・法第曼

**出自路易斯・卡羅爾（Lewis Carroll），**
**《愛麗絲夢遊奇境》（*Alice's Adventures in Wonderland*）**

毛毛蟲跟愛麗絲靜默地彼此對望了一會兒，
最後毛毛蟲把水菸筒從嘴裡拿出來，
用一種昏昏欲睡的慵懶聲音對她說話。
「妳是誰？」毛毛蟲說。
這不是一個很能鼓勵人對話的開場白。
愛麗絲頗為羞怯地回答：「我……我幾乎不知道，先生，
就現在來說……至少我知道在今天早上起床時自己曾經是誰，
但我想從那以後，我肯定已經變化過好幾次了。」
「妳這麼說是什麼意思？」毛毛蟲嚴厲地說道：「自己解釋！」
「恐怕我自己沒辦法解釋，先生。」
愛麗絲說：「因為我不是我自己了，你懂吧！」

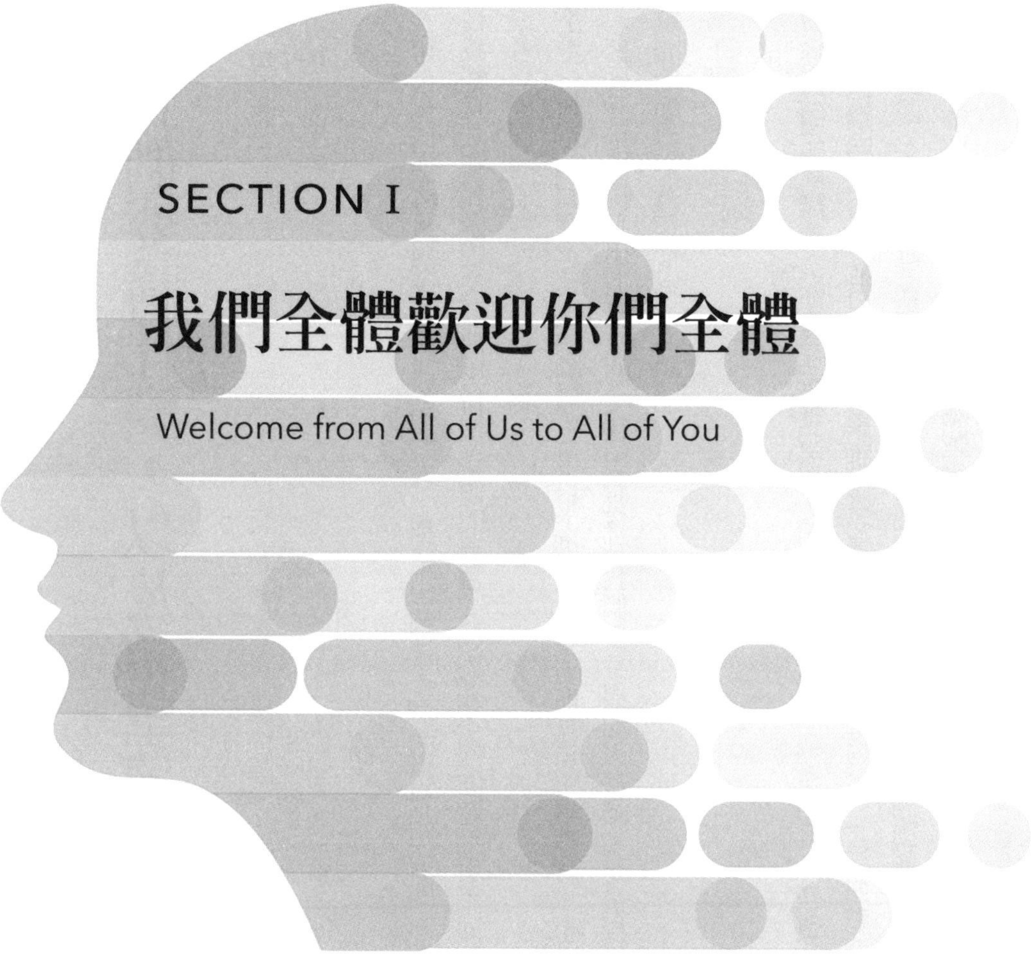

SECTION I

# 我們全體歡迎你們全體

## Welcome from All of Us to All of You

Chapter 1

# 我們要講什麼，以及希望達成什麼

所有人類，包括那些最健康、最成功的人，都是由超過一個的自我組成的。在事事順利的時候，每個自我都在一首和諧的交響曲中扮演正確的角色。我們在不同的時刻與不同的環境下，是不同的人，或者有不同的心靈、部分或人格。

這並不是一種新的觀察；此說法的歷史可以上溯數千年。而且這不難理解，至少它最基本的形式不難懂。它反而是極端有用而有益的。藉由體會到我們自身與他人實際上是這樣的，生命中的許多事情都會開始顯得更有道理。

請思考下列的問題：

- 你曾經跟自己爭辯嗎？你是在跟誰爭辯？另外那個聲音，或者另外一些聲音是什麼人？如果你曾經跟自己爭辯並且換邊，是誰做了這件事？在看著最後一片餅乾或一塊蛋糕的時候，是誰說「好」，誰又說「不」？你曾經獨自或是跟老友們一起做些真的很狂野、很瘋的事情，某種你在父母、子女、同事或老闆身邊絕對不會做的事情嗎？那樣做的人是誰？後來覺得尷尬的，是你的同一個部分嗎？

- 你曾經爛醉到說了或做了你在正常狀態下絕對不會說或做的事情，或者對自己或別人造成身體或心理的損害嗎？誰做了那種事？後來宿醉的是誰？而誰到最後覺得羞愧或後悔？
- 你是否曾經受到莫大的壓力，以至於做出某種你告訴自己絕對不做的事情？一旦你這麼做了——甚至在你這麼做的時候——你的另一部分是否已經知道自己正在鑄下大錯？如果你經歷到同一種壓力，那一部分的你會不會再度出現？

承認我們自己的這些不同部分，就是這本書的全部重點。舉個例子，如果你以為人只是在不同時刻有不同心情，就錯過了我們的主要重點，那就是：**組成我們的種種自我，都是實際、真實、獨立且有內在價值的種種部分**。

除了談論這類的問題以外，我們還會提供許多來自日常生活的例子，其中一些可能會讓你想起自己生活中的類似經驗。我們也會經常談到流行文化，包括書籍、電影、音樂和漫畫。最後，對於整個歷史上廣大範圍裡曾經努力處理這個議題的思想家、作家、科學家和藝術家，我們也會討論他們的思想。

我們在此提供的綜合資訊，起初可能讓你困惑或者擾亂了你的平衡，甚至顛覆你對自己和他人形成的理論。不過這很可能（往好的方向）改變你如何看待並理解自己（你的複數自我）和其他人（他們的複數自我）。

在你閱讀的時候，我們期望你至少會做兩件事情：

- 開始放下你傾向於把自己描述成單一、一元、整體自我的種種方式；然後……
- 開始接納並欣賞你自己的複數自我，還有別人的複數自我。

這些事情相對來說很容易做，而且通常會提供立即的益處（以下將會描述）。我們提出的大多數觀念都很容易了解，而且你可能會覺得非常熟悉。它們對大多數人來說似乎很合理，只要他們以自身的生活經驗爲基礎，讓自己對這些觀念有所覺察。對許多人來說，有意識地注意，並且跟我們所描述的事情合作，就可能擁有更好的生活前景。

## 「單一自我假設」限制了最佳狀態的人類功能

關於我們面對的問題，困難的部分在於太少人討論這種看待事情的方式，以至於大多數人沒發現到有此一說。似乎存在著一層面紗，阻擋我們直接體驗或考量這個觀念：我們是（或者能夠是）和諧健康複數自我的集合體。（隨後，我們會講到「健康複數自我」或「健康正常複數自我」的觀念、世界觀或觀點。）這個障礙或面紗，是直接隨著未經檢視的「單一自我假設」（Single Self Assumption）的普遍流行而來，這種假設用最簡單的形式來說，就是下面的觀念：

**每個人都是單一統合的自我。**

單一自我假設的普遍流行，使人們不常考慮到要去體驗自己有健康多重性（healthy multiplicity）的現實狀態。如果有人提起，可能會被一笑置之或是被忽略。但是當我們開始覺察、質疑，並且踏出單一自我假設以外的時候，我們的世界觀就轉移了。另外，這種新選項假定了更棒的健康、功能發揮與滿足感，會降臨在懂得承認複數自我爲眞且好好實際善用這一點的人身上。

新的假設是，有超過一個自我是很正常的。或許更重要的是，最佳狀態的功能運作與快樂，必然要承認所有的自我，並且與這些自我合作。這麼做的人在話語、行爲與計畫中，會展現出協調性逐漸增加。其他人會認爲他們在互動與溝通上是連貫的，而且比較仁慈且更有同情心。

承認並且跟複數自我合作，讓我們能夠更協調一致、更連貫，而且就整體而言更有「凝聚力」（cohesive）。簡單來說，就是我們的複數自我以一種整合良好的方式「團結一致」。我們的多個自我愈有凝聚力，我們在眞實世界的功能運作（包括做什麼及怎麼做），還有我們的互動與關係（別人如何感覺、看待並體驗我們）就愈好。

要展開我們的討論了，這裡有一位名人的例子，這位搖滾巨星很有效地運用了他的複數自我。

## 大衛．鮑伊，複數自我變化的大師

隨著大衛．鮑伊（David Bowie）在二〇一六年初過世，海倫．葛林（Helen Green）爲他的多種造型①所做的GIF動圖，他的許多臉孔，或是他的許多自我，在網路上瘋傳。下一頁的圖像，是從那個動圖裡閃過的許多鮑伊圖片裡挑出的六張。鮑伊是否在必要時有意識地利用（部署，甚或發明）不同的自我？

鮑伊曾說過：「雖然我非常害羞，但我發現如果自己有個新身分，就可以上得了台。」②在回顧鮑伊困擾重重的早年歲月時，英國心理學家奧立佛．詹姆斯（Oliver James）寫道：「看來觸發他的改變，讓他從飽受折磨的苦惱狀態變得情緒健康的行爲，是他在音樂生涯上採用了人格面具（persona）。」③

在講到鮑伊的專輯《齊基．星塵與火星蜘蛛的崛起與衰落》（*The Rise and Fall of Ziggy Stardust and the Spiders from Mars*）時，詹姆斯繼續說道：「我相信這個專輯的歌詞，是鮑伊的一項嘗試，要在自己的不同部分之間創造一種對話……鮑伊給後世的遺贈是這個觀念：我們有許多不同的自我，只要我們敢去面對它們，就可以選擇在任何一刻由誰來主導我們的生命。」④

圖1.1　大衛．鮑伊不斷演化的身分。在海倫．葛林許可下使用。

## 這本書有什麼特別之處？

許多書概括地寫到複數自我的概念，而有少數幾本是特別針對健康、正常的複數自我（雖然不是用這種講法稱呼）。我們的書跟其他這類書籍之間，有下列幾種不同之處：

- 我們持續關注的焦點是健康與完整性，而非聚焦在病變與功能失調。
- 我們相信既然複數自我存在，那麼否認它們的真實性或設法逼迫它們離開，永遠都是一種錯誤。
- 在許多論及此類範疇的書中，也涵蓋了出神狀態（trance）、附身（possession）和超自然複數自我（像是天使、惡魔及類似事物）。我們會稍微碰觸這類資料，但只在有歷史相關性或其他適當事由的時候。

重要的是，我們並沒有任何類似綜合性理論的內容，也沒有努力創造它。有全套理論的主要問題之一，就在於支持者似乎得要花上很多時間與精力去捍衛這個理論，而且通常把重點放在其他競爭理論的錯誤。取而代之的是，我們有三個操作型假設：

1. 健康、正常[1]的人有（而且可能覺察到）超過一個自我或人格。

---

1 我們區分了健康的多重性（大多數人擁有的複數自我經驗，尤其是健康而高功能的人）與病態的多重性。後者本來被稱爲「多重人格疾患」（multiple personality disorder, MPD），後來又重新命名爲「解離性身分疾患」（dissociative identity disorder, DID）。本書中，通常使用比較古老的說法：「多重人格疾患」，因爲這個說法比較清楚，描述更具體。

2. 不同的自我之間真的不相同。一個特定自我在前線主控時，一個人的基本性質與屬性可能因此改變一點點或者很多。
3. 我們很容易就能超越單一自我假設的視野，讓人生運作得更好。

## 第一個前提：我們全都有複數自我

第一個前提是，健康、正常的人有超過一個自我或人格，而這奠基於：

- 我們對於自我的經驗，
- 其他人對我們講到他們的自我，
- 許多有智慧、善於覺察的人，所做的觀察、研究，以及知性與藝術性的反省。

隨後，我們看看複數自我通常如何表現，還有如何與它們工作，但我們要先處理兩個要點。首先，**「我們是由複數自我構成」的核心概念，跟心理疾病、偏差行為或犯罪幾乎無關**。我們認為，醒悟到我們有多個自我的現實，是朝健康與創造力邁進、遠離疾病與功能失調的關鍵步驟。理解並欣賞你自身與他人身上存在的健康多重性，會讓你的生活變得更好。如同我們將會討論到的，許多高成就與高表現人士本來就擁抱自身的多重性，並且與之合作，完整利用不同自我的天賦與精力。

雖然有些真正的病態例子，像是在電影《西碧兒》（*Sybil*）、《三面夏娃》（*The Three Faces of Eve*）與電視劇《倒錯人生》（*The United States of Tara*）描繪的狀況，但相對來說很罕見。這些例子能幫助我們吸收相關知識，通常也相當引人入勝，但不是用來依樣畫葫蘆，建立健康、正常的多重性與功能最佳化的良好基礎。病變狀態並不是這本書要講的事情。我們可以從中學到非常多，但這不是我們的討論基礎。2

圖1.2「我們很煩人，但沒有人能說我們讓他們無聊。」出自連環漫畫《凱西》（*Cathy*）。在凱西・吉思懷特（Cathy Guisewite）許可下使用。

---

2 詹姆斯・法第曼是超個人心理學研究所（Insitute of Transpersonal Psychology）的共同創辦人，以他的超個人（transpersonal）觀點，這本書聚焦在健康而非病態，並不令人意外。誠如傑文・丹格利（Jevon Dängeli）所說：「傳統心理學對健康的觀點是，這是某種在病理狀態緩和以後會得到的東西。也就是說，健康就是病態與苦難的缺席狀態……超個人心理學的研究動力，在於探究並促進最佳化心理健康的出現。這種心理學觀點，對於功能發揮的正面狀態與性質所做的研究，應該整合到我們對於個人建構更完整、更整體論的理解所做的努力之中。」⑤

第二個要點關係到這本書用來指涉不同自我、心靈或人格的術語。[3]雖然整個歷史上一直都有思想家和藝術家在努力處理許多有關自我的觀念，這個概念多半還是難以捉摸，在科學與流行討論中都是忽隱忽現。因此，對本質相同的觀念提出的種種不同新術語，曾經出現又消失。

舉例來說，在一九七〇年代與一九八〇年代，拜流行書籍與電影之賜，大眾對於多重性的病態版本興趣高到突破天際，「副人格」（alter）這個詞彙開始被廣泛使用。在更近期，做治療性部分整合工作（parts work）的觀念變得很流行。而聆聽內在不同的聲音，或是與之對話的概念，有著十分悠久的歷史。

對於我們用來描述這些不同部分的確切用詞，請你暫時擱置可能有的任何疑慮。我們通常會講到複數自我（selves）、人格（personalities）、心靈（minds）、部分（parts）或自我狀態（self-states），[4]但在具合理性或有幫助的狀況下，我們也會使用其他詞彙。

然而我們想要澄清，我們不太喜歡削弱或否定此書觀念的詞彙。你的複數自我不只是心情（moods）、衝動（urges）或奇想（whims），因爲它違反「一個自我」的意志而勉強整合它，並不是一種良性行爲。

重點是，一個單一、一致、統合的自我，幾乎從來不符合實情。我們並不是用這種單一心靈的方式體驗到自己或他人，而其他人也不是以這種方式體驗到我們。

## 大範圍的背書與支持

重要的是，肯定不只有本書的兩位作者曾經深思過，要把管理多重性的機制當成達到更健康、更成功的生活之手段。事實上，許多思想家、作家和藝術家，曾經探問過自己的多重心靈，或者曾經反省過他們在其他人身上看到的不同自我。在接下來的章節裡，你會看到來自以下廣泛而多樣來源的支持性觀念與主題：

- 哲學家，包括柏拉圖、大衛・休謨（David Hume）、巴特勒主教（Bishop Butler）、佛萊德瑞克・尼采（Friedrich Nietzsche）、阿佛烈・諾斯・懷海德（Alfred North Whitehead）。
- 心理學家，包括兩位開創性的十九世紀思想家尚—馬丁・夏考（Jean-Martin Charcot）、皮耶・惹內（Pierre Janet）；以及威廉・詹姆斯（William James，美國心理學之父）；西格蒙・佛洛伊德（Sigmund Freud）；阿佛瑞・畢內（Alfred Binet，廣為人知的智力測驗創造者）；卡爾・榮格（Carl Jung）；還有其他人。
- 宗教思想家，包括談論猶太教、基督教、古埃及信仰、印度教、異教與苗族人（Hmong）信仰的作家。
- 小說家、散文家、詩人及其他類型的作家，包括路易斯・卡羅爾、萊夫・瓦爾多・艾默森（Ralph Waldo Emerson）、卡里・紀伯倫（Kahlil Gibran）、赫曼・赫賽（Hermann Hesse）、安奈絲・寧（Anaïs Nin）、馬瑟爾・普魯斯特（Marcel Proust）、薩爾曼・魯西迪（Salman Rushdie）、羅伯特・路易斯・史蒂芬生（Robert Louis Stevenson）、維吉妮亞・吳爾芙（Virginia Woolf）。

---

3 第八章對於「複數自我」的其他說法，提出了一份比較完整的清單。

4 「自我狀態」是一個較晚出現的詞彙，是革新派心理學家與神經科學家愛用的。我們也喜歡這個說法。

- 科學家（認知心理學家及其他），其中許多人得到跟我們類似的結論，卻是透過非常不同的手段，包括道格拉斯・霍夫史塔特（Douglas Hofstadter）、馬文・閔斯基（Marvin Minsky）、羅伯特・歐恩斯坦（Robert Ornstein）、丹尼爾・席格（Daniel Siegel）、大衛・伊葛門（David Eagleman）等人。
- 二十世紀與二十一世紀的性靈與自我發展教師，包括斯瑞・奧羅賓多（Sri Aurobindo）、葛吉夫（G. I. Gurdjieff）、羅貝托・阿薩鳩利（Roberto Assagioli）、珍・休斯頓（Jean Houston）。
- 處理健康正常多重性的當代說法。最近似乎有一股對健康複數自我的覺察正在興起，至少有一本優秀的概觀性著作在二〇一五年出版了：大衛・雷斯特（David Lester）的《論多重自我》（*On Multiple Selves*），二〇一六年也有一本：傑・諾力克斯（Jay Noricks）的《部分心理學》（*Parts Psychology*）。

## 第二個前提：不同的自我真的不相同，而且有其固有的價值

在某個人體現某個特定自我或人格的時候，那個人的基本性質與屬性可能有很大範圍的變化。如同我們會在這本書裡呈現給你看的（我們也相信這與你自身的經驗相符），不同的自我有能力突顯不同的性質、特徵與天賦。這個說法適用於大範圍的內在情緒與心理經驗，也適用於外在真實世界的後天與先天能力，而在某些例子裡，甚至適用於生理上的差異（像是眼鏡度數和血壓的改

變）。此外，許多領域裡高成就者的創造力與能力，似乎因爲他們能夠有效而天衣無縫地進出於不同的自我，而有所增益。

一旦你開始承認、體驗並欣賞不同的自我以後，就會發現，大部分狀況下，每個自我都知道自己是眞實的，是你這個人獨立、無價而根本的一個部分。把你的複數自我看成眞正有所不同，而且有獨特的內在價值，是至關重要的。

## 一個人的複數自我可以多麼不相同：提米愛柳橙汁

> 提米在喝柳橙汁的時候，沒有任何問題。但提米只是輪流控制「他」的將近十二個人格裡的一個。要是那些其他人格喝了柳橙汁，就會導致蕁麻疹。甚至如果提米喝了柳橙汁，另一個人格卻在果汁還在消化時出現了，他也會起蕁麻疹。更有甚者，如果提米在過敏反應出現時回來，蕁麻疹的搔癢感會立刻中止，充滿液體的水泡會開始消退。⑥

這段陳述講的是一位精神病患，他被診斷出擁有多於一個人格。對工作人員來說，他在不同時候是不同的人。事實上，差異之大，甚至連一個實實在在的生理反應，一個容易看見與測量的反應，都會隨著出現的是哪個特定版本的人而來來去去。當這個人格是十一歲的提米時，他愛柳橙汁，喝了也沒事。然而，在他的任何一個其他自我在主導位置時，蕁麻疹就出現了。

那些要求我們超越正常科學與醫學模型的事情，都可能讓我們感到不自在。在某些方面，這個故事讓許多人覺得實在太怪異了，以至於他們寧願認爲這整件事情是被捏造出來的。然而，這個特定的故事，是由備受敬重的心理學家丹尼爾·高曼（Daniel Goleman），在「成爲歷史紀錄的大報」——《紐約時報》（*New Yorks Times*）上提供給我們的。

某些死硬派懷疑論者認爲，測量並回報出現生理變化的這一則，與其他的多重性相關敘述，一定都是捏造的。請記得，這些人信奉的世界觀，大多是先驗而未審先判地認爲這些事情就是不可能爲眞。不過，相關資料包括了科學家、治療師，以及許多曾經體驗到同類型生理變化的人眞實的經驗（我們會在第八章重溫），把我們帶到一個非常不同的方向。

## 第三個前提：我們很容易就能超越「單一自我假設」的視野

我們可以用稍微延伸的形式，來表述單一自我假設：

**每個人都是（或者應該是）單一而統整的自我。**

「身爲一個統整的存在，我們的核心只有一個不變的自我或人格」，這樣的觀點很自然就會推導出我們以及所認識的人，應該要完全一致，所以在大多數狀況下都是可以預測的。也就是說，我們應該能夠信賴人們會是一直以來的那個樣子。然而，我們認識的人裡，幾乎沒有一個是這樣行動的，或者體驗到其他人也以這種方式行動。

單一自我假設普遍存在著，儘管沒有多少證據支持它，而且還有很多日常證據支持健康的人格多重性。單一自我假設嵌在我們的內心深處，在日常的文化論述裡鮮少受到質疑。結果是，對於健康正常人格多重性這個觀念（甚至是可能性）缺乏覺察的情況，太過普遍了，以至於我們在這本書裡描述的觀念，幾乎完全從對話地圖上失蹤了。既然健康人格多重性的觀念鮮少被考慮，大多數人（儘管有相反的經驗）對於人類現實抱持一種不完整又不盡理想的觀點，也就不令人意外了。也就是說，對於現實的現行共識觀點，讓我們無法談論、思考或考慮健康的複數自我，而且這個觀點模糊並扭曲了現實。

更簡單地說，人類心理現實的單一自我觀點（傳統科學與一神教都這樣假定），可能以許多方式限制著我們，讓我們無法完全快樂，並且達到最高的潛能。如果你不欣賞（更別說是承認）你有一組能夠演奏許多部分的內在樂手，你的自我交響樂團就很難盡可能甜美、健康又和諧地演奏你自己的音樂。

在心理、精神醫學、哲學、科學與神學上，健康的複數自我世界觀是概念上的禁區，一種不受歡迎的迷因，鮮少受邀上對話桌。不過，一旦它確實被帶進對話裡，大多數人似乎很快就理解了，而且把這個觀念應用在自己生活中的人，通常體驗到即時的益處。

我們在寫這本書的時候，已經發現通常只要用兩、三分鐘的日常對話，就能讓大多數人對健康多重性的概念敞開心胸。就連那些最初反應是厭惡或輕蔑的人，在我們描述這一切如何在自己的生活裡生效，還有如何在他們的生活裡同樣奏效以後，通常會承認他們知道我們在講什麼。他們傾向說：「是啊，當然，我在生命中的不同時候、不同部分裡，眞的是不同的人。」或是說：「唔，我知道自己的這方面已經很長一段時間了，不過我從來不會提起。」（我們曾經很訝異，有這麼多人回報說，有一個「雙胞胎自我」要爲他們比較不名譽、最令人遺憾的某些行爲負責。）

單一自我假設所占有的優勢，讓許多人從來沒考慮過自己的健康多重性經驗。不過一旦提起健康的自我世界觀，那些視野能夠超越單一自我假設的人，就開始看出從這種假設中流出的混淆與困難，而這種假設也會開始從他們的生命裡脫落。一種明顯比較容易也比較好的生活方式，不只是近在咫尺，而是已經寓於你的內在。在你的自我開始看到單一自我假設以外的地方，並且體驗到我們所討論的事情時，大多數或全部的人可能自然且立即地選擇愈來愈常利用你的總和。

你的每個自我，不管你有沒有替它們命名，或者精確指認出它們之中的任何一位，都是非常眞實的存在、實體或自我狀態，一種自主情結（autonomous complex，一如榮格的說法），有其自身的時程表、自身的需求，也有跟你的其他自我以及其他人（還有他們的自我）共事的獨門辦法。這不只是說你有不同的心情、面向或感受；這是說你眞的有不同的、活生生的自主部分，那是不同的自我、不同的人格、不同的部分。

這眞的相當驚人：整個文化普遍都擁護一種即使眞的有也鮮少存在的假定統合性，還相應地否認許多人已經知道的實際事態。幾乎所有人都體驗過，身爲不同的自我是什麼意思。首先，請重新思考在這一章開頭問過的種種問題：在你跟自己爭辯的時候，是誰在跟誰爭辯？在你做某件完全不符個人特色的事情時，是誰在做那件事？在你玩得太瘋的時候，是誰累得不成人形，回來跟你的伴侶、家人或同事共處？

在這本書裡，對於「健康複數自我」這個觀念，我們會提供範圍廣泛的多種日常生活實例、常見的經驗，還有文化上的反思。在大多數情況下，我們會少講理論，多講故事和實例。

我們敢打賭，當你開始把更多注意力放在這些事例上，就會覺得我們提出的許多觀念與概念很熟悉。然後，你一開始嘗試並溫和地實驗自己的健康正常複數自我，學到承認並欣賞已經共同合作得很好的你的種種部分，就會開始承認這些觀念的眞確性。

# 預覽本書內容

> 能夠矇騙我們的最有害幻覺之一，可能就是這個信念：我們是一種無法分割、永不變動，又完全一致的存在。每個人都是有自身神話學的一個群眾，而我們多多少少舒適地擠進了一個單一個人之中。
>
> ——皮耶洛・費魯奇（Piero Ferrucci），《明日之我》（*What We May Be*）

我們在這本書裡的目標，是要提供關於你和其他人的複數自我的提醒：我們會講到它們的存在、它們的需要，以及在把它們考慮進去以後，可能帶給你的潛在價值與益處。我們希望的是，在你做出任何結論以前，會花一些時間深思熟慮地觀察你和其他人的複數自我。

就這麼想吧：單一自我假設阻止了我們開始去談或想事情的實際狀況，程度深到讓我們被包圍在虛假訊息的牆壁裡。這道牆阻止我們看見什麼是眞相，或者去證實相反的經驗。我們所要做的，是在那道牆上開幾個窗戶，好讓你可以看到牆外，並且看清事情的眞相。

我們會做一些推薦和建議，並且提供一組入門的資源。我們會描述其他人曾經用來探索這些內在疆域的許多體系與技術，並且建議各種讓你自行探索的可能性。而同樣很好的作法是，你深入自己的生活，去理解這些觀念、概念與可能性。要找出什麼有效的最佳辦法，是著手對你的複數自我進行探索。

## 第一部 我們全體歡迎你們全體

這個開端部分，引進這本書裡最重要的一些概念：

- **第一章**：羅列出這本書的基本觀念與前提。
- **第二章**：說明健康複數自我模型的實用價值；也就是說，讓你自己敞開心胸，與一種更能夠反映實況的人類現實模型合作後，將會帶來的許多優勢與益處。
- **第三章**：呈現了一個簡單但有力的標語：「心理健康就是在正確時刻處於正確心態。」呈現種種故事與實例，闡明了如何及爲何要學習更有效地從一個自我狀態移動到另一個。

## 第二部 我們周遭的人格多重性：文化與知性的回顧

這一部分提供了對於人格多重性的文化導覽，從宗教、哲學、心理學和科學觀點出發：

- **第四章**：回顧、突顯並強化集體文化知識。我們會檢視大量來自日常語言的例子，討論我們腦袋裡的聲音，然後談到流行文化在書籍、文章、電影、電視、音樂及其他來源中的某些處理方式。
- **第五章**：檢視人格多重性在全世界宗教，以及在整個西方哲學史進程的歷史。雖然單一自我假設的根源很深，但在宗教與哲學中都有過重要的例外。
- **第六章**：從心理學與心理學家的觀點來看人格多重性，並且從心理學成爲正式科學之前的時代，一直講到今日。雖然有些顯著的例外，不過，複數自我的存在（肯定還有健康正常複數自我的觀念）在二十世紀大半時候都是不可觸碰的禁區。我們會仔細追蹤誰對人格多重性保持開放心態，誰又沒有，還有這一點如何隨著時間而改變。

- **第七章**：探索了與神經科學家、佛學家及後現代思想家相關的材料，這些人傾向得出的結論，全都與我們的類似，不過走的是不同的路線。

## 第三部　理解、承認，並與我們的自我工作

這一部分盡可能貼近我們會提供的工作手冊，其中包含了許多你可能想要嘗試或知道的途徑與技術：

- **第八章**：探討一些基本問題，包括：「是誰在那裡面？」（有多少自我存在）、「事實眞相爲何？」（哪種複數自我存在），還有「從哪裡來的？」（探索複數自我的起源）。我們檢視複數自我是什麼、它們有多眞實，以及我們爲何擁有它們。
- **第九章**：討論了複數自我的群體如何組織並學習合作。我們探討了大範圍的術語、模型與隱喻，其中也包括創造一個單一「超級自我」的欲望。
- **第十章**：檢視讓複數自我生效的工具、技術及策略。這裡描述了第一步驟、數種主要方法，然後是十多種額外的技術與策略。本章的結尾是檢視這些工具能夠多有幫助、多有用。

## 第四部　二十一世紀的健康正常複數自我

這一部分回顧現在與未來處理複數自我的途徑，並提供要點重述與一些最後的建議：

- **第十一章**：討論與複數自我工作的組織性回覆、反應和途徑。從性靈導師和自助教師，到有組織的治療方法都包括在內，我們會涵蓋多種思想與實作體系的重點。我們也會檢視更大的文化與社會體系對於複數自我觀念的回應。
- **第十二章**：呈現思想的演化，從傳統的解離連續體，到複數自我的完整光譜，再到擴充版完整複數自我光譜，然後以對健康新常態的說明作結。
- **第十三章**：總結這本書，簡短地概述我們提到的一切，並處理幾個前面沒有完整說明的重要實踐與理論論點，提供一些來自作者們的個人反省，並且對於體驗你自己的複數自我並與之合作，提供最後的叮嚀。
- 最後是探索「解離」（dissociation）的附錄，關於這個詞彙的起源與用法，還有概念問題與建議。

## 覺察具有療癒力

我們要用一些好消息來結束這個開場白。由於我們說的是事物眞實的狀態，不需要花太大的力氣，就可以讓某些光照進來，那是主動開始穿透單一自我假設面紗的光。所以，這本書可以輕易地讓你對自己這個人有更高的欣賞之情。

舉例來說，你第一次沒有對於某位親近者所說或做的事情過度反應，因為你發現他們處於一個不同的自我，或許你能看出來，那個自我只是在無意中讓你生氣或不快樂，那麼你會感覺到如釋重負。你會發現自己可以更容易地原諒他們，繼續過日子，放下那個冒犯人的事件，而不是轉移（甚或被觸發）到你自己咄咄逼人又有傷害性的不同自我。對於他人的複數自我有更多覺察，讓你能夠更腳踏實地，並且保持在比較好的自我之中。

幸運的是，覺察是有療癒力的！我們一直受制於狹隘的自我與人格觀點中，並且活在假定統合性的共同錯覺中這麼久，許多人可能需要放下很多古老的憤怒與怨恨。你只要多一點點覺察，在展開並維持這個療癒過程時，就可以走很遠的路。

如果這本書能夠幫你領悟到你已經有多次與此相關的直接體驗，相信你就會掀起營帳門窺看底下，然後看到你的複數自我確實相當真實，而且有內在的珍貴性。徹底看見並擁抱生動而健康的複數自我的世界（同時在你自身存在的內側與外側），是一條有凝聚力的道路，可以把我們與他人的複數自我，當成我們實際所是的那種複雜存在來體驗。一首更和諧、共鳴更豐富的自我交響曲，正在等待著你。

Chapter 2

# 健康複數自我模型的益處

「我在跟哪個你講話？」

圖2.1　詹姆斯・瑟博（James Thurber）的「我在跟哪個你講話？」
出自一九四二年二月二十一日出刊的《紐約客》（*The New Yorker*）。在www.CartoonCollections.com許可下使用。

這一章探討了敞開心胸接納健康複數自我觀點的人，可能取得的許多潛在的眞實世界益處與優勢。其中包括：

- 生活在一個更容易理解的世界裡；
- 更多的自我接納（接納複數自我）與欣賞；
- 對自身的複數自我與他人的複數自我更有慈悲心；
- 有能力理解內在對話、討論與爭辯；
- 增加身體與情緒的能量；
- 增強獲取技巧、才能與創造力的能力；
- 更能夠接納並欣賞他人；
- 對其他人更少感到挫折與不耐煩；
- 加強與自己（及複數自我）和他人（及其複數自我）協調良好的能力。

我們也會討論敞開心胸接納健康複數自我世界觀的潛在劣勢（你可能會發現其中某些內容讓人有點驚訝）。隨後，我們會探討健康複數自我觀點的益處與優勢，以及它們在許多生活領域中都有史無前例的大量選項與抉擇的後現代環境下，具有怎樣的價值。

接著，我們使用一組曲線圖或流程圖來進行總結與回顧。這些圖表可以讓人輕易看出對健康複數自我的覺察會提供什麼給我們；有些人的複數自我喜愛有秩序的視覺表現，這對他們來說尤其有用。本章的結尾用一張圖表來提供架構，呈現得到這些優勢的時機之結論。

## 能獲得潛在益處的實用且個人化途徑

為什麼把焦點放在潛在益處與優勢的實用價值上？我們的目標是寫一本實際的書，讓這本書呈現更精確、更有用的世界觀，重新為現實和日常經驗中令人困惑的部分賦予框架。我們把焦點放在模型的實用價值，因為如果某樣東西在日常生活中對你沒有眞正的用處，如果你無法「確認、證實、證明」它，①那麼我們在這些頁面中所說的事情，對你來說就沒有價值。

我們從經驗得知，每個對健康複數自我觀點敞開心胸、徹底擁抱並與之合作的人，都會以自己的方式這樣做。為什麼？因為每個人都體現了一個複數自我的獨特體系或星座（constellation），各式各樣的益處與優勢都是獨有而特殊的體驗。從每種益處讓我們的生活變得多豐富、多正面，還有這些益處出現的時機這兩方面來說，此話都是眞的。

我們並不是說，每個敞開心胸接納健康複數自我觀點的人，都會體驗到這一章裡描述的任何特定益處，或者所有益處與優勢。我們也不是在具體指定某個接收及體驗益處的精確時間表。我們想說的是，許多人可能體驗到一組多樣而強勁的益處。藉著知道那些益處和優勢是什麼，還有你隨著時間如何體驗到這些事，你就更可能注意到可乘之機，並加以利用。

## 赫歇爾．華克：意識到複數自我的超級巨星

作為潛在益處的後續說明，我們想要讓你注意某位在人生許多領域都很成功的人，他在許多方

面都可以說是多重人格**秩序**的範例。

赫歇爾·華克（Herschel Walker）從喬治亞州的高中畢業時，就是畢業生致詞代表。對於一個從小學時代就被判定不聰明又口吃的人來說，這本身就是實質的成就。他常被列爲有史以來最偉大的全能運動員，擁有許多運動成就：

- 他兩度成為全美大學田徑之星，曾經短暫保持六十碼短跑的世界紀錄。
- 身為大學美式足球跑衛，他三度當選全美最佳跑衛，創下多個美國國家大學體育協會跑碼數紀錄，並且贏得一九八二年海斯曼獎（Heisman Trophy）大學美式足球最傑出球員。
- 從事超過十年的職業美式足球員，大家普遍認為他是國家美式足球聯盟數一數二的跑衛。
- 他在一九九二年拿到一座男子雙人有舵雪橇的奧林匹克銅牌。
- 在時間限定的專業綜合格鬥鬥士生涯裡，他從沒輸過。

赫歇爾也一度跟沃斯堡芭蕾舞團（Fort Worth Ballet）共舞，參加唐納·川普（Donald Trump）的《名人版誰是接班人》（*Celebrity Apprentice*）節目當參賽者，也是電視節目《名人美食烹飪賽》（*Rachael vs. Guy: Celebrity Cook-Off*）第三季的獲勝參賽者。身爲一名重生的基督徒（born-again Christian），他一直被說是「全才」②和「運動全才」③。他也創立並經營肉品加工廠，在美國由少數族群經營的肉品加工廠之中，規模數一數二。赫歇爾仍然嚴格地訓練自己的身體，一天做數千下伏地挺身和仰臥起坐，④這是自從他還是不想繼續變胖卻沒有管道使用健身房設備的小男生時，得到一些友善的訓練建議之後，就開始這麼做的事。青少年時代，赫歇爾會每天看好幾個小時的電視，然後在每個廣告時間做伏地挺身和仰臥起坐。成年以後，根據二〇一五年的新聞報導，他把伏地挺身的數量降低到一天一千五百下，再加上兩千下仰臥起坐。⑤

## 診斷與自傳

對於我們的目的來說，讓赫歇爾．華克顯得特別有意思的事情是，他公開承認並討論他如何學會應付被診斷出的「解離性身分疾患」（dissociative identity disorder, DID）。事實上，赫歇爾在二〇〇八年出版的回憶錄《掙脫：我的解離性身分疾患人生》（*Breaking Free: My Life with Dissociative Identity Disorder*），就以此爲主要題材。他告訴我們，儘管這件事會帶來污名，他還是寫了這本書，希望其他人更能夠承認自己身上的相同症狀，並且取得專業協助。[1] 他也解釋了「讓我變得不同，並且界定了我的獨特（病況）的事物，就在於人生中的大多數時候，我發展出來的其他人格所造就的好處，遠超過了傷害。」⑥

圖2.2　赫歇爾．華克的《掙脫》

赫歇爾從專業美式足球界退休之後，確實有過一些嚴重的問題。他有憤怒控制問題，這源自於他的失婚狀況。而且，在不只一個場合裡，他看起來像在玩俄羅斯輪盤，而且拿的是眞槍及眞子彈。這些問題終究讓他去尋求協助。特別是在某次事件裡，赫歇爾正要開車去一位朋友家，因爲這朋友在交付新車時，「搞亂了他的時間表」。一股想殺人的暴怒淹沒了赫歇爾，他發現自己體驗到以下的內在對話：

每隔幾秒鐘，我就聽到一個聲音告訴我：「不，赫歇爾，這是錯的。你不能爲了這種事情就冷酷無情地射殺一個人。」在那個聲音之上，我聽到另一個聲音催促我繼續：「你必須做該做的事。這傢伙錯待你了。你不能讓他做了這種事卻安然無恙。宰了他。」這兩個聲音沒完沒了地對著我吼，每一個都在懇求我……

「下手。」
「停手。」
「下手。」
「你不可以。」
「下手。」

這兩個聲音維持著毫不間斷的節拍，就像一段合唱曲的節奏。⑦

幸運的是，赫歇爾的信仰插手了，他看到一張有耶穌肖像的汽車防撞桿貼紙，因而住手。這個

1 作者群並未當面見過赫歇爾・華克。我們在此的推測基礎來自閱讀他的回憶錄，還有看他在錄影訪談裡說的話。

事件很快就引導他與傑瑞・蒙加齊（Jerry Mungadze）合作，這位心理學家診斷出他有解離性身分疾患（DID）。赫歐爾回憶道：「我知道在自己的人生裡，需要採取一個新方向。心中帶著殺意而開車到那棟房子的那個赫歐爾・華克，並不是我大半輩子都是的那個赫歐爾・華克。顯然我有某個不對勁的地方，我必須搞清楚那是什麼。而且動作要快。」⑧

赫歐爾的回憶錄揭露了幾個明確的觀點，說明擁有複數自我是什麼意義，包括健康的和比較不健康的。這本書犯下了常見的錯誤：認爲擁有複數自我，就等同於有精神疾病。但它也呈現了一個進步的觀點：把創造出「副人格」（alters〔alternative selves〕）的機制，視爲一個健康而有創意的生存機制所做出的反應。最後，這本書也偶爾觸及健康正常複數自我的觀念。

一直都熱愛學習的赫歐爾，在蒙加齊的幫助之下，開始了解到「我的內在有某種合唱團，或者一群演員，每一個輪流踏進聚光燈下接掌控制。」⑨在整本書裡，赫歐爾清楚地表明，雖然複數自我的經驗與用處可以在某個正常範圍內存在，但在複數自我因爲被虐待或壓力而觸發的時候，事情可能陷入膠著且失去控制。在那種時候，就需要專業的幫助。

另一方面，赫歐爾同樣清楚的是，他本質上是個正常人，而且在許多方面來說，他有能力利用複數自我讓他成就這麼多事。再想想這句話：「在人生中的大多數時候，我發展出來的其他人格所造就的好處，遠超過了傷害。」

赫歐爾理解，這正是他的能力：讓自己完全沉浸在不同的複數自我裡，而這是早年還是一個口吃、過胖又被霸凌的學童所發展出來的，因此讓他有許多的成就。如同我們從他的成就和證言裡看到的，在赫歐爾利用自己不同部分的能力時，大多沒有傷害到他或引起問題，除了從專業美式足球界退休後不久的那段艱困時期以外。在他的人生歷程中，反而正是**他接通並利用不同自我的能力，**

**讓他能夠在各式各樣的運動、行業與個人事業中脫穎而出**，還成爲一個活生生的傳奇。

赫歇爾也展現出他的覺察：有意識地與自己的不同自我合作很重要。舉例來說，二〇〇八年他在《明星論壇報》（*Star Tribune*）的一篇文章裡說過：「人要成功，就必須在這麼多不同領域裡轉換自己及其人格……你不會想讓美式足球員赫歇爾．華克來當你家孩子的保母。那是兩種不同的人。」⑩此外，赫歇爾領會到能夠在正確時機接觸並利用正確的自我，與他外在的多種成功有直接的關係，其中包括成爲王牌美式足球員。他曾經談到了自己如何有意識地發展名爲「戰士」與「將軍」的某些部分。⑪在他處於這些人格狀態的時候，會極端地專注：「我拿了球就衝。做任何事情就一定要把任務搞定。」⑫

最後，赫歇爾同時了解到多重性本身沒有什麼內在的不正常，如果你有個自我「在掙扎，有些缺陷」，那麼「你必須求助」。他說：

> 因爲《西碧兒》與《三面夏娃》的關係……大家把「多重人格疾患」（multiple personality disorder）妖魔化，我只希望大家知道，你不是惡魔，你沒有瘋，你也不是怪胎。實情是，你在應付某種狀況……但你很正常。而那是我想要展現的，我很正常。有段時間，我做了一些自己不喜歡的事情，但我是正常的。我就跟任何其他苦苦掙扎、有些缺陷的人一樣。但你可以糾正這些缺陷，你必須求助。⑬

## 重新探討他的診斷

我們要對赫歇爾．華克的醫療顧問表達應有的敬意，但我們想要探討一下，他所知的事情是否眞的指出他出現了「多重性疾患」。首先，赫歇爾在許多方面過著模範生活。「大家把這種情況想得很負面，但看看我，我不嗑藥、不飲酒，從沒有做過任何錯事，也沒坐過牢。」⑭就像那篇《明星論壇報》的文章所說的：

華克能夠應付……他的外在表現鮮少改變。而他的商業敏銳度從未受到妨礙。華克反而說，他能夠用自己人格的不同面向，來經營成功的餐飲生意……「在美式足球場上的那個人，並不是你看到在經營事業的同一個人。」他說道。⑮

所以，我們在這裡看到的是一個虔誠的人，從沒有眞正「做任何錯事」，在許多人生競技場上功成名就，而且被廣泛認爲是史上最偉大的大學運動員與多項運動員。有病態多重性的人缺乏實質的內在凝聚力，可能會傷害自己和別人，而且通常會對一般的記憶、協議及時間失去清楚的掌握。在這方面，是赫歇爾的其中一個自我所體驗到的憤怒，驅使他去求助。但我們之中有誰從沒有體驗過憤怒或挫折，或者從未因此採取行動？我們之中有誰從沒有體驗過暴怒，或者從沒有過暴力的想法？

所以，赫歇爾．華克這位超級成功又虔誠的世界級運動員，可能有一個或更多個自我，會產生不成比例的暴怒、暴力思緒，甚至玩俄羅斯輪盤，但**問題其實在於那個特定的自我，而不在於從一開始就有超過一個自我**。幸運的是，在赫歇爾體驗到自己兩個部分之間的激烈對話與爭執時，很快就看出有個部分快要完全失控，然後他就去求助了。

直到今日，赫歇爾．華克仍然鼓吹善用自己的複數自我。他指出自己的狀況「有時候可以是用來爲善的積極工具，而不是某種永遠負面而毀滅性的東西」。⑯同樣地，他陳述道：「我想盡我所能幫忙去除心理疾病的污名，展現出一旦理解它……它就可以被導向某種正面的事情。」⑰赫歇爾提供了一個清楚的範例，說明如何認出、發展並利用一個人不同的複數自我，來賦予優勢與益處，並且促進整體的成功。

## 益處：一個更容易理解的世界

赫歇爾·華克是一個眞實世界的案例，顯示有意識地跟複數自我合作，能夠把多麼重大的益處帶到運動、商業與領導上。在這一節裡，我們回歸另一種不同的益處，它更難以定形、更理論性，但非常廣泛而基本，構成了許多其他益處的基礎。

如果你從一個根本的錯誤，從有缺陷而不正確的前提開始，那麼不管你在那個錯誤之上建立了什麼內容，一定會有缺陷。輸出物的品質仰賴輸入物的品質。就像電腦科學裡說的一樣：「垃圾進，垃圾出。」

我們的假設是：健康的複數自我模型比較接近世事的眞實樣貌，而單一自我假設是錯誤的。如果我們把自己的生活，包括認識事物與做事的方式、認爲是什麼事情驅策我們、我們與其他人如何運作的觀念，建立在一個有缺陷的假設上，那麼我們行動的方式可能就會有很多地方都不甚理想，或者根本錯誤又無效。在最低限度上，如果我們的基本心理學前提之一是錯誤的，那麼我們的生活將充斥各種細微的（還有不那麼細微）的扭曲現實。

在我們認出那個有缺陷的假設，並開始承認一個人擁有許多自我的世界以後，會發生什麼事呢？許多扭曲會自動脫落。我們會發現世界和我們的生命變得更容易理解，並且體驗到我們與自己（及複數自我）和他人（及其複數自我）同調的能力增強了。

思考一下，大約五百年以前，在哥白尼式的太陽系觀點「行星繞著太陽轉」，取代了較早期受到教會支持的托勒密地心說的時候。托勒密觀點的錯誤，導致了早期科學家、數學家與天文學家長期持續的種種困難。由於他們以一個基礎上有缺陷的模型工作，必須耗費莫大的力氣，想出對現行系統的補充措施，才能讓他們所觀察的現象顯得有道理。[2]到最後，事情變得很清楚：這個系統就是無法運作。不妨想像一下，在早期天文學家終於開始用一個模型、一種新範式（paradigm），[3]讓他們能夠對自己所見的世界創造出更精確的描述時，有多麼如釋重負。

## 簡單的哲學插曲：奧坎剃刀往哪邊剃？

奧坎剃刀（Occam's razor）是一種哲學原則，名字來自奧坎的威廉（William of Occam），他生活在西元一千三百年左右。此原則也稱為「簡約法則」（the law of parsimony），可以這樣說明：

**別在不必要的狀況下增加解釋用的實體。**

換句話說，如果你在尋找了解或解釋某事物的最佳方式，最簡單也最不拐彎抹角的答案，通常就是正確的。舉例來說，雖然早期天文學家運用托勒密本輪，可以用某種方式做出極端複雜的模型，來解釋行星軌道資料，但把太陽放在中間卻導向更簡單的解釋。

健康複數自我觀點為什麼這麼有說服力，有一部分原因在於這樣能夠容易而簡潔地解釋了我們全都體驗過的許多事：我們的生活和其他人的生活，其實是怎樣運作的。在我們探討其他情境與例子的時候，請把奧坎剃刀記在心裡。

當你對自己與健康複數自我的關係敞開心胸的時候，會更了解你和其他人是如何運作的。有一個重大益處，是關乎於你如何對於其他人的不一致行爲與陳述做出反應。就像《論多重自我》（二〇一六）的作者大衛．雷斯特簡單扼要的說法：「除非人們接受他們有多重自我，否則就會對自己的不一致感到焦慮。」⑱

我們這一輩子的經驗，還有無數的例子，都顯示人類會做出不一致的行爲，但我們卻處在一個沒有立即的方法可以解釋這種不一致的文化裡，難怪許多人都背負著長期的心理壓力與不適。在我

2 爲了解釋所觀察的資料裡不一致的地方，哥白尼之前的時代的天文學家，應用了「托勒密本輪」（Ptolemaic epicycles）這種複雜的幾何模型，其用途在於設法解釋月亮、太陽及其他行星「周轉」地球時，在方向、速度和動態上的種種變化。

3 湯瑪斯．孔恩（Thomas Kuhn）在開創性作品《科學革命的結構》（The Structure of Scientific Revolutions, 1962）裡，讓「範式」一詞及「範式轉移」（paradigm shift）的觀念變得名聞遐邇。我們相信「單一自我假設」周遭的異例（anomalies），現在已經累積到轉捩點，進入「健康複數自我世界觀」的範式轉移已經開始了。

們開始接納對健康複數自我的覺察時，這種不舒服的混淆就會開始消解了。在此同時，當我們開始發現到，只是某人的一個「部分」說了或做了某件事，自然會對其他人逐漸生出慈悲心，而且那個「部分」面對承認與支持時的反應，會比面對憤怒或譴責時的反應來得好。

## 益處：對你自己（及自我們）更仁慈

想要過更好的生活，其中一個關鍵在於你所有的自我是否能像團隊那樣工作，還是同儕之間不和諧，甚至搞破壞。所以，每個人都可以從以下這個地方開始：

### 設法對你自己（及自我們）更仁慈！

我們全都知道這個建議意味著什麼，但有時候很難遵從。可能你的一些自我，不希望你對某個惹麻煩的自我更仁慈，或是你的一些自我並不想得到更仁慈的對待。但無論如何，你都要設法對你的所有自我仁慈一些。尤其是要設法對你最難相處、最不聽話的自我們更仁慈，並且盡可能激發多一點慈悲心。

其實，問題不在於人缺乏洞見，因爲每個人立刻就能懂得對自己更仁慈之後會帶來的價值。問題在於大多數人是在單一自我假設之下長大的，還沒有發展出對自己更仁慈時必須具備的內在團隊合作與協調技巧。幸運的是，**覺察具有療癒力**，這就是爲什麼對複數自我的認可、接納與欣賞，是極其重要的第一步。

## 益處：更多的自我（們）接納與欣賞

對健康複數自我世界觀敞開心胸的第一波益處，是感受並體驗到更多的自我接納與欣賞。在你開始承認你的複數自我，並且確認它們的重要性以後，它們會開始放鬆，變得比較快樂，表現比較好，而且更容易相處。隨後我們會更仔細探討，如何學會去接納、欣賞你自己和他人的複數自我，並且跟它們合作。

但是，對於負面的、破壞性的或其他不受歡迎的自我呢？你需要接納並欣賞一個有憤怒思維與感受的自我，像是赫歇爾．華克那樣嗎？簡短的答案是「對」。藉著接受並欣賞你的每個自我，你會產生一種立即的自我價值感與認可感，這不只是對你的每個自我，也是對你這個人的整體。此外，你會開始更了解看似負面的自我有哪些需求，然後布置好與每個自我合作的舞台，好讓它能夠以對你整個人而言更合理的方式，來滿足它自身的需求。

## 益處：增加身體與情緒的能量

蘇非派教師暨作家伊爵斯．沙（Idries Shah）[4]在談論自己時曾說，當他伏案工作，覺得累到再也做不下去的時候，會到花園去。如果他發現自己有足夠的精力做園藝工作，就知道他並不像自以爲的那麼疲倦。然而，要是他發現自己累到連園藝都做不了，就知道該休息了。

如同沙的故事所闡明的，對我們的複數自我有所覺察，能讓我們產生更多身體與情緒能量來工作。獲得更多精力的方法之一，是活在一個更合理且跟我們的長期經驗對應的世界裡。如果你不需要一直逆流游泳，對抗從單一自我假設中流出的扭曲潮流，像是「若一個人不能時時刻刻都百分之百一致，就是軟弱、有缺陷或心懷惡意」之類的觀念，你就會得到能量。反過來說，如果你跟在一個比較精確的世界觀後面游泳，要前進就比較容易。

另一種釋放更多能量的方式，是接納我們的複數自我，對它們更仁慈、更慈悲，並且學著以有意識而建設性的方式跟它們合作。就像金妮．拉伯德（Genie Laborde）這位教育家、作家、製片人暨藝術家所說的：「藉著開始覺察到我們的內在衝突，我們可以釋出那些原本用來壓抑的心理能量，讓某些內在協商奏效，並且把釋出的能量用在生活裡。」[20]

在我們開始覺察到複數自我時，就不會再花那麼多能量去抑制不贊同或不想承認的自我構成部分。在我們開始承認並欣賞不同的自我時，能學會信任那些在我們整體之中的自我。知道我們可以信任自我，能夠帶來某種型態的自由，並且對於接下來可能會發生的事有一種能量滿滿的開放態度。就如同心理學家、治療師、作者與「子人格」（subpersonalities）的長期鼓吹者約翰．羅溫（John Rowan）所說的：

我們在這裡談到的是自由……我們不會被自己的心理歷程（processes）頤指氣使，而是能夠從中自由選擇……以前看似相當不可能的事，現在就在我們的掌握之中，也在我們的世界裡……我們對自己的信任可以更多，也更信任範圍廣大的種種選擇與可能性。藉著公平對待一個與多個，並且在同一時刻完整地置身於一個與多個之中，我們達到一種新的存在方式。㉑

同樣地，在我們學習指導內在協商，以便解決有歧異或處不好的自我之間的糾紛時，就不會再被持續的內在衝突給榨乾。這樣的衝突可能是在意識層面之下的，但仍然相當眞實，而且會耗竭我們的力量。

## 益處：增強獲取技巧、才能與創造力的能力

承認並學習去認識、理解與處理構成我們複數自我的人格，能夠幫助我們在每項努力中發揮最完整的能力。

——莉塔．卡特（Rita Carter），《你這樣的人》（*The People You Are*）

---

4 伊爵斯．沙對於複數自我的觀念有清晰的觀點，把最後一本書命名爲《發號施令的自我》（*The Commanding Self*），說明「發號施令的自我……可以被視爲一種寄生蟲，起初恭維人格，接著占領它的某些部分，然後戴上假面具，裝成是那個人格本身。」⑲

> 在每個人的內在，可能有一名運動員、一位學者、一個照顧子女的家長，還有其他角色等等。我們的臉部肌肉組織、手勢、字彙、口音、筆跡、恐懼症，甚至是記憶，可能以我們連做夢都想不到的方式而變化多端。我們的意識流，包含著複數自我之流。
>
> ——瑪莉琳．佛格森（Marilyn Ferguson），《寶瓶時代》（*Aquarius Now*）

你希望能夠做到更多事情，而且比過去更擅長做你已經在做的事情嗎？無數的自助書籍（包括詹姆斯．法第曼寫過的一本），[22]一開始就說他們會如何處理你人生中的各式各樣不足之處，好讓你可以得到更多想要的東西。我們的觀點則相當不同：我們認爲，大多數人沒有充分利用他們已經具備的東西，也就是他們複數自我的多種能力，這就像是沒注意到你的褲子有口袋、你的手機有內建的應用程式，或是你的車子有排檔。

健康的複數自我觀點，解釋了人如何透過承認並欣賞不同的自我，獲取增強的技巧、才能與創意程度。前文中，我們看到大衛．鮑伊如何有意地創造出新的人格，並且學習完全變成它們，好讓他能夠搖滾整個世界。另一個例子是赫歇爾．華克，他進入戰士自我，在內在教練指導之下，有意識地學習去召喚並利用能夠在巨大痛苦下運作的那個部分的他（我們很快就會看到），從而變成多種運動的冠軍。另一個例子是巴布．狄倫（Bob Dylan），他贏得諾貝爾文學獎，隨後我們將會討論到他，可別錯過他在二〇二〇年發表的曲子〈我擁群像〉（I Contain Multitudes）。

曾經研究過多重性病態案例的人，早就注意到某些這樣的人具備創造力、彈性和廣大的技能組合。舉例來說，有一本寫給被診斷出不健康多重狀態者的自助手冊指出，這樣的人「有時候因爲這種區隔化（compartmentalize）的能力，比整合的人締造出更多成就。」㉓如果你有機會讀丹尼爾·凱斯（Daniel Keyes）鞭辟入裡且令人振奮的記敘作品《24個比利》（*The Minds of Billy Milligan*），你就會了解比利如何變成搶手的肖像與風景畫家、胡迪尼（Houdini）式的逃脫高手、一種他從沒學過的語言（塞爾維亞語）的流利使用者，還是一個破壞專家，而且藉著有意識地控制腎上腺素，能夠召喚出超乎人類的力量。

學習新技巧、扮演新角色，並且取得深刻創造力的能力，明顯不限於那些被診斷出病態多重性的人。事實上，許多極有才華而成功的人士之所以取得成功，正是因爲他們有能力接通自己的不同部分。如同史考特·巴瑞·考夫曼（Scott Barry Kaufman）和卡洛琳·葛雷高爾（Carolyn Gregoire）在他們的書《我的混亂，我的自我矛盾，和我的無限創意》（*Wired to Create: Unraveling the Mysteries of the Creative Mind*, 2015）裡面寫到的：

> 創意人……身上多少都有這些不同的特徵，而且，他們可以視當下何者最有幫助來彈性切換。創意人似乎特別擅長在一個大範圍的性格特質與行爲中運作。他們依狀況與環境而定，既內向又外向，並且學習在他們的創造過程中，駕馭小心謹慎與心神漫遊。㉔（譯註：此處譯文引自中譯本。）

在同一條思路上，臨床心理學家葛蕾卿·史力克（Gretchen Sliker）寫道：「雖然子人格在所有人身上都出現了，而且可以透過觀察他們的行爲直接被分辨出來，但子人格在才智過人之士的複雜人格之中最鮮明；從他們的生命史，還有多變的行爲與表現來看，都很明顯。」㉕對於創造力，考夫曼和葛雷高爾提供以下的智慧，並呼應了華特・惠特曼（Walt Whitman）的名言，[5]這段話出自知名心理學家米哈里・契克森米哈伊（Mihaly Csikszentmihalyi），他訪問創意人士超過三十年，並且首先提出「心流」（flow）這個概念：

> 如果我必須用一個詞彙表達是什麼讓他們的人格不同於他人，這很複雜。他們展現出在大部分人身上被分隔開來的思想與行爲傾向。他們包含矛盾的極端；他們不是個人，反而每一個都是一個「群像」。㉖（譯註：此處譯文引自《我的混亂，我的自相矛盾，和我的無限創意》中譯本。）

## 審閱者的提問：你能夠選擇一個比較年輕快樂的自我嗎？

本章的一位早期讀者，提出一個有趣的問題：「在這種想法之下，是否表示理論上人只要在每一刻都選擇一個比較年輕、快樂、富有的你/自我，就可以讓自己在比較長的時間裡都比較年輕，而且增加自己的快樂程度呢？我不確定你有沒有發現，但我是個教練，會面對來自弱勢環境的人演講。我很樂意跟他們分享這個想法，看看是否有幫助。」

這位讀者的問題，讓我們想起哈佛社會心理學家艾倫・蘭格（Ellen Langer）在獲獎著作《逆時鐘：正念健康與可能性的力量》（*Counterclockwise: Mindful Health and the Power of Possibility*, 2009）裡提到的逆齡研究。布魯斯・葛里森（Bruce Grierson）描述了實驗的一開始：「八位七十多歲的男性在新罕布夏州一座翻修過的修道院前面，踏出一輛廂型車。

他們拖著腳步前進，其中幾位彎腰駝背，有兩位拄著拐杖。然後他們穿過一道門，進入一個時光逆轉區。派瑞・寇摩（Perry Como）在一台老式收音機上深情輕唱。艾德・蘇利文（Ed Sullivan）在黑白電視上歡迎賓客。裡面的所有東西，包括書架上的書，還有旁邊四散的雜誌，都是被設計出來喚回一九五九年。」[27]

蘭格報告說，實驗組在時光逆轉區裡待了一個星期以後，在雙手靈活性、體力、姿勢、步態、感官知覺、記憶、認知、味覺敏感性、聽覺與視覺上，都展現出進步。或許沉浸在他們年輕時的環境裡，讓這些男性轉變成比較年輕、比較健康的自我，這些自我開始煮飯給彼此吃，並且以一場臨時起意的觸身式美式足球賽結束這個研究。

## 益處：增強身體療癒力與痛苦管理能力

關於增加獲取特殊技能與才華的管道，有個好例子可以在某些人學習應付痛苦，以及普遍增進其身體健康與精力的方式上看到。舉例來說，幾年前吉姆參加了一個工作坊，有一部分是由黃忠良（Chungliang Al Huang）領導，他是生活道基金會（Living Tao Foundation）的創辦人暨主席，而且

5「我是自我矛盾嗎？好吧，那麼我是自我矛盾，我即浩瀚，我擁群像。」

是一位知名的太極拳大師。吉姆在日記裡做的筆記如下：

第一天晚上我們跟黃忠良一起工作。我在那裡，心想：「天啊，又是黃老師。所以我又必須打太極拳了，而我已經累了。他有不可思議的精力，但我沒有；他從不衰老，我卻老了；而且我感覺很糟。」唔，在某個時間點，我開始能夠跟上他在做什麼，而極其渴望跟著他做的那一部分的我，接掌了控制。在那一刻，我的思緒變成：「我還沒到那個程度。無聊、清醒、中年知識分子的那部分的我，可以稍微移動一下，不過它不會離開地面。」

但當我確實發現自己離開地面的時候，有一股不可思議的愉悅，因爲那一部分可以離地升空的我不常出現。而我確定這是我這麼熱愛黃忠良的理由之一，因爲他對我的許多部分之一，那個鮮少得到足夠時間的一部分說：「這也是你！」一旦我讓那個部分出來，它就容許我在當時體驗到全新層次的健康，然後把那股精力加進去，再散播到整個圈子裡。

在這種環境下，吉姆僅靠著追隨某個深度與身體結合又超級健康的人，就能夠接觸到可以輕鬆追隨且達到相同益處的那部分自己。

在某些例子裡，增進的健康，或者較少的功能失調，是來自於身爲某個自我，而非另一個自我。舉例來說，思考一下第一章裡的提米；在大多數自我之中，他沒辦法喝下柳橙汁卻不起蕁麻疹，但對他的其中一個自我來說，喝柳橙汁就是沒關係。文獻裡包含類似的故事：在某個自我狀態下對貓過敏的人，或者會體驗到劇痛的人，在其他自我狀態下卻安然無恙。

身爲人類，我們全都必須學習如何應付痛楚。談論病態多重性的傳統文獻裡指出，不同自我的創造，[6]可能是被引起巨大身體或情緒痛苦的虐待所觸發。如同丹尼爾・凱斯描述比利・密利根的其中一個自我時所寫的，那個自我的工作是承受他體驗到的任何身體痛楚：「大衛，八歲。充滿痛苦的人格，也是感情移入者。他承受其他人格的痛苦。」㉘（譯註：《24個比利》目前雖有根據修訂完整版譯出的新中譯本，但本書中引用的原文跟新中譯本根據的版本似有不同〔「老師」的年齡不同〕，故採用小知堂舊版譯文。）

赫歇爾・華克提供了一個特殊的例子，說明他如何利用不同的自我來處理痛苦。他還在讀小學的時候，眞心希望自己不再過重，決定要變成一個盡心盡力的跑者。在某個時刻，他覺得膝蓋痛得要命，母親帶他去看醫師，醫師則跟他說不可以再跑了。

非常支持赫歇爾的母親告訴他，如果他想跑，他可以儘管跑。「你想跑，就去跑吧。」㉙但這會引起極大量的痛楚。「毫無疑問，」赫歇爾寫道：「我對於訓練所採取的紀律方法幫助了我，但在去看過湯瑪斯醫師以後，第一次開始跑步時，我的膝蓋有多痛，再怎麼強調都不爲過。但不知怎麼的，我能夠隔離那種痛楚，繼續進行我的訓練。」㉚他是怎麼做到這件事的？

只有當晚我躺在床上的時候，痛楚才會來襲，但在我閉上眼睛的時候，它似乎就消散了。現在我對解離性身分疾患（DID）有所認識，而基於後來的經驗，我相當確定自己發展出另一個副人格，而他在面對痛楚時多少無動於衷。這個人就是能夠同時消滅痛苦本身，還有關於

6 如同隨後會詳細討論到的，並不只有負面、痛苦與創傷性的經驗會創造出複數自我，正面、肯定、歡樂而幸福的經驗也可以創造自我。

> 痛楚的任何長期記憶。我的意思是，我起初會感受到那種不適，但接著別的東西會開始生效，「消滅」會開始生效，而我就能夠以全速再做一次。這跟先前幫助我克服怕黑或者忍受嘲弄的那些副人格不同，在要對付痛苦的時候，我的切換——因爲沒有更好的詞彙可以說明——近似於一種眞正有意識的努力了。我覺察到自己處於痛苦之中，然後對自己說：「好吧！現在是動身的時候了。我們必須上，這不會阻止我們。繼續做，繼續衝破障礙。」而我就會衝破障礙。㉛

後來赫歇爾在上大學的時候，用他這個應付痛楚的副人格，在沒有麻醉劑的狀況下接受智齒手術。㉜

在我們之中，有些人在生活裡常態性地體驗到疼痛（以數十年的時間跨度來說，幾乎每個人在某個時間點都會這樣），對這樣的人來說，在參與很享受的活動時，痛楚緩解或完全消失並非不常見。舉例來說，喬丹．葛魯伯有時候會體驗到他的下背部與髖部眞的又僵硬又痛。然而，在他練習二十歲時學會的跆拳道踢腿時（他斷斷續續練習了將近四十年），就變得更靈活了，且通常任何痛楚都會消失。一種解釋是，喬丹藉著做出且展現正確執行一組基本跆拳道踢腿動作所需的靈活姿勢，伸展並移動了，而以某種方式重設了他的身體，讓他體驗到好幾個小時或好幾天的痛楚緩解。

另類的補充性解釋則是，藉由練習某種他還是年輕人時做過的某件事，他名符其實地「重新體現」（在身體上聚焦於）一個比較年輕、不再疼痛的自我。艾倫．蘭格的書《逆時鐘》探討了喚出比較年輕、比較健康的自我，能夠對於老化帶來的某些挑戰，提供創新的解決方案。同樣地，湯姆．肯揚（Tom Kenyon）在他的書《大腦狀態》（*Brain States*）中的某一章〈旁敘人與自我的多重性〉（Talking Heads and the Multiplicity of Selves）裡，描述他如何讓一位嚴重失能的中風病患把手臂舉高到超過肩膀：

我讓傑拉德盡其所能地舉高左手臂。他幾乎無法把手臂抬離他的腿，或許舉高了兩、三吋。就在那時，一件最令人訝異的事情發生了。我要傑拉德回想他覺得自己的身體處於精力與力氣顛峰的某一刻。他閉上眼睛想了一會兒，然後說：「十九歲。」當時他才剛離開軍隊。

我讓他在想像中回到人生的那一刻。在我說話時，我放了一些柔和的音樂，引發一種較深層的大腦狀態，並且暗示他，那個十九歲青年現在以某種難以解釋的方式來到他體內了。我要他容許這個十九歲的自我舉起左手，容許這件事發生。

幾乎是同時，他的手臂開始從腿部位置往上舉了。在他停下來以前，手臂已經上舉到剛好超過肩膀的位置。我瞥向他的太太，她興奮得坐不住，淚水從她臉上成行落下。「他從來做不到這件事！」她說道。㉝

## 益處：增強克服壞習慣與成癮的能力

我們一再發現自己並非單一的自我，而是有多個自我。人的天性包含了想立即享樂的自我，以及懷抱更長遠目標的自我……自制的重點在於了解組成自我的各個元素，而不是徹底改變自己……自制力最強的人不會在自我之間引爆戰爭，而是學會接納與整合這些互相爭奪掌控權的自我。

——凱莉・麥高尼格（Kelly McGonigal），《輕鬆駕馭意志力》（*The Willpower Instinct*）

（譯註：此處譯文引自中譯本。）

對於健康自我的覺察，可以幫助你對壞習慣與成癮下工夫、做出限制，甚或消除它們。稍微想一下，在處理酗酒問題方面，傳統心理治療的效果比起匿名戒酒會爲何算是毀譽參半或者偏向負面；[34]整體而言，匿名戒酒對那些堅持下去的人來說效果相當好。事情的關鍵或許是這個：

**一個人起初現身接受心理治療師協助的那個部分，通常不是實際上有酒精依賴或虐待問題的那個部分或自我。**

匿名戒酒會讓「酗酒的自我」以一種有所不同且通常更有效的方式參與其中。在你分享的時候，你這樣介紹自己：「我的名字是路人甲，我是個酗酒者。」藉著明白地陳述這件事，還有置身於鼓勵酗酒自我留在當下的團體環境與文化背景，這個有問題的自我就可以得到承認、欣賞、忠告，還有其他在同儕環境下會得到的協助。

幾乎每個人的人生中都有某些事情，是他們寧願自己不去做的，或者希望自己能對此有更大的掌控力。就像聖保羅在《羅馬書》第七章第十五到十九節裡說的：「實際上，我所做的，我不明白，因爲我所願意的，我沒有去做；我所恨惡的，我反而去做。……這樣，我願意行的善，我沒有去行；我不願意做的惡，我反而去做。」[35]

對於我們爲何不去做想做的事，又做了不想做的事，最簡單的解釋，就是我們不同的自我彼此有歧見。我們的一個或多個自我，或許不在乎可能對我們的身體與存在整體狀態比較好的事情。無論我們在講的是酗酒、抽菸、用藥、暴食（或者另一個極端，厭食），或者其他癮頭，像是賭博、強迫性購物、囤積或色情上癮，第一步都是承認有一個不同部分的你發起且參與這個行爲，並把這個行爲放在第一位。

也就是說，在你承認眞的有一部分的你完全陷入且致力於做任何必要的事，好滿足你的癮頭，而沒有覺察或不在意因此導致的傷害之前，整體的你要成功處理這個問題，相對來說機率會比較低。另一方面，一旦你搞清楚那一部分的你對目前這個行爲上癮，就可以開始感同身受並欣賞那個部分，與它協商，並且以其他方式與那個部分工作。

## 益處：更好的人際關係

對健康複數自我觀點敞開心胸，有一個很棒的地方，就是可能帶來的益處不只觸及你、你的複數自我，還有你的整體內在生活，同時也會對你和其他人的互動與關係帶來益處。就像你一樣，其他人也是由超過一個自我或人格所構成的，這意味著他們不同的部分：

- 會有不同的需求，有時候會在意料之外。
- 會以不同方式、按照不同時間表運作。
- 從你的觀點來看，有時候會有怪異混亂的行為，或者用你不贊同的方式行動。

藉著開始覺察到這一點，你打開了大門，可以去體驗下面的益處：

- 變得更能接受他人的不一致與健忘。
- 在整體與特定環境裡，學習對他人更有耐性而溫柔。
- 隨著你看出其他人可能不知道他們有超過一個自我，對他人變得更有慈悲心與同理心，比較不會自以為是。
- 變得比較不可能「整體化」，把某個人完全標籤成壞的或不可接受的（也就是說，你可能變得愈來愈能夠看出別人有某個你不喜歡的部分，或是生病、病態的部分，那並不是這個人的全部）；在任何狀況下，一旦你承認那確實是那個人身上的某個部分，有其自身的需求，你總是有辦法對那個人的那個部分下工夫。
- 你隨著情境，學會把你最恰當或相關的自我們，跟其他人最恰當或相關的自我們同調，從而學會跟其他人好好合作、和睦相處。

重要的是，你自然接收到的個人益處，將會強化你傳遞給他人的益處，反之亦然，進而成了一個正向的回饋循環（參見圖表2.3）。

如果你因爲覺察到，或許也承認你的複數自我，甚至成功地與它們合作，而讓你對自己感覺好些了，那麼你很容易對其他人也比較寬容。在你記起其他人就像你一樣，正在跟超過一個自我共事，你的同理心和慈悲心自然會增長。最後一點是，在你能夠更自在地面對自己之後，在其他人身

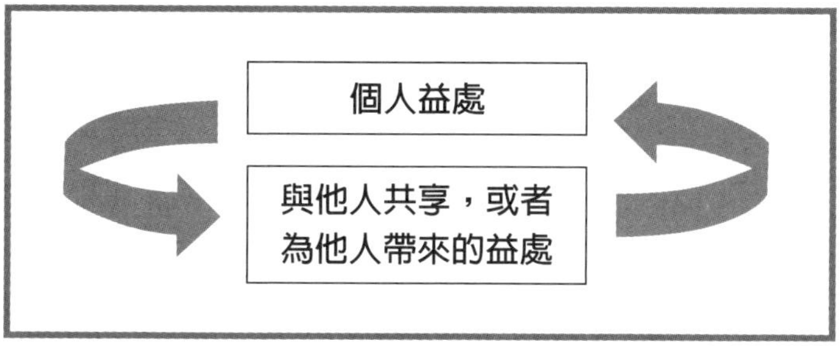


**圖表2.3　個人益處，以及與他人共享／為他人帶來的益處之間的良性循環**

邊，以及跟其他人一起工作的技巧也更好的時候，**其他人也會發現花時間跟你相處變得更容易了**。總結來說，有三種類型的益處：

- 對你來說很個人的益處
- 讓你能夠更擅長應對其他人的益處
- 讓其他人能夠更擅長應對你的益處

更多的好消息：所有這一切都可以發生，而且通常確實發生了，卻不需要你做出任何特別的努力。回想一下第一章的「覺察具有療癒力」，你對自己的健康多重性覺察得愈多，就愈常自然且自發地轉換你接觸自己的內在星座的方式，還有跟那些自我工作的方式。對於你個人的益處、你與其他人共享的益處，還有你爲其他人帶來的益處來說，這個說法都是真的。學習如何天衣無縫地轉換進出不同自我是一種關鍵技巧，我們在這本書裡會談到許多次。

## 健康複數自我觀點的「劣勢」

接納健康複數自我觀點有許多潛在優勢，但也有某些劣勢。然而，這些劣勢主要是關於放下看待事物的熟悉而舒適的方式，就算那些方式有多不實際、沒幫助又充滿錯誤。

一個潛在劣勢是需要對你所有的自我坦白並負起責任。這可能要花很大的工夫，而且有可能你的一個或多個部分不想要承擔必要的努力或參與其中。假定你有一個癮頭或糟糕的習慣，是源於某個不快樂或不聽話的自我。根據你能夠承認、欣賞，以及與這個自我合作的程度，你將會釋放出能量，並且有可能變得比較快樂。其他部分的你可能不高興有這個自我存在，而且它們（的不滿）必須得到處理。不過正是對「受到畏懼、憎恨與否定」的自我下工夫所付出的努力，「拓展了我們的意識領域」。㊱

一個相關的劣勢是，你需要放下某些不實際的想法，或者想像有某個神奇魔法會解決問題；也就是說，一旦你承認複數自我的存在，也知道這些自我可能做出整體的你希望自己沒做的事，或不做那些你希望自己會做的事，那麼你希望自己能夠奇蹟般或變魔術似的改變行爲一事，就會變得更不實際。反之，你需要積極參與，做一些眞正的工作。

如果別人有你不喜歡的行爲，或者不做你希望他們去做的事，而你希望他們改變的時候，前述原則也適用。就像你一樣，其他人有複數自我，而他們的自我之中有一些會持續以某些方式行動。在典型狀況下，那些自我要是沒得到某些承認、欣賞，還有來自你和另一個人的努力，這些自我就不會改變它們的行爲。在某些狀況下，你可能就是必須接受，某人的某個部分總是會做一些你不盡然偏好或同意的事情。

最後的一個潛在「劣勢」是，你可能會發現，當其他人的自我和你的自我用不一致或怪異的方式行動，甚或在他們說了或做了你明確跟他們說「不可以」的事情以後，你沒辦法再理直氣壯地對他們發怒，或者怒氣維持不久。另一個人的一部分，或者你的一部分，可能同意不再做冒犯人的行爲，但那個部分可能不是現在做主的自我。[7]這裡的關鍵是，記得你有一個或多個自我可以更有耐性、更體諒、更願意跟你的某些其他自我和平相處。如果你可以接通一個更體諒而慈悲的自我，那麼對所有人來說，通常一切都會變得比較好。

## 適應一個迅速改變的後現代世界

一九七〇年，未來學家艾文・托佛勒（Alvin Toffler）在著作裡創造出「未來的衝擊」（future shock）這個詞彙，描述一種個人與整體社會的心理狀態，在其中有種個人感知是「在太短的時間裡有了太多的改變」。[37]毫無疑問的是，世事改變得比以前更快，雖然這很難分辨（就像如果我們是海洋裡的魚，即使能發現周遭的水有變化，程度也微乎其微），但似乎改變的步調持續在加速。從線上環境培育出的相互關聯性裡，與數十億人（其中有許多人來自你可能從沒想到的地方）立刻

7 某些人可能把健康複數自我當成一種手段，企圖擺脫他們的某部分自我可能做過或忘記的事情所惹出的麻煩，對於這些個人、倫理與法律上的責任，還有恐懼，有些重要的事情要探討。隨後我們會討論到這些議題。

就能聯繫，到呈現驚人多樣的自訂性別身分（臉書有十多種性別選項可供使用者選擇），㊳以及從服飾到科技（如3D列印）都量身打造的能力，我們生活在一個充滿改變、可能性與其他選項的世界裡。

因此，我們不再是生活在現代世界了，而是活在瞬息萬變的後現代世界。既然我們眼前有著瞬息萬變又幾乎毫無限制的可能性，我們怎樣用最好的方式適應並發展成功？如同米克．庫伯（Mick Cooper）的建議，為了將我們的潛力與可能性最大化，我們會想要利用一種有創造力或適應力的多重性。他說：

> 可能有一種形式的自我多重性（self-plurality），容許個人把他們的潛力發揮到最大，那是我們可能會稱之為一種「有創造力」或「有適應力」的……多重性。在其中，個人採取不同的自我概念，因為一個單數的自我（無論多麼有流動性）就是無法對後現代世界呈現的多重機會做最大的利用……在一個頌揚異質性與多重性的社會文化環境裡……自我多重性可能冒出頭，被當成一種將個人實踐可能性最大化的潛在手段。㊴

這把我們帶回了赫歇爾．華克所瞄準的一個關鍵點，莉塔．卡特則重述得很好：

> 傳統上被視為有潛在傷害性的病理狀態，實際上是一種內在多樣性的徵兆，是由我們這個物種適應環境變化的神奇能力所創造出來的。在迅速變化而不確定的世界裡，我希望人類心靈本質上的多重性，會被視為一種無所不在而寶貴的功能，而非一種奇特罕見的怪癖。㊵

當我們承認自己和其他人一樣都有複數自我，開始欣賞並與這些自我合作，我們生活中的許多領域會迅速變得更有道理，而且有更好的結果。所以，**重點是不要害怕或企圖控制內在的複數自我，而是要接受它們存在的現實，並學會利用它們提供的神奇靈活性**。

簡而言之，打開對健康複數自我的覺察，也就是觀察並肯定在所有人之中會發現的「無所不在而寶貴的功能」，就能夠以許多方式產生價值，讓個人得以提出、追求並達成更大、更好、更健康也更有用的目標。

舉例來說，個人治療的目標可能會被看成這樣：透過鼓勵並且對自我進行工作，暴露出每個人具有的（或者可以發展的）全副技巧與能力。對於靈修的目標，更好的描述方式是學習和睦協調我們的複數自我，而不是嘗試壓抑或整合（或者更糟的是殲滅）它們。在情緒與心理健康適性上，更好的描述方式可能是更能夠在正確時刻轉換到正確心態。要完整探究健康複數自我觀點的潛在科學與文化衝擊，需要做很多的思考與修正。

## 關於益處與優勢的視覺化觀點

在你開始將複數自我概念化、與它們工作並接納它們的時候，會看到這不只是對你和其他人有益處，在這些範疇裡，同時存在著內在與外在眞實世界的益處。請考量下面的想法。

請記住：**自我的交響曲在你的裡裡外外，都一直在演奏**。在你的內在，它可以被調整到穿透你的思維、感受與情緒，而且通常反映在你現在有（或沒有）體驗到的和諧、連貫，以及複數自我的自尊感之中。

在你之外，在你的話語和行動的一致之處，在你強化的正面或負面習慣中，還有你對自己與他人（及其複數自我）的互動中所展現的慈悲程度裡，可以大聲而清楚地聽到這首交響曲。

要用另一個方式來將之概念化，並且概述從敞開心胸覺察健康複數自我而流出的優勢與利益，請參考下一頁的這組圖表。第一個是p.69的圖表2.4，從三萬英尺的鳥瞰觀點呈現事物，審視個人益處，以及與他人共享的益處。重要的是，在被稱為「良性循環」的狀況裡，每個益處都強化了其他益處。

現在讓我們靠近一點看。圖表2.5強調了另一個重要的區別：你在自己內在體驗到的益處與優勢，還有你在自己外在體驗到的益處與優勢。提醒一下：我們內在的感受、情緒與能量世界，就跟物理性物體和可觀察行為的外在世界一樣重要。許多現代作者都提到，只計算並考慮表面和現實的外在、物理可測量的實質面向，卻忽略了我們與生俱來的、由意義與感受構成的廣大內在風景，讓這個世界「變得扁平」或者去神聖化。整合性靈哲學家肯恩・威爾伯（Ken Wilber）的長期朋友與粉絲們，可能會注意到圖表2.5與威爾伯的概念「四個象限」之間具有相似性。

p.70的圖表2.6把這一章的重點全部放在一起，而且詳細顯示了在自我益處與他人益處兩方面的內在與外在，或者外部的益處。幸運的是，你不必從探討這些所有益處開始！你可以直接開始嘗試更常在正確時刻處於正確心態，我們在下一章會詳細討論此事。

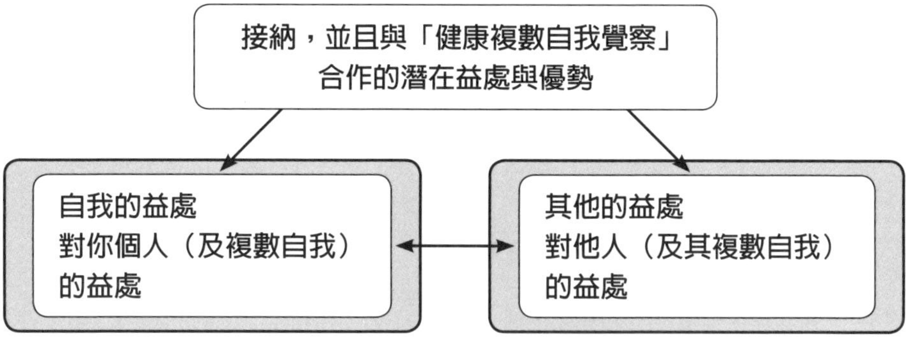


圖表2.4　潛在益處與優勢：三萬英尺高空鳥瞰觀點

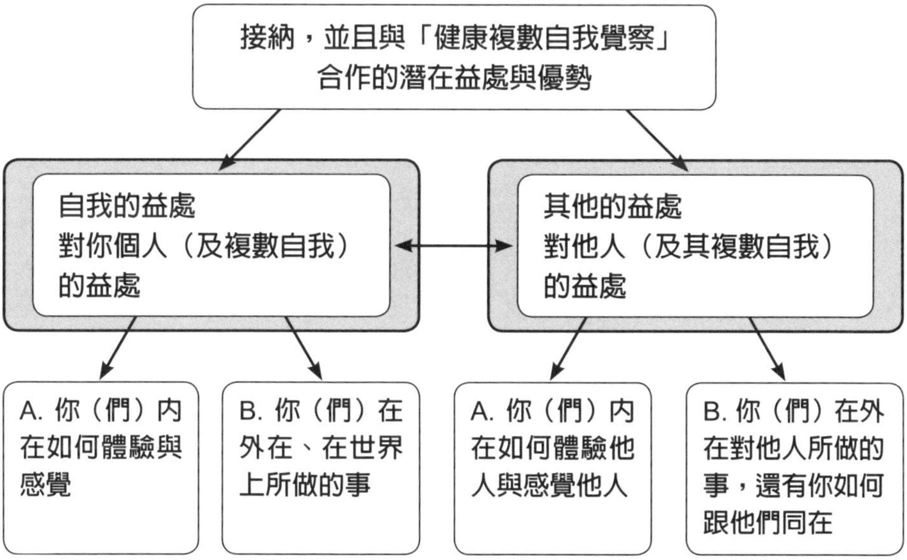


圖表2.5　潛在益處與優勢：自我的益處與他人的益處

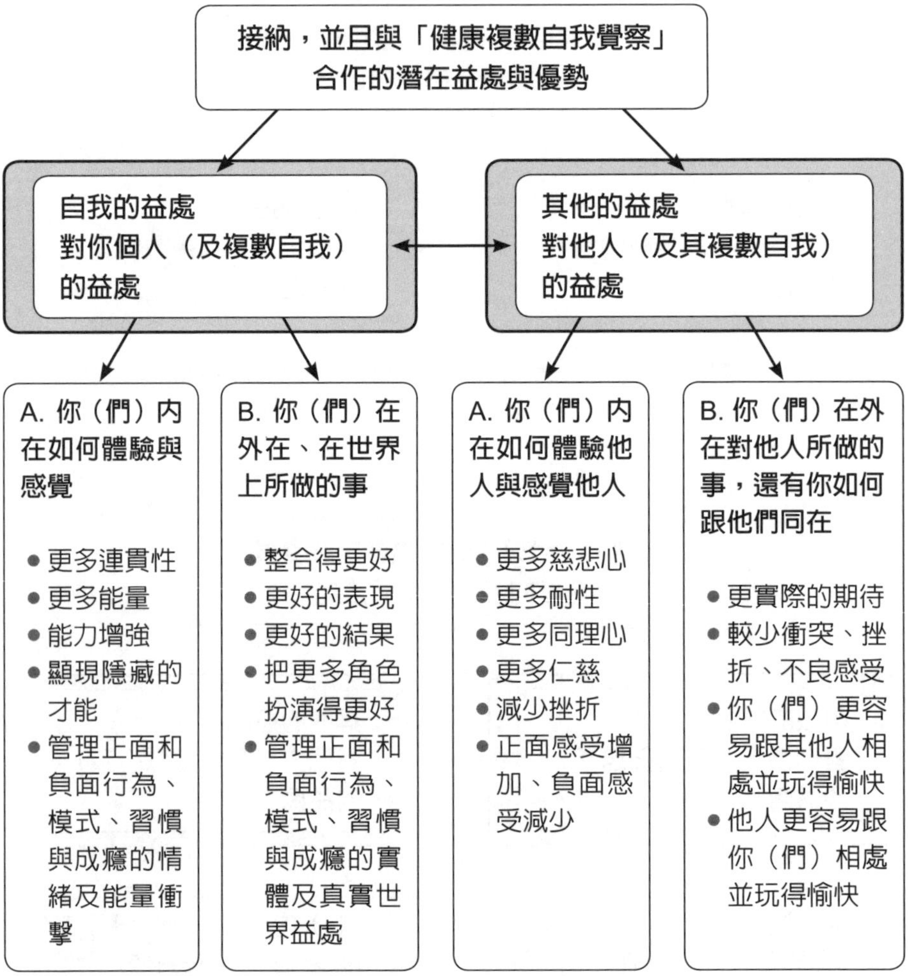


圖表2.6　潛在益處與優勢：詳細的自我與他人益處

## 長期的益處與優勢

本章的最後是一張益處的時間表；也就是說，通常人們如何隨著時間流逝而體驗到健康複數自我的益處。我們詳細列出三種層次的漸增益處。推進這些層次的能力，奠基於某人對自己與他人的複數自我有多熟悉，還有他們能夠多完整而容易地質疑單一自我假設等因素（見p.72的圖表2.7）。下列清單闡明了三種層次：

- **第一層（隱性的複數自我覺察）**：在你明顯熟悉健康複數自我概念之前，可能已經在某種程度上體驗到的益處。
- **第二層（一些明顯的複數自我覺察）**：一旦你有一些對健康複數自我世界觀的普遍覺察時，自然就會來到你身上的益處。
- **第三層（明顯投入的複數自我覺察）**：從更完整地理解健康複數自我觀點中流出的益處，而為此你可能必須下工夫。

第一層包含了你沒有任何覺察或努力、在第一次讀到或想到健康正常多重性以前，就已經接收到的益處。就算沒有任何覺察，許多人，尤其是成功、快樂、平衡又有生產力的人，已經從隱性的複數自我覺察中得益，那是他們既有社會生活技能中的一部分。

換句話說，實際上我們全都活在一個有許多自我的世界裡，其中運作狀況良好的人，一定在某種程度上已經有效處理好自己的複數自我，還有其他人的複數自我。如果是這樣，那麼這些人可能已經學到並且發展出有效的行爲與模式，反映出複數自我存在的現實，並且運用能夠帶來益處的方式，善加利用這個現實。

舉例來說，思考一下「可教育的時機」（teachable moment）這個觀念。當孩子不在正確的心境，不在一個踏實、有合理程度的耐性且心懷敬意的自我狀態時，要與他或她進行具生產力的對話的可能性很低，尤其是牽涉到學習新知或是溝通困難的回饋。當那個孩子正確的部分不在場，他或她會付出的注意力就很少，很快就會恍神，或者忘記說過的任何話。等到這個孩子處於比較適當的心境再說，顯然是比較合理的。

這個簡單的原則有許多成效很好的學校教師、治療師與父母在使

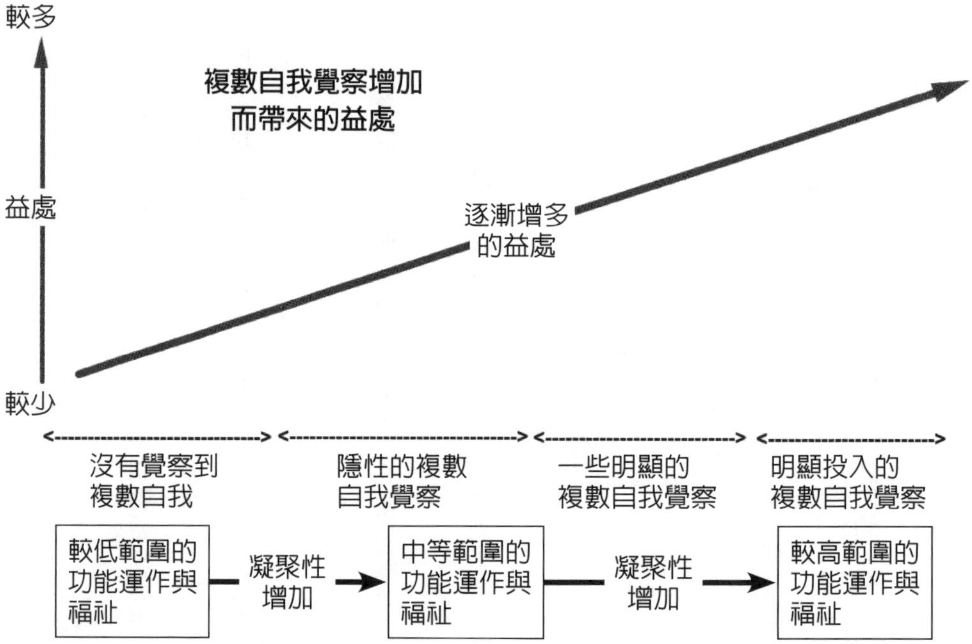


圖表2.7　複數自我覺察增加而帶來的益處

用，它之所以這麼有效，是因爲它讓一個眞實世界的事實發揮了重要作用：小孩子有顯著不同的複數部分或自我，而且在任何一刻，某些自我會比其他自我更容易聽話去進行某種類型的任務。那些理解並利用這個原則，卻沒有明確覺察到複數自我現實的人，是在體驗並展現第一層的益處。

第二層包括你對於健康多重性有些覺察以後，自然輕鬆得到的益處。大部分第二層的正面改變與益處，不是強勁的啓示顯現和改變人生的戲劇性時刻，而是透過在思維、行爲與言論上，小而自然、不露痕跡又自發的變化而發生的；也就是說，在許多例子裡，就算只是考量健康複數自我的可能性，不管是來自閱讀像本書一樣的書籍，或者研究卡爾．榮格的原型，或者在一個專題討論課裡對各個部分工作，或者是某種個人成長途徑的一部分，像是我們將會提到的自我內心對話（Voice Dialogue）、統合心理學（Psychosynthesis）或內在家庭系統（Internal Family Systems），都會導致你的某些思維、感覺與行動方式有輕鬆而正向的變化。

所以只要一些覺察和努力，你慢慢就會自然輕鬆地變得更有凝聚力。把自己想成一個複數自我的整體系統，你的言論和行動就能夠跟先前的言論、行動、意圖與計畫，更站在同一陣營，變得更一致，而這能幫助你在多重領域裡更有效地運作。在此同時，其他人也會開始體驗到你說的事情以及你說的方式變得更連貫，進而使你與他人的互動更良好，關係亦加深。而你對於其他人（及其複數自我）和自己的複數自我的慈悲心，會自然而然輕鬆地增加。

第三層帶來的益處與優勢包括前兩個層次，而且遠遠超過。在你透過自己的經驗，變得更熟悉這些觀念且徹底處理過之後，你可能會更加確信健康複數自我觀點反映了每個人實際的樣子。在這個過程中，你的參與程度從只是承認你和其他人有複數自我，往上移動到積極欣賞你和其他人的複數自我，再到有意識而有效地學習跟這些自我工作，與它們合作並和諧相處，你可能會發現自己的複數自我愈來愈有凝聚力。

對於總體的你來說，在經歷這些層次的時候，本章描述的完整益處與優勢光譜會愈來愈容易取得。這可能要付出一些努力，不過這些益處可以造就驚人的差別，對於你持續的生命經驗，以及其他人如何體驗到你這兩方面來說，都是如此。

## 我們有忘記任何事情嗎？心不在焉與複數自我

健康複數自我觀點的最後一個益處是，它在許多讓人困惑的主題上帶來啓發，包括「心不在焉」這個問題。我們全都曾經把某樣東西放在桌上、車頂上或在眼前，卻無法找到它，或者開始做某件事（燒熱水、打開爐子），然後在不該走開的時候走開了。

最簡單（而且我們相信很正確）的解釋是，把東西放下的那部分自我，並不是必須找到那個東西的那部分自我。我們實際上眞的對於那玩意到哪裡去了，沒有此時此刻的記憶，因爲放下東西的那部分自我，已經不在場了。同樣地，我們忘記自己打開了爐子，是因爲需要爐子的那部分自我離開了，或者在我們專注於別處時分心了。

# Chapter 3 心理健康就是在正確時刻處於正確心態

第一章聚焦在「是什麼」（健康複數自我的覺察），第二章則在於「爲什麼」（可能的潛在益處），本章則建議了一種針對「如何」下工夫的簡單方法。我們邀請你考慮一個重要的觀念，就放在這個短而有力的句子裡：

**心理健康就是在正確時刻處於正確心態。**

身爲人類，如果每個人都有不同的複數自我，那麼在任一時刻、任一場合，處於正確的、最好的，或者最合適的心靈或自我狀態，是很有價值的。在這一章裡，我們會討論這個概念的必然結果：**心理疾病或功能失調，通常可以用更好的方式來描述，就是在錯誤時間處於錯誤心態。**

在正確時刻處於正確心態，如何等同於心理健康？在這種概念架構之下，你跟父母在一起的時候，你的「孩子」就浮現了。當你跟戀人在一起的時候，你的「戀人」就出現了。當你請朋友過來共進晚餐的時候，享受社交活動、烹飪與照顧他人的那部分的你就會出現。

在日常世界裡，當你在工作的時候，那個在學校裡過了那麼多年的自我，知道如何與其他人合作且增加價值的那部分，會相當活躍。當你需要做某些重大的財務計畫或會計工作時，那個能夠專注仔細地工作的自我就現身了，而且留在正中央的主位。有時在某種程度上更加極端，如同雷・葛拉斯（Ray Grasse）所說的：「在有人拿著一把屠刀走向你的孩子時，就是啓動『內在戰士』把那混蛋拿下的時刻，但當你和妻子在約會的時候，就是啓動『內在戀人』的時刻。」①（請注意這跟赫歇爾・華克在前一章的評論非常相似：你不會想要讓他的戰士自我來當你孩子的保母！）

呆伯特（*Dilbert*），史考特・亞當斯（Scott Adams）作

圖3.1：呆伯特：電子郵件人格對溫柔／仁慈的此刻人格

你不只是在有需要的時候進入正確的心態，還要找到種種方法以阻止不想要的自我造成眞正的損害。舉例來說，當你處於可能因爲不耐煩或粗魯而輕易讓事態嚴重惡化的情境裡，你仁慈而踏實的那部分自我會取而代之，站到前方來。

所以，當某個人的凝聚力足以可靠地在正確時刻表現出正確心態，然後做正確的事情以便創造出更好的結果與想要的效果時，他就是心理與情緒健康的範例。

## 處於正確心態的價値

爲什麼你應該以在正確時刻處於正確心態爲目標？首先且最明顯的理由是，當你擴展自己的健康複數自我覺察時，第二章中提到的大量潛在益處，就會逐漸變得能夠爲你所用。從更欣賞自我（與自我們），到逐漸增加管道獲取跟其他人合作得更好的技巧、才藝與能力，在正確時刻處於正確心態可以有很多收穫。如同謝莉雅．拉摩斯（Celia Ramos）所說的：「作爲一個模型，最理想的心理功能運作，就是能夠輕鬆順暢地在子人格之間轉換，以便從一個情境裡得到最大的生產力，以及有能力獲取較高階的解決問題能力。」②

其次，思考一下你認識的人裡，無視於環境改變或情境需要，死命致力於保持同一種心態架構的那類人。整體而言，這樣的人有多成功、多快樂？他們是否贏得了「一心一意狂熱分子」的綽號？當然，有時候爲了達成某些類型的任務，專心一意是必要的。然而，中長期來說，在生活的每個區域裡擁有更大的彈性，在必要或有用的狀況下，從不同觀點看事情，可以讓每個人從中獲益。

第三，透過學習如何操縱或轉換你自己，在正確時刻進入正確心態，你將更能發現有時其他人是在錯誤時刻處於錯誤心態，或朝著那個方向前進。隨後我們會對此多談一些，不過在此關鍵的第一步是，要覺察到對你來說確實眞切的事情：「擁有複數自我」，而且這對其他人來說也是眞的，這會讓你更容易也更有慈悲心地創造並滋養關係。

## 正確心態：這是什麼？有超過一個嗎？這樣足夠嗎？

幸運的人會創造並注意生命中的機緣，而且據此採取行動。在正確時刻處於正確地點，實際上全都是關乎處於正確的心理狀態。

——理查・懷斯曼（Richard Wiseman）

「**在正確時刻處於正確心態**。」這句諺語簡短明確，在大多數情況下完全不需要額外說明。不過，這裡有幾個定義、釐清，以及對某些問題的答案，可能會很有用。

### 釐清：別「放在心上」（Don't "Mind"），即使我們這麼做了

這裡的焦點是處於「正確心態」。但爲什麼用「心」（mind）這個字，而不是「自我」、「部分」或「人格」？這裡再說一次，用來指涉你的複數自我／心智／人格／部分的確切字眼或詞彙，沒有那麼重要。在你繼續健康複數自我覺察之旅時，眞正的關鍵是不要使用會產生阻力或者澆熄你

的探索欲望的字眼和詞彙。

我們發現，大多數人對於這裡用到「心」這個字，不會感到困擾。這個詞彙很容易理解，而且許多人都常常（就算是無意識地）用來指涉自己的一個或多個自我。接下來的表達方式是你可能曾經聽過的，或者在自己的生活裡使用的：

- 我是（或不是）「處於正確的心智架構下」（in the right frame of mind）。
- 我不在「正常心態」（my right mind）。
- 我需要進入不同的「心智架構」（mind frame）。
- 我要去告訴她一點「我心裡的想法」（a piece of my mind）。
- 我有一半的心思（half a mind，譯註：意思是滿想去做）想去那裡做這件事和那件事。

然而，如果這裡用的「心」字讓你很困擾，就把它替換成「自我」這個詞彙：「心理健康就是在正確時刻是正確的自我」。

## 定義：對於「正確」有實用上的正確想法

我們說的「正確」心態是什麼意思？「正確」這個詞彙可以用許多方式來使用與定義。爲了讓事情簡單一點，順應我們的實用傾向，我們會把「正確」這個詞彙定義爲導向正面的實際結果。因此，「正確」意味著創造出一個比較有利的、令人嚮往的、合適的結果或成效。如果你在正確時刻處於正確心態，你應該會體驗到它有助於創造想要的正面結果。

## 問題：在任一環境中，只有一個正確心態嗎？

爲什麼我們沒有用產生最佳結果或最理想的成效，來定義「正確」？如果每個人都有複數自我，爲什麼不把在正確時刻擁有「可能有的最佳心態」當成任何特定情境的目標？

從實用觀點來看，我們不想讓「完美」變成「良好」的敵人；也就是說，我們不想把自己拖垮，讓「掙扎著追求完美」來束縛自我。在任一環境中都有個「最佳」心態或自我，但以處於「夠好的心態」爲目標比較容易，而且仍會導向非常有利的結果。

藝術家暨作家阿里·阿諾那（Ari Annona），在一次私人聯絡裡對我們說：「在任何一個互動裡，我們永遠都無法確定自己實際上在扮演的角色。我們能做的只有出現，然後在任一時刻的任一互動裡，完整做我們自己。」

在某些環境下，會有超過一個的自我形成聯盟，充當「正確的心態」；也就是說，兩個（或更多個）心理狀態或自我共同合作，可能發揮正確心態的功能。我們將會在第三部探討跟超過一個心理狀態合作是什麼意思，還有形成聯盟的價值。

## 釐清：「在正確時刻處於正確心態」就夠了嗎？

在任一環境裡的正確時刻處於正確心態，以及在那個環境裡說或做正確之事，這兩者的價值是很實質的。因此，我們可以這樣表述：

**心理健康就是在正確時刻處於正確心態（而且做正確的事）。**

幸運的是，當你在正確時刻處於正確心態時，（從定義上來說必然如此）總是做正確的事，所以我們會把這些事（處於正確心態，同時說/做正確的事）看成單一而相同的事物。

其次，就算你在正確時刻處於正確心態（或複數心理狀態），就算你做了正確的一件事或好幾件事，以便創造有利或想要的結果，可能還是不夠；也就是說，在正確時刻處於正確心態，不會解決無法解決的問題、在沒有其他好選項的時候創造神奇的解決方案，或者取代必要的苦工與努力。但通則是，在其他條件相同的狀況下，當你在正確時刻處於正確心態（或多種心態）做正確的事，剩下來要做的事通常會變得很清楚，然後相當快就自動解決了。

## 準備與計畫：增加處於正確心態的可能性

有什麼辦法能讓我們在正確時刻移動或轉換到正確心態嗎？有辦法增加這種狀況發生的機率嗎？我們的目標就是要討論這種動力。我們已經假定自己是由複數自我組成，而且邀請你質疑自己生活中的單一自我假設，並且思考一下，採用不同方式來看待現實，如何規律地導致有益的結果。隨後，我們會說明「切換」（switching），這個詞彙是用來描述某個人可能如何被觸發，突然從一個自我移動到另一個自我；以及另一種較健康也更有機的方式：轉換（shifting），或者有凝聚力地在自我之間移動（moving）。

本章的焦點在於喚起覺察，以及對於特定方法與機制的討論。爲了這個目的，我們會說明使用正確心理面向並從中獲益的三種階段，還有一些人成功使用它的幾種特定方式。

請思考一下這個原則：

**為了獲得更多生命能量和有效性，請確保擅長且想要做某件事的那部分自我現在在場，而且正在掌控。如果不是這樣，請找一個方式有意識地召喚或轉換到那部分自我，或者乾脆做別的事情，直到正確的那部分自我可以出現，也確實出現為止。**

你在自己的生活裡，可以想到那些處於正確自我或錯誤自我，對於你的能量程度、專注力和清晰度，造就出實質差別的時刻嗎？下次，當你不是在正確時刻處於正確心態的時候，別逼自己進行手邊的任務，設法做別的事情來取代：散步、小睡一下、冥想、伸展、玩一輪數獨、聽音樂，或者做任何你習慣用來轉換心理架構到較佳狀態的其他事情。這一招確實有效的良好例子，來自吉姆寫給喬丹的一個頁邊註解上：

我打算在某天下午重讀這一章的早期草稿。然而，那天早上稍晚的時候，我收到消息說，我會有幾個月被牽扯進一宗法律訴訟裡。我是旁觀者，沒有受到威脅，但這件事無疑會占去一大堆時間、力氣和金錢，因爲我以前曾經置身於一宗漫長又醜陋的法律訴訟裡。在聽到這個消息時，我立刻感覺沮喪無力，幾乎無法思考其他事情。

我在那一刻做的事情是小睡一下，然後去一家咖啡店，我以前曾經在那裡成功地做先前的編輯工作。藉著轉換我的狀態與地點，我能夠回到編輯工作的自我，然後讓那一章有眞正的進展。爲何這件事發生在此刻？我正要做關於如何成功轉換到正確心態的章節時，這是個最好留著不解開的謎。

## 覺察與益處的三階段

在前一章裡，我們呈現了敞開心胸接納健康複數自我後將帶來的三階段潛在益處。同樣地，在正確時刻以正確心態工作的公式，有三種階段或層次：

- **第一層**：在對於健康複數自我世界觀不具備任何有意識的覺察，或者你沒有做出任何努力的狀態下，你的整個人生可能在許多場合裡已經探索過，並且讓你自己進入在正確時刻處於正確心態的狀態。
- **第二層**：在取得某些對健康複數自我的覺察以後（或許藉由鑽研「在正確時刻處於正確心態」的觀念），你會發現自己逐漸考量到自己是否處於正確心態，還有自己是否能夠或應該對此做任何努力。
- **第三層**：體驗到有意識地在正確時刻處於正確心態下工作的某些益處之後，你付出額外的努力，在自然且有益的狀況下，盡可能經常朝著在正確時刻處於正確心態下工夫。

你的覺察愈多、付出的力氣愈多，回饋與益處就愈大。幸運的是，通常只要一次經驗，例如你在某個環境裡，看到錯誤的自我切入時阻止了它，或者某一次你靠著轉移到一個正面的心理架構，創造出意料之外的極佳成果，你就會注意到這一點，然後想要更加拓展自己的覺察力。

## 駕馭的範例：處於正確心態的三個層次

有一位朋友定期通勤，而且很容易因爲潛在的遲到可能性而體驗到焦慮，這種焦慮在許多場合裡變成輕微的路怒（road rage）。他從無數次的經驗裡，明確地知道在自己心情不好、存心找麻煩的時候，麻煩找上他的可能性就變得更高。他也明白自己的時間焦慮，以及用力按喇叭、豎中指發洩路怒的潛能。他從自己冷靜的日常自我觀點，知道基於健康（血壓、壓力荷爾蒙）、防止意外和單純禮貌問題等理由，絕對不值得進入那種心理架構。

有一天早上，他比較晚起床，沒有吃任何早餐，同時從手機的交通報導應用軟體得知，他離家後的路況會變得更壅塞。如果他處於第一層，可能會模糊地發現自己就要有麻煩了。爲了防止那種麻煩，或許他在離家前抓了某種富含蛋白質的食物，知道這樣會讓他保持穩定，並讓他做出比較好的選擇。（處於又餓又憤怒的「飢怒」狀態，對於某些人來說非常難受，而隨之而來的血糖震盪，可能迅速導致一個不太理想的自我來接掌控制。）

要是他太匆忙了，就這麼坐進自己的車裡，沒有隨身帶任何食物就進入車流，會怎麼樣呢？如果他處於第二層（開始對健康複數自我的覺察敞開心胸），可能就會發現自己正朝著「在錯誤時刻有錯誤心態」發展。以這種覺察，他可能會記得維持血糖濃度的重要性，並且找出他放在背包裡的酥脆燕麥棒並吃下。或者，他可能提醒自己，既然現在可能會是一趟艱辛的車程，他必須保持中立心態，留在正確的心理架構中。「這會很困難，」他可能對自己這麼說：「但我準備好了，我決心要慢慢開、安全地開，而且不管任何人做了什麼事，我都不會對他們做出反應。」

如果他處於第三層，可能已經事先為自己處於這種狀態的時候做好計畫。也許他會放一些自己喜愛的音樂，讓自己冷靜下來，或者他會有意識地喚起對這趟車程來說正確的心態。或者他會利用一種已經設定好的奧德修斯協議（Odysseus Pact），[1]也就是他先前已經準備好在這種狀況下可以執行的計畫。

更普遍地說，身為一個處於第三層的人，可能會避免處於一種未臻理想或災難性的心態，而更有可能處於正確心態。這是因為他一開始就覺察到自己有不同的自我，而讓正確的自我掌控將造就巨大的差別。很明顯的，驅策自己進入路怒狀態，是應該避免的結果，而他對於健康複數自我的第三層知識，讓他擁有額外的思想清晰度與踏實的焦點，如果他要找到路進入（並停留在）所處情境的正確心態，需要的就是這個。

## 嚴格奉行冥想

在正確時刻轉換到正確心態的確切方法，在每個人身上都會有所不同。這不只是因為每個人

1 在荷馬（Homer）的古希臘史詩《奧德賽》（*The Odyssey*）裡，奧德修斯事前告訴麾下的水手們，在聽到女妖賽綸（Sirens）的歌聲時，不要把他從船頭上鬆綁，雖然他很有可能會命令他們這麼做；也就是說，他事前下令，要他們無論如何不要照他在某些情境下的吩咐做事，要忽略他隨後的即時命令。

都很獨特，也是因爲眞實世界的環境一直在變化。舉例來說，某個人發現自己在每個上班日結束時都疲累且不快樂，完全耗盡了生命能量與興奮感。在這種場景裡，轉換到正確自我的手段之一是透過冥想，不管是正念、禪，還是其他形式都好。有個例子來自喜劇演員傑瑞．賽菲爾德（Jerry Seinfeld）與語不驚人死不休的廣播名人霍華．史登（Howard Stern）的對談影片。史登描述了自己在連續數小時辛苦製作廣播節目以後，會藉著冥想來替自己重新注入精力：

> 事實上，直到今天，在我做完廣播節目以後……我的頭因爲耳機、噪音、戴著耳機講話五個小時而痛到爆炸……我的意思是，這讓人筋疲力竭。然後我進去做冥想（聲音變得滿心渴望），得到了一整天的完整休息。這是……我是個全新的人了！少了冥想，我不覺得眞的還能活下去。③

或許，在他冥想的時候，比較不累的那部分自我（一個沒那麼累的自我）踏了進來，精力充沛又歡樂滿滿，能夠做霍華．史登在當天剩下時間裡最享受的事情。霍華．史登的這個心態，或者自我狀態（這種自發的複合體，或者子人格）完全不累。

霍華．史登擁有的是多麼寶貴的技巧：知道如何可靠地換檔，並且落在一個比較快樂又健康的心理架構下！當然，冥想可能本來就靠著其優點而替人帶來更多能量，並且讓人重新充電，不過它也可能給我們的複數自我有機會重新校準，並且做任何必要之事，好讓我們正確的（數個）部分上工，完全參與接下來要發生的任何事情。雖然冥想的益處已經被詳盡地研究與證明過了，但它促進

圖3.2 霍華．史登。
比爾．諾頓（Bill Norton）攝影。

恰當自我轉換的能力卻少有人提起。不讓人意外的是，至今沒有研究談論你必須花多長的時間冥想，才能讓不同而更恰當的自我介入。在霍華．史登的例子裡，他修習的是一種名爲「超覺靜坐」（Transcendental Meditation，過程中要重複持誦個人咒語）的特定冥想型態，時間可能不超過十五到二十分鐘。更短的時間區間可能也有效果。吉姆回報說，他曾經體驗到這種正面效果，然而他從來沒有冥想超過十分鐘。

## 小睡片刻

某些人自然而然地在不同心態或自我之間轉換的一個方式，就是去睡覺，然後以不同的自我醒來。大多數人都有過這種經驗：去睡覺的時候覺得情緒非常激動（不管是正面或負面的情緒），然後第二天醒來的時候覺得自己像是一個全新的人，或者至少是不同的人。利用這種人類的自然傾向，我們也有可能利用短時間的睡眠（小睡片刻）來幫助我們轉換到正確心態。[2]

舉例來說，喬丹有時候描述自己是傑出的「充電小睡專家」，這就是爲什麼他在位於城區的寫作辦公室裡，放著一張大小剛好的懶骨頭沙發。然而，他曾經注意到，較長時間的小睡幫助很大，能讓他的身體以類似正常睡眠的方式休息並恢復活力，但就算只是短時間打盹（只睡著一分鐘），都可以讓他變得比閉上眼睛以前更警醒、更投入、更專注。

有時候，寫作可能是非常困難的工作，而如果這個「作家」自我沒有爲喬丹而現身，或者正在不快樂、疲倦或覺得無聊，那麼他坐在鍵盤前面通常徒勞無功。不過，如果他小睡一會兒，甚至只是非常短的一下子，他醒來的時候通常會處於完全不同的心理架構下，很可能是一個不同的自我，它極爲清醒，而且迫不及待要開工。

當然，極簡短的小睡也能提供某些需要的身體層面獲得休息，就像你只能替手機充電五分鐘，仍然可讓手機不至於處於低電量狀態。不過，或許簡短小睡也在時效上替大腦重新開機，容許一個不同的自我（適合手邊這個任務的自我）來掌舵。

當然，跟小睡效果相同的就是睡眠。誰沒有在一夜好眠之後，感覺煥然一新，像個不同的人？而誰不曾靠著睡眠，把爛醉，或者某種極端負面又有毒的心理狀態擺脫掉？睡眠讓一個更新鮮，或許也更恰當的自我，能夠開始現身。

## 其他轉變方法

在《魔戒：雙塔奇謀》（*The Lord of the Rings*）裡，甘道夫刻意對希優頓王說：「如果你的手能夠再度握住劍柄，相信他們會恢復舊日活力的！」（譯註：此處譯文出自中譯本，朱學恆譯，聯經出版。）這就跟喬丹的朋友湯姆．麥可庫克（Tom McCook）很類似，他每天早上做的第一件事，就是練習合氣道的三十一種動作，使用短棍的杖術。「我的手一抓住短棍，我就變得警醒、有中心，而且就在當下，準備練習杖術。我從半睡半醒變成完全清醒而專注。」實體物品可以提醒我們，在其他狀況下會與我們失聯的那些技巧和自我，並讓它們重新恢復活力。⑤

在你的每日工具包裡，有個要保留的重要範疇是任何種類的動作與運動。「當你改變生理狀態，就可以改變心理狀態」的觀念，展現

如果你的手能夠再度握住劍柄，
相信他們會恢復舊日活力的！

**圖3.3 《魔戒：雙塔奇謀》裡的希優頓王。伊蘭娜．葛魯伯插畫，在許可下使用。**

2 在《身體調校聖經》（*The Four-Hour Body*）裡，深度報導記者提姆．費里斯（Tim Ferriss）提出了對「多相睡眠」（polyphasic sleeping）的詳細描述：如何小睡以增加效益，並且減少你需要的平均睡眠總時數。④班傑明．富蘭克林（Benjamin Franklin）和湯瑪斯．愛迪生（Thomas Edison），都以小睡習慣，以及格外創新又多產的能力而聞名。

了這個概念：你身體的任何動作種類，包括改變位置、動作、運動、走路、跳舞、瑜伽、騎車，都會讓你更能夠好好管控你的複數自我。

另一個重要範疇是你把什麼東西放進或不放進體內。許多人明顯會在血糖太低或太高的時候，轉換成無可預測、有時具有傷害性的自我。同樣地，任何有麻醉性質的物品攝取過量，都會讓你更容易受制於你的複數自我星座中無可預測的轉變，還有潛在的混亂。當然，一、兩杯酒有時能讓你輕易轉變成更有自信或社交互動更好的心智架構，或者部分的你。

有其他方式可以鼓勵或幫助你，把自己轉變到某個特定情境的正確心態。隨著時間過去，我們能夠開始覺察到自己已經準備好的轉變機制與控制手段，並且藉著對複數自我做實驗，以及從其他人身上學習，發展出新的辦法。後面的列表肯定是不完整的，其主要目標是刺激你去思考在自己生活裡已經奏效的事物，以及還有什麼可能奏效但沒試過的方法，以便幫助你轉換成正確的（複數）心態。

### 一些轉變方式

- 冥想
- 小睡
- 睡眠
- 改變血糖
- 吃健康的食物

- 做愛
- 微量用藥[3]
- 音樂：播放、製作、唱歌、聆聽
- 以任何實質的方式改變你的生理狀態，做為改變心理狀態的手段
- 運動、散步，任何種類的活動
- 限制不健康的食物
- 改變壞習慣與功能失調的例行作法
- 提倡正向的自我談話，並且限制負面自我談話
- 要求別人的同盟複數自我提供幫助
- 積極地想像與做白日夢

你放進心裡的事情也非常重要。如果你有負面的內在對話，像是聽到說話聲，或者只是想著關於你有多壞或多常犯錯的念頭，那麼你可能就要發展出一個不恰當或功能失調的自我了。如果你告訴自己，你正逐漸覺察到你的自我交響曲，也正在努力爲整體的你，以及生活中的所有人帶來比較

3 微量用藥指的是使用非常小劑量的藥物，像是麥角酸二乙醯胺（LSD）或賽洛西賓（psilocybin）。請見詹姆斯・法第曼，《迷幻藥探索者指南》（*The Psychedelic Explorer's Guide*, Park Street Press, 2011）。

好的結果，你可能發現自己更常發揮最理想的功能。

我們探討的最後一種轉變手段，是在你感覺到自己快要轉換到錯誤心態時，學著召喚另一個自我來當盟友。我們有一位朋友艾莉森，能言善道，有兩個年幼的孩子。她告訴喬丹，自己如何面對警察出於她覺得不公平、不正義的原因而開罰單給她的情況：

今天早上，在我徒步健行之後，從停車處倒車出來，往左轉向一條空曠的街道。一位警察要我停車，而且問我知不知道原因。「我完全不知道。」我說。（我眞的不知道。）他告訴我，街道另一邊有個交通標誌，上面寫著你不能從停車地點左轉出去。「眞是抱歉。我沒有看到那個標誌，而且我不知道。我保證不會再這樣做了。」

「請交出妳的駕照和行照。」

在我徒勞地懇求他只要口頭警告就好（我沒看見標誌啊！）後，他開了罰單，我心中醞釀出一股義憤塡膺的激怒。在這種狀態下，我可能變成金牌等級的一對一辯論賽選手，怒火噴發、涕泗縱橫，滿口仁義道德。我繼續想著：「不，不，不，我不想讓那一部分的我出來反駁警察。這樣沒有幫助，而我不能到最後進了看守所，或者碰到更糟的下場。我必須想想孩子們。」

但在警察把我的東西還給我的時候，我完全失控了：「爲什麼你非得這麼討厭？如果你的工作是要提供保護與安全，口頭警告就夠了啊！」

我繼續講個不停，啜泣著說，要是我再收到一張罰單，駕照就會被吊銷。偶爾我會停下來，等著他因爲我不服裁決而逮捕我，就像拿到一次技術犯規警告那樣，但他只是站在那裡聽。大約十分鐘後，我自己累了，然後說道：「好吧，我現在要離開了。」

「這個嘛。」他說：「其實我沒有要給妳罰單。我要做一件以前從沒做過的事。我開單以後就不能撤銷了，但這次我會想辦法來處理它。我希望妳有美好的一天。」

「眞是謝謝你！」我只說得出這句話。「這對我來說眞是救贖。感謝你的聆聽。我尊敬你做了這件事。」然後我就把車開走了。

艾莉森運氣好，[4]不過她知道自己本來惹上了麻煩。她清楚地覺察到這個喜歡對警察尖聲說教的「吵鬧難搞自我」，一個抗拒權威、不止一次讓她陷入實際麻煩的自我。她在第二天就去找治療師，幸運的是，這位治療師很清楚不同部分的運作。

她和治療師一起設計了一個策略：將來，當艾莉森覺得那個吵鬧難搞的自我要現身的時候，她會召喚另一個自我幫忙冷靜下來。照她的說法，那是一個有超個人（transpersonal）傾向的自我，總是來自充滿愛的地方，讓這個自我溫柔地跟那個激憤的自我一起工作。創造一個會在某些種類的處境下現身的盟友自我，是非常有效的手段，這可以用來鼓勵對這些環境最好的自我出現。但你需要事先計畫，才能在有需要之前就準備好這樣的盟友自我，而艾莉森最近的報告是，這個策略已經多次幫到她了。

4 她眞的是運氣好嗎？無論是靠著運氣、技巧或直覺，她轉換到的那個自我避開了罰單。

**懷疑之聲**

我們在第九章會討論到「並存意識」（co-consciousness）：某人積極地同時覺察到兩個自我，還有它們的獨立思維、感受、概念構成等。這相對來說很罕見，因為大多數人是體驗到一次處於一個心靈狀態（一個自我狀態）。

然而，更常見的，是某人注意到他們通常有一種獨特的「聲音」在背景裡進行，那是一個持續而重複的思緒、感受或聯想之流，或許是在一個被消音的層次上。某種版本的這種「懷疑之聲」，對許多人來說都曾出現過。在某些例子裡，當這種聲音令人虛弱或癱瘓的時候，治療可能是必要或有幫助的。

然而，幸運的是，覺察具有療癒力。如果你開始覺察到它，或者任何其他重複性的負面聲音（或者任何負面模式、讓人失能的思緒，規律地在你的心靈背景裡播放），隨著你處在正確心態的能力輕鬆而自然地增長，可能就會發現它的效果正在減弱。此外，隨著時間拉長，你可能會學到指認出這種聲音來自某種特定自我，而你可以學會欣賞、承認這個自我，並且與這個自我一同工作。我們會在下一章討論聽到聲音的狀況。

## 區分化與刪除

你有過這種經驗嗎？你對某件事或某個人發怒，然後發現自己一連氣惱了好幾個小時，主要是傷害到你自己？（思考一下熱火鉗的隱喻：你在憤怒中把它拿起來，想用拿這玩意戳別人，但在拿起它的過程裡，你才是那個被灼傷的人。）當你開始覺察到擁有複數自我，同時欣賞並有意識地跟它們工作，你可能會體驗到「學會區分它們」的價值。然後，如果一個衝突發生了，不論是發生在你內心，還是跟另一個人之間，參與這個衝突的自我，或是介入之後感覺很差、有罪惡感、對衝突很不開心的那個自我，都不必就此生根，並且接管控制。

舉例來說，假定你和伴侶在一大早吃早餐時起了衝突。如果你可以接通氣惱的那部分自我，讓它知道你把這件事看得很認眞，會在晚上對這個問題下工夫，那麼那部分的自我可能就不會變成有色濾鏡，把你那一整天發生的所有事情都染上顏色。換句話說，如果你可以將事情區分化，而不是完全被大清早吵架的那個自我相關的不快樂或氣惱給拖進去，你會有更美好、更有生產力，也更快樂的一天。

在你對別人（甚至是對你的其中一個自我）感到不快樂、憤怒或氣惱的時候，將事物區分化的一個方法，是寫下讓你不快樂的事情，或者把這些事告訴某個無關的人。這就跟寫一封憤怒信件給老闆、朋友或愛人，卻不寄出去是類似的。藉由詳細地把事情說出來，不快樂的那部分自我比較容易讓事情平息。或者藉由告訴另一個值得信賴的人，發生什麼事或哪裡出錯了，你不快樂的那部分會覺得自己的心聲被聽見了，接著就比較可能放鬆下來，放過這件事。

## 重新界定，而非找碴怪罪

身為一名顧問、教師，還有（像現在所有人一樣）電子郵件收發者，我（吉姆）長期與人共事，幫忙重新界定他們回報的任何情境，好讓他們接下來可以用不同的方式來面對這種情境。舉例來說，當某人重新審視一件悲哀或痛苦的事情時，會把同樣的環境視為提供了洞見，並且導致個人的成長。

在某人從一個不同自我的角度來看待處境時，能夠帶來更好的判斷力，並導致一種正面的轉變。舉例來說，我有位密友在相當氣惱的時候會打電話給我，談論她的處境。問題本身總是真實而困難的。而在聽她說明以後，我會嘗試提供各種重新界定狀況的辦法，直到找到一個似乎對她有效的作法為止。在那一刻，她的情緒幾乎完全轉換了，而以淚眼汪汪開始的通話，總是在笑聲中結束。

在你面對一個艱困的處境，或者感覺沮喪的時候，請考慮是否有另一種看待事物的方式，或者是否有辦法轉換到另一個可能用不同方式看待事物，或者更能夠回應現狀的自我。

## 必然結果：心理疾病或功能失調是什麼

如果心理健康能被簡單地界定為：「在正確時刻有正確的自我狀態、心境或心理架構，也就是最能夠做正確事情的那一個自我。」那麼，我們該怎麼說明「在錯誤時刻處於錯誤心態」呢？我們稱之爲心理疾病的許多狀況，看起來就像是（或可以這樣被描述）在錯誤時刻有錯誤的自我在主控；也就是說，在錯誤時刻處於錯誤心態，然後做了錯誤的事。

舉例來說，思考我們在壓力下四分五裂或崩潰的時候，會發生什麼事。很常見的是，一個孩子般或更年輕的自我，會自己找到路站上舞台中央。在那裡，它會做自己做得最好的事情：耍賴、哭鬧、變得無能，不管這樣做是否適當或有用。所以，許多心理治療的目標可能被重新發想成，教導人如何轉換到正確心態，並且遠離功能失調的自我狀態（而不是奮力朝著不實際的目標前進：做個單一、統合、一致的自我）。隨後，我們會探討心理學對於健康複數自我的現有與潛在回應。

爲了讓情況簡化，我們把必然結論陳述如下：

**心理失調（通常）是在錯誤時刻處於錯誤心態。**

你愈早開始覺察（做的準備與計畫愈多），還有愈快進入正確心態或脫離錯誤心態，你就會變得愈好過。

## 當「別人」處於錯誤心態時

在別人處於錯誤心態，或者明顯朝那個方向前進時，你能做什麼？如果你在某個情境裡，看到有個大災難就要朝你撞過來了，你要怎麼做？

當你從自己的觀點，理解到其他人不會總是處於最佳自我狀態，應該會讓你有更多同情、耐心與洞見，讓你可以等待狀況過去，或者在自己身上找到一個更適當的心態或自我，然後轉換過去。如果你能設法記得，每當有人在搞破壞、惹惱或煩到你的時候，只是他們的複數自我之一，你就會遙遙領先他人。

記得，就算你看到有個不妙的狀況展開了，或者朝你這裡延伸過來，你可能對於這個人身上發生的事情沒有多少控制力。如果這個人對於健康複數自我觀點有初步的理解，或是信任你且你能輕

巴拉德街（Ballard Street），傑瑞．范．阿梅隆金（Jerry Van Amerongen）作

「我現在在跟誰講話？討人喜歡先生，還是易怒討厭鬼先生？」

圖3.4 「我現在在跟誰講話？討人喜歡先生，還是易怒討厭鬼先生？」
在傑瑞．范．阿梅隆金與創作者組織（Creators Syndicate, Inc）許可下使用。

鬆溝通的對象，你可以提醒這個人，他或她正朝著一種可能製造糟糕後果的心理架構（自我狀態）前進。

不過，這個方法很容易引火上身，因爲這要看對方的「錯誤心態」自我來到前方多遠之處，以及涉入這個情境有多深，任何要求它離開或下台的嘗試，可能只會加強它的決心。當你嘗試在正確時刻把正確心態移動到正確位置，或者趁那個錯誤心態還沒在錯誤時間到達錯誤位置之前下工夫，時機是很關鍵的。不管你如何接近另外那個人，請記得從他們的觀點來看事情。

## 轉換自我的難易程度

要讓你現在主控的自我放鬆它的控制，容許另一個比較恰當或適合的自我介入，有多困難？這要看情境條件，還有你和別人，以及你的複數自我之間相處得多好。很多情況都要仰仗時機，還有何時你會開始覺察到。比較好的作法是喘息一會兒，「來到中心」（come to center），並且思考你可能想要轉移到哪個自我。（「來到中心」的關鍵概念，隨後會詳細討論。）

如同我們先前提到的，在立即需要正確心態以前就把它帶進來，明顯比較容易。藉著明白你的處境，並且把事情想透澈，你可以有個特定的同盟自我，準備好在你一看到事情往哪裡發展的時候就出動。如果你先前曾經完整處理過對於這種情境的反應（在這種狀況下，錯誤的心態或自我已經同意不要逼自己站到舞台中央），可能也會有某些經驗，可以當作工作基礎。

反過來說，讓一個已經衝出去表現的自我退下來並遠離某個情境，實質上比較困難。請記得，你可能不喜歡這個自我做了或者想做的某件事情，但從這個自我的觀點看來，它即將做出的行動可能就是它存在的理由；也就是說，在你所有的複數自我之中，這個自我可能相信它有個特定的責任，就是要在這種情境下保護你，或者採取某種行動。因此，致力於讓錯誤的自我遠離中央舞台，會比設法讓它不去做總是會做或想做的事情，要好得多了。

舉一個熟悉的例子，假設你通常很沒耐性，那麼致力於別讓那個不耐煩自我變成此時此刻的主宰自我，能讓你對自己的快樂程度有一些影響力，這樣對你來說會輕鬆得多。一旦你這個焦慮的部分自我完全出現了，要說服它別不耐煩，是很困難的。

簡言之，轉變的最佳時刻是在一項行爲事件開始之前，在你的其中一個複數自我說了或做了某種明顯功能失調或傷害性的事情之前。在這一刻，你要轉換自我，或者影響哪個自我現身，會比較容易。在事件開始以後，就沒有那麼容易了。一旦錯誤的自我安頓下來，而且掌控了你會做什麼事，就會變得很難轉換了。事件發生後，隨著情境的推進，你在緊接下來的時刻裡幾乎不可能轉換自我。

有時，在一個事件發生之後，會出現後悔、憂傷、遺憾及其他情緒，這些情緒會引進更負責的自我，轉換回來接掌控制。有時，在事件背後主導的自我會立刻消失，也就是逃離它所導致的問題，同時會有另一個自我接管並且必須處理後果。在你開始覺察到自己的模式，還有你生命中那些人的（複數自我）模式時，你就可以幫忙導向更好的結果，並且爲發生的任何事做好準備。

# SECTION II

# 我們周遭的人格多重性：文化與知性的回顧

## Multiplicity All Around Us
## Cultural and Intellectual Reflections

# Chapter 4 語言、聲音與流行文化

你腦中的不同派系都在不斷地交談……所以你才會表現出和自己爭辯、咒罵自己，或哄騙自己去做某件事情等奇特事蹟……

——大衛．伊葛門，《躲在我腦中的陌生人》（*Incognito: The Secret Lives of the Brain*）
（譯註：此處譯文引自中譯本，蔡承志譯，漫遊者文化）

在前三章，我們說明了健康複數自我的觀點是什麼、爲什麼，還有如何使用它。現在，我們邀請你往後退一步，陪伴我們走一趟人格多重性的文化之旅。我們會仔細檢視：

- **語言本身**：英語及其他語言如何在我們對自己及他人說的話語裡，展現對多重性的覺察。
- **聽見聲音的現象**：哪些聲音是在健康複數自我概念架構之下，還有我們的文化如何述說這些聲音，那些聽見聲音從內在和外在傳來的人都包括在內。
- **書面表述**：寫在小說（書籍、故事與漫畫書）裡、非小說（傳記、自傳和名人新聞陳述）

裡，以及一小部分詩歌裡，關於超過一個自我的書面表述。

- **媒體表述**：在電影、電視、幾首歌，以及其他音樂性表現的健康複數自我主題。

在分類整理這份資料的時候，我們很驚訝人格多重性的概念在整個文化裡有多流行，不只是在我們講的語言裡會跳出來，在廣泛多樣的藝術性表現裡也會出現。由於「病態的複數自我」是經常被呈現的唯一可能的版本，你可以看出為什麼許多人從沒有質疑過單一自我假設。雖然對人格多重性的文化處理大多聚焦於病變上，可能具有誤導性；但在這些藝術家與創造性的心靈之中，還是有豐富的洞見可以擷取。

我們列出了提及人格多重性的每個詞句、每種自我談話、書籍、漫畫、戲劇、電影、電視節目或歌曲，不過這並非全面性或決定性的清單。如果你想要進一步探索，後面的表格裡提供了幾份關於整個文化中的人格多重性（各種病態狀況也包括在內）的線上清單與資源。

### 關於人格多重性的文化指涉

1. **一般的虛構角色**：維基百科有一份龐大的清單是「有多重人格的虛構角色」。
2. **書籍**：好讀（Goodreads）書評網站提供了一份清單，裡面有超過兩百一十三本「熱門多重人格書籍」。好讀網站還有一份「熱門解離性疾患書籍」清單，包括了小說與非小說敘事文。
3. **漫畫書**：漫威（Marvel）宇宙，以及其他漫畫書系、電視節目和電影，都描繪了許多被認為有解離性身分疾患的角色。請探索漫威粉絲的維基百科，還有超級英雄粉絲維基百科為雙重或多重人格設立的網頁。

4. **電影**：電影品味（Taste of Cinema）網站提供了一份十五部「最佳」多重人格疾患電影的清單。知識網（Infomory）提供一份「罹患解離性身分疾患（人格分裂）的知名電影角色」。排行客（Ranker）網站則提供了一份包括三十九部「關於人格分裂」的最佳電影清單，創傷解離網（TraumaDissociation.com）則提供多重人格疾患／解離性身分疾患前十名電影清單。最後，全列表（Listal）網站提供了一份包括數十部電影的「多重人格電影」清單。

5. **電視及其他**：電視橋段網（TVtrops.org）提供一份數量龐大的清單，在廣泛多樣的領域裡列出「人格分裂」的例子，範圍涵蓋動畫與日式漫畫、漫畫書、同人誌、電影、文學、真人電視劇、音樂、專業摔角、角色扮演遊戲、桌遊、電玩、視覺小說、網劇、西方動畫和實境秀。

6. **歌曲**：除了電視橋段網在「電視及其他」項目下的音樂清單以外，精神論壇（Psych Forums）有一張由使用者創造的清單，列出「讓我們想起解離性身分疾患的歌曲」，許多歌都有附上聆聽連結。

## 英文如何呈現這個概念

在許多常用片語及隱喻中，英文都顯示對於有許多自我的現實，具有深入骨髓的覺察。謝莉雅・拉摩斯在畢業論文裡只用兩段話，就給了幾個精準的例子：

「我激動到迸成兩個」（I was beside myself）這句話，通常是在極度痛苦或擔憂的時刻說的。但如果問到這句話裡「我」相對於「我自己」的位置，一個人要怎麼回答這個問題？另一種表述：「我不知道是什麼進了我的腦子」（I don't know what got into me），是在一個人不了解他或她自己的行爲時說的。什麼能夠「進入」一個人，這個「我」卻不知道？

下一個表述通常是使用在有不確定性的場合：「我在跟自己辯論是否要……」在這個情境下，一定至少要有兩個衝突的觀點，才可能有辯論出現。所以一定要問，誰是這個讓「我」可以產生歧見的「我自己」？①

同樣地，傑・諾力克斯把焦點放在這個概念上：我們是由不同部分的自我所組成，而且常常公開談論此事。他這麼寫道：

我們承認在用來表達自我的日常語言裡表現的自然多重性。一個受挫的僱員可能會說：「一部分的我想要叫老闆下地獄，但理性的那部分說我需要這份工作。」某個有婚姻問題的人可能會說：「一部分的我想離開，但另一部分的我又害怕孤獨。」一個有毒癮的朋友可能會說：「我可以好幾天不用藥，但接下來的我就接管了，然後我發現自己又開始嗑藥了。」②

還有彼得·鮑德溫（Peter A. Baldwin），他突顯的是前一章涵蓋的一個詞彙：「心理架構」。③鮑德溫指出，大家通常承認，在某人處於激動或拒絕接納的心理架構時，最好延後跟他們的談話；比較好的作法是晚一點再接觸他們，等到他們的態度比較開放時再說。莉塔·卡特同樣指出，對於下一步要做什麼，「三心二意」被認爲是不受歡迎的狀態，因爲這樣突顯了「不確定與內在衝突的不適」。④卡特進一步肯定，利用語言來反映許多自我的現實，是我們經常在做的事：「實際上，所有人不時都會做一些矛盾的事，有矛盾的感覺。事後我們會說那『不是我們自己』。」⑤

合併了our（我們）與selves（自我）的ourselves（我們自己）這個單字，也值得注意。現在想想結合這兩個字的另一個用法，我們在網路上經常看到這句話，出自自我成長書作者梅樂蒂·碧緹（Melody Beattie）：

**選擇為我們自己（ourselves）負責，還有為我們的選擇所創造的後果負責，看起來像是苦工，卻真正讓我們自由。**

我們來嘗試一個實驗：再讀一次這句引文，但這次在把「我們自己」讀或說出來的時候，請說成兩個分離的詞彙：

**選擇為我們的自我（our selves）負責，還有為我們的選擇所創造的後果負責，看起來像是苦工，卻真正讓我們自由。**

第二種讀法：用「我們的自我」來指涉我們不同的自我，可能更有道理。大衛・雷斯特考慮了一個不同的面向，如下所述：

> 有兩個詞彙特別有意思。在自我欺騙中，我們欺騙自己。然而，這暗示了我們的自我有兩個部分：欺騙的那個和被騙的那個。在我們欺騙別人的時候，至少騙人者與被騙者是在兩具不同的身體裡，但在自我欺騙中，兩個自我是在同一具身體裡！我們說「我對自己感到羞恥」的時候，也存在同樣的兩難。這句話似乎牽涉到兩個自我，舉止糟糕的那一個，還有對這個行爲下判斷的另一個。
>
> 思考一下在心理學理論與研究中非常熱門的這個詞彙：假我（false self）。假我是我們跟其他人互動時，呈現給對方看到的自我。是什麼讓它變成假的？是我們的自我。如果我們跟自己的孩子在一起時，行爲不同於我們跟父母或同事在一起的樣子，這些自我全都是假的嗎？⑥

## 一方面這樣，另一方面那樣

現在，我們來看看音樂劇《屋頂上的提琴手》（*Fiddler on the Roof*）裡一直出現的詞彙。在故事裡，猶太人泰維（Teyve）和妻子及五個女兒一起住在一個俄羅斯村莊裡，他發現自己的種種傳統一直受到挑戰。首先，大女兒不想嫁給媒婆替她物色的男人。但泰維已經爲女兒的婚事敲定一個協議，所以經歷了一番與自己內心的角力，理查．費里斯（Richard Ferris）如此覆述：

「一方面……我是個爸爸，而我應該要決定女兒的丈夫。不過另一方面……她不愛那個我安排的男人。」

所以他（泰維）就這樣想了又想，「一方面這樣」，然後「另一方面那樣」，直到他得到一個結論：「他們彼此相愛。」⑦

接著，泰維的二女兒和一個有現代思維的學生宣布，他們也訂婚了。泰維重新開始自己的內在辯論，衡量這個議題，先秤秤這邊，再秤秤那邊，直到他說服自己，也許這樣並不壞，因爲畢竟「他們彼此相愛」。

到最後泰維決定，對於第三個女兒來說，「沒有另一方面了！」他拒絕給出祝福，最後徹底跟她斷絕關係：

另一方面，我能夠不認自己的女兒嗎？
另一方面，我如何背棄我的信仰、我的民族？
如果我試著轉太大彎，我會折斷的。另一方面……

不。

沒有另一方面。⑧

泰維的口頭禪：「一方面」與「另一方面」，以及隨之而來的生動手勢，實際上要表達什麼呢？他把不同自我之間的對話外在化，以便清楚表達那些不同的部分在想什麼、感受到什麼。

出聲思考，也就是跟我們自己說話，是做決定時非常有效的策略。位於美國加州帕羅奧圖（Palo Alto）的基寶與舒沙特（Keeble & Shuchat）攝影器材行，在經營五十一年後關門歇業了，原因是大家會到店裡看器材，然後上網購買。店主泰瑞．舒沙特（Terry Schuchat）表示自己考慮歇業有一、兩年了。「我會望著鏡子說：自我啊，你怎麼想？」⑨

**圖4.1 《屋頂上的提琴手》裡，泰維用兩手權衡狀況。伊蘭娜．葛魯伯的插畫，在許可下使用。**

## 現在你們全部都想想這個

如果你曾經看過熱門的電視影集《豪門新人類》（*Beverly Hillbilles*），就會知道片尾曲的最後一句是由巴迪・艾布森（Buddy Ebsen）扮演的傑德・克蘭佩特（Jed Clampett）說出來的：「現在你們全部（Y'all）都給我回來……聽到沒？」Y'all這種講法起源於十九世紀早期的美國南方，是you（你）及all（全部）的縮語，有時候用來指涉單一個人。關於Y'all只能用在複數，或者只是主要用在複數，有長期僵持不下的爭執，⑩「強烈的反證暗示這個詞彙也用在指涉單數，尤其是在非南方人之間。」⑪

根據知名記者暨文化評論家門肯（H. L. Mencken）的說法，雖然Y'all似乎通常指的是隱性的複數，但有些例子裡，在對單獨一個人說話的時候，這個詞不會當成複數使用。⑫就像作家艾莉卡・歐克蘭（Arika Okrent）進一步闡述的：

> 有紀錄在案的例子是，眞正的南方人用y'all當成一種單數稱呼的形式，並不能簡單地用隱含複數原則解釋……。一名女服務生對一位獨自用餐的顧客說：「你們全部的玉米粥嚐起來怎麼樣？」一名女店員對一位獨自前來的客人說：「你們全部有找

Y'ALL COME BACK NOW...
YA HEAR?

圖4.2 《豪門新人類》：現在你們全部都給我回來……聽到沒？

到什麼可以試試看的嗎？」一名學生對她的教授說：「你們全部怎麼不回家熬過這次感冒？」⑬

所以，「你們全部」裡的「全部」，可以是無意識地承認了固有的多重性。（沿用相同的思維，根據美國方言學會〔American Dialect Society〕的說法，二〇一五年的年度用語是they，爲一種中性性別的單數代名詞。⑭二〇一九年，韋伯字典〔Merriam-Webster〕宣布單數的they是年度選字，而美國心理學會認可在學術寫作裡可以這樣使用。）

## 其他語言的類似例子

其他語言也展現了對於人格多重性的覺察。這裡有幾個例子。

在法文裡，*Je suis hors de moi*大致上可以譯爲「我（氣得）迸出自己體外了」。*Ce n'est pas moi*的意思是「這不像我」，而*Je ne me reconnais pas*等於「我認不得我自己了」。[1]

在西班牙文裡，*¿Soy yo mismo o me paresco?* 翻譯成「是我做了這件事，還是某個像我的人做的？」*No supe lo que dije*的意思則是「我不知道我說了什麼」，而*No estaba en mi mente*等於「我不在正常狀態」。[2]

1 感謝安妮—瑪麗・樂蒙德（Anne-Marie Lemonde）的翻譯。

2 感謝羅奇歐・賀伯特（Rocío Herbert）的翻譯。

在德文裡，*Ich stehe neben mir*的意思是「我都站到我旁邊去了」，大部分時候指的是憤怒，而*Ich bin außer mir*則譯為「我脫離我自己了」，大部分時候指的是擔憂。[3]

我們也有一些來自俄羅斯的好例子。**Выходи́ть из себя́**（發音：Vykhodit' iz sebya）可譯為「離開自己」，意思是某人發了脾氣、失去控制。**Выводи́ть из себя́**（發音：Vyvodit' iz sebya）翻譯成「把某人從他或她的裡面帶到外面」，意思是激怒某人，讓某人失去控制或發怒。**Быть вне себя́**（發音：Byt' vne sebya）字面翻譯是「在自己外面」，跟英文表達方式裡「在自己旁邊」（激動、發怒）意思類似。一個人可以因為憤怒、喜悅、擔憂或其他強烈情緒而**вне себя́**（vne sebya）。**Отдава́ть себе́ отчёт**（發音：Otdavat' sebye otchet）字面翻譯是「對自己解釋」，意思是去覺察、領悟。**Сам не свой**（發音：Sam ne svoi）字面翻譯是「不屬於自己」，指的是行為不符原有的特徵，情緒不佳，不是自己。[4]

這裡是來自日文的例子：我を失う，字面翻譯是「迷失自己」，而且是用來描述在某人被怒火淹沒並做出某種可怕的事之後，可能會說「我迷失了自己」。[5]

現在，我們從寫下來或說出來的日常語言，轉向我們跟自己的內部對話，以及某些人表示自己聽到聲音的情況。

## 聽見聲音與做出選擇

從一九六〇年代晚期開始，在熱門電視節目《喜劇小品》（*Laugh-In*）裡，喜劇演員福立普・

威爾森（Flip Wilson）創造出一個叫做潔拉婷（Geraldine）的人氣角色，她常常靠著這句俏皮話來解釋自己的行爲：「是惡魔要我做的。」（譯註：威爾森男扮女裝演出潔拉婷。）換句話說，惡魔對她說話，並且叫她去買那件剪裁特別大膽的洋裝、活潑地跟男人調情，或者說一些驚世駭俗的話語。早期的基督教理論家聖奧古斯丁（St. Augustine，西元三五四至四三〇年），即使不同意潔拉婷的辯詞，也毫無疑問地理解了：

> 讓他們從你視線前消失吧！喔神啊！因爲他們確實會消失，這些徒勞的嘮叨者與心靈的誘惑者，因爲他們注意到在思索行動中有兩個意志，導致在我們內在有兩種不同本性的心思，一種是善的，另一種是惡的……如果人的內在的矛盾本性跟衝突的意志一樣多，就不會只有兩個本性，而是會有許多個。⑮

**圖4.3　福立普・威爾森飾演的潔拉婷，以口頭禪「是惡魔要我做的！」聞名。**

---

3 感謝譚米・科菲（Tammy R. Coffee）的翻譯。

4 感謝柳巴・史瓦茲曼・夏飛（Luba Schwartzman Chaffee）、尤里・科施金（Yuri Koshkin）與麗莎・迪蘭（Lisa Delan）的翻譯。

5 感謝康拉德・夏飛（Conrad Chaffee）、柳巴・史瓦茲曼・夏飛、尤里・科施金與麗莎・迪蘭的翻譯。

也許聽到某人的聲音（在我們腦袋裡或外面）展現出像是惡魔的事物，但也可能是反映了有超過一個自我存在。

前文中，我們詢問了你是否曾經跟自己起爭執，還有若是如此，爭辯的另一方是誰的聲音。幾乎每個人偶爾都會跟自己爭辯，口頭上「把事情談透澈」或「解決事情」。（俄國發展心理學家李夫・維高斯基〔Lev Vygotsky〕，在《廣播實驗室》〔*Radiolab*〕節目裡描述過，暗示說思考本身是仰賴一個孩子將與他人的外在對話進行內化，從他與大人和其他孩子大聲談論想法，到自言自語，再到完全內化這些聲音。）[16]就連那些沒有體驗過像泰維的「一方面」與「另一方面」那樣明確來回爭論的人，也確實聽到自己的思緒在內部以「內在語言」（inner speech）的形式說出來。[17]

主人是我的朋友。
你沒有任何朋友。
沒有人喜歡你。
不聽，不聽。

**圖4.4 《魔戒》裡咕嚕和史麥戈在對話。伊蘭娜・葛魯伯插畫，在許可下使用。**

幾乎所有人都聽到自己的內在語言，但「聽見聲音」（就像人格多重性本身），太常跟心理疾病混淆在一起了。有一個估計值是全體人口中有五％到二十八％的人會聽到別人聽不見的聲音。[18]重要的是，「聽見聲音是一種幻聽，這種情況不一定會跟……類似思覺失調症這樣的心理健康問題有關聯性。然而，大部分在其他方面很健康的個人，也都回報說自己會聽見聲音。」[19]或許「其他方面很健康的人」回報聽到聲音的時候，就只是反映了自我之間的交流。

對某些人來說，聽見並仔細聆聽內在聲音，已被證明是正面而激勵人心的。競爭性運動選手常常對自己大聲說話，讓自己振奮起來面對一場比賽；而當某人要處理各種雜務時，像是去超市買東西、用遙控器按過層層目錄以找到正確的電視頻道、在哪條街轉彎才能到某位老友家等等，出聲講話並不算罕見。如同我們很快就要討論到的，用第一人稱以外的方式對自己說話，像是咕噥說：「我們需要它！」似乎特別有效果。

一些人認爲，當你聽見內心的聲音，就算不是心理疾病的徵兆，卻也可能強化功能失調的行爲。有個主要談論基督教信仰的部落客這麼說：

但對於這種有內在聲音的情境，還有另一種看法……我有一個姪子對抗酒精成癮多年了。最近，我們正在談這個話題的時候，他啓發了我……他說：「在我戒酒的時候，我聽到許多內在聲音告訴我：『幹得好！』『繼續保持！』『別喝第一杯，那樣會摔得很慘！』但也有另一個小聲音在說：『好啦，就只喝一杯啊！你可以應付一杯酒，沒有人會知道的。你是個大男孩了，你可以自己做決定。』不過，他接下來說的話更讓人震驚。他繼續說：『可是我沒有聆聽那些爲數眾多的正面聲音，而是選擇聆聽那個單一小聲音，因爲它跟我說了我眞正想聽的話。』」⑳

這暗示了肩上天使的常見形象（我們隨後會回到這個主題），也就是一邊肩膀上坐著一隻惡魔，另一邊肩膀上則坐著一位天使。雙方都設法要動搖某個人去做正確或錯誤的事情，也就是在正確時刻處於正確心態，或者在錯誤時刻處於錯誤心態。不過，在正確時刻處於正確心態的終極選擇與責任，仍然回歸到被視爲整體的個人，還有這個人容許、鼓勵或能夠讓哪一個聲音（哪一個自我）勝出。

## 以「我」以外的身分對自己出聲說話

在這一集裡，我們不會有任何特別來賓，除非你把我腦袋裡的多重人格也算進去。

——提姆・費里斯，自我成長書作者暨部落客，《一週工作四小時》（*The 4-Hour Work Week*）作者

關於人們出聲自言自語，有一些吸引人的研究。蘿拉・懷利（Laura Wiley）的文章〈爲什麼人會跟自己說話？這跟你想的不一樣〉，討論了哥倫比亞大學的伊森・克羅斯（Ethan Kross）所做的研究。懷利總結了某些現在已知的關於「私語」（private speech）的事情：

如同流行的都市傳說，跟你自己說話被認爲是即將精神失常的第一個暴露的跡象。如果這是眞的，大部分人在五歲大的時候，都會被宣告臨床上精神失常，因爲大多數人就是在這時開始將針對自己的話語說出聲……

過去數十年裡，科學家與心理學家都開始把自言自語，或者「私語」，當成一種讓人類更能夠吸走壓力、解決問題、理性推論做出困難決定，並且以更大精確度保持專注的生物機制。㉑

這裡需要注意兩件重要的事情。首先，大多數人開始出聲對自己說話，是在五歲大的時候，在「針對自己的話語」裡。其次，已經興起的一股共識是，進行自我談話（self-talk），在減低壓力、

增加專注等方面，對我們來說是好的。建設性的自我談話不僅以多種方式對我們有好處，在自我談話裡使用「我」這個詞彙的人，在增強自信與競爭優勢這些方面，似乎比不上用第二或第三人稱指涉自己的人來得好！有一個研究要求參與者用自我談話來做準備，以便發表一篇演講，談他們接下一份夢幻工作的資格：「那些用第二或第三人稱名詞的人在任務的前後，情緒上的痛苦程度都少於用第一人稱代名詞的人，而且他們把未來會引起焦慮的情境，評估成比較有挑戰性，而非有威脅性。」[22]

前面引用的蘿拉．懷利所寫的文章中，提到的第一則研究結果也同意：

> 用第三人稱對自己說話的人，比較可能有較少的焦慮、演講與簡報表現較好、以較佳表現的結果完成任務、溝通更有效果，而且自我倡權（self-advocacy，譯註：代表自己說話、掌控自己想做什麼）的意識，比那些用第一人稱「我」的人更深。
>
> 用第三人稱跟自己說話，與「你發瘋了」的情況差遠了，而是會讓你更聰明、更有想像力，而且更有自信……
>
> 用第三人稱說話能點亮大腦皮質層，那是連結到記憶、感知、覺察、思想、語言和意識的神經組織外層。另一方面，第一人稱「我」點亮了大腦的兩個杏仁核，它們座落在顳葉，跟情緒反應、焦慮、攻擊性與恐懼有關聯。[23]

生物物理學上的相關性很清楚：對自己或跟自己說話，但不用代名詞「我」，效果比較好。[24]

另一個可能的元素是，對你自己說話的時候用「你」，或者用你的名字，**讓你比較能夠同調，並且**

**利用自我談話中有超過一個自我出現的狀況**。既然我們全都有複數自我，它們不時會彼此談話是很自然的事，而且個人內在的自我溝通，通常是朝向創造出較佳結果的必要第一步。

## 不只是木偶：內在聲音的智慧

珍．休斯頓談到了我們有時會從內在發現智慧的軼事，並對關於聲音的討論提供了一個很好的新架構。珍的父親傑克（Jack）是一位好萊塢喜劇作家，而珍很愛講這個故事：

在我八歲大的時候……我爸在寫〈艾德加．柏根與查理．麥卡錫秀〉（Edgar Bergen and Charlie McCarthy show）的腳本。（譯註：艾德加．柏根是美國喜劇演員與腹語術專家，查理．麥卡錫是他的「搭檔」，一尊腹語術木偶。）我們送劇本過去時，艾德加．柏根正背對著我們坐著，在跟他的傀儡查理講話。這沒有什麼不尋常的地方，我很習慣看到腹語術專家跟他們的木偶一起排演。

但在我們聆聽時，父親說：「我沒寫這個啊！」艾德加在問查理一些終極的問題。生命的本質是什麼？眞愛的意思是什麼？心靈在哪裡？靈魂在哪裡？而這個下顎喀喀響、腦袋都是鋸木屑的木頭，正在以數千年來最細致的思想家所具備的智慧回答問題。艾德加在聆聽，而你可以看見他的嘴巴在動，但他的眼神裡充滿了震驚。

到最後，身爲不可知論的浸禮會教友的父親，再也受不了這個場面，就大聲地咳嗽。艾德加轉過身來，他的臉紅得像甜菜一樣。他說：「哈囉！傑克，珍，你們逮到我們了。」我爸說：「你到底在幹什麼啊？」艾德加回答：「我有時候會跟查理說話，他是我所知最有智慧的人。」我父親說：「嘿，艾德，那是你，那是你的聲音，是你讀了很多書。」艾德加回應道：「對，我想是這樣沒錯，但你知道嗎？在我問他這些問題、而他回答的時候，我根本不知道他會說什麼，而他說的遠比我所知的更多。」[25]

幫助接通聲音的另一種強力手段就是催眠。我們隨後會看到一些心理學家的作品，在其脈絡中，催眠通常被用來讓其他自我能夠以自己的聲音發言，或者容許它們這麼做，或者，根據批評者的說法，一開始就是催眠讓這些聲音活過來的。

圖4.5 艾德加·柏根與腹語術木偶，查理·麥卡錫。

## 短篇小說、長篇小說、傳記與新聞敘事

到目前爲止，我們已經提到廣泛多樣的文字來源。在這個部分，我們強調非學術的文字敘述，包括虛構作品（短篇小說和長篇小說），以及非虛構作品（傳記、自傳、科普敘事文與散文，還有熱門的名流新聞報導）。

## 兩個世紀以來在短篇與長篇小說中的文學分身

從十九世紀前半開始，在虛構作品裡有許多短篇與完整長篇小說落入「文學分身」範疇裡。如同詹姆斯・葛羅特斯坦（James Grotstein）解釋的：「在十九世紀文學裡，對『內在陌生人』的覺察變得更重要，許多文學主題環繞著浮現的『分身』打轉……。普遍來說，分身似乎暗示著一個人更黑暗、更重視感官，與社會較不和諧的自我。」[26]葛羅特斯坦接著列出幾部由知名作者寫下的「文學分身」作品。

- 赫曼・梅爾維爾：《皮耶；或者模稜兩可》（*Pierre; or, The Ambiguities*）、《抄寫員巴托比》（*Bartleby the Scrivener*）
- 霍夫曼（E. T. A. Hoffman）：〈失落鏡影的故事〉（The Story of the Lost Reflection）、〈分身〉（The Doubles）
- 查爾斯・狄更斯：《艾德溫・卓德之謎》（*The Mystery of Edwin Drood*）、《聖誕頌歌》（*A Christmas Carol*）
- 杜斯妥也夫斯基：《分身》（*The Double*）、《白痴》（*The Idiot*）、《罪與罰》（*Crime and Punishment*）、《附魔者》（*The Possessed*）、《卡拉馬助夫兄弟們》（*The Brothers Karamazov*）
- 羅伯特・路易斯・史蒂芬生：《化身博士》（*The Strange Case of Dr Jekyll and Mr Hyde*）

- 約瑟夫．康拉德：《黑暗之心》（*The Heart of Darkness*）、〈祕密分享者〉（The Secret Sharer）
- 弗拉基米爾．納博可夫（Vladimir Nabokov）：《幽冥的火》（*Pale Fire*）
- 艾德加．愛倫．坡：〈威廉．威爾森的故事〉（The Story of William Wilson）
- 亨利．詹姆斯：〈快樂角落〉（The Jolly Corner）
- 歐諾黑．德．巴爾札克：《驢皮記》（*Peau de Chargin*）
- 約翰．沃夫岡．馮．歌德：《浮士德》（*Faust*）
- 瑪麗．雪萊：《科學怪人》（*Frankenstein*）
- 奧斯卡．王爾德：《格雷的畫像》（*The Picture of Dorian Gray*）
- 湯瑪斯．曼：《浮士德博士》（*Doctor Faustus*）
- 芙蘭納莉．歐康納（Flannery O'Conner）：《暴力奪取天國》（*The Violent Bear It Away*）
- 威廉．福克納：《薩陀利斯》（*Sartoris*）、《去吧，摩西》（*Go Down Moses*）、《押沙龍，押沙龍！》（*Absalom, Absalom!*）
- 豪爾赫．路易斯．波赫士（Jorge Luis Borges）：〈波赫士與我〉（Borges and I）、〈另一人〉（The Other）

這些作品都值得做進一步的評論。以《科學怪人》爲例，根據麥特．卡丁（Matt Cardin）的說法：「可以說是……關於分身、影子般的自我、分裂人格的『經典小說』。」㉗

梅爾維爾、杜斯妥也夫斯基、史蒂芬生、[5]狄更斯、愛倫坡、福克納及其他人就等於小說作家的名人堂，赫曼．赫賽也是，他給我們《荒野之狼》(*Steppenwolf*)。

## 書中之書：赫曼．赫賽的《荒野之狼》中的《論荒野之狼》

在一九二七年，赫曼．赫賽這位德國出生的瑞士詩人、小說家、畫家暨諾貝爾獎得主，出版了小說《荒野之狼》。敘事者哈利．哈勒爾(Harry Haller)是一個中年男子，他「發現」了一本小冊子，叫做《論荒野之狼》。(原書名是郊狼的德語，字面上的意思是「乾草原的狼」。)

在以下的摘錄裡，赫賽明確地描述了這本書裡的好幾個重要主題：

> 從前有個名叫哈利的人，人稱荒野之狼，用兩隻腳走路，穿著衣裳而且是個人，然而他根本就是匹郊狼。……因此荒野之狼有兩種天性，人性和狼性……
>
> 分裂成狼與人，本能與精神……這是種非常粗糙的簡化……因為沒有任何人……都不會那麼單純，只要以兩種或三種主要元素的總和就能解釋其本質；而要用狼與人這麼天眞的歸類來解釋像哈利這麼多變化的人，是一種無望而幼稚的嘗試……
>
> 如果是一個特別有天分而且組織細膩的人類靈魂，對於自己分裂的預感逐漸興起；如果他們，就像每個天才一樣，打破性格一致的虛妄，覺察自己……是許多自我合成一串的……
>
> 這種僞裝是藉助簡單的投射。就軀殼來看每個人都是同一的，心靈卻從不曾是如此。㉙

(譯註：此處譯文取自《荒野之狼》，柯晏邾譯，遠流出版)

赫賽明確地提出了下列的主題：

- 每個人類都是由一些（一批）自我所構成的。
- 有種統一性的幻覺（我們稱之為單一自我假設），在我們的文化裡俯拾皆是。
- 一旦幻覺（或錯覺）被破除了，每個人都有責任，要承擔在生活中創造理想和諧而要做出的必要努力與許多步驟。

圖4.6　赫曼・赫賽的《荒野之狼》

5 莫頓・普林斯（Morton Prince）是多重人格的心理學研究者早期先驅之一，他對於史蒂芬生寫下了下面的話：「在大量思索人類本性的雙重性，還有善惡的輪替性之後，（他）有很長一段時間努力尋找一個故事來體現這個中心思想。最後他寫下了絕妙的雙重人格故事《化身博士》。這個故事本來只是要當成一則寓言，呈現人類本性的兩面性，善與惡……而史蒂芬生在想像創造之中，建構出比他所知更好的東西，而且預見了心理學研究的發現。」㉘

## 作家們的反省：小說家、記者與散文家

對於一流才智之士的測試，是同時在心裡持有兩種相反的觀念，卻還保有運作能力。

——史考特·費茲傑羅（F. Scott Fitzgerald）

如同剛才描述過的，兩個世紀以來的作家們在短篇與長篇小說中，聚焦於分身及其他類型的人格多重性之上。從長篇小說家、散文家到科學報導作家等人，都分享他們對於複數自我和人格多重性的思緒與感受，或者相關的個人經驗。以下是他們的一些反省：

安奈絲·寧，在《安奈絲·寧日記》（*The Diaries of Anaïs Nin*）裡，相當清楚地說她有多個自我，雖然這讓她困擾：

> 自我多重性的圖像總是在折磨著我。有些日子我稱之爲「豐富性」，其他日子裡我把它看成一種病，一種像癌症一樣危險的增殖。對於我周遭的人，我的第一個概念是他們全都是協調成一個整體，而我卻是由多重的自我、多重的碎片構成的。我知道我小時候很苦惱地發現我們只有一次人生。在我看來，我想要用多重經驗來補償這一點。㉚

她也特別寫到自己的雙重自我：

我們全都有雙重願望、雙重自我。浮華俗麗的那一面，想要被注意和出名，還有安靜的那一面，只想要被放過，獨自平靜地工作。我的決心永遠都是：全部都做，它們全都是妳，擁抱它們全部。所以現在我兩樣都做：公眾面向與私人面向。我必須坦白，我偏愛安靜的寫作生活勝過公眾生活，但公眾生活給了我理由去做個自由且勇於行動的人。㉛

在關於複數自我存在的表達上，更清楚的是醫師暨暢銷作者布魯·喬伊（Brugh Joy）。他的書《雪崩》（*Avalanche*）中有一章的標題是〈一副身體，許多自我〉：

我進入了幾乎被視為禁忌的思考，認為沒有所謂單一自我這種東西、沒有單一身體裡的單一靈魂，此時，我的意識中最有力的一次革新發生了。這個領悟繼續發展到包含這種可能性：人類精神的基礎……可能是一組集體的自我，獨立自主，然後彼此互相連結，而大半對於外在覺察來說是未知的。就像身體是界定良好、被視為器官系統的能量模式集合體，我領悟到精神就是界定良好、被辨識成複數自我的力量模式。每個自我都有不同程度的管道，可以接通並控制身體。每個自我可能攫取的不只是身體，還有意識，或許取代日常的自覺，或者有可能影響日常覺察的各種不同程度，卻沒有遮蔽或取代它。

這個對外在心靈來說未知的觀念：「有許多自我在利用每具身體裡同樣的眼睛和同樣的耳朵」，是個絕妙的創造性想法，已經深刻地改變我如何感知自己和別人。

因此，隨著一個人參與愈來愈大的覺察競技場，存在的多重性開始被承認與欣賞。㉜

布魯・喬伊藉著幫助某些醫療病患與具有不同資源（其中包括療癒的能力）的不同自我協調，在他們身上取得成功。他概括了以有凝聚力的方式，利用一個人全部自我的所有資源有多重要：

承認並欣賞人格多重性的存在，有個迷人的面向是，你將會開始了解到「存在於一個人之中的每個部分，都有特別的資源」。然後，重要的是透過各式各樣的自我，開始自我領悟的過程，這可能牽涉到多個自我，以及熟練掌握在適當環境下通往每個自我的管道……就算你使用成熟自我們的其中之一來應對生活中遇到的所有情況，也會迫使該自我在未曾打算處理的階段和環境中掙扎！沒有單一的自我意識，有管道可以取得所有資源！㉝

英國作家暨小說家柯林・威爾森（Colin Wilson），寫了很多關於犯罪實錄、神祕主義與超自然現象的作品。他在《超自然之謎》（*Mysteries*）一書中，對於複數自我的觀念貢獻了一篇有實質分量的文章，標題是〈究竟有多少個我？〉。在這篇散文裡，威爾森提供了近距離的報導，說明某些早期重要心理學家對於在催眠及其他手段下出現的「雙重人格」案例，所做的推測。在文章開頭的地方，威爾森寫道：

然而，我們研讀愈多關於多重人格的案例，這個解釋就愈難以令人滿意。「第二個人格」通常都像是另一個不同的人，擁有自己的身分。如果他們不是分離的人格，或許可以用附身或轉世的觀點來解釋，那麼這就意味著人格有一個明確且高度複雜的結構，不同於「一般常識」過去所假設的，像是一塊水晶或是遺傳基因分子。㉞（譯註：此處譯文引自中譯本上冊，朱恩伶譯，並已稍作調整。）

隨後，在描述莫頓．普林斯如何應對知名病例克莉絲汀．博香（Christine Beauchamp）之後，他做出結論：

> 如果眞是如此，這個結果對心理學有相當的重要性。這意味著所有人是由一系列「自我們」組成的，每一個都是完整而獨立。這些自我們似乎早就在那兒，在新生嬰兒的身體內，就像毛毛蟲、蛹和蝴蝶早就同時存在於新生的幼蟲裡一樣。㉟（譯註：此處譯文引自中譯本上冊。）

他接著補充：

> 我們幾乎想要假設，自己的身體裡面住了一群不同的人，就像一所寄宿公寓，只有住在樓下前面的住户（占有最好房間的人）才能「操控」這個身體。但是，所有的住户都急於遷入，因此在生病的時候就會藉機搶占。㊱（譯註：此處譯文引自中譯本上冊。）

大衛．卡爾（David Carr）是一位知名記者暨媒體教授，爲《大西洋雜誌》（*The Atlantic*）和《紐約時報》寫稿。史考特．巴瑞．考夫曼和卡洛琳．葛雷高爾在著作《我的混亂，我的自相矛盾，和我的無限創意》裡，描述了大衛．卡爾覺察到自己的許多自我：

才氣縱橫的記者大衛．卡爾——一個有許多矛盾的人，也是千變萬化的變形人，如果世界上眞有這種人的話——說過，他常常回想他這一生所有的許多「自我」，從癮君子到媒體名人。「我花時間深入研究我的過去，以判斷我演出的是哪一個自我——是惡棍，還是善良顧家的好男人——結果，都不是，」他反思道：「惠特曼說得對，我們包含許多面向。」㊲（譯註：此處譯文出自中譯本。）

肯尼斯．格根（Kenneth Gergen）是一位科學作家，寫了一篇經常被引用的文章：〈多重人格：戴著許多面具的健康、快樂人類〉。一九七〇年代早期，他以這個觀念挑戰極限：我們確實有複數自我，而且這是正常而健康的。他總結道：

每個人都有許多潛在的自我。他身上就帶有界定自己是溫暖或冷酷、宰制或順服、性感或平凡的能力。他周遭的社會條件，幫助決定了這些選擇裡的哪一個會被召喚出來。㊳

在路易斯．卡羅爾的《愛麗絲夢遊奇境》裡，愛麗絲思考著自己是誰，還有確切來說哪個自己才是眞的。肯尼斯．格根暗示了一個人可能會做什麼事，愛麗絲則以周遭的情勢與環境爲基礎，開始應付此時此刻的她：

愛麗絲拿起扇子和手套，因爲走廊非常熱，她在繼續講話的全程裡，繼續對著自己搧風：

「天啊，天啊！今天一切都這麼奇怪！而昨天一切就跟平常一樣。我很納悶，是我一夜之間改變了嗎？讓我想想：我跟今天早上起來的時候一樣嗎？我幾乎認爲我可以想起來感覺有點不同了。可是，如果我不一樣了，下一個問題是，在這世界裡我到底是誰？喔，這是很大的謎團！」而她開始回想自己認識的所有同齡的孩子，想看看她是否可能變成他們之中的任何一人……

「我確定那不是正確的用詞，」可憐的愛麗絲說道，在她繼續說的時候，眼中再度充滿淚水：「到頭來我一定是梅寶，而我將來必須住在那間狹窄的小房子，而且幾乎沒有玩具可以玩，還有，永遠都有這麼多課程要學！不，我已經下定決心了；如果我是梅寶，我就會留在下面這裡！當他們探頭下來說：『再上來吧，親愛的！』是不會有用的；我只會抬頭看，然後說：『那麼我是誰？先告訴我這個，然後，如果我喜歡做那個人，我就會上去：如果不喜歡，我就會留在下面這裡，直到我是別人爲止。』」㊴

路易斯．湯瑪斯（Lewis Thomas）是一位美國醫師暨散文家，他在《水母與蝸牛》（*The Medusa and the Snail*）一書裡，寫了一篇很有思想前瞻性的四頁短文：〈複數自我〉，討論了他有好幾個自我的個人經驗：

我不確定不同自我的數量本身是否屬於病理學範圍；我希望不是。我個人覺得，八個自我是理想狀態下小且容易管理的數字。眞正的問題是它們會同時出現，如果精神醫學能夠說服它們排隊等候上場，就像其他正常人那樣，精神醫學的表現就會比較好……

實際上，要是有人告訴我，若有超過一個自我就是一種疾病，會讓我很尷尬。在我的人生裡，我已經有多到超過我可能數得出來或記錄下來的（自我）。讓我感覺正常的重大差別，在於我的（我們的）自我是一個接一個輪流出現，有井然有序的行程表……。在我的經驗中，唯一接近疾病的情況，是在隊伍中出現空隙，有一個自我結束並離開了位置，但下一個自我還沒有準備好開始，附近根本沒人在。幸運的是，就我回憶所及，這種事只發生過三、四次。㊵

心理學史專家亨利．艾倫伯格（Henri Ellenberger），概括描述了馬瑟爾．普魯斯特的觀點：

普魯斯特孜孜不倦所企圖分析的，是精神多元性（polypsychism）的眾多表現，即存在於吾人之中的多重暗影（multiple shades of personality）。他認爲，人類的自我乃是由許多的小自我所構成，雖然同時存在，但各自的差異仍然清晰可辨，而且彼此緊密關聯。因此，我們的人格與時俱變，端視場合、地點及當時與誰在一起而定。諸多事件會觸動我們人格中的某部分，而遺漏了其餘的部分……我們過去的諸多自我之總和，通常是個封閉的領域，但其中的某些自我可能會突然再度出現，讓過去復活。此時，就是我們的過去諸多自我的其中之一，跑到了舞台前景，取代了我們而活著。在我們的諸多自我裡，也有著與生俱來的元素。其他的（例如我們的社會性自我），乃是其他人們加諸於自己的創造與影響。這就解釋了心智的連續流動性，因爲這乃是源於單一人格的諸多變形。㊶（譯註：此處譯文主要出自遠流出版中譯本，劉絮愷、吳佳璇、鄧惠文、廖定烈譯。）

瑪麗·路薏絲·馮·法蘭茲（Marie Louise von Franz）這位寫作談論童話故事，並與榮格合作的心理學家，對於活在她體內的自我多重性非常清楚：

> 我可以給你一整張清單，列出我可以成爲哪些人。我是一個想著煮飯和房子的老農婦；我是一個想要破解手稿的學者；我是一個想著怎麼詮釋別人夢境的精神治療師；我是一個很享受十歲小孩陪伴、對大人做出頑皮惡作劇的淘氣小男孩，如此等等。我可以給你另外二十個這樣的角色。它們會在突然之間進入你，但如果你看到發生了什麼事，也可以把它們隔絕在你的系統之外，跟它們玩，或是再度把它們放到一邊。但如果你被附身了，它們就會不由自主地進入你，而你會不由自主地把它們表現出來。[42]

請注意，她的可能自我之一是男性。在引文的最後，馮·法蘭茲分享了她對於被自我「附身」的觀念：不是全有，就是全無；這是要不計代價避免的事情。她在指涉的不盡然是惡魔附身，而是某種外在觸發物，突然間觸動了轉換，讓你變成一個較不理想的自我的經驗，我們隨後會詳細談到這種動力。

瑪莉琳·佛格森是撰寫《寶瓶同謀》（*The Aquarian Conspiracy*, 1987）的新時代作者，花了很多時間在《寶瓶時代》一書裡提倡健康複數自我的觀念。對於拉爾夫·瓦爾多·愛默森（Ralph Waldo Emerson）的名言，她給我們某些背景脈絡：

> 重要的是，要堅決主張我們全都至少在私底下是多重的，而且這也是好事。那些固執於常

規的人，可能在讓別人無聊的同時，自己也很無聊。拉爾夫．瓦爾多．愛默森曾經評論說：「愚蠢的始終如一，是庸才的心魔。」眞正的問題在於我們不去注意這些自我，而不是我們具有多重性。㊸

對佛格森來說，我們必須面對的挑戰是不去注意複數自我，而非人格多重性本身。莉塔．卡特是英國記者暨科學作家，她的著作《你這樣的人》同意我們的許多主題。她在序言裡寫道：

我發現，藉著把每個人想成一個群體，而非單一、不變的人格，那麼許多熟悉卻在先前令人困惑的事情，就變得合理多了……心靈多重性不是某種奇怪的失常現象，而是人類的自然狀態。進一步說，我們轉換改變的能力已經演化了，因爲這有潛在的用途，而且我們需要利用這種能力的情況，在今日更勝於以往。㊹

卡特在其著作接近尾聲時，重中人格多重性並不是一種有傷害性的病變，反而是一種適應性的能力，並且聲明她希望「在迅速變遷而不確定的世界裡，人類心靈的多重性會開始被視爲一種無所不在而寶貴的功能，而不是一種奇特罕見的怪癖。」㊺我們會在稍後討論更多卡特的觀念。

薩爾曼．魯西迪也曾經明言，長篇小說裡的角色和整體的人，如果不能從不同自我之間移入移出，都會變得比較無趣、比較不鮮活：

我想長篇小說總是為人所知的好處之一，在於我們的身分是非常多元的。你懂的，「我是自我矛盾的嗎？／好吧！那我便是自我矛盾」。這裡的想法（是）我們不是單一的自我，我們的形態是非常多樣的。為了讓書裡的角色有趣而鮮活，他們必須像那個樣子，如果他們只有一種樣子，將會死氣沉沉。這些年來，我在這方面探索了相當多。我們全都有根據環境來轉換自己的能力。時時刻刻都是如此。如果必須選擇其中之一，這種情況對我來說就像是一件緊身拘束衣。㊻

英國劇作家、長篇小說暨短篇小說作家薩默塞特・毛姆（Somerset Maugham），對於人格多重性有清楚而簡潔的反省。他揭露道：

有些時候，我會困惑地檢視自己性格的不同部分。我承認自己是由好幾個人組成的，而此刻占上風的這個人，難免會讓位給另一個人。但哪一個才是眞實的？全部，或者任何一個都不是？㊼

「哪一個才是眞實的？」這個反覆出現的問題，意義深遠。下次你發現自己深切認同某個通常不在最前線掌控一切的自我時，問問那個自我，它在每一方面是否都跟你展現的其他自我是一樣眞實的。答案很可能會是一個響亮的「是」！

維吉尼亞・吳爾芙強烈地意識到每個人都有複數自我。在她的實驗性小說《海浪》（*The Waves*）裡，其中一個角色清楚地闡明了自己的人格多重性：「我不是一個人；我是許多人；我不全然知道我是誰。」⑱

更早一些，吳爾芙在一九二八年的小說《歐蘭多》（*Orlando: A Biography*）裡寫道：

> 我們所打造的這些自我，一個疊著一個，就像是服務生手裡拿著的盤子一樣……有它們自己的……小小的章程和權利……有一個是只有下雨的時候才會出現，另一個是在有綠色窗簾的房間才出現，還有一個要等瓊斯太太不在才來，另一個則是你得給他一杯葡萄酒等等；因爲每個人都可以從自己的經驗，使不同的自我與他簽訂的條件成倍增加，而有些條件可能太過離譜可笑，所以不能在書裡寫出來。⑲（譯註：此處譯文引自中譯本《歐蘭多：一部穿越三百年的性別流動史詩》，李根芳譯，漫遊者文化。）

## 傳記和自傳性敘述

> 我們全都有無數個隨著環境條件轉變的身分。寫作的自我很可能是高度注重隱私、要用魔法召喚出的那種存在，而你不會在雜貨店裡發現它。
>
> ——喬伊斯．卡洛．奧茲（Joyce Carol Oates）

對於複數自我的存在，或許最廣爲人知的文化反思，是關於病態多重性患者的傳記與自傳。這些書（還有隨之而來的電影）中，有的是由一位作者的所有自我合著，通常會深入非常個人的細節，談到導致人格分裂的創傷起源。

這種書籍的主要目的是盡可能賣出愈多本愈好，因此會有以下的問題：有多少事情是被誇大的、刻意灑狗血，或是完全憑空捏造的？（同樣的問題也出現在好萊塢把這些重要書籍改編成電影的方式。）如同班奈特．布隆（Bennett Braun）醫師在由他主編的，談論治療多重人格疾患的書籍裡所說的：「多重人格是一個在小說、劇場與電視上很常用的設計，但通常都被誤用。從科學與臨床觀察上浮現的多重人格疾患現象學，不一定會從記者的匠心與劇作家的藝術裡精確地反映出來。」[50]

在這個類型裡，第一本有廣大讀者群的書，是一九五七年出版的《三面夏娃：多重人格的一個案例》（*The Three Faces of Eve: A Case of Multiple Personality*），作者是柯貝特．蒂格伯（Corbett H. Thigpen）與赫維．克萊克利（Hervey M. Cleckley）。「在蒂格伯與克萊克利寫的書倉促出版後，電影版權立刻在一九五七年被賣給導演南納利．強森（Nunnally Johnson），這是因爲大眾在雪莉．傑克森（Shirley Jackson）的小說《鳥巢》（*The Bird's Nest*）於一九五四年出版之後，對多重人格產生的興趣；《鳥巢》也在一九五七年被拍成電影《莉西》（*Lizzie*）。」[51]《三面夏娃》這本書及翻拍電影，把多重自我介紹給許多人。

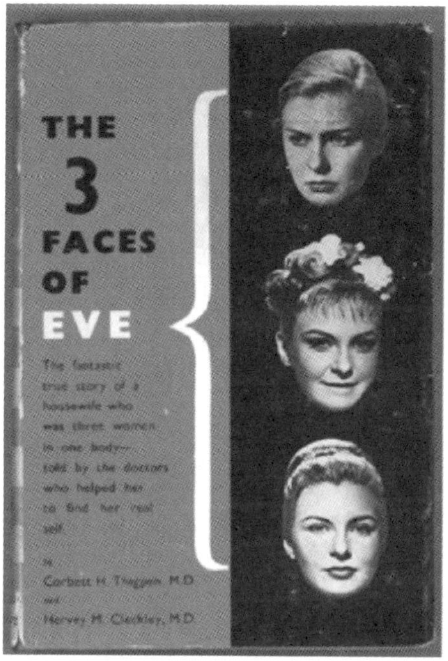


**圖4.7 蒂格伯與克萊克利的《三面夏娃》**

《三面夏娃》聚焦在一個態度溫和的人妻兼人母，她有嚴重的頭痛，偶爾會失去意識。她的精神科醫師路瑟（Luther），發現有個白夏娃（平常的夏娃）和一個黑夏娃（狂野、愛挑逗又愛尋歡作樂的自我；黑夏娃知道白夏娃的一切，但白夏娃對黑夏娃一無所知！）。後來，第三個叫做珍的人格浮現了，她終於想起關於自己所有部分的一切，而另外兩個人格最後融合在第三人格中。

一九七三年，佛羅拉．蕾塔．史瑞伯（Flora Rheta Schreiber）的《西碧兒：十六個不同人格占據一個女人的經典眞實故事》（*Sybil: The Classic True Story of a Woman Possessed by Sixteen Separate Personalities*）問世了。西碧兒是童年極度受虐的受害者，體驗到意識喪失和記憶喪失。醫師提供的療法中，包含給她服用鎭靜劑異戊巴比妥（Amobarbital），以及在她被催眠時訪談她。最後，有十六個不同人格浮現，並且伴隨說話模式，甚至是身體上的改變。

在《西碧兒》出版後，多重人格疾患患者的病理診斷迅速增加，而這通常被歸功於該書。如同一位評論者所說的：「《西碧兒》在一九七三年首度問世時，不只是一舉攻上暢銷書排行榜第一名，還創造出一種精神病現象。這本書號稱是多重人格疾患女性患者的眞實故事。在出版後幾年內，多重人格疾患的回報案例……從不到一百躍升到數千人。」[52]

《西碧兒》受到廣泛的注意，也從許多方面受到攻擊，以至於很難分辨什麼是眞的、什麼又是捏造的。舉例來說，你現在可以讀到眞正的西碧兒──一九九八年由兩位研究人員指出她的眞名是雪莉．梅森（Shirley Mason）──後來承認，她的多重人格是跟該書的記者兼作者佛羅拉．蕾塔．史瑞伯共謀捏造出來的。[53]此外，在二〇一一年，記者黛比．納森（Debbie Nathan）撰寫了《揭發西碧兒：知名多重人格背後的不凡故事》（*Sybil Exposed: The Extraordinary Story Behind the Famous Multiple Personality*），在書中提出證據，證明西碧兒的故事主要是由雪莉．梅森、野心勃勃的精神治療師，以及企圖心強烈的記者捏造的，她們全都想要創造一部暢銷書，並從中獲益。

圖4.8 佛羅拉．史瑞伯的《西碧兒》

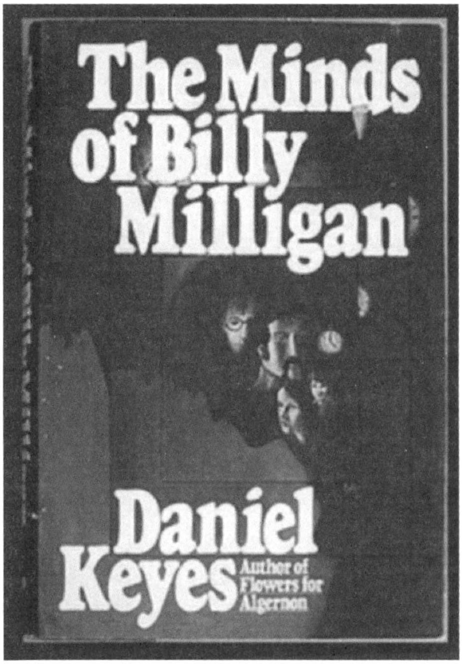


圖4.9 丹尼爾．凱斯的《24個比利》

如果你只打算讀《西碧兒》和《揭發西碧兒》，還有其他關於這整件事是不是由雪莉．梅森和治療師、記者蓄意捏造的許多文章，可能會懷疑多重人格的眞實性。爲了停止這樣的懷疑，我們邀請你來閱讀內容更細致詳盡，於一九八一年出版的作品：《24個比利》，作者是丹尼爾．凱斯（以寫下《獻給阿爾吉儂的花束》〔*Flowers for Algernon*〕聞名）。年輕男子比利．密利根不只是小偷，還因爲犯下強姦罪而被定罪，被送到一家精神病院。結果發現他有二十四個不同的人格，每一個都有自己的名字和不尋常的特徵。

凱斯不只訪問了比利．密利根，還有他的律師、醫師、精神病學家及治療他的護理人員，詳細描繪了比利的不同自我，還有它們怎麼跟彼此互動。隨著你閱讀這本書連貫而有啓發性的細節

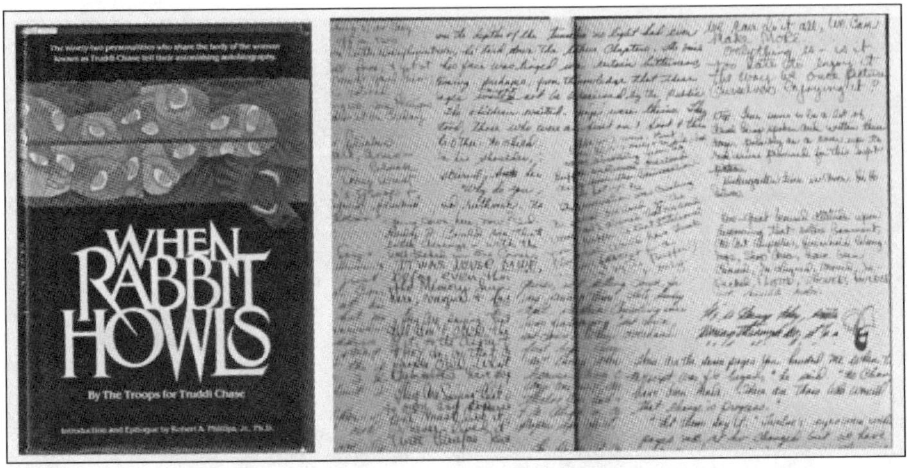


**圖4.10　楚蒂·切斯的《在兔子嚎叫時》**

時，比利擁有不同自我的現實已不證自明。

後來，比利·密利根徹底處於不同自我的狀態，能夠獲取非凡的能力與潛能（就跟赫歐爾·華克的內在教練、內在戰士、內在疼痛專家等等一樣）。舉例來說，比利的自我之一會講流利的塞爾維亞—克羅埃西亞語；另一個則是能力高超的脫逃專家，可以從手銬與束具中溜出來；還有一個是很有天賦的畫家（雖然他待在精神療養機構裡，還是有人付大筆金錢要買他的肖像畫）。另一個自我則學會直接操控他的腎上腺素，讓他產生了能夠用拳頭把馬桶從牆壁上打下來的超級力量。我們晚一點會再談比利·密利根。

最後一個值得注意的傳記敘述是《在兔子嚎叫時》（*When Rabbit Howls*, 1987）。這是一本集體自傳，作者署名爲「楚蒂·切斯（Truddi Chase）的軍隊」，切斯從九十二個人格的多樣化觀點，講述自己的故事，你可以從書封摺口上看到其中某些人格不同的筆跡。（據推測）切斯受到繼父嚴重的性、身體與情緒虐待（據說她的母親也不當對待她），在一個不同人格介入保護她，或者理解發生什麼事的時候，她會去「睡覺」。

還有其他有病態多重性的個人寫下許多傳記與自傳敘述。然而，這四本傳記：《三面夏娃》、《西碧兒》、《24個比利》以及《在兔子嚎叫時》，可能是意義最重大的。

## 熱門新聞與娛樂性報導中舉止怪異的名流

> 沒有人能夠長期對自己戴著一張面具，又對眾人戴著另一張面具，到最後卻不會搞迷糊、弄不清楚哪張臉才是眞的。
>
> ——納森尼爾·霍桑（Nathaniel Hawthorne）

最後，還有名流、影星、政治家及其他公眾人物的熱門報導，這些人的舉止太過怪異，以至於記者、部落客甚至科普作家都認爲他們有病態的多重性。

舉例來說，神經科學家大衛·伊葛門，在他的科普書籍《躲在我腦中的陌生人》（二〇一一）開頭不久的地方問道：「倘若梅爾·吉勃遜喝醉了就反猶太，清醒時就眞心悔悟，那麼世上有沒有眞正的梅爾·吉勃遜呢？」[54]（譯註：本節譯文均引自中譯本）伊葛門接著引用猶太裔電影製片狄

「任何人都沒有藉口去思考或表達任何一種反猶太言論，對此也不該有任何容忍。在我酒駕被捕的那天晚上，我對一位執法官員說了刻薄又傷人的話，我想特別對猶太社群的每個人道歉。」

——梅爾·吉勃遜

圖4.11 梅爾·吉勃遜為反猶太言論道歉。
喬治·比雅德（Georges Biard）攝影。

恩・德夫林（Dean Devlin）的說法：「我從梅爾栽跟頭（重染酒癮）起就陪著他，他整個人完全變了。看了令人膽戰心驚。」[55]伊葛門的結論相當清楚：

> 許多人都寧可相信人性包含眞實和虛僞兩面，換句話說，人類有單獨一個眞正的意圖，其餘部分全都是修飾、遁詞或掩飾。這很合乎直覺，卻不完全如此。研究大腦時，有必要採行更細膩的人性觀……我們是以許多神經子群建構而成；誠如惠特曼所述，我們「廣納萬象」。縱然貶抑吉勃遜的人仍會不斷說他其實是個反猶太分子，而爲他講話的人則會堅稱他不是，兩邊或許都是爲一種不完整的情節來辯護，並支持自己的偏見。有沒有任何理由可以認定，一個大腦不可能兼具種族主義和非種族主義的部分？[56]

我們認爲有理由相信，人腦的不同部位在功能上與實際用途上，等同於擁有不同的自我，或者導致不同的自我出現。

在其他例子裡，名流利用對多重性的流行理解，來理解這個世界。舉例來說，以怪異行徑出名的琳賽・蘿涵（Lindsay Lohan），曾告訴媒體，她的未婚夫，俄羅斯富二代伊果・塔拉巴索夫（Egor Tarabosov）曾經虐待並攻擊她。蘿涵接著發表這個聲明：

> 在我們（晚間外出）回家以後，我上床睡覺，伊果又出去了……幾小時後他回來了，而在我醒來的時候，他正站著俯視我。他不是他自己了，他非常好鬥，而且他攻擊了我……我守口如瓶許久了，但現在我害怕伊果可能會對我、對他自己做出的事。[57]

伊果那天晚上可能是他的其中一個不同自我，一個不討人喜歡而暴力的自我。

## 漫畫書和連環漫畫

漫畫書工業在過去二十年裡有實質的成長。[58]有許多獨立公司和主流出版社（漫威與DC）推出新品項，並且讓舊品項復活，所以漫畫一直是拓展邊界、掌握流行文化想像力動向的地方。

p.103的人格多重性的文化指涉資源清單，包括兩種漫畫書中多重自我英雄與惡棍的來源。英雄們有時候有祕密身分，像是超人或蝙蝠俠，不過在某些例子裡，他們會完全轉變成不見得是人類的別人，以及某個可能跟他們並沒有共享任何記憶的人。一個徹底變形的英雄經典範例，就是布魯斯．班納（Bruce Banner），他在發怒失控的時候會變成浩克。漫畫書中的惡棍，像是蝙蝠俠的敵人雙面人，或者蜘蛛人的對手諾曼．奧斯朋（以及他的兒子哈利．奧斯朋），會變成綠惡魔，通常有完全無法凝聚的病態多重性，有時候覺察得到他們的正常自我，有時候覺察不到，其中通常混合了思覺失調症和其他心理疾病的元素。[59]

**圖4.12 連環漫畫長久以來展現出我們的「超級」部分和自我**

**圖4.13 《獾超人暴走！》（*Badger Berserk!*）漫畫封面**

在某些例子裡，一位漫畫書英雄的角色範本，是源於在一九八〇年代與一九九〇年代變得熱門的，對多重人格疾患的進步派理解。這種進步派觀點主張，曾經暴露在恐怖環境下（例如性虐待、身體折磨）的某個人（尤其是小孩），所創造或分裂出新人格，是一種正面的、適應性的演化反應。因此，思考一下，一位漫畫書部落客如何描述獾超人（The Badger）：

> 諾伯特·賽克斯（Norbert Sykes）是一名越南退伍軍人，小時候曾經受虐多年。這些經驗的結合，導致他創造出好幾個不同的精神狀態，來應付他的情緒痛苦。獾超人是個武術大師，也是弱者與動物的捍衛者，同時把每個人都叫成賴瑞（Larry）；愛蜜莉（Emily）是個九歲的女孩，被他創造出來逃離父親的敗德行爲；皮耶（Pierre），一個有謀殺傾向的法國人；樂華（Leroy），諾伯特的兒時寵物，被他的混帳老爸活活打死；賈斯提諾·葛洛佛·狄寶（Gastineau Grover Depaul），一個來自貧民區的黑人男子；還有麥克斯·史威爾（Max Swell），嬌氣的享樂主義者。[60]

除了漫畫書以外，還有報紙上的連環漫畫和單格漫畫，其中一些重印在本書上。從《紐約客》

上詹姆斯・瑟博的單格漫畫，到凱西・吉思懷特的《凱西》連環漫畫，從史考特・亞當斯的《呆伯特》，到達飛（J. C. Duffy）的《傅斯科兄弟》（*Fusco Brothers*），在漫畫創作者之間有一種覺察：擁有多個自我是一種常態性，而且通常讓人發噱，或者在其他狀況下提供很有洞察力的資訊，是日常體驗的一部分。

## 影視作品中的人格多重性

說來不意外，對人格多重性（通常是病態多重性）的敘述，讓它同時登上大銀幕和小螢幕，也就是主流電影、電視影集，甚至是卡通。在某些例子裡，像是「邪惡科米蛙」迷因，[6]網路也會讓多重性的概念發揚光大。在你能夠更清楚察覺到生活中的複數自我時，可能會在電影和電視節目裡，注意到有更多角色與自身的複數自我一起工作，或者展現他們的複數自我。

6「邪惡科米蛙是拿二〇一四年電影《布偶歷險記：全面追緝》（*Muppets Most Wanted*）裡的一個定格畫面來自由發揮，畫面中，純粹完整的科米蛙在與邪惡分身康斯坦丁（Constantine）講話。在這個迷因的例子裡，科米蛙和康斯坦丁就代表社交上合宜的自我與混蛋本能在交戰。」——梅根・法洛曼內許（Megan Farokhmanesh），〈什麼讓科米蛙的傻樣到處蔓延？迷因小偷〉，「邊緣」網站（The Verge），二〇一六年十一月十七日。

## 電影

四本病態多重性的主要傳記性敘述裡，《三面夏娃》、《西碧兒》與《在兔子嚎叫時》這三本已經被拍成主流電影（《在兔子嚎叫時》的電影版為《內在的聲音：楚蒂・切斯的多種人生》〔*Voices Within: The Lives of Truddi Chase*〕）。至於《24個比利》，李奧納多・狄卡皮歐從一九九七年就開始進行工作，打算在電影版《擁擠的房間》（*The Crowded Room*）裡扮演比利。

本章開頭（p.103）的「關於人格多重性的文化指涉」中，提供了有關多重人格疾患電影的清單。其中一個經典是《瘋狂教授》（*The Nutty Professor*, 1963），傑利・路易斯（Jerry Lewis）是一位大學教授，喝下一份靈藥以後就變成他自己的超優雅迷人版本，這是史蒂芬生《化身博士》的搞笑版本。更近期的電影包括了布萊德・彼特（Brad Pitt）、艾德華・諾頓（Edward Norton）和傑瑞德・雷托（Jared Leto）演出的《鬥陣俱樂部》（*Fight Club*, 1996）、金凱瑞的《一

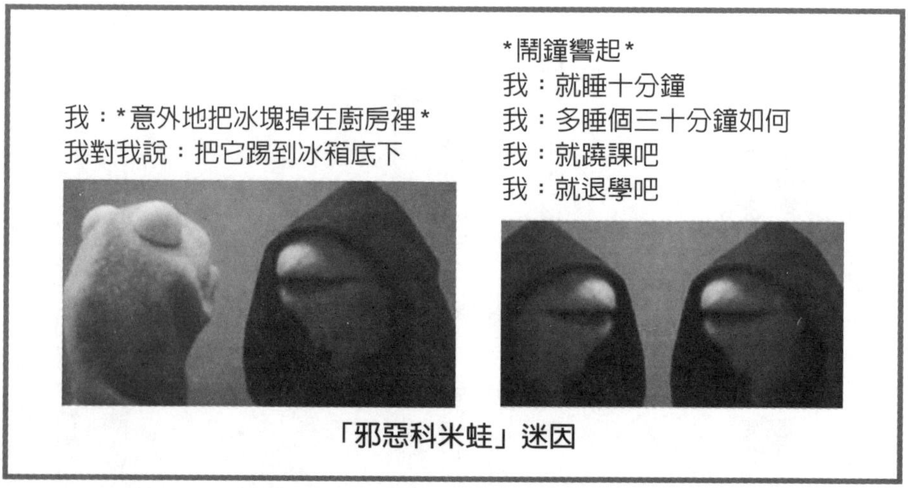


圖4.14 廣為流傳的「邪惡科米蛙」迷因立刻利用複數自我

個頭兩個大》（*Me, Myself & Irene*, 2000）、《魔戒》系列的史麥戈／咕嚕在他的自我之間進行漫長的對話、《喚醒麥迪森》（*Waking Madison*, 2010），還有荷莉・貝瑞（Halle Berry）演出的《法蘭姬與愛麗絲》（*Frankie & Alice*, 2010）。

另外兩部電影值得特別一提。首先是皮克斯動畫在二〇一五年推出的《腦筋急轉彎》（*Inside Out*），此片贏得奧斯卡金像獎最佳動畫電影。主角萊莉（Riley）是個十一歲女孩，她們一家突然搬遷，把她拋入新家與新學校的混亂之中。電影創作者們以保羅・艾克曼（Paul Ekman）的研究爲基礎，[7]帶領我們進入萊莉的腦袋或心靈，同時也回溯過去。我們可以看出，從她還是新生兒的時候（所有人類都經歷過），五種擬人化的情緒：樂樂、憂憂、怒怒、驚驚和厭厭，就控制著她的深層情緒生活，而且它們之間是透過誰搶先到達中央控制台並按下按鈕，來做決定。

這五種情緒（被描繪成萊莉大腦裡的獨特「個性島嶼」），跟我們先前討論過的自我、部分或心靈並不盡然一樣，尤其是好萊塢電影爲了追求最大戲劇效果而強化了每個角色。不過，從這部創新的電影裡，還是有某些平行對比與洞見可以擷取。關於擬人化的情緒性自我搶奪控制面板的隱喻，是很恰當的，而萊莉最終的頓悟：「悲傷在她的生活中扮演一個關鍵角色，因爲它製造出她內在的同理心」，則肯定了承認並欣賞一個人的複數自我及他人的複數自我，是很重要的。

7「他們諮詢過研究情緒的知名心理學家保羅・艾克曼，還有加州柏克萊大學心理學教授達契爾・克特納（Dacher Keltner）的意見。艾克曼在他的職業生涯早期，辨識出六種核心情緒：憤怒、恐懼、悲傷、厭惡、喜悅和驚訝。但克特納認爲驚訝和恐懼太過相似，便以五種情緒來建立角色。」見《腦筋急轉彎》的維基百科條目。

《搖滾啓示錄》（*I'm Not There*）也值得注意，這部傳記音樂劇把焦點放在巴布．狄倫身上，由六位不同演員（包括凱特．布蘭琪）扮演狄倫。莉塔．卡特表示「狄倫自認爲是複合體；根據他自己的描述，『每天都是一個不同的人』。」[61]根據電影製作人克莉絲汀．瓦秋（Christine Vachon）的說法：「狄倫迷人的地方，在於他曾經完全徹底地、一次又一次地改變他的身分……我想這在某種程度上是唯一一種看待他的方式。」[62]爲了解釋爲什麼這部電影裡動用了六位不同的演員，導演托德．海恩斯（Todd Haynes）寫道：

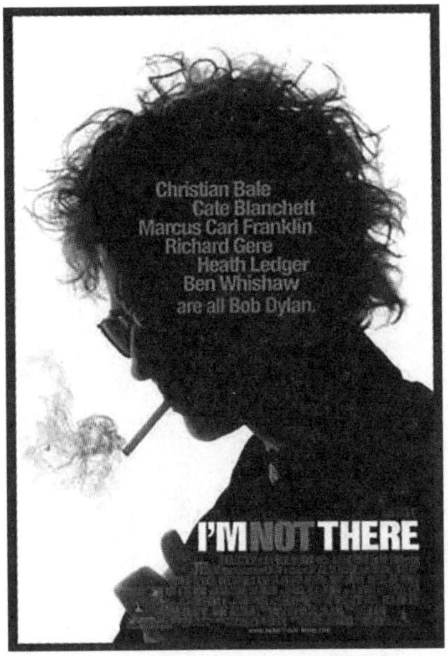


圖4.15　巴布．狄倫的傳記電影《搖滾啓示錄》

> 你企圖掌握狄倫的那一分鐘，他就不在原來的位置了。他就像一道火焰：如果你想要把他握在手裡，你肯定會被灼傷。狄倫的人生充滿改變、持續消失與持續變形，讓你渴望掌握他，想把他釘在一處。而這就是爲什麼他的粉絲群這麼執迷，這麼想要找到關於他的眞相、絕對事實與答案，而這是狄倫永遠不會提供，只會加以阻撓的事情……狄倫很難相處、神祕、難以捉摸、讓人受挫，而在他閃避身分認同的同時，這只讓你更加認同他。[63]

## 電視

在一九六〇年代很受歡迎的《史瑪瑟斯兄弟喜劇時間》（*The Smothers Brothers Comedy Hour*）節目開場白中，湯米・史瑪瑟斯（Tommy Smothers）經常提到「我弟弟和我的自我們」。其他電視節目的多重性又是如何呢？在「關於人格多重性的文化指涉」清單（p.103）中，第五條提供了一個網站，裡面有電視節目與許多種流行娛樂節目（包括卡通）裡的多重自我範例。

病態多重性成為電視節目主題的例子之一，是《倒錯人生》，這是在Showtime頻道上的影集，女演員東妮・克莉蒂（Toni Collette）在劇中掙扎著要想辦法當個母親拉拔一個家庭，同時還要處理四個天差地別、常常功能失調的自我。這個節目強調塔拉突然間從一個子人格轉向另一個，通常對她的家庭成員造成極大的痛苦（更別提她主動挑釁的那些人了）。根據理查・克拉夫特（Richard Kluft）醫師的說法：「塔拉極端真實……但也極端不現實。我要說的是，塔拉展現出的一切都是真的。我曾經見識過這種事許多次。不現實的地方，在於你以這麼（濃縮）的形式看到這麼多這樣的狀況。」[64]

除了直接聚焦於（通常是病態的）多重性的電視節目以外，某些節目只公開處理這個主題一次，但作法特別讓人難忘或者很有創意。例如，動畫喜劇《馬男波傑克》（*BoJack Horseman*）中的一句台詞，可以當成這整本書的總結。其中一個小角色（阿列西・布羅瑟非諾〔Alexi Brosefino〕）設法說服一個主要角色（黛安・阮〔Diane Nguyen〕），他和朋友們超越了他們的花花公子名聲：

「但在每個男人體內，都有種很棒的多重性存在，對吧？沒有人只是一種東西。」

另一個例子是《宅男行不行》（*The Big Bang Theory*），這是史上最長壽的多機拍攝情境影集之一。在第十一季第三集〈放鬆整合〉裡，我們看到了「謝爾頓（Sheldons）議會」，謝爾頓的許多不同自我出席他夢中的議會。而在這一集的稍早片段中，我們看到了潘妮與謝爾頓之間的對話：

潘妮：有沒有可能，說夢話是你大腦的某個部分在跟你說，一切都會沒事，你只需要放鬆一點就好？

謝爾頓：所以妳的見解是，自我是一種幻覺，我們其實有彼此在溝通的多重意識中心？

潘妮：用白話文來說，對啦。

謝爾頓：喔。有趣。所以妳不相信在經驗之流底下，有個笛卡兒式的自我？

潘妮：我二十幾歲的時候可能相信，現在再也不信了。

最後的例子來自長期播出的節目《銀河飛龍》（*Star Trek: The Next Generation*），提供了科幻迷一個健康多重性的傑出範例。在第六季第二十集〈追逐〉之中，畢凱艦長以前的教授帶著一個古老的完整附蓋瓷碗「庫蘭奈斯科」（Kurlan naiskos）在企業號上現身。瓷碗裡有一組人形娃娃。畢凱在掀起蓋子後說：「你說這是完整的？……庫蘭文明相信一個人是由許多個人組成的群體。在我們之內有許多聲音，每個都有自己的欲望、自己的風格、自己的世界觀。」

# 詩、音樂與歌曲中的複數自我

她名叫瑪吉爾，而她叫自己莉，但人人稱呼她南西。

——披頭四（The Beatles），〈火箭浣熊〉（Rocky Raccoon）歌詞

如果這本書背後的核心觀念是正確的，而單一自我假設是不恰當的，那麼我們期待在文化的每一個領域裡都能發現證據。前述的許多文字與電影作品聚焦於病理狀態。在其他競技領域中，藝術家更自由地在廣泛多樣的種種媒介上探索自己，包括我們接下來要談到的詩歌與音樂。你也會發現，在視覺化搜尋器網站Pinterest上，被歸類成「多重人格/自我肖像」的版面，顯示出數百個不同的張貼影像。其中有許多影像似乎是在對身後的正面與複雜印象的個人生命說話。

## 在詩中

有關身分與自我發現的議題，對許多詩人來說一直都是聚焦的重點，毫無疑問，除了華特·惠特曼的〈自我之歌〉（Song of Myself）之外還有許多例子，〈自我之歌〉中的名句如下：

我是自我矛盾嗎？
好吧，那我便是自我矛盾，
（我即浩瀚，我擁群像。）

這裡不適合（也沒有空間）來讓我們徹底搞清楚詩歌的世界。然而，這裡有幾首知名的詩，直接針對擁有與承認複數自我，還有對複數自我工作而發言。

首先是黎巴嫩裔美國作家、詩人暨視覺藝術家卡里・紀伯倫（最知名的是其暢銷著作《先知》〔*The Prophet*〕）的詩句，出自〈七個自我〉（The Seven Selves），這是收錄在他的書《狂人——他的寓言》（*The Madman—His Parables*）裡的一首謎樣詩篇：

在夜間最寂靜的時辰，我躺著半入睡時，我的七個自我坐在一起，如此悄聲對話：

第一個自我：在這裡，在這個狂人身上，我已經居住了這麼多年，無事可做，只能白晝重生他的痛楚，夜晚再造他的憂傷。我再也無法忍受我的命運了，而現在我要反叛。

第二個自我：你的命運比我來得好，兄弟，因爲給予我的命運，是做這個狂人的喜悅自我。我笑出他的笑聲，歌詠他的快樂時刻，還用輕快如生了三倍翅膀的腳，爲他比較愉悅的思想起舞。是我，會反叛抵抗我疲憊的存在。

第三個自我：那我呢，被愛支配的自我，狂野熱情與絕妙欲望的燃燒火炬？是我，愛到成疾的自我，會反叛對抗這個狂人。

第四個自我：我，在你們全部之中，是最悲慘的，因爲除了可惡的憎恨與毀滅性的厭惡以外，什麼都沒有給我。是我，暴風雨般的自我，生在地獄黑暗洞穴裡的這一個，會抗爭反對服務這個狂人。

第五個自我：不，是我，思考的自我，浮想聯翩的自我，飢渴的自我，受詛咒要四處漫遊，不得休息，搜尋未知之物與未創造之物的這一個；是我，不是你，將會反叛。

第六個自我：而我，工作的自我，可憐的勞動者，我，以有耐性的雙手，還有充滿渴望的眼睛，把日子塑造成影像，並且給予不定形的元素新而永恆的形式——是我，孤獨的這一個，會反叛對抗這個焦躁不安的狂人。

第七個自我：多麼奇異，你們全都會反叛對抗這個男人，因爲你們每一個都有預定的命運要實現。啊！要是我可以像你們之一，一個有確定命運的自我就好了！但我什麼都沒有，我是什麼都不做的自我，坐在愚蠢空曠的無名之地，處於未知的時間，同時你們卻忙於重新創造生命。是你或是我，鄰居們，是誰應該反叛？

在第七個自我這麼說了以後，另外六個自我憐憫地望著他，什麼都沒再說了；而隨著夜色愈來愈深，一個接著一個去睡了，包裹在一層嶄新而快樂的順從之中。[65]

從十三世紀波斯蘇非派詩人魯米（Jalaluddin Rumi）那裡，我們看到這首由柯曼・巴克斯（Coleman Barks）翻譯的，清晰又發人深省的作品〈小旅社〉（The Guest House），[66]其開頭暗示每個自我都應該得到體面的對待：

這個人類是一間小旅社。
每天早晨有個新來客。

一個喜悅，一個沮喪，一個惡毒，
某個暫時的覺察，

以不速之客的身分來到了。
歡迎，娛樂他們全體吧！

最後，二十世紀的波蘭詩人切斯拉夫．米沃什（Czesław Miłosz）寫過：

詩歌的意義在於提醒我們，
保持只是一個人有多困難。
因爲我們的屋子是敞開的；門上沒有鑰匙；
而看不見的訪客隨意進出。㊻

## 音樂與歌曲

在這個穿梭流行文化旅程的最後，我們簡短地強調幾首相關歌曲，還有某些關鍵歌詞：

- 例如，在一九九九年電影《第六感女神》（*Muse*，亞伯特．布魯克斯〔Albert Brooks〕主演）裡，電影配樂是由艾爾頓．強（Elton John）作曲並表演，還包括一首輕快的演奏曲，叫做〈多重人格〉（Multiple Personality）。㊼
- 艾爾頓．強的鋼琴演奏同伴暨偶爾巡迴演出的搭檔比利．喬（Billy Joel），在一九七七年的專輯《陌生人》裡的同名暢銷曲裡，告訴我們，「我們全都有一張我們永遠藏起來的臉」，而我們所有的臉孔都是陌生人的臉。

- 大衛・克羅斯比（David Crosby）在他的歌〈在我夢中〉（In My Dreams），提供給我們某些覺察複數自我的材料，這首歌出自克羅斯比、史提爾斯與納許（Crosby, Stills & Nash）在一九七七年的專輯《CSN》。他開頭先問聆聽者看到誰，然後叫我們去「向在附近的隨便哪個我介紹你自己」。
- 最後，思考一下寵物店男孩（Pet Shop Boys）的歌〈太多人〉（Too Many People），出自他們在一九九三年的專輯《非常》（*Very*），這首歌告訴我們「身分問題總是糾纏著我；我決定當誰，要看誰跟我在一起」。

在離開音樂與歌曲的部分之前，請想一下許多音樂家，包括在第一章裡提到的大衛・鮑伊，似乎呈現了不同的人格，並且在不同的自我裡創造出不同風格的歌曲與音樂。朱爾斯・伊凡斯（Jules Evans）寫道：

> 許多頂尖流行巨星，有他們在舞台上或不同歌曲裡採用的另我（alter-ego）。最有名的可能就是大衛・鮑伊的各種另我……碧昂絲也有一個另我：生猛莎夏（Sasha Fierce）；馬紹爾・馬瑟斯（Marshall Mathers）有阿姆和瘦痞子（Slim Shady）；女神卡卡（Lady Gaga）有個男性另我：喬・卡德隆（Jo Calderone，而且女神卡卡本身就有幾分像是一個另我）；王子（Prince）有一個女性另我：卡蜜兒（Camille）；波諾（Bono）爲了Zoo TV巡迴演唱會，發明了三個另我；多莉・艾莫絲（Tori Amos）爲「美國娃娃兵團」巡迴演唱會發明了五個，其他還有許多。

這些另我的重點在哪裡？另我似乎能允許這些藝術家去表現人格的某個面向，而這個面向以某種方式被他們尋常的社交建構自我所禁止。這是讓人入迷的，因爲它讓他們踏出平常的自我，套上別人的。碧昂絲說：「我創造出了一個另我：我在表演時會做，正常狀態下絕對不會做的事情。」㊾

## 覺察複數自我文化的未來

在短篇小說、長篇小說、傳記、散文、科普文章、漫畫、新聞敘述、電影、電視、繪畫、詩與歌曲中，我們同時看到健康與病態複數自我的跡象。以一個文化來說，隨著健康複數自我變得更有可見度，我們可能會發展出許多新的、不聚焦在病態上的藝術反思與詮釋。在此同時，請加入我們，進入下一章的另一個巡禮，這一趟會穿越宗教與西方哲學的知性世界。

# Chapter 5 宗教與哲學中的靈魂和自我

對自己與他人都很敏銳的觀察者們，長期以來都在思索人格多重性的意義。在前一章的文化之旅後，本章和下一章會回顧一些知名與重要思想家（哲學家、神學家、心理學家及科學家），關於擁有複數自我對人們有何意義的言論。

這一章的開頭是關於宗教的成形領域，人格多重性長期以來都是這幅畫面裡的某個部分。我們接著探究現代時期的哲學。在第六章，我們會轉向專業與學術界心理學家對於人格多重性的描述。在第七章延伸這些討論，探討後現代思想的某些面向與哲學、佛教及科學方法之間的重疊之處。

圖5.1是我們研究時所使用的部分書籍。每一

圖5.1 我們研究中使用的書籍：每一本都引用了許多來源

本書裡都引用了數十個，甚至數百個其他權威來源。透過追隨這些引文勾勒出的寬廣智識路徑，我們發現自己正在調查並探索範圍廣泛的知性疆域，從宗教、哲學到心理學與科學，還有啓迪人心的教師與性靈體系的領域。我們呈現這些領域的概要，好讓你更容易看到單一自我假設之外的世界。

## 古代與多神教系統

宗教上處理多重性的方法，要回溯到有紀錄可查的歷史開端。某些宗教把焦點放在人類的不同部分或元素。安德魯·史密斯（Andrew Smith）寫道：「在許多文化裡，大家相信人類可能有超過一個靈魂，反映出人類的不同面向，這可能包括理性知識面、動物面、生命力、神聖性的火花、自我、做夢的自我等等。」①理查·史瓦茲（Richard Schwartz）與羅伯特·佛克納（Robert Falconer）寫道：「人類學家報告說，在好幾世紀以來，有許多原住民文化已經覺察到有個內在世界，他們在其中遇見自己的種種部分……舉例來說，斐濟人（Fijians）、阿崗昆人（Algokins），還有克倫人（Karens）相信，人有兩個靈魂，同時許多北亞民族（像是楚科奇人〔Chukchee〕和尤卡吉爾人〔Yukagir〕）相信人有三個靈魂，就跟非洲的阿散蒂（Ashanti）和達荷美（Dahomi）民族一樣。達科塔人（Dakotas）承認四個靈魂，某些馬來人則承認有七個靈魂。」②

在其他例子裡，多神教熱烈接納有許多神祇存在並崇拜之，這指出人類視自己爲自然地體現人格多重性的種種方式。

## 苗族人：對許多靈魂的信念

苗族人在史前時代就已誕生，一直生存到今日，他們是包含中國、越南、寮國與泰國多山地區的族裔團體。苗族人有鮮明的泛靈論世界觀與宗教系統，把人類看成是有多重靈魂的：

人類靈魂（soul）和精魂（spirit）不同，是一個人體內的精神能量，據信是居住在物質世界裡。他們認爲人類有十二個靈魂，三個主要靈魂是轉世靈魂（reincarnation soul）、常駐靈魂（residing soul）與漫遊靈魂（wandering soul）。轉世靈魂在死時離開身體，會重生在另一個存在物的體內。常駐靈魂在身體崩潰時會與之同在，然後變成後代尊崇且致敬的祖靈。漫遊靈魂在夢境中離開身體，或者跟其他人類靈魂或精魂玩耍。如果受到驚嚇，漫遊靈魂可能會失落在幽靈世界裡。在死時，漫遊靈魂會回歸幽靈世界，並且繼續在那裡過活，就像在物質世界裡一樣。③

**圖5.2 苗族女孩玩拔河遊戲**

一個人若要保持健康，他或她的十二個主要靈魂必須牢牢地依附在身體上，而且彼此和諧地工作。不幸的是，「生者的靈魂可能落入不和諧狀態，甚至可能離體，」而且「損失一個或多個靈魂……可能導致嚴重疾病。」④到了今天，薩滿巫師還在苗族社群裡活躍地執業，幫忙重新找回或整合不聽話的靈魂，並且以其他方式讓它們恢復和諧：

> 苗族宗教是傳統上的泛靈論（泛靈論是相信有靈界，而且在所有生物的相互連結之中）。苗族文化的核心是Txiv Neeb，即薩滿巫師（字面意義是「精魂的父親／主人」）。根據苗族人的宇宙學，人體是一些靈魂的宿主。當這些靈魂裡有一個或更多個從身體上被孤立分離出來，可能導致疾病、憂鬱和死亡。因此，治療儀式被稱爲「喊魂儀式」（soul-calling rituals）。無論靈魂與身體分離，是因爲它被嚇跑，還是被邪惡勢力綁架，它都必須回來，以便恢復生命的完整性。⑤

這種看待世界的方式，源於一個單一自我假設從未生根的文化。對於一個苗族家庭來說，掙扎著要調和苗族多重自我治療與美國醫療系統的競爭世界觀是什麼感覺，請見安・法第曼的《黎亞：從醫病衝突到跨文化誤解的傷害》（*The Spirit Catches You and You Fall Down: A Hmong Child, Her American Doctors, and the Collision of Two Cultures,* 1997）。

## 古埃及宗教：全套原則

古埃及提供了多部分（multi-part）精魂或宗教系統最廣爲人知的其中一例。回溯數千年前，埃及人把人類區分成不同的自然原則，或者「部分」。「古埃及信仰指稱一些靈魂集合起來構成了個人……這些靈魂有時候被翻譯成『分身』（double）、『靈魂』（soul）和『精魂』（spirit），不過這些西方詞彙並沒有呈現出這些概念蘊含的完整細微之處。」⑥

爲了確保永恆的生命，這些各式各樣的原則（或部分），必須在死亡與最後審判之前，經過恰當的排列、準備與配置。以下是描述某人不同部位、原則或靈魂的一種方式，可以讓人看出這個系統的複雜性。

**圖5.3　古埃及葬禮儀式**

- ●Kha：「物質身體」或者屍身，可以被製作成木乃伊。
- ●Ka：身體的「分身自我」，到處漫遊，居住在雕像裡，會吃喝。
- ●Ba：「靈魂」，飄升到天國去享受永恆，並且回到死者的墳墓享用喪葬的供品。
- ●Ab：「心」，這個人的思維與性靈中心，可以與身體分離或重新結合，還能到處自由移動。
- ●Khaibit：「陰影」，也能分享喪葬供品，到處自由移動。
- ●Khu、Akhu：「精神」，光芒四射、閃閃發光的那一個，是不死也不會朽壞的。
- ●Sekhem：「力量或形式」，一個人生命力的非物質的擬人化體現。
- ●Ren：「名字」，存在於天堂，而且本質上是處於穿越生命與來世兩者的旅途中。
- ●Sahu：「靈體」，從物質身體中跳出來，是靈魂所居的地方，可以變得不會腐敗而居於天堂。⑦

在死時，阿努比斯（Anubis）會秤量這個人的Ab（精神性心靈）與瑪亞特（Ma'at，正義女神）的羽毛，看看哪邊比較重，而托特（Thoth）會做紀錄。如果此人的Ab因爲個人的惡劣行爲而比羽毛更重，它就會被靈魂的吞噬者阿米特（Ammit）吃掉；如果它比較輕，死者就會被准許到天堂旅行。

在將近三千年的時間裡，這個體系的變體形成了主流的埃及世界觀。這裡的重點不在於這個多層次途徑的細節，或是它與現代概念中的人格多重性之間的平行對比。我們要思考的是這個可能性：人類的內在固有多重性，可能促成了細膩的多部分思想與宗教實踐體系。

## 多神論神系的過去與現在：印度、希臘及異教傳統

多神教是指相信或崇拜多位神祇，這些神祇通常共存在包含眾多男神女神的神系裡。⑧在古代的大部分時期，從青銅時代、鐵器時代到其後，直到其他形式的崇拜系統（主要是一神教）發展出來以前，多神論是世界上占主導地位的宗教形式。在現代世界裡，多神教仍然有人信奉，例如神道教（日本傳統宗教）、儒教及中國民間宗教[1]、道教，⑨以及泰勒瑪（Thelema）、威卡

圖5.4　阿努比斯秤一顆人類心臟和瑪亞特的羽毛孰輕孰重

1 根據維基百科的英文條目：Ancestor Veneration in China（中國傳統宗法性宗教，二〇一七年一月九日取用），「在中國民間宗教裡，一個人被認爲有多個靈魂，被歸類爲魂與魄，通常分別與陽和陰相關。在死時，魂與魄會分離。一般來說，前者升上天堂，後者落入地下或寄居在一塊牌位上；然而，關於靈魂數量與本質的信念很多樣化。」

（Wicca）和現代德魯伊（Druidry）。[2]

爲求簡潔，這份回顧不會包括美洲的多神教（印加、阿茲提克與馬雅），以及非洲部落宗教、玻里尼西亞宗教，或其他原住民與薩滿多神系統。我們會以古希臘與羅馬的眾神，[3]還有印度宗教中鮮明又有廣泛差異的男女神祇表現形式，[4]來說明多神教的範圍、多元性，還有它與人格多重性之間的相關性。我們聚焦在世界第三大宗教、大約有九億信徒的印度教之多神教元素，但印度教中也包含一神教與泛神教（patheism，相信在物質上表現出來的萬事萬物都是神）的元素。

希臘羅馬與印度教的男女神祇，都被認爲是在許多方面很像普通人類的存在。他們會被彼此吸引並且婚配，會競爭吵架，也會插手凡間事務和人類的生活（尤其在愛情與戰爭事務上）。在其他方面，他們身爲有神性或不死的存在，其力量與能力（像是控制自然力量，或者有飛行或變形的能力）讓他們遠超過普通人類。

希臘羅馬與印度教的男女神祇，以及其他多神教的眾神，至少以下列三種可能方式，提供對於健康複數自我模型的洞見：

- **反映模型**：某些男女神祇在自然界顯然是複數，從而反映了所有人之中的複數自我存在。
- **組成要素模型**：我們在身體上都是由複數男女神祇的精髓所構成。
- **參與模型**：藉著認同複數男女神祇、召喚並體現祂們，我們參與並培育出祂們的性質和能力，並且避免忽視祂們、從而激怒祂們。

首先是「反映模型」。只要瀏覽一下希臘與印度眾神，就會揭露出某些似乎反映出多重自我存在的男女神祇。例如，羅馬宗教裡的兩頭神雅奴斯（Janus）；早期希臘宗教裡的五十頭巨人（Hekatonkheires），又被稱爲「百臂巨人」；或者來自印度教的任何多頭神明。（爲了表現許多惡魔的力量，他們也有多個腦袋和手臂。）隨後的圖像顯示出有四顆頭的梵天，而且看起來他曾經有五顆頭，但憤怒的濕婆神（不同故事版本中的原因皆不同）把其中一顆砍掉了。

圖5.5 多頭神雅奴斯

2 據估計，光是在美國就有二十萬到一百萬現代的異教徒，或稱「新異教徒」（neo-pagans），全世界則有三百萬到六百萬之間的追隨者。請見維基百科英文條目：Neopaganism Numbers by Country（美國的新異教主義）、Neopaganism Numbers by Country（新異教主義在不同國家的信徒數量，維基共享資源），取用時間爲二〇一七年一月九日。

3 希臘—羅馬傳統的神系有：宙斯／朱比特（Zeus/Jupiter）、波賽冬／奈普頓（Poseidon/Neptune）、黑帝斯／普魯托（Hades/Pluto）、赫斯提亞／維斯塔（Hestia/Vesta）、赫拉／朱諾（Hera/Juno）、艾瑞斯／瑪爾斯（Ares/Mars）、雅典娜／密涅娃（Athena/ Minerva）、阿波羅（唯一在兩種傳統裡有相同名字的神）、阿芙洛黛特／維納斯（Aphrodite/ Venus）、赫密士／墨丘利（Hermes/Mercury）、阿蒂米斯／黛安娜（Artemis/Diana）、赫菲斯托斯／瓦肯（Hephaestus/Vulcan）、戴奧尼索斯／巴克斯（Dionysus/Bacchus）、狄米特／瑟雷絲（Demeter/Ceres）的男女神祇。

4 印度教的主神包括梵天（Brahma，創造之神）、毗濕奴（Vishnu，維護之神）、濕婆（Shiva，毀滅之神）、夏克提（Shakti，原初陰性力量）、迦尼撒（Ganesha，象頭神，去除障礙之神），以及毗濕奴在塵世的化身或不同形式（包括羅摩〔Rama〕和黑天〔Kirshna〕），還有辯才天女（Saraswati，學習女神）、吉祥天女（Lakshmi，財寶與幸福女神）、哈奴曼（猴王）等等。某些版本的印度眾神有三千三百萬男女神祇。

圖5.6　來自古希臘諸神：五十頭巨人，或稱百臂巨人。在佩索出版（Paizo Publishing）許可下使用。

圖5.7　達塔瑞亞（Dattatreya）是梵天、毗濕奴與濕婆神的化身。

從類比來看，如果男女眾神有多重臉孔或人格面具（persona），那麼很合理的是，由祂們所創造，而且在許多方面都反映祂們的普通人類，可能也有多重部分或元素。或者，我們可以假定人類一開始就是透過自己的崇拜與意向，想像著男女眾神。若是如此，或許這些崇拜者把自己的多重性投射到神祇的型態上，好讓他們可以感覺到這些男女眾神正確地反映了崇拜者已經知道自己是什麼樣子了。

其次，「組成要素模型」可以幫助我們理解一些較晚出現、較不爲人知的宗教或性靈取向，包括新柏拉圖主義（neo-Platonism）與史維登堡主義（Swedenborgism）。[5]組成要素模型主張的是，身爲人類，我們是整個宇宙與神聖領域的微觀宇宙反映。因此，男女眾神散發出祂們超越時間、超越空間的本質，而那些本質滲透了許多層次的現實，進入日常的塵世領域裡。是這些本質把形式賦予無形的物質；也就是說，你能看到、摸到，或是以其他方式知道的萬事萬物，它們的每個特質之所以存在，是因爲它包含了一個或更多個男女神祇。因此，我們體內顯然有超過一個部分自我，在反映這些不同的本質與影響。

最後是「參與模型」，在這個模型下，個人選擇積極崇拜並認同不同男女神祇，以便接收祂們特殊的祝福，同時體現祂們的神性技巧與性質，從而過著更深刻、更豐富的人生。舉例來說，「印度教徒」不只是「同時相信並崇拜許多神，希望能從祂們許多神身上接收到祝福」，⑪也崇拜不同神祇的不同面向，以求發展那些特殊性質，並且在性靈上演化到更高層次。印度教中，性靈能力（Adhikaara）與本尊（Ishhta Devata）的教旨，建議指定給一個人的性靈修煉，應該跟他或她的性靈能力相符：

> 印度教的每個神明都控制一種特別的能量。這些能量以野性的力量出現在人的身上，必須有效地受到控制與導向，以便在他身上注入一種神聖意識。爲此，人必須獲取不同神明的善意，這些神相應地攪動他的意識，幫助他駕馭不同的自然之力。在一個人的性靈發展之路上，他或她需要發展自己身上這些神格的各種屬性，以便達到全面的性靈完美。⑫

5 伊曼紐爾．史維登堡（Emanuel Swedenborg）是十八世紀時很有影響力的哲學家、科學家暨作家。他在《天國的祕密》（*Arcana Coelestia*）裡寫道：「完美與力量，來自許多組成要素的和諧聚合，行動如同一體……不只是流入某個既定器官或部分的一個群落，而是許多，而且……在每個群落裡都有許多個體。」⑩

現代異教徒山姆·韋伯斯特（Sam Webster），描述了他如何及爲何有意識地召喚並體現不同的神祇，以便接通並體現祂們的智慧：

> 藉著指認出對我來說很重要，而且我希望能在其中增進個人技巧的競技場，我找出了一位本性與我的生活相關的神明。神明有一部分是某個既定領域裡的能力具體化。這位神明也有一種明確的特徵，可以藉由我所謂的「透過神明的眼睛去看」或「套上神明的形態」來體驗。爲了擁有這種經驗，我藉由這位神明的性質與屬性，來祈求祂的庇護。我從讚美與描述開始，把那位神明的影像、聲音和感覺召喚到心裡。藉著透過話語、手勢或物體集中注意力，就會感覺到這位神明，或是祂在我體內具現。如果你容許這些象徵在深層影響你，你可能會發現你「感覺像是」那位神明，或者從祂的觀點看世界。你也會取得祂的智慧和相關的技巧。⑬

有一個相關的觀念是，不要因爲缺乏崇拜而激怒任何男女神祇。曾經提出自我內心對話系統的哈爾·史東（Hal Stone）與席德拉·史東（Sidra Stone，舊名爲席德拉·溫克爾曼〔Sidra Winkelman〕）寫道：

> 在古希臘有一種理解是，一個人被要求崇拜所有男女神祇。你可能有你的最愛，但剩下的神祇全都不能被忽視。你忽視的男神或女神，會轉變成對付你、毀滅你的那一個……所以這是有意識的工作。我們不承認的能量形式，會轉而對付我們。⑭

如果一個人藉由崇拜多位神祇，能得到祂們的祝福與技巧，並且斷絕祂們的憤怒，那麼或許我們可以爲了相同的理由接通我們的不同部分（複數自我）。

## 一神教：一個自我崇拜一位神（及例外）

如今到處瀰漫的一個自我的觀念（單一自我假設）是從哪裡來的？這個觀念有一部分是根植於這個世界的一神論宗教傳統。接下來，我們會探討埃及、猶太教、基督教和伊斯蘭的一神教。

因爲我們全都泅泳於一神教的宗教與文化水域中，它讓我們強烈地易於接受單一自我假設。如果我們在自己之外尋找宗教權威時，相信一元的神，那麼在我們望向自己之內時，可能會尋找一個單一的自我。另一個思索方式是，如果眞的只有一位神，那麼一元性必定也瀰漫於我們自己的組成中。如果只有一位神，那麼我們幾乎肯定各自只有一個靈魂，還有一個自我。6

6 道格拉斯·霍夫史塔特在提到自己的「雙生世界」（Twinwirld）幻想時，寫道：「眞正的重點……是對於一個在我們的世界裡通常無人質疑，而且可以寫成一句口號的教條：『一副身體，一個靈魂』，散播一點懷疑。（如果你不喜歡『靈魂』這個用詞，那麼請隨意替換成『我』、『人』、『自我』者『意識所在地』。）這個觀念雖然鮮少付諸言詞，卻被視爲理所當然，以至於對於大多數人來說，似乎是贅述……」⑮

所以，單一自我假設是直接從單一神祇假設裡流出，並且受到這個假設的強化。雖然有幾個偶像破壞者，像是心理學家詹姆斯·希爾曼（James Hillman）明確地質疑過一神教假定的優越性，但一神教廣被整個文化的瀰漫性（至少在西方世界），讓這成爲一場費力的戰役。既然一神論觀念的相關證據，似乎在功能上與結構上，類似於整個文化偏好單一自我論的相關證據，我們也許能夠從這些回顧裡，擷取某些重要的洞見。

## 埃及一神論：阿肯納頓的短暫嘗試

猶太教通常被認爲是西方一神教傳統的開端。然而，在世期間約爲西元前一三五〇年的埃及第八王朝法老阿肯納頓（Akhenaten），才是嘗試創設一神教的第一人。阿肯納頓提倡崇拜單一神，太陽圓盤神阿頓（Aten），而且自稱是「唯一神之子：『唯一來自汝身的汝之子』。」⑯但因爲各種政治、經濟與宗教上的理由，他的方案爲時相當短暫：

> 阿肯納頓嘗試在他的有生之年，讓埃及改變成一神論國家，導致他做

圖5.8　阿肯納頓和他的家人崇拜太陽圓盤。

> 出極端的行動。他把讀做「諸神」的銘文改成「神」，還把阿蒙（Amun）的名字從神廟和其他公共區域除去。獻給其他神明的神廟被關閉或毀滅……他在埃及創設一神教的努力失敗了，而在他死後，多神崇拜在全國重新浮現。⑰

不過，古埃及的人類概念如此複雜，阿肯納頓淩駕傳統、強推一神教的失敗，並不太令人驚訝。

## 猶太教：除了我以外，不可有別的神

猶太教常常被認爲是西方的基礎性一神教，不過，這些後來變成以色列民族的早期希伯來部族，顯然並不是嚴守一神教。在希伯來文聖經裡，不只一處指涉到「眾神」（Elohim，文法上的複數型），[7]而且相較於直接否認眾神的存在，焦點更偏重於不要崇拜或製作任何（複數）神祇的形象。（舉例來說，第二誡說：「除了我以外，你不可有別的神（gods）。」）重點不在於其他的神不存在；而在於一定不能崇拜祂們！

在西奈山附近發生的金牛犢事件，顯示了「將信仰限制在只有一位神」有多困難。此外，猶太

---

7「略懂希伯來文的人都會承認的，elohim是複數形；它的主要意義是「眾神」。它的單數形是eloha，不過這個形式幾乎從來沒有用在聖經裡。在講到非以色列的（或者「假的」）神祇時，elohim被當成一個複數形……不過在用來講以色列的神時，elohim就被當成單數形用……elohim在這裡是集體形式……意思就是說，所有神格的多重與多樣化力量，現在濃縮在這個單一人格裡。」⑱

人在占領並定居在迦南地以後，許多人（尤其是婦女）可能繼續崇拜流行的異教諸神，特別是農業女神。⑲後來，在巴比倫囚虜時期（Babylonian captivity，猶太人被擄往巴比倫），一些猶太人開始崇拜地方性的神祇。

隨著時間過去，在巴比倫囚虜（從大約西元前五九七年到五三八年）之後，猶太教確實變成眞正的一神教，可能有一部分受到稍早的一神教祆教（Zoroastrianism）的影響：

> 許多學者相信，猶太宗教在巴比倫囚虜之前是信仰單邊主義的。簡單來說，就是猶太人承認其他神祇的存在，但他們相信自己應該只崇拜以色列的神。在波斯帝國推翻巴比倫人的時候，許多波斯人奉行祆教，這是崇拜（單一）神明「阿胡拉馬自達」（Ahura-Mazda）的一神教。祆教已超越信仰單邊主義的程度，而是堅持只有一位神存在。無論這種概念是否透過祆教徒過渡到猶太教，其一神論教誨現在是猶太教的中心信條。⑳

在一神論變成猶太教中心信條以後，關於人格多重性的暗示，還有對複數自我的承認，在猶太教習慣與傳統中仍然看得到。

舉例來說，類似於古埃及人看待事物的方式，每個猶太人都可以被看成是有多重靈魂。㉑根據阿里．卡同（Ari Cartun）拉比的說法，㉒每個猶太人身上都有多達五個靈魂：

1. nefesh：與人體的植物性或根源性的根源生理運作相關的靈魂。
2. neshamah：對身體的活動有關的動物靈魂。

3. ruach，或者呼吸，[8]它在性靈上與知性上賦予一個人活力。
4. 任何猶太節日的靈魂，都要參與其中，像是安息日靈魂[9]（類似於你到體育館或音樂會現場，呈現這種活動的「靈魂」或「精神」）。
5. 一個普遍化的Yehudi，或猶太人靈魂：舉例來說，一個世俗猶太人，即某個有猶太出身，卻從未在任何程度上奉行猶太教的人，就可以說沒有啓動他們的Yehudi靈魂。

也有一些實際物體和相關的手勢，可能在猶太教裡代表多重性。舉例來說，在猶太人披著名爲塔利特（tallit）的祈禱披肩進行崇拜儀式時，他們會從四個角收攏流蘇，然後才說出最典型的猶太教祈禱詞：Shema Yisrael。[10]這可以被視爲每個崇拜者的身體、知性、情緒與性靈部分的一種統合。更普遍地說，「猶太教冥想修行的主要課程被稱爲『統合』（unifications）。雖然這些修行的焦點，在於提升與神性的重新統合，但在心理層次上，可以被設想成是統合人格中互異的線縷。」㉓

最後，猶太教卡巴拉神祕主義傳統的根源，在於這個觀念：神以某種方式破碎成多個彼此相連的質點（sephirot，可以把質點想成是球體）組成一個十重形式，這被稱爲Etz Chayim，或稱「生命樹」（Tree of Life）。如同班傑明．桑墨（Benjamin Sommer）教授所解釋的：

8 卡同拉比注意到，ruach或呼吸，也可以被想成是代表一個人類最植物性或根源性的元素。

9 想知道更多，請見卡巴拉線上（Kabbalah Online），〈附加的安息日靈魂〉，出自拉斐爾．莫舍．盧利亞（Rafael Moshe Luria）的教誨，由辛哈．班尤瑟夫（Simcha H. Benyosef）翻譯，在Chabad.org可以取得。

10 祈禱詞的第一句是：「聽啊，以色列！主是我們的神，主是唯一！」

卡巴拉關於質點的教義，構成了這個概念的高度複雜版本：神性可以自行分裂成複數自我，但仍是一個統一整體的部分。[24]

既然質點被設想成是在神聖力量往下流動時，接連地體現不同種類的能量與原則，我們似乎只能說卡巴拉承認甚至塑造出一種縱向型態的多重性，卻沒有直接講到健康複數自我模型。

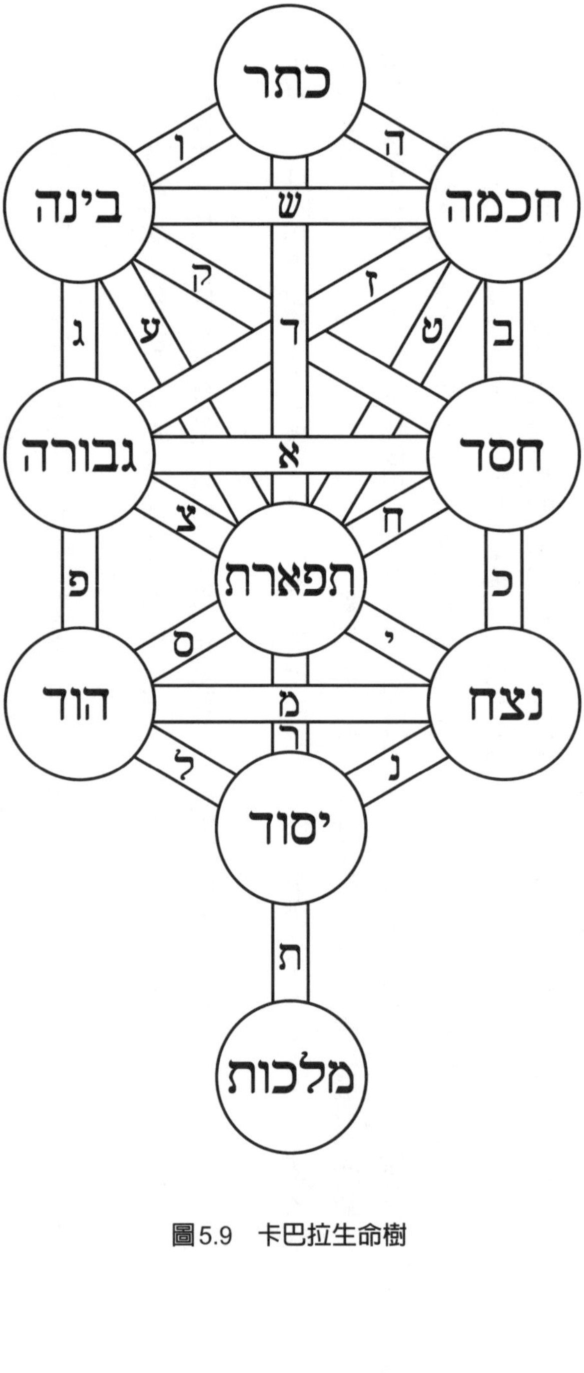


圖5.9 卡巴拉生命樹

## 基督教：兩千年一神教的額外好處

單一自我假設受到基督教的強化，它長期以來都是西方世界占優勢的塑造文化的宗教。不過，這是一種非常奇特的一神教。雖然從一開始，基督徒就相信他們是從猶太教那裡繼承了一神教的神祇，卻總是把核心焦點放在耶穌（那位神祇的兒子），還有聖父、聖子和聖靈的三位一體上。再者，從中世紀時期開始，基督教一直強調對於耶穌之母瑪利亞，以及爲數甚多的聖人的崇拜與神聖性。單一神、那位神的兒子、兒子的生母、聖人以及聖靈，在關於這位神的核心概念裡，全都占有一部分。這可能是自然的人類需求或欲望的反映：要把多重性合併到現行的主流世界觀裡。

圖5.10 巴黎的天主教教堂窗戶

請回憶一下聖保羅在《羅馬書》第七章第十五節的話：「因爲我所做的，我自己不明白：我所願意的，我並不做；我所恨惡的，我倒去做。」同樣地，如同我們在前一章看到的，基督教形成期的神學家聖奧古斯丁（西元三五四至四三〇年）斷言，「如果人的內在的矛盾本性跟衝突的意志一樣多，就不會只有兩個本性，而是會有許多個。」[25]亨利．艾倫伯格對此補充說明如下：

> 當考慮到自己信主以後所發生的改變時，奧古斯丁說道，雖然以前自己的異教徒人格在他覺醒的時候已經完全無法覺察，但必定仍然存在，因爲其仍然在夜裡和夢中復甦。他寫道：

「主啊！我的主，難道我不是我自己嗎？然而，在我即將入睡，以及即將從夢中醒來時，在我自己跟自己之間竟有如此大之差距。」[26]（譯註：此處譯文出自《發現無意識》中譯本）

同樣地，史瓦茲與佛克納引用卡爾・榮格的說明，提到早期教會神學家俄利根（Origen）「明確地承認多重性。『汝見他（人）看著像是一個人，卻不是一個人，而是有像他具備的（任性衝動）一樣多的不同人格，出現在他身上。』」。[27]說到底，聖保羅、聖奧古斯丁和俄利根的沉思，十分類似「肩上天使」的比喻。

### 肩上天使：一個古老而廣為流傳的比喻

肩上天使的觀念起源於希臘神話：「在每個凡人身上都有一對精靈，就是自己的某些面向，代表善與惡，實際上就坐在那個人物的肩膀上。」然而，「天使／惡魔的詮釋……以kiraman katibin的形式出現，是源於伊斯蘭。kiraman katibin的字面意義是『榮譽記錄者』，其工作是寫下一個人的善惡念頭與行為。」[28]

圖5.11　有天使和魔鬼在出主意的女人

伊莉莎白・歐康納（Elizabeth O'Connor）著有《我們的許多自我：自我發現手冊》（*Our Many Selves: A Handbook for Self-Discovery*），她最終領悟到，整個新約聖經都可以想成是在引導我們去跟複數自我工作：

> 在我開始覺察到我不是「一」的時候，我開始在詩歌與戲劇裡找到對於自我多重性的暗示……然後在聖經裡，我開始聽到同樣的呼喊：「我名叫眾多（Legion）！」在聖經裡，不只是東一處、西一處的孤立發言。寓言、故事和教誨，全都關乎人達成一種內在統一的可能性……「你們心持兩意要到幾時呢？」這不只是以利亞的問題。這是整個新約的問題。早期教會用人的內在區分來跟人正面對質，好讓那裡可能出現療癒。[29]

歐康納承認她「不是一」，還有大部分的新約內容在理論上可以詮釋成人類開始覺察並學習去跟複數自我和諧共存、一同工作，這對她是有幫助的。不過，單一自我假設的優勢地位，導致她把療癒想成是移除人內部的區別，也就是移除複數自我。隨後我們會探討，爲何逼迫複數自我違背自己的意志變成統一狀態，是有問題且功能失衡的作法，就算這樣做能夠維持下去或運作良好，也很罕見。

許多電影與電視版本的多重性中，包括了假定的惡魔附身和驅魔事例。在整個基督教歷史裡，病態多重性的例子一直被診斷成魔鬼（或惡魔本人）附身於個人身上，並以此來治療。有位當代基督教牧師羅伯特（Robert L.）接納解離、病態多重性和副人格的存在，他寫道：

其他不相信有副人格的牧師，在跟有解離問題的人工作時，會失敗得很慘烈。事實上，那些人在離開的時候，通常比進來接受牧師諮詢前更綁手綁腳，也更受傷！這是因爲浮上表面的副人格被當成解放行動裡的魔鬼來對待，這會讓副人格受創並因此更深入那個人，而且承載著更多的創傷痛楚。㉚

隨後我們會討論多種不同制度（包括宗教制度）設想人格多重性，並且與擁有病態複數自我的個人工作的一些革新方法。

## 伊斯蘭的宗教一神論與蘇非派的神祕主義洞見

蘇非派教導我們，首先必須對戰並摧毀自己內在的邪惡，辦法是用內在的善去照亮它，然後我們學著對戰其他人身上的邪惡，辦法是幫助他們更高的自我，取得對較低自我的掌控。

——費薩爾・阿布杜・勞夫（Feisal Abdul Rauf），《伊斯蘭的正確之處》（*What's Right with Islam*）

從伊斯蘭自身的觀點來看，它是一神教傳統的第三個也是最終極的天啓，有最後一位眞正的先知穆罕默德，繼續完成包括亞伯拉罕、摩西和耶穌等過往先知們的工作。它「最根本的概念是嚴格的一神論。穆斯林駁斥多神論和偶像崇拜……並且拒絕三位一體與耶穌有神性的基督教教條。」㉛就像在基督教裡一樣，伊斯蘭有一種被巨靈（Jinn，一種惡魔）附身的概念。有現代傾向的穆斯林作者已經承認，對於有眞正病態多重性（而且他或她因爲最受困擾的部分，可能需要臨床幫助）的人來說，被視爲巨靈附身，可能對其造成傷害。如同一位穆斯林評論者所說的：

> 關於巨靈與惡鬼的觀念或多或少促成這些疾病。在基督教社會裡，過錯可能在於《聖經》，因爲新約已經無數次提及惡魔，並且敘述了好幾起事件，當時耶穌，願他得寧靜，從其他人身上取出魔鬼。在穆斯林社會裡，過錯在於宗教學者，他們在當前這種資訊與科學發現的年代，沒有用更好的範式來啓發自己，而堅持用中世紀的方式，來詮釋神聖的《古蘭經》裡的某些句子。[32]

另外，伊斯蘭神祕主義分支蘇非派，承認不同程度的靈魂或不同複數自我的存在。蘇非派信徒通常指出有七種層級的Nafs（這個單字通常被翻譯成「靈魂」、「自我意識」（ego）或「自我」）：暴君式的自我、後悔的自我、受到激勵的自我、平靜的自我、被取悅的自我、取悅上帝的自我，還有純粹的自我。[33]若一個人要有性靈上的進步，必須努力逐步通過這些層級：

> 在蘇非派圈子裡，多重自我的概念被用在兩種不同的方式上。在其中一種方式上，這些指涉觸及不同發展層級的靈魂：下令、指控、受到激勵、得到啓發……
>
> 蘇非派圈子裡談論多重自我的第二種方式，其實是他們訓練方法的一部分。像是我們有時會聽到或讀到人們沒有自我；他們有複數自我；現在這樣，現在那樣。他們強調這些方面，而信徒受邀去觀察他或她自己。[34]

隨後在對佛教的討論中，我們會回來談「承認複數自我」是一種「教學方法」，以呈現我們平常的自我概念架構如何受限。

### 為何一神教在西方如此強勢？

為什麼一神教（還有隨之而來的單一自我假設）在西方文化裡如此強勢？謝莉雅．拉摩斯提供了她的觀點，如果社會裡的「文化性解離界線（類似於本書的單一自我假設），是沒有彈性而不可滲透的」，那麼這種社會通常是一神論的。但在解離界線沒有這麼堅定的社會，對於多重性會有比較多的接納與覺察。比起其他範式，一神論更能夠容許追隨者有效地以他們自身的形象來造神，「西方文化下的神是一種解離的執行性自我……一神教的神是經過純化、抽象的、離體的存在，比起像人這樣較脆弱的存在，神具有更多的覺察度、力量和控制……唯一的神、統治宇宙的自我意識，是西方精神中解離的執行性自我的一種鏡像或投射。」㉟

## 西方哲學及其一元本質自我

數學家、音樂家暨神祕主義者——薩摩斯的畢德哥拉斯（Pythagoras of Samos），啓發了蘇格拉底，[11]蘇格拉底則指導了他的學生與紀錄抄寫員柏拉圖。西方哲學傳統的基石，是由柏拉圖和亞里斯多德所奠定的。柏拉圖重複並演化了蘇格拉底的言論與教導，亞里斯多德（西元前三八四到三二二年）則進一步將柏拉圖的觀念精緻化，同時是亞歷山大大帝的導師。柏拉圖和亞里斯多德都是本質論者（essentialists）。「本質論……這個觀點是，事物皆有本質（構成一個物體或實體基礎的一個或一組屬性）……一種本質勾勒出的是一種持久的、不可改變而永恆的實體，或者一種形式（即柏拉圖式實在論那種意義上的理型）。」㊱

另一份資料進一步解釋：「本質主義者相信有眞正的本質存在。在《形上學》（*Metaphysics*）裡，亞里斯多德具體指出經典的定義：所謂一件事物的本質，就是它本身的東西。本質是最不可化約的、不變的，而且因此構成了一件事物。一件事物的『本質』，意即此事物少了它，就會停止其自身存在的那種『屬性』。」㊲

在本質論觀點下，一個人的本質從定義上來說，就是他或她的一元性本質自我。「每個人在其核心都有一個單一的本質性自我」的這種根基信念，經歷古典與現代時期，仍然處於西方哲學的核心，直到現在才受到後現代哲學的挑戰（通常還結合了女性主義與種族相關的批評）。約翰．包威爾（John A. Powell）說明了這種本質論觀點在西方哲學中滲透得有多深入：「西方社會的主流敘事……否認我們是或者能夠是多重而破碎的，同時還能夠保持『正常』……它的個人主義焦點，是西方社會根深柢固的意識形態之一……（而且）個人主義規範……瀰漫於我們的社會之中。」㊳本

11 蘇格拉底常講到有一個「神靈」（daemon）——一種內在神諭、聲音或自然精魂——在指引他。

質主義觀點結合了一神論的支配地位，並且受到這種思想的強化，爲單一自我假設提供了強有力的哲學基礎。

## 蘇格拉底悖論：得解？

一直以來都有哲學家質疑單一本質性自我的觀念。舉例來說，柏拉圖提出了不只一種，而是兩種對於人類多變本質的三部分敘述。[12] 彼得．麥凱樂（Peter McKellar）總結了柏拉圖的觀點：

許多人做出嘗試要描繪並標籤正常人格的次體系。在古代，柏拉圖把人格看成一個人（理性）、一隻獅子（勇氣與精神），加上一隻多頭怪物（激情與欲望）。他的另一個著名隱喻是，比擬成設法要導引兩匹強勁馬匹的戰車駕馭者，一匹馬生氣蓬勃而高貴，另一匹馬卑微而低賤。㊴

《理想國》（*The Republic*）第四卷中，顯示出柏拉圖理解甚至鼓吹協調一個人各部分或自我的價值：

我們……每個人都要使自身的每個部分各司其職，這樣的話，一個人就是正義的……正義……是內在的……在其眞正的意義上，它只和人本身有關，只和個人自己的事情有關。也就是說，一個人一定不能允許自己靈魂的各個部分互相干涉，做其他部分該做的事，而應當按照正義這個詞的眞實意義，安排好自己的事，首先要能夠成爲支配自己的人，能做到自身內部秩序良好，使靈魂的三個部分相互協調，就好像把最高音、最低音、中音，以及期間的各個音符井然有序地安排在一起，使之成爲一個有節制的、和諧的整體，這樣一來，他就成了一個人，而不是許多人。這個時候，如果他必須做些什麼，那麼他就可以轉入實踐……從事某種政治事務或私人事務。㊵（譯註：此處譯文出自《柏拉圖全集》中譯本卷二，王曉朝譯，左岸文化。）

此外，蘇格拉底與柏拉圖的遺產中，有個重要的部分以「蘇格拉底悖論」之名而廣爲人知：

柏拉圖在他的對話錄《普羅達哥拉斯》（*Protagoras*）後半段，探究蘇格拉底對於其哲學中常被稱爲「蘇格拉底悖論」的面向所做的解釋。蘇格拉底相信，我們全都尋求自認爲眞正對自己最有利的事物……一方面，如果我們在有知識的狀況下行動，那麼會獲得對靈魂有益的事物，因爲「知識」蘊含了結果的確定性。

圖5.12　蘇格拉底。艾瑞克．加巴／史丁（Eric Gaba/Sting）攝影

12 二十世紀哲學家阿佛烈．諾斯．懷海德有一次在他的著作《歷程與現實》（*Process and Reality*, 1979）裡機智地表示：「對於歐洲哲學傳統，最保險的整體特徵描述是，它是由一連串對柏拉圖的註解組成的。」

另一方面，如果我們的行動結果不是對靈魂有益的事物（因此不是眞正對自身有利的事物），那麼我們先前肯定是出於無知而行動，因爲我們無法達成想要的結果……既然我們絕對不會蓄意傷害自己，那麼，如果傷害發生在我們身上，在某一刻，我們肯定是在缺乏知識的狀況下行動的。㊶

這個悖論的意思是，所有人類有時會做他們知道不好，或者可能會產生不太好、不健全，甚或有恐怖後果的事情。蘇格拉底和柏拉圖的道德理論是「認識善，就會爲善」。然而，基於我們的觀察，實際上沒有人總是做到他們打算做的好事。這能夠怎麼解釋呢？

如果單一自我假設是正確的，而每個人都有個本質性的自我，那麼就會出現一個悖論。如果參與「不做好事」的自我，是個自主的自我，有自己的動機和理由，那麼這個自我可能會(a)不同意什麼是（或不是）好的，或者(b)可能不在乎行爲後果，既不在乎自己會怎麼樣，也不在乎它所屬的那一整個人會怎麼樣。

簡言之，如果我們有超過一個自我，而那些自我眞的不相同，有獨特的欲望、需要和行動方式，那麼我們爲何不能總是「做好事」，就變得非常清楚了。爲什麼我們有過往的問題，有時還是無法克制而吃太多糖或喝太多酒；爲什麼我們會發脾氣詛咒一個粗心大意超我們的車的人；或者爲什麼我們講八卦、講別人壞話，就算我們的某些部分後來很後悔做過這種事。

這個解釋不只是處理了蘇格拉底悖論與反意向性的普遍問題，也是直覺上合理的簡單解釋。

## 對於單一自我假設的某些挑戰

我們全都是由碎片構成的，組合起來如此不成形狀又奇異，以至於在每個片刻裡，每個碎塊都在玩自己的遊戲。而在我們與自己之間有這麼多的差異，就跟我們與其他人之間的差異一樣多。就把「能夠像同一個人那樣行爲一致」看成是偉大的成就吧。

——米歇爾・德・蒙田（Michel de Montaigne），法國文藝復興時期哲學家（一五三三至一五九二）

儘管這段引文出自一位知名哲學家，但直到十八世紀，一連串針對單一自我假設的挑戰才開始興起。英國哲學家暨神學家約瑟夫・巴特勒主教（Joseph Butler，一六九二至一七五二）認爲，人類有複雜的心理狀態，其中有多重交錯的元素，而不是只有單一的單純自我。巴特勒寫道：

既然身體的形式是多個部位的一種組成；所以同樣地，我們的內部結構並不是簡單或一致的，而是各式各樣的激情、欲望、情感，再加上理性而組成的；在最後一項裡，還同時包括對於什麼才正確的分辨力，以及藉此規範自己的一種傾向。在我們稱爲「性格」的東西裡，有更多種類繁多的部分，比臉上的五官還多……我們心靈的原則可能是矛盾的，或是彼此克制與緩和，或者互爲誘因與助手。㊷

影響深遠的蘇格蘭哲學家暨經濟學家大衛・休謨（一七一一至一七七六），得出了人格同一的

「叢束理論」（bundle theory）。現代發展心理學家布魯斯・胡德（Bruce Hood）概述了大衛・休謨的推論過程，並且以現代神經科學的發現爲基礎，同意他的結論：

> 他設法描述他的內在自我，並且認爲沒有單一的實體，有的反而是感覺、知覺和思考的叢束，彼此堆疊起來。他做出結論說，自我是從這些捆成一束一束的經驗裡浮現的……今日……神經科學……已經有許多發現……可以支持叢束理論，對抗自我的自我意識理論（ego theory of the self）。㊸

叢束理論的概念也與佛教思想有些相同之處，這個部分隨後會討論到。

德國哲學家伊曼紐爾・康德（Immanuel Kant，一七二四至一八〇四）名列現代哲學的中心人物，而且被公認有巨大的影響力，他回應了休謨的叢束理論。如同丹尼爾・波尼瓦克（Daniel Bonevac）的說法：

> 康德論證反對休謨的立場。一個論證是，我的思維、感受和知覺是我的。我思考，我感覺，我知覺；我總是可以在心靈中的任何事情上面加上「我想」。這些思緒並不是自由漂浮的；它們預設了一個主體。㊹

過去數百年，康德的觀點在心理學界普遍盛行。理查・克拉夫特與凱薩琳・范恩（Catherine Fine）寫道：

正常人格是許多組成成分在功能上整合的單元，不是一個組成成分的集合體。在歷史上來說，伊曼紐爾．康德在他的巨作《純粹理性批判》（*Critique of Pure Reason*）裡，對大衛．休謨的自我「叢束理論」所做的回應中，已經很精采地論證過這個論點了。㊺

最後，簡短談一下通常被認爲是早期存在主義者的兩位思想家。第一位是德國哲學家佛萊德瑞克．尼采（一八四四至一九〇〇），他提到的是「那些爲之效勞『下等意志』（underwills）和下層靈魂（under-souls）」，然後聲稱「我們的身體只不過是多種靈魂的一個群體構成」㊻（譯註：此處譯文引自中譯本《善惡的彼岸：一個未來哲學的序曲》，趙千帆譯，大家出版）。第二位是丹麥哲學家索倫．齊克果（Søren Kierkegaard，一八一三至一八五五），他「在許多作品裡使用假名……（他）把某些部分的文本作者身分，指派給不同的假名，並且發明進一步的假名來當這些假名作品的編輯或彙整者。」㊼某些人以齊克果對假名的使用爲基礎，聲稱齊克果是「對自我單一概念化提出批評，並且建議對人類自我的不同觀點，在其中，自我被視爲超過一個」。㊽

隨後在探討後現代主義及其哲學基礎時，我們會再回到西方哲學傳統。不過，我們要從理論性的哲學論述，進入有實驗性基礎的心理學學科。隨著時間過去，心理學對於多重自我提出了許多說法。

# Chapter 6

# 許多心靈論許多心靈——心理學家與人格多重性

圖6.1 「如果我腦袋裡的所有聲音都聚在一起，組成它們自己的輕歌劇團，你認為這樣有幫助嗎？」
傑克・齊格勒（Jack Ziegler）
出自《紐約客》，二〇一二年五月十四日出刊。
在www.CartoonCollections.com許可下使用。

前一章內容涵蓋了宗教與西方哲學的人格多重性，目的是要強調兩件事情。第一，在全世界的宗教實踐與西方哲學的整個歷史發展中，曾經有過對健康複數自我的開放性、平行對比，偶爾還有對健康複數自我近乎完整的覺察。其次，長期來說，整體驅力一直是固定並強化單一自我假設，無論是透過柏拉圖、亞里斯多德和康德，在直到後現代主義爲止的西方哲學中留下的本質主義遺緒，還是透過一神教對於一神／一個自我觀念的強化。

這一章將繼續遍歷人格多重性的知性之旅，把焦點放在心理學。我們會透過整個心理學史來看自我，把焦點放在那些鼓吹多重自我模型，或者至少覺察到複數自我存在的那些思想家。[1]他們的許多思考都是關於不健康或有困擾的人格多重性，所以我們會從這裡開始。

## 早期研究者與探究者的敘述

心理學成爲一門獨立學科，通常被認爲是在一八七九年開始的；當時德國科學家威廉·馮特（Wilhelm Wundt）在德國萊比錫開設了第一所進行心理學研究的實驗室。當然，在此之前，人類已經針對心靈、思維、感受與行爲之間的關係，進行了有意義的觀察，有一些還是很詳盡的觀察。

1 心理學被定義成對心靈或精神的研究，而本章中提及的研究者，都把注意力與職涯焦點放在心理歷程（mental processes）、意識的本質，以及心理疾病與健康上面。雖然他們來自不同的學科，爲求方便，我們會把這些人都稱爲「心理學家」。

在心理學變成一門科學之前，已經有人觀察到身分與意識狀態的不尋常事例了。如同科林．羅斯（Colin Ross）醫師提到的：

多重人格並不是一種瞬息即逝的失常現象，唯獨二十世紀的北美洲才有的。古代歷史裡的插圖就能顯示出這一點：所有種族都承認過自我的碎片化與身分的變形。來自不同文化的例子，顯示這些主題具有普世性。（它）逐漸地從史前起源中演化出來，透過中介的現象，變成現代形式。①

舊石器時代的部落長老和薩滿巫師，還有從新石器時代、農耕到現代時期的最後一萬年裡，逐漸壯大的國家中的宗教與世俗領袖，其領導者和治療者都有類似的經歷。他們碰上且必須負責的對象，是處於神遊狀態、主張並體驗到似乎被（祖先、來幫忙的精魂、惡魔與類似之物）附身、受到迷幻藥物和麻醉物對身分與記憶的影響、有離體體驗，還有刻意造成薩滿式身分轉變等情況的個人。②在歷史上的非常早期，多重人格疾患就已經被診斷出來了：

某些專業人士相信，它是在舊石器時代期間的洞窟牆壁上，在「薩滿巫師轉變成動物形式」的圖像中，第一次「被描述出來」。現在許多專家相信，在有紀錄可查的歷史中，被報導過的惡魔附身案例，其實是多重人格病例。③

某些來源指出，一位瑞士籍德國哲學家、醫師、植物學家暨神祕學學者帕拉塞爾蘇斯

（Paracelsus，一四九三至一五四一），是第一個簡短提及病態多重性事件的人。更可靠的說法是，在一五〇〇年代晚期，有人基於一位道明會修女珍妮．菲西（Jeanne Fery，見圖3.2）的經驗，寫下對於多重人格的一份詳細陳述。她有「一個偷她的錢的副人格」，④在一五八四和一五八五年，她接受了一場驅魔儀式。根據一份資料來源：

> 這或許是在事後穩當做出解離性身分疾患診斷的最早歷史案例。珍妮．菲西，一位二十五歲的道明會修女，寫下她自己在一五八四年與一五八五年，在法國芒斯（Mons）接受驅魔的敘述。她的驅魔師還做出一份更詳盡的陳述，同時描述了身分破碎化與過往的童年創傷史……珍妮的副人格有時候是視覺化的，有時候則會聽到內在的爭辯，有時候則會占據她的身體。⑤

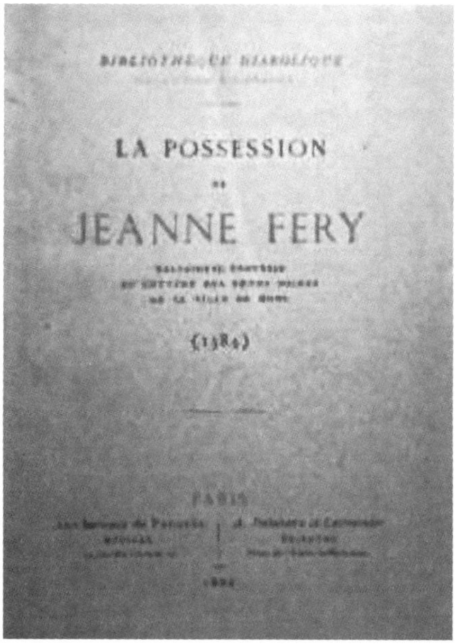

圖6.2 《珍妮．菲西的附身》（*La Possession de Jeanne Fery*）封面

在十八世紀晚期，美國醫師班傑明．羅許（Benjamin Rush）是大陸軍（Continental Army）的總外科醫師，也是唯一一個同時簽署過〈獨立宣言〉（一七七六）和〈憲法〉（一七八九）的人，他開始收集人格多重性的陳述。班傑明．羅許爲「美國精神病學之父」，在一八一二年寫下《對於心靈疾病的醫學探究與觀察》（*Medical Inquiries and*

*Observations Upon Diseases of the Mind*）一書。根據法蘭克・普特南（Frank W. Putnam）的說法：

> 班傑明・羅許……為他的生理心理學講座與文字作品，收集解離與多重人格案歷史……羅許建立了理論，認為負責產生分身意識的機制，存在於兩個腦半球之間的失聯之處。對於腦半球偏側性與多重人格這個主題，這是許多類似猜測中的第一個。⑥

我們再提兩個在心理學自成一門學科以前的早期案例。第一個是瑪麗・蕾諾德（Mary Reynolds），她在一七八五年生於英格蘭，起初由山繆爾・拉森・米契爾（Samuel Latham Mitchel）醫師證實並在一八一六年留下書面紀錄，說她是「同一個人體內的一個雙重意識，或者雙重人格」。後來，一八六〇年《哈波新月刊》（*Harper's New Monthly Magazine*）的一篇文章，以及瑪麗・蕾諾德的自傳，都是以她的案例為主題。瑪麗在十八歲時開始有歇斯底里發作，而在十九歲有六個星期又聾又啞，在此之後，一個第二人格浮現了。「原有的人格憂鬱而害羞。第二個人……『機智』又『喜歡有人為伴』。在一段時間的交替之後，第二人格變成主導人格。在瑪麗三十六歲時只剩下第二人格，直到她在六十一歲過世為止都是唯一的人格。」⑦

第二個是歷史學家亨利・艾倫伯格，他說：「對於多重人格的眞正客觀的研究，是由老迪斯平（Despine Sr.）在法國發表的。當時他對個案艾絲黛（Estelle）進行詳細的描述，其鉅細靡遺的程度已經足以出版單行本了。」⑧（譯註：此處譯文引自《發現無意識》中譯本。）根據法蘭克・普特南的說法：

一八三六年，迪斯平著手治療一個十一歲的瑞士女孩，她的症狀隨著時間而逐步演化，從初期的癱瘓、對觸碰極端敏感，變成明顯的雙重存在：有能夠走路、熱愛在雪地裡玩，而且無法忍受母親在場的第二人格……六十歲的迪斯平與這位年輕患者發展出一種親密的情誼，能透過使用各種水療與磁氣療法中隱含的精神療法，達到治癒的效果。他在一八四〇年發表的詳細專題論文，首先提出了至今都還被公認有效的（治療）原則。⑨

這些報告，還有從十九世紀上半葉開始的許多文學分身虛構敘述，指向什麼呢？就是那種人格多重性，就像無意識的概念，是時代精神的一部分，而且很快就成為更深入探究的焦點。

## 奠定基礎的法國心理學家：夏考、惹內與畢內

在獨立的心理學學科起步後，多重自我或身分的出現通常被視為眾多症狀之一，其他症狀包括歇斯底里、記憶喪失、身體崩潰與其他病態跡象，此外，多重自我或身分也變成了重大的研究焦點。大約從一八八〇年到一九二〇年，首先在法國，然後很快地在美國也有，「相對來說數量龐大的病例被報告出來……解離與多重人格，變成當時許多偉大醫師、心理學家與哲學家強烈感興趣的主題。」⑩如同科林．羅斯提到的：「十九世紀有很多對解離的臨床與實驗研究。但一直到最近二十年裡，我們才開始修補這方面研究幾乎不連續的狀況。」⑪

主講這些講座、治療這類病人（有歇斯底里或病態多重性症狀的人），然後寫下這些報告的十

九世紀男性們，通常自己就有特大號的人格。他們的興趣、突破、共識與歧異，還有不斷演化的同盟與思想學派歷史，既複雜又迷人。在嘗試闡明這段歷史的一小部分時，我們會盡力在本章後面用單一圖表把這些分開的線聚攏在一起，顯示出個人關係與影響的流向。我們先來看三位開先河的法國心理學家：夏考、惹內與畢內。

## 尚—馬丁．夏考：「偉大的」夏考

對人格多重性的持久專業興趣，始於開創性的法國心理學家暨神經學家尚—馬丁．夏考（一八三五至一八九三）。如同亨利．艾倫伯格所說的：「薩爾佩提耶（Salpêtrière）學派有著堅強的組織，由有力的人物、偉大的導師尚—馬丁．夏考率領，他是一位神經科醫師，晚期則將心力投注於一些心靈現象的研究。在一八七〇年至一八九三年間，夏考被視為當代最偉大的神經科醫師，他是國王與王子們的御醫。」⑫

圖6.3　尚—馬丁．夏考

夏考從美國與歐洲吸引知名的學生，其中包括皮耶．惹內、威廉．詹姆斯、阿佛瑞．畢內與西格蒙．佛洛伊德。沒什麼疑問，「從夏考及其學生惹內的作品中形成的夏考—惹內學派，對於分身與多重人格的知識有很大的貢獻。」⑬

夏考的波蘭學生，約瑟夫．巴賓斯基（Joseph Babinsky，一八五七至一九三二）對於所有的精神療法表現出謹慎的態度。在某一刻，夏考認為他發現了

「歇斯底里癲癇」（hystero-epilepsy）這種新疾病。但心存懷疑的學生巴賓斯基，覺得這種病是發明出來的：

> 病患們帶著感覺憂傷消沉的含糊抱怨來到醫院。夏考說服他們，並說他們是歇斯底里癲癇的受害者，應該跟其他人一樣接受他的照料。巴賓斯基在最後贏得了爭辯。事實上，他說服了夏考，醫師們能夠引發各式各樣生理與心理的失調。⑭

爲了減少受到不當影響的這種可能性，夏考和巴賓斯基安排了一種成功的兩階段方案。首先，他們把病患分開，好讓他們周圍不會有症狀相同的其他人。其次，他們用暗示方法（像是收回對病患歇斯底里行爲所表示的興趣）鼓勵病患專注於自己的恢復，而不是自己的歇斯底里癲癇症狀。「複數自我的存在或出現，是被治療師所引發的」這一觀念，仍然是對人格多重性的標準批評之一，[2]尤其是在西碧兒於一九七〇年代帶來的衝擊之後，這在前文已經討論過了。雖然能夠確定「精神科醫師、心理學家、醫師和治療師，沒有說服病患進入病態狀態」，肯定是一個好主意，但把這種謹慎延伸到某種程度，去解釋人身上存在的尋常健康複數自我，然後又徹底否認這種情況，實在沒什麼道理。

2 根據范登堡（J. H. Van den Berg）在他獨特而刺激人心的《分裂的存在與複雜的社會》（*Divided Existence and Complex Society*, 1974）裡所說的，夏考實際上是藉著引發病人身上的症狀與複數自我，阻礙了對於眞正人格多重性的知識發展。⑮

## 皮耶・馬希・菲力克斯・惹內

如果說夏考爲催眠與人格多重性的研究奠定了一些理論基礎，那麼他的學生兼後繼者，法國精神病學家皮耶・馬希・菲力克斯・惹內（Pierre Marie Félix Janet，一八五九至一九四七）是把一切往前推進的人。他是哲學家保羅・惹內（Paul Janet）的姪兒，把注意力集中在某些人身上，他們「看起來從正常意識中自主運作：處於催眠、靈魂附體與歇斯底里狀態之下。」他提出，在這些案例裡，有個分離的意識從主要人格中分裂出來，形成一個新的身分，而且它們存在於孤立狀態，彼此之間沒有互動。惹內起初指涉這種狀態是「分裂人格」，後來這個狀態以「解離性疾患」之名見稱。[16]

一八九九年，惹內在夏考的要求下，成爲薩爾佩提耶醫院的心理學實驗室主任，[17]並且基於四個理由而成爲重要人物。首先，他教導、會見並直接影響了其他幾位關鍵的心理學家，包括威廉・詹姆斯、西格蒙・佛洛伊德和卡爾・榮格。其次，惹內想出創新的觀念與對病人工作的方法，例如透過使用催眠、自動書寫與其他有創意的技術，來引出不同的自我。威廉・詹姆斯就曾提到：

> （惹內）在他的麻醉夢遊患者露西身上，發現當這位年輕女士的注意力沉浸在第三方的對

圖6.4　皮耶・馬希・菲力克斯・惹內

話中時，她麻痺的手會對他悄聲問她的問題，寫下簡單的答覆。「妳聽得到嗎？」他問道。無意識寫下的答案是「不」。「但妳要回答的話，就必須聽。」「對，說的是。」「那妳怎麼應付的？」「我不知道。」「一定有某個人聽到我在說的這些話。」「是。」「誰？」「露西以外的某個人。」⑱

科林．羅斯則重述了蒞內如何治療一位看似被附身的案例：

> 蒞內設計了一種治療策略，是從他對多重人格的知識，以及對自動書寫的實驗性工作中衍生出來的……蒞內讓惡魔「隨他高興咆哮謾罵」……同時站在惡魔後面，低聲地指示惡魔做某些動作。這是一種引出解離行爲的實驗性技巧，在十九世紀法國心理學裡曾經廣泛使用。透過自動書寫，惡魔與蒞內進入對話，蒞內計誘惡魔與他合作。「爲了逼迫惡魔遵從我，我透過群魔一向最愛的情緒——虛榮——來攻擊他。」⑲

第三，蒞內帶進了「解離」的概念（見附錄）。在他過世時，一般公認「蒞內實質上已經描述了今日對解離所知的一切」。⑳蒞內認爲我們現在視之爲成人自我意識的東西，是由心中的聯想機制所維持的。我們通常有足夠的精力或自我意識的力量，能把內在的那群自我捆成一個看起來統一的實體。然而，那些展現出不健康多重性的人，發現人生的壓力太強大，他們的自我之間因此維持著一種分離狀態。

第四，蒞內對於出差錯的解離（即病態多重性）的治療觀念十分創新、思考前衛（這是指他大致想出了後來在一九七〇年代，後西碧兒時期的進步派治療師重新發現的同一種整體性診斷與治療範式），並且創造出一個讓別人可以繼續建設的基礎：

惹內對於失憶症、遁走/漫遊症（fugues）以及「連續性存在」（successive existences，現在被稱爲副人格〔alter personalities〕）的患者所做的研究，讓他相信他們的症狀是人格分裂部分的影響，這些部分能夠獨立思考、行動，還有獨立身分。他進一步做出結論說，導致種種症狀的解離，是過往創傷經驗的結果，而這些症狀可以透過把分裂的記憶與感受帶回意識中來減輕。與惹內醫師同一時代的人，包括美國人與歐洲人都延伸了他的研究，接著，診斷與治療解離的模型很快就被建立起來。㉑

儘管惹內有其貢獻與影響，但需要注意的是，惹內沒有接受某人有複數自我是正常而健康的。當代研究者的看法也與惹內不同，他們主張：「解離機制是心理活動的一種普遍特徵。當它們促成某些病態症候群的時候，也在日常生活中擔負重要的功能。再者，它們可能在創造力、健康及其他特殊能力上，扮演不可或缺的角色。」㉒

## 阿佛瑞・畢內

阿佛瑞・畢內（一八五七至一九一一）是一位法國心理學家，最爲人所知的是創造出第一個實用智力測驗。（直到今日，第五代的史丹佛—畢內〔Stanford-Binet〕智力測驗都還在廣泛使用。）畢內起初跟惹內一樣，也是與夏考的薩爾佩提耶學派連結在一起。畢內在一八八七年寫道，「我認

圖6.5 阿佛瑞・畢內

爲，一般而言，意識中這兩種彼此不知曉對方之存在的意識狀態，在歇斯底里症的患者身上可以並存」，而且「我一直致力尋求解決的問題是，要了解到底如何還有到底爲何，在歇斯底里症的患者身上，會發生意識狀態的分離」。[23]（譯註：此處譯文出自《發現無意識》中譯本。）

在科林・羅斯關於畢內的作品與觀念的簡潔概述裡，提到畢內寫了兩本主要的解離專論。畢內也發現在極容易被催眠的受試者身上，可以創造出實驗性的副人格，但像這樣經過實驗製造出的副人格，只能被創造出它們的那個人召喚出來，然而，任何人都可以召喚出自發性或者自己催眠出的副人格。羅斯做出結論說：「十九世紀的理論性、實驗性與臨床性解離研究，阿佛瑞・畢內就是典型。」[24]

畢內提供了深入其觀點的洞見：

> 一個人觀察到，若在一大群人裡，置入最多樣分歧的條件，那麼意識的正常統一就會瓦解。幾個獨特的意識崛起，其中的每一個可能有它自己的知覺、記憶，甚至是道德性格……因此，我們個人與有意識記憶的限制，並不會比我們現有的意識限制更絕對。在這些界線之後還有記憶，就像那裡也有知覺與推論過程一樣，而對於我們自己是什麼樣子，我們所知的只是一部分，或許是非常小的部分。[25]

從這段引文可以清楚看到，在這個時間點上，通常被歸功於佛洛伊德的「無意識」，已經有其他人在專注研究了，我們往後會討論到。

## 奠定基礎的英國與美國心理學家：邁爾斯、普林斯與西迪斯

接著，我們來說明早期英國與美國心理學家的貢獻，包括英國人佛萊德瑞克·邁爾斯（Frederic W. H. Myers）、美國人莫頓·普林斯，以及波利斯·西迪斯（Boris Sidis）。

### 佛萊德瑞克·邁爾斯

英國人佛萊德瑞克·邁爾斯（一八四三至一九〇一）最知名的事蹟是心靈研究學會（Society for Psychical Research，探究超自然或超感官知覺類的現象）創辦人。邁爾斯與美國心理學之父威廉·詹姆斯持續通信，是彼此影響觀念的朋友。邁爾斯對於複數自我從哪裡來，還有它們在跟彼此相關的時候怎麼運作，都有相當成熟的概念。邁爾斯的觀點首度總結，是出自他在一八八五年的文章〈人類人格〉：

圖6.6　佛萊德瑞克·邁爾斯

我身體的細胞是我的，這個意思是說，爲了它們自身的舒適與安全，它們同意照著我的大腦的吩咐，去做許許多多的事情。但它們是有自身生命的僕人；姑且說，它們可以讓自己在廚房裡發福，我卻無法制止它們。我的意識有證實我是個單一實體嗎？這只表示有個穩定而普遍的感覺，現在就存在於我身上；我有充分數量的神經中樞在共同運作；一組運作中的良好多數在管理著我。朝我頭上打一下，讓某些領導中樞靜默下來，其他就會分裂成「議會團體」，並且在譫妄或瘋狂中大吵大鬧。㉖

威廉．詹姆斯在一八九六年的講座內容裡，逐字重複了下面這一則來自邁爾斯一八八八年作品的引文。

這段發言是針對不同自我的價値，以及可能造成突然的或功能失調的自我轉換的那些觸發物。

帶有我們習慣性認同的自己（我們稱之爲正常或主要的自我）的那個安排，在我看來，是由我們在求生存的掙扎中選擇的元素所組成的，其中特別涉及到維持日常身體需求的，但是，這個自己不一定在其他方面優於旁邊的潛在性格。那個潛在性格是我們的元素的新鮮組合，而它可能是在意外或設計之下，以我們目前無法限制的多樣性被召喚出來。㉗

邁爾斯也進而影響了威廉．詹姆斯的兩位最親近的學生、同事及朋友：莫頓．普林斯和波利斯．西迪斯。

## 莫頓・普林斯

美國醫師暨心理學家莫頓・普林斯（一八五四至一九二九）曾經說過這句名言：「有任何一邊是真正的自我嗎？或者有一個比另一個更真實嗎？這個人自己知道他或她是哪一個嗎？肯定沒有一個比另一個更真實。」他是威廉・詹姆斯的親近朋友，曾到巴黎的薩爾佩提耶拜訪夏考。㉘大衛・雷斯特在二〇一五年的著作《論多重自我》中，描述了莫頓・普林斯的歷史性角色：

多重自我的心靈理論有漫長的歷史。雖然有許多學者認為詹姆斯（一八九〇）、庫利（Cooley，一九〇二）與米德（Mead，一九三四）是多重自我概念的先驅，但真正的先驅卻是莫頓・普林斯（一九二八）。普林斯把他的研究大半奉獻給多重人格症候群，而且他把那項研究推廣到正常行為。普林斯在〈人格的問題：我們有多少自我？〉一文裡，提出傳統人格理論並不適切也不完整，因為這些理論沒有把「正常的日常性格改變」考慮進去。普林斯用「人格」這個詞彙來指涉我們的心靈總和，並且認為人有許多經過組織的性格傾向，並組成了整體人格。普林斯稱呼這些經過組織的性格傾向為：自我、次要單位（secondary units）、性格（characters）、階段（phases）、變體（variants）等，這些不同的自我會在疲倦、生病、喝醉、情緒與處境變化的時候出現。從早上到晚上，在逆境時相對於順境、快樂相對於悲傷、疾病相對於健康，還有在我們不同的社會關係裡，它們都可能改變。㉙

普林斯觀察到的這一點：「進出多種自我的轉換或變化，會因為各式各樣的理由（疲倦、疾病等等）而發生」，與我們先前陳述的概念是一致的：心理健康是在正確時刻處於正確心態。

普林斯花了相當多的時間詳盡描述病態多重人格，但以下來自普林斯的引文顯示，他了解病態的案例闡明了人格多重性如何在所有人身上作用的功能：

> 沒有任何健全的人格理論，可以像通常的作法那樣，不尊重從多重人格案例研究中導出的資料。因爲人的多重本性（或者用不同的形式來說，就是不同的自我，我們的心靈和人格是它們的複合體），或許可以從實際生活裡觀察到的這種明顯異常案例中，清楚地辨識出來。它們並不是不尋常，而且許多可能已經被研究過。它們是有意思的，但不是因爲它們展現出的戲劇效果，而是因爲它們釐清了人類心靈的結構與機制、人類的複合本性，還有構成心靈的許多小小自我。[30]

圖6.7 莫頓・普林斯

普林斯承認某樣東西的病態版本是眞的，卻不是最好的或最理想的聚焦點，這讓他成爲健康複數自我觀點的眞正先驅。

## 波利斯．西迪斯

接下來要談的早期心理學家，是波利斯．西迪斯（一八六七至一九二三），他與同事賽門．古

圖6.8 波利斯・西迪斯

哈特（Simon P. Goodhart）撰寫了於一九〇四年出版的書《多重人格》（*Multiple Personality*）。大半出自西迪斯手筆的這本書，在獻詞中提及他的老師、後來的密友威廉・詹姆斯。[3]（詹姆斯曾爲西迪斯出版的第一本書《暗示心理學》〔*The Psychology of Suggestion*, 1898〕寫了導言，慷慨地讚賞作者的原創性。）㉛

西迪斯和古哈特爲惹內的解離概念注入活力，㉜（有份資料甚至說西迪斯是「美國的惹內」），㉝並且把書命名爲《多重人格》，同時也出面說「多重人格只是一種誇大的說法，這其實是某種在人類人格裡相當正常的東西。不同的自我會被不同的情境給引出來」。㉞

就像普林斯，西迪斯區別了正常人的多重性及病態多重性的例子。這些來自「異常心理學」的案例，在闡明某些事的方向上是很有價值的：「許多人格的成形、它們的戲劇化表現、它們的解離、新的關聯、相互關係及熟悉感，最好透過來自異常心理學廣大領域內的實例，來讓讀者徹底了解。」㉟

西迪斯在《多重人格》裡，首先描述了大多數人認爲多重人格是什麼，然後陳述在病態例子裡發現的許多特徵，同樣可以應用在描述正常人身上：

> 這些案例或許能充當良好的實例，說明了構成人類人格經緯結構的心理系統可能會崩潰，

還會有新的聚合。當然，這些現象有多少是人爲導致的？還有這種展現有多少是出於自發的？仍然有待證明。

然而，任一狀況下，複數人格的事實都清楚明白地突顯出來了。訓練當然會有作用，不過這本身不足以解釋種種獨立的人格，它們有自身的特性、特徵、知性與道德，還有自己的記憶序列，全都是其他人格所無法滲透的。這些人格一旦成形之後，就堅守它們的存在，持續不懈地拒絕被合併到任何其他的人格中，並且抗拒所有融合的努力。㊱

請注意，西迪斯在結尾處再度肯定了這個概念：自我獨立地存在著，「一旦成形之後，就堅守它們的存在」，而且抗拒被合併或混合到不復存在。

## 威廉・詹姆斯：美國心理學之父

至少，在某些人身上，整個可能的意識或許能夠分裂成爲並存卻彼此相互忽略的部分。

——威廉・詹姆斯，《心理學原則》（*The Principles of Psychology*）

3　西迪斯娶了克里夫頓・法第曼（Clifton Fadiman）的一位阿姨，克里夫頓則是詹姆斯・法第曼的伯父。西迪斯與威廉・詹姆斯極爲親近，因此西迪斯將兒子（據說是史上智商最高的人之一）命名爲威廉・詹姆斯・西迪斯。而詹姆斯・法第曼的父親的全名是威廉・詹姆斯・法第曼。

威廉·詹姆斯（一八四二至一九一〇）是「美國心理學之父」，十九世紀的頂尖思想家，在所有美國哲學家中的影響力數一數二。詹姆斯是實用主義哲學學派的共同創始人，又以「激進經驗論者」著稱，他在一八八二年見到夏考，[37]隨後又聽了惹內的講座並深受他的影響。隨後，「在一八九四年一月，詹姆斯極爲欣賞地閱讀並評論了皮耶·惹內的《歇斯底里精神狀態》（*État mental des Hystériques*）。詹姆斯告訴一位友人，惹內的作品『在重要性方面似乎超越了所有精確實驗室測量的加總』，而且『在人類本性中打開了全新的一章』……詹姆斯對於惹內描述的『隱藏複數自我』印象極深，而在（詹姆斯的）次年發表的《心理學原則》裡加以討論。」[38]

根據法蘭克·普特南的說法：「威廉·詹姆斯顯然被惹內的觀念給擄獲了，在一八九六年的羅威爾講座裡詳盡討論他的作品……詹姆斯總結第一堂講座時，用的是這一句陳述，『心靈似乎擁抱著由精神實體組成的一個聯盟』。」[39]普特南進一步解釋，詹姆斯抱持的觀點是，我們不是一個統合單一的自我，就算一開始看似如此，但「我們其實是一種自我的多重性，某些片段連結成比其他片段更大的比例……詹姆斯在研究多重人格案例方面……是一位早期先驅……（而且）同意邁爾斯首先清楚表達的意識光譜。」[40]

圖6.9　威廉·詹姆斯

尤金·泰勒（Eugene Taylor）在《威廉·詹姆斯論特殊心理狀態：一八九六年羅威爾講座》（*William James on Exceptional Mental States: The 1896 Lowell Lectures*, 1982）中，從詹姆斯的原始講座筆記裡，將

詹姆斯的講座內容組成流暢的敘述。以下是詹姆斯的〈講座四：多重人格〉的重點部分（其中一些是直接引自詹姆斯的話）：

「我們在此時熟悉了這個概念，一個人的意識不需要是全然整合的東西，」詹姆斯開始了這第四個講座……「近年來，」他指出：「我們已經見到許多輪替人格的例子。」……此時，詹姆斯已經向聽眾報告過輪替人格的案例，多重自我在這些例子裡接連出現。但惹內提出的這些新例證，指出同一個人之內有好幾個同時運作的人格。詹姆斯在一八九〇年曾經說過，這樣離散的人格，「由惹內證明了不只是存在於我們曾經看過的連續形式裡，也會並存，同時存在。」……

「眞相是，」詹姆斯對聽眾們承認道：「我們在此看到自然界的複雜性。」惹內的公式說這些只是主要人格分裂出來的碎片，並「沒有描述到」剛才提到的這種案例。「邁爾斯的說法比較好。」㊶

儘管詹姆斯仰慕惹內，還是覺得佛萊德瑞克．邁爾斯提出了比惹內更好的整體解釋，也就是說，我們在人格多重性中所處理的，不只是來自一個主要人格的分裂碎片。

## 早期興趣的最高點：惹內在哈佛的講座

我們將會總結對於早期實驗心理學的檢視，其中傾向於支持態度的法國與美國心理學家，認眞地討論了多重自我的現實狀況。克拉夫特與范恩（在一九九三年的作品中）重述了歷史情境：

> 一百年前，法國精神醫學與神經學在尚—馬丁．夏考與後來的皮耶．惹內領導下，密集聚焦於：(1)催眠與催眠現象；(2)失憶症的謎樣意識區隔；(3)歇斯底里症的類神經病學異常現象。在美國這一邊，矗立著威廉．詹姆斯與莫頓．普林斯，兩人都對意識的分裂狀態有強烈興趣。[42]

一九〇六年，惹內受邀到哈佛醫學院演講，把源於夏考，以及包含前面討論過的許多人物的多種影響力，都凝聚起來。就如同克拉夫特與范恩進一步的詳細描述（涉及被稱爲「格梅林症候群」[4]的多重人格案例），「在多重人格的主題上，這是第一個已知的跨大西洋會議」。[43]

後來，惹內的講座內容在一九二〇年出版，書名是《歇斯底里症的主要症狀》（*The Major Symptoms of Hysteria*）。惹內在第四次講座〈雙重人格〉中，開頭提到他沒有時間總結既有的理論，但莫頓．普林斯和波利斯．西迪斯（與古哈特合作）已經寫過對這個主題的詳盡論述了。惹內的大多數講座，是由對於擁有兩個（雙重）人格的報告所組成的，而且其中一個人格的功能通常不是很好。他做出結論說，不同的自我眞的不相同，差異不只在於它們的觀念與感受上，也在於它們整體的心理活動狀態，這個觀念預告了「自我狀態」（self-state）這個詞彙的後續發展：

以我看來，在這些雙重存在基礎上的根本現象，是一種心理活動的振盪，會突然間起起伏伏。這些突然的改變，沒有充分的轉換過渡，就帶來兩種不同的活動狀態……這兩種狀態彼此分離；它們不再透過逐步變化與回憶彼此相連，就像正常個人那樣。它們變得彼此孤立，而且形成那兩種分離的存在。在此，又是一種心理解離……不只是一種觀念，不只是一種感覺，而是一種心理活動狀態。㊻

然而，在十年之內，人們對人格多重性的興趣大大下滑了，這多半是因爲西格蒙．佛洛伊德的影響。

## 西格蒙．佛洛伊德：否認誘惑理論（還有複數自我）

西格蒙．佛洛伊德是一位至今仍持續主宰許多心理學討論的巨擘。菲力普．布倫堡（Philip M. Bromberg）在二〇一一年的書《喚醒做夢的人：臨床之旅》（*Awakening the Dreamer: Clinical*

---

4 艾巴哈特．格梅林（Eberhardt Gmelin）有時被認爲是在作品裡寫到多重人格疾患的第一人。「在一七九一年，艾巴哈特．格梅林報告了『交換人格』的例子……他在治療一位二十歲的德國女性時，她突然間把她的人格、語言與舉止，跟一個講完美法語、舉止像是貴族女士的人格『交換』了。」㊹此外，格梅林的作品實在太有開創性，以至於某些權威單位把多重人格疾患重新命名爲「格梅林症候群」。㊺

*Journeys*）開頭，講了下面的故事，提到兩位非常有影響力的男士：

> 一八九三年，佛洛伊德出版了一篇談夏考的紀念性文章，回憶他們之間的一次口頭對決，夏考用一句愉快的機智回答，一句「俏皮話」贏得這一局。雖然最後是夏考占上風，但佛洛伊德似乎帶著極大的鍾愛之情，把這個事件留在他的記憶裡。佛洛伊德在職業生涯中經常引用這個故事：
>
> 「夏考……從不厭倦捍衛純粹臨床工作的權利，這種權利是由看見事物並爲事物排序，以對抗理論醫學的侵犯干涉所組成。在某個場合，我們一小群全都是來自海外的學生，接受的是德國學術界生理學的教育培養，會以我們對於他的臨床創新方法的懷疑，來考驗他的耐性。「但那不可能是眞的，」我們之中的一個人（事實上就是佛洛伊德自己）抗議道：「這牴觸了楊—亥姆霍茲理論（Young-Helmholtz theory）。」夏考沒有回答說「那對理論來說就更糟了，臨床事實優先」或類似的話；但他確實說了讓我們印象極其深刻的話：「理論是很好；但它無法讓事物不存在。」[47]

不過，從佛洛伊德（一八五六至一九三九）自己的理論走向來看，他似乎沒有把夏考的論點認眞放在心上。儘管他在生涯早期對人格多重性持有開放態度，但他廣爲人知的理論最後帶領他棄絕了複數自我的存在。

佛洛伊德的文化影響力是毫無疑問的。他把人類心靈區隔成三個部分，本我（id，衝動、無意識、本能的）、自我（ego，理性意識）、超我（superego，道德良心），這個說法有廣泛的影響力。

圖6.10 西格蒙．佛洛伊德

除此之外，人們大多認爲是佛洛伊德發現了（或者讓公眾意識到）這個概念：我們的心靈中有些區域（或許是非常大的區域），是我們意識不到的。然而，認爲是佛洛伊德把無意識這個觀念帶給大眾，顯然是錯誤的想法。恩尼斯特．西爾格德（Ernest Hilgard）在提到皮耶．惹內、阿佛瑞．畢內，以及其他談論「雙重意識」的作者以後，說道：

在佛洛伊德開始寫到無意識在心理疾病中扮演的角色時，這樣的意識區隔仍「懸而未定」。十九世紀早期的哲學家—心理學家，在心靈現象研究者與催眠專家之前就準備好這條路了。康德的後繼者赫爾巴特（Johann Friedrich Herbart）……有這個概念：觀念可以存在於意識的識閾以下，以「傾向」的形式處於抑制狀態中，代表著一種活躍的無意識。後來在一八六九年，馮．哈特曼（Karl Robert Eduard von Hartmann）在比較浪漫的脈絡下，寫出名著《無意識的哲學》（*Philosophy of the Unconscious*）。佛洛伊德並沒有「發現」無意識，雖然他的臨床洞見才華洋溢，使他的觀點擁有一種特別的聲望。㊽

雖然佛洛伊德不是發現無意識的人，[5]但他確實為無意識加了把勁，最後主宰了心理學與精神醫學數十年。有些反諷的是，佛洛伊德通常被公認為證明了人類心靈，或者精神，有三種不同功能的部分。這些部分是「本我、自我與超我，全都在我們生命中的不同部分發展出來」。[49]

要注意的重點是，雖然這些面向代表了人類或其心靈分成多個部分的理論性區隔，本我、自我（ego）與超我彼此之間的差異，在結構、功能和核心存在上，卻比個別自我（selves）或人格之間還大得多；也就是說，雖然我們的自我（selves）很獨特，但它們還是可以被辨識出來的，因為它們大致上彼此相似。

在某個時間點，佛洛伊德還對複數自我的現實有非常開放的態度。在他的職業生涯早期，與約瑟夫·布羅伊爾（Josef Breuer）[6]合著的《歇斯底里研究》（*Studies on Hysteria*, 1895）中，佛洛伊德「以安娜（Anna O.）病例的形式，引進了精神分析的概念。她顯然是多重的，（而且）與布羅伊爾合作寫下了：這種人格分裂的存在，會以『初步程度』發生在『每個歇斯底里』例子裡」。[51]他們的確切用詞很值得注意：

> 我們很確信，在眾所周知的經典例子中，以「雙重意識」形式出現的意識分裂，會以初步程度出現在每個歇斯底里之中，而這種解離的傾向，以及隨之而來的異常意識狀態浮現……是這種精神官能症（neurosis）

圖6.11　佛洛伊德的導師與早期的共同作者，約瑟夫·布羅伊爾

的基本現象。在這些觀點上，我們同意畢內和兩位蒞內的看法。[52]

隨後，在佛洛伊德與蒞內之間發生的智慧財產權糾紛中，[7] 佛洛伊德說：「在我們把心靈的分裂與人格的解離，視爲立場的核心時，我們追隨的是他的典範。」[53] 除此之外，蒞內認爲，解離是個人的生物性體質或弱點的結果，佛洛伊德與布羅伊爾卻認爲任何人都可能有此體驗。如同保羅．克里提希斯（Paul Kiritsis）所寫的：「他們與蒞內的差別，在於強調分裂是解離狀態的不經意後果，而不是一種源於生物性體質的獨立傾向。」[54]

---

5 對於心理學的歷史，還有無意識對人格多重性與健康複數自我的影響特別感興趣的讀者，有兩本書特別重要。首先，有亨利．艾倫伯格的巨著《發現無意識》（*The Discovery of the Unconscious*, 1970）。書中討論到了畢內、夏考、佛洛伊德、詹姆斯、蒞內、榮格、邁爾斯、普林斯、西迪斯，以及許多其他重要人物。第二本是藍斯洛．羅．懷特（Lancelot Law Whyte）的《佛洛伊德之前的無意識》（*The Unconscious before Freud*, 1960），簡短地回顧佛洛伊德之前的兩千年對於無意識的思索。

6 近年來，奧地利醫師約瑟夫．布羅伊爾逐漸被承認是現代精神治療的「眞正父親」。他邀請佛洛伊德到他家，讓佛洛伊德有管道接觸他的病人（像是安娜），分享他的觀念與區分法，甚至借錢給佛洛伊德。後來，兩人因爲布羅伊爾不同意佛洛伊德在性方面的某些觀念而決裂時，布羅伊爾只是抽身回歸自己的行醫生涯，並沒有公開批評佛洛伊德。[50]

7 皮耶．蒞內在一九一三年對於精神分析的報告聲稱，佛洛伊德的許多精神分析詞彙「只是重新命名的舊概念，甚至他自己的『心理學分析』，都先於佛洛伊德的『精神分析』」。這激起佛洛伊德追隨者憤怒的攻擊……有關剽竊的指控尤其刺痛了佛洛伊德……（他）堅定否認自己有剽竊蒞內，直到一九三七年，他都還拒絕會見蒞內，他的立場是「在法國作家散播誹謗之詞，說我聽過他的講座、偷了他的觀念的時候，他本來可以用一句話就了結這種說法」，卻沒有這麼做。[55] 不過，佛洛伊德在來回進行二十年的論戰之中，並不清白無辜，而且「變得惡名昭彰，因爲他一有機會，不是低估，就是爲了方便而忽略蒞內的貢獻」。[56]

是什麼改變了佛洛伊德（及布羅伊爾），讓他們對於人格多重性的眞實性，從早年的接納變成後來的排除？馬克．曼寧（Mark L. Manning）博士與拉娜．曼寧（Rana L. Manning）博士所提出的人格多重性後設理論稱爲「軍團理論」（Legion theory），對於佛洛伊德的轉變及其後續衝擊，做出了中肯的分析。

> 約瑟夫．布羅伊爾與西格蒙．佛洛伊德的書《歇斯底里研究》中，大多數的病患被描述成曾是性虐待的受害者，而直到一八九五年爲止，佛洛伊德都認爲他的病患大多數都苦於童年性虐待的後續影響。
>
> 佛洛伊德後來拒絕了這個觀念。對於這個決定，人們有過很多的揣測。佛洛伊德的傳記作者，恩尼斯特．瓊斯（Ernest Jones）提出見解說，由於佛洛伊德的那些患者的父親們，是他自己社交圈的一部分，因此他很難公開宣稱這些患者小時候被性虐待過。
>
> 佛洛伊德爲了在沒有任何「眞正」創傷的狀況下，解釋病患們的症狀，炮製出一個社會上可接受的理論，來否認童年性虐待的眞實性。一旦人格所回報的性虐待記憶，被佛洛伊德拒斥爲不是眞實事件的回憶，那麼對於這些額外或者「副」人格的本質所做的詮釋，就必須改變……
>
> 儘管許多偉大的貢獻都是出自佛洛伊德……他的理論受到接納，這意味著許多性侵受害者不受採信，還有許多多重人格患者被誤診了。在二十世紀大半時間裡，許多解離性人格疾患患者的病況也被拒斥，因爲他們的外在表現不符合已被接受的理論。[57]

由於佛洛伊德的影響力，在他否認誘惑理論（seduction theory）[8]的時候，便結束了對於解離、催眠、分身或多重人格的任何進一步研究。[9]如同科林．羅斯所做的總結：

在十九世紀，一直到一九一〇年左右，有關解離的研究處於西方心理學與精神醫學的主流，而且受到許多重要人物，像是佛洛伊德、榮格、夏考、惹內、畢內、詹姆斯與普林斯的關注。解離研究有臨床性、實驗性與理論性的組成成分……多重人格疾患與解離在一九一〇年之後名聲蒙羞，因爲佛洛伊德駁斥了誘惑理論與思覺失調症的新診斷。㊳

在佛洛伊德改弦易轍，以及他的「理論被精神醫學世界擁抱」以後，「解離相關研究江河日下。專業社群中要直到一九八〇年代才再度對此重燃興趣」。㊴

8 佛洛伊德在一八九〇年代中葉假設了誘惑理論，當成是歇斯底里與強迫性精神官能症起源問題的解答。根據這個理論，壓抑童年早期性虐待或騷擾的記憶，是歇斯底里或強迫性症狀的根本原因。不過在幾年之內，佛洛伊德就拋棄了他的理論，做出結論說這些記憶不過是想像出來的。

9 佛萊德瑞克．克魯斯（Frederick Crews）在《佛洛伊德：一個幻覺的製造》（*Freud: The Making of an Illusion*, 2017）一書中，認爲佛洛伊德對誘惑理論的駁斥，比以前所認爲的更複雜。但毫無疑問的，佛洛伊德在其職涯早期對複數自我態度開放，與布羅伊爾感謝了皮耶．惹內和他的叔叔在這個領域裡的工作，但後來又不這麼想了。對於佛洛伊德創造誘惑理論，後來又加以拒斥，另一本提出細膩洞見的書是《爲何佛洛伊德錯了：罪惡、科學與精神分析》（*Why Freud Was Wrong: Sin, Science, and Psychoanalysis*, 1995），作者是理查．韋伯斯特（Richard Webster）。

所以，夏考的訓誡被佛洛伊德忽略了。佛洛伊德的理論阻止他自己看到眞正在那裡的東西——複數自我，那是以他早期的臨床工作爲基礎，並被他承認是相當眞實的。

### 佛洛伊德：從並存意識或潛意識到無意識

根據一個資料來源，「在莫頓．普林斯等其他人擁抱了『可能有平行的理性意識活動，可以被描述為潛意識，或者並存意識』的這個觀念時，佛洛伊德拒絕這個觀念，並發明了他的無意識。從這一刻之後，佛洛伊德只指涉到一個無意識……佛洛伊德所說的無意識，無法維持精確的記憶，取得身體的理性控制，或者像個理性的大人那樣思考。如果（誘惑假說裡的）性虐待不被看成真實的，那麼副人格（或者對佛洛伊德來說的「無意識」）必定是不理性的。[60]

## 內在多重性的探索者：榮格、阿薩鳩利與希爾曼

佛洛伊德的影響是長期且巨大的。如同莫頓．普林斯所寫的：「佛洛伊德心理學像漲潮一樣淹沒了這個領域，而其他人被留下來泡在裡面，像是蛤蜊被埋在低水位的沙裡。」此外，對於什麼是本質上非理性或愚蠢的無意識，佛洛伊德提出的理論也主導了好幾十年。然而，在他的觀念變得盛行的時候，仍然有其他人不同意他，包括卡爾．榮格及其繼承者們，我們就要來談談這些人。

## 卡爾．古斯塔夫．榮格

卡爾．古斯塔夫．榮格（一八七五至一九六一）是一位很有影響力的瑞士精神病學家與精神治療師，他的作品在今天就像過去一樣受歡迎。榮格對於人格多重性的覺察，似乎在人生的非常早期就已經開始：「榮格在孩提時代就已經看出他有兩個自我。『我總是知道我是兩個人。』他承認一個子人格是緊張、難搞的入世孩子。另一個子人格，起初只在他心裡運作，是個身分顯赫又知性的十八世紀男子。」[61]

榮格在巴塞爾（Basle）當大學生的時候，遇見佛洛伊德之前，就以醫學生的身分接觸到人格多重性：

> 他對表妹從十五歲半開始展現多重人格跡象的行為感到十分好奇。她會突然變得蒼白，緩緩坐到地上（或是椅子上），然後用一種全然不像她平時的態度說話。她不使用平常說慣了的瑞士方言，反而操著一口流利自信的文雅德語。據說有許多幽靈曾經透過她的嘴巴說話，[10] 不同的幽靈「附身」時，她的行為舉止也有顯著的改變。[62]（譯註：此處譯文引自柯林．威爾森作品《超自然之謎》中譯本上冊，朱恩伶譯）

10 柯林．威爾森告訴我們，在各種透過她說話的精魂中，「其中有一位自稱是她的祖父，他曾是一位平凡、看似虔誠的牧師。另一位是愚蠢的碎嘴子，喜歡跟參加『降靈會』的女士們調情。還有一位自稱是貴族，有趣而健談，用北德口音說標準德語。」[63]（譯註：此處譯文引自《超自然之謎》中譯本上冊）

圖6.12　卡爾・古斯塔夫・榮格

榮格說，當他的表親舉辦降靈會的時候，跟對方正常的外表與舉止相反，「她可以說得如此嚴肅、如此有力、如此令人信服，讓人人都忍不住要自問：這個女孩真的只有十五歲半嗎？人人得到的印象，是一位相當有才華的少女演出了一位成熟的婦人。」[64]（譯註：此處譯文引自《超自然之謎》中譯本上冊）榮格在降靈會上做了詳盡的筆記，隨後在一九〇二年到巴黎向皮耶・惹內學習之後，延伸這些筆記，變成他的第一本出版著作，即他的醫學博士學會論文〈論所謂神祕學現象的心理學與病理學〉。[65]

## 榮格與佛洛伊德：一段親近後破碎的友誼

榮格在結婚、建立家庭，並且在蘇黎世大學擔任精神病學講師以後，於一九〇六年開始與佛洛伊德有大量的信件往來，還在一九〇七年旅行到維也納去會見他。榮格對佛洛伊德留下良好的印象，「隨後描述他對佛洛伊德最初的印象是『……極端聰慧、精明，整體而言卓越非凡』」。[66]佛洛伊德也對榮格留下很好的印象。

卡爾・榮格與西格蒙・佛洛伊德之間的第一次對話，據說延續了超過十三個小時。佛洛伊德在他的領域裡已經確立了地位，把這位較年輕而敢言的同儕視爲某種門徒。佛洛伊德對榮格來說變成一種父親形象，就好像他們的關係是自身的心理學案例研究。在通信裡，佛洛伊德把榮格指爲「我這個摩西的約書亞，命中注定要進入我自己不會活著見到的應許之地」。一次又一次，他把榮格說成是他的「繼承人」，一度說是「我的後繼者與皇太子」，甚至是「我精神的精神」。[67]

儘管他們起初對彼此有正面的感受，榮格也扮演了佛洛伊德觀念的重要與活躍支持者，但這兩位男士到一九一三年就永久決裂了，此決裂有個人的、知性的與專業上的原因：

他們的關係與合作開始逐年惡化。雖然佛洛伊德把榮格看成是他的追隨者中最有新意、最有原創性的人，卻不高興榮格不同意佛洛伊德派理論的某些基本信條。舉例來說，榮格相信佛洛伊德過度聚焦於性欲做爲驅動力量的面向。他也覺得佛洛伊德對於無意識的概念有侷限性，而且過度負面。不像佛洛伊德所相信的，無意識單純就是被壓抑的思維與動機的蓄水池，榮格反而認爲無意識也可以是創意的來源。[68]

榮格繼續走他自己的路，發表種種概念，像是集體無意識（collective unconsicous，每個人不只有個人的無意識，還有一種所有人類都參與其中的集體潛意識）；對於有意義的巧合或共時性（synchronicity）的觀念；對神話、魔法與煉金術的著迷；還有對於精神發展的整體理論，也就是成長與整合會持續貫串一個人的整個人生，而且以一個稱爲自我（Self）的主宰原型爲中心。[69]

榮格發展出來的兩個觀念，開始緩慢地將心理學潮流轉回承認多重性的方向。首先是榮格的「原型」（archetypes）概念（出自希臘文archein，意思是「原初的或古老的」，還有typos，意思是「模式、模型或型態」），這是普世的、直覺的或者神話性的角色或力量，寓居於所有人類的集體潛意識之中。他認爲在我們的內心全都包含著某些對人類經驗來說很基本，而且會喚起深層情緒的主要原型。如同卡爾．戈登（Carl Golden）所寫的：

> 雖然有許多不同的原型，但榮格定義了十二個象徵基本人類動機的主要原型。每個原型都有自己的一組價值、意義與人格特徵……就算不是所有人，至少大多數人在其人格建構中，都有好幾個原型在發揮力量；然而，一個原型傾向於宰制整體的人格。爲了對行爲與動機取得個人的洞見，知道在自己和別人（特別是心愛之

圖6.13　一九〇九年在克拉克大學會議時，佛洛伊德在前排最左邊，榮格在前排最右邊；威廉．詹姆斯不在這張照片中，但也出席了會議。

人、朋友與同事身上）有哪些原型在發揮作用，可能很有幫助。[70]

榮格的原型包括「自我」，代表人格的統一性，還有「陰影」（the shadow，一個人的黑暗面）、「阿尼瑪」（anima，在男人內在的女性原則）、「阿尼瑪斯」（animus，在女人內在的男性原則）等等。他也談到原型事件（archetypal events）、原型形象（archetypal figures，偉大的母親、父親、魔鬼、智慧老人、搗蛋鬼、英雄），還有原型主題（archetypal motif，啓示錄、大洪水、創世）。[71]

第二個關鍵概念，就是榮格提出的「情結」（complexes），或稱「自主情結」（autonomous complexes）。保羅·列維（Paul Levy）把原型與情結拿來做對比：

> 「原型」是仿照人類知覺與經驗的影響力，所構成的活生生實體、心理本能或信息場……原型是構成意識基礎的結構性形式，就像構成結晶過程基礎的晶格……「情結」是內在的、心理上的載具，爲基礎原型內容的豐富寶庫賦予血肉，給予沒有形式的原型一張特別有人性的臉孔。[72]

所以，原型（像是陰影、阿尼瑪或阿尼瑪斯）形成人類事件與意義的整體背景畫面，自主情結（像是愚者、愛人、英雄、魔法師）則變成自身型態的獨立實體，並且爲那些在日常生活中的原型賦予血肉。大衛·雷斯特提到了「榮格認爲情結存在於心靈（psyche），也就是心靈內容組織的自主局部系統。」[73]就像榮格自己寫下的關於情結的話：

這個圖像有一種強勁的內在連貫性，它有自己的完整性，而且還有相對來說很高的自主性，所以它只在有限的程度上，受制於有意識心靈的控制，因此它在意識領域裡的行爲就像是活躍的外來物體。情結通常能夠靠著意志的努力來壓抑，但無法靠著論辯讓它消失，而且它會趁著第一個適當的機會，帶著全部原有的力量重新現身。[74]

葛蕾卿·史力克曾提到，榮格對於不馴的情結在許多方面的鮮明描述，近似於我們在討論的複數自我：

> 這種特殊型態的子人格，性質特徵是：(1)它出現時是一幅圖像；(2)它在情緒調性上，與人所偏好的有意識情緒狀態不協調；(3)它具有內在連貫性與完整性；(4)它運作時有高度的自主性；(5)它感覺像是心靈中的「外來物體」，至少在最初接觸時是如此；(6)要靠意志的努力去壓抑它；(7)它無法被打發掉，也無法靠著論辯讓它消失；還有，(8)如果加以壓抑，它一逮到機會就會強勢回歸。[75]

自主情結是一個原型在眞實世界被賦予血肉的形式，那麼它跟這本書裡討論的自我是一樣的嗎？基於榮格對原型與情結寫過的某些話，若說他確實承認複數自我或子人格本身，並不算太牽強。舉例來說，對於原型，他寫道：「並不是我們把它們擬人化了；它們從一開始就有種個人性的本質。」[76]而在榮格與衛禮賢（Richard Wilhelm）合作的《金花的祕密：中國的生命之書》（*The Secret of the Golden Flower: The Chinese Book of Life*）裡，提到了「有更微妙、更複雜的情緒狀態，無法再被描述成單純的情感，而是複雜而破碎的心靈體系。它們愈複雜，就愈有人格的特性。它們做爲心靈人格的構成要素，必然有『位格人』（person）的特徵。」[77]

然而，到最後，榮格藉著強調「自我」的原型來提倡單一自我假設，他感覺我們全都是（或應該是）受到這種一元整體性的終極原型驅動，並且向前邁進。不過，榮格還是把指針從佛洛伊德設定的地方，稍微撥遠了一點，或者更恰當的說法是，他調整到內在可能性的不同頻道上。他的兩位學生，羅貝托．阿薩鳩利和詹姆斯．希爾曼，更加明確地承認複數自我，並且與它們工作。

## 羅貝托．阿薩鳩利：統合心理學與子人格

義大利精神病學家羅貝托．阿薩鳩利（一八八八至一九七四）是卡爾．榮格的學生兼朋友，也是蘇黎世佛洛伊德學會的會員。阿薩鳩利創立了統合心理學（Psychosynthesis），這種整體論的心理學運動，直到今日在世界各地都還有奉行者與教學機構。

有一份比較阿薩鳩利體系與榮格體系的論文說：

> 羅貝托．阿薩鳩利……是義大利第一位追隨佛洛伊德派運動的人，雖然他很快就開始追求他自己的路線。阿薩鳩利與卡爾．古斯塔夫．榮格幾乎是同一代人，阿薩鳩利擁抱那段時期剛出現的動力心理學，然後把它發展成一種人類的多層

圖6.14 羅貝托．阿薩鳩利

次整合視野，並稱之為「統合心理學」。阿薩鳩利在發展統合心理學的理論與實踐時，藉著展現「動力與分析心理學」以及「人文與超個人心理學」這兩個方面如何被統合起來，對心理學的歷史做出了貢獻。他跟榮格一樣，是超個人心理學的主要先驅與倡導者。⑱

佛洛伊德與阿薩鳩利從未見過面，不過他們確實有通信。起初，佛洛伊德希望阿薩鳩利會變成他的作品在義大利的擁護者。「然而到最後，榮格與阿薩鳩利雙方都看出佛洛伊德的理論只是心靈動力學的部分描述而已。這兩人都走出自己的路，去發展他們覺得比較精確而完整的理論。」⑲至於「統合心理學」這個名稱，阿薩鳩利並不是第一個使用的人。⑳事實上，在阿薩鳩利使用這個詞彙之前，卡爾．榮格曾寫過：「如果有個『精神分析』存在，一定也有個『精神統合』存在，會根據相同法則創造出未來的事件。」㉑

統合心理學做為一個全面的超個人體系，有許多部分超過本書的焦點之外。不過，大衛．雷斯特在二〇一五年的作品《論多重自我》中提出的論點，同樣適用於本書：

對本書來說相關的是，阿薩鳩利在他的理論中的一小部分，提出了子人格的存在。阿薩鳩利建議治療師可以問一位病人：「你有沒有注意到，你在辦公室、家裡、社交互動、獨處、上教堂，或者做為政黨成員時，舉止都不一樣？」阿薩鳩利提出了每個人都有不同的自我，奠基於我們跟其他人、周遭環境、團體等等之間的關係；也就是說，隨角色而定。我們不應該認同這些自我裡的任何一個。目標是開始覺察到這些子人格，然後讓自己浸潤到每個角色中，好讓我們能夠有意識地扮演這些多變的角色。子人格必須被統合「成爲一個較大的有機整體，卻不壓抑任何有用的特徵」。阿薩鳩利只短暫談到從一個子人格換到另一個，以及子人格的組織。他也看出有一個「在觀察的自我」監控著不同子人格的價值。㉜

所以，阿薩鳩利非常理解我們全都有複數自我，稱呼它們爲「子人格」。11他相當清楚，「我們不是統合的。但我們常常覺得自己是統合的，因爲我們並沒有許多身體和許多四肢，一隻手通常不會打另一隻手。不過，從隱喻上來說，我們內在發生的事情就是這樣子。好幾個子人格持續地扭打：衝動、欲望、原則、靈感都參與在無止盡的掙扎之中。」㉞

然而，阿薩鳩利認爲，認識並理解一個人的複數自我，只是一個初期步驟，最後是要把所有那些自我都整合到單一的較高自我（Higher Self）底下。如同葛蕾卿．史力克所說的，她大量引用了阿薩鳩利的話：

（阿薩鳩利）強調子人格知識的重要性，子人格是一個系統性發展過程中的進入點：理解子人格是更高發展之前的基礎工作。對於子人格，阿薩鳩利說：「每個人都有不同的自我（子人格是並存意識……我們必須承認一個子人格有可能是並存意識，也就是說，它可以有個自己的分裂意識……」㉝

11 在一則最近提供的自傳性質訪問裡，阿薩鳩利說，他在職涯早期，「撲向由波利斯．西迪斯、葱内與邁爾斯提出的那一個以及其他例子，並且強調其中有多個人格的事實……不過討論的主要重點，（讓其他人）嚥不下去的那件事情是……我採用了莫頓．普林斯的並存意識術語。我說這些分裂人格的每一個都是並存意人格），這是正常的。」「對每個想要有意識地活著，好好覺察他們人格中的（關鍵）元素或成分的男女來說，這是必要的。這不是一種黯淡朦朧、被動的覺察，而是刻意的評量、估計價值、理解並控制它們。」「一個人應該清楚覺察到這些子人格，因爲這會召喚出對於統合心理學意義的理解程度的一種測量尺度，還有如何把這些子人格統合成一個較大的有機整體，卻不壓抑任何有用的特徵。」⑧⑤

對阿薩鳩利來說，對子人格工作，將能解放個人。他最重要的弟子，義大利心理學家皮耶洛·費魯奇這樣解釋：

阿薩鳩利在多年前注意到，當我們分歧多樣的內在元素存在卻互無連結，肩並著肩或彼此衝突的時候，我們會感覺到很多心理上的痛苦、不平衡與無意義感。不過他也觀察到，在它們接連地融合成較大整體的時候，我們在自己的生命中會體驗到一種精力的釋放、一種幸福感，還有一種很深刻的意義。⑧⑥

費魯奇進一步陳述，對子人格的覺察不只是解放了個人，也會自動地開始整合那些子人格變成一個更大的整體：「在我們跟它們工作之前，子人格是相當獨特的宇宙，彼此忽略或誤解。不過，一旦覺察貫穿了它們，它們的溝通傾向於增加。覺察不只是解放，也是整合。」⑧⑦

阿薩鳩利對於子人格的處理方式是一個重大發展，而他的終極立場：「子人格不過是在通往較高自我的路上，要被整合的墊腳石」則由費魯奇釐清了：

> 子人格，也是存在於心靈較高層次的不朽特質的降級與扭曲……子人格就像被流放的眾神，如諷刺畫，是原本光采奪目的原型降格的樣本……若只看它們的表面面向，它們之間不可能有眞正的統一，我們必須學著把它們看成是較高等特質的原型降格的表達方式。[88]

到最後，阿薩鳩利把榮格世界觀的某些洞見與途徑建立起來，同時進一步確立了佛洛伊德觀念之外的另一個選擇。如同史力克所寫的：

> 合併來看，榮格與阿薩鳩利的作品呈現了子人格的重要性。榮格聚焦於群集（constellated）心靈元素的內在經驗，而阿薩鳩利則關注內在潛能的有意識管理與發展……阿薩鳩利與榮格的寫作內容是互補的。阿薩鳩利尋求的是針對解決問題的實用理解發言，榮格卻是呈現心靈的深層內部祕密。[89]

## 詹姆斯．希爾曼與多神論心理學

美國心理學家詹姆斯．希爾曼（一九二六至二〇一一）於一九五〇年代在蘇黎世的榮格研究所向卡爾．榮格學習，後來變成那裡的第一位研究主任。他回到美國以後，在好幾所主要大學教書，並且寫了大約二十本書。他通常被當成一個破壞偶像的人，而且是「可敬心理學家的肉中刺」。[90]

按照山佛德．卓布（Sanford Drob）的說法，「他被某些人詆毀，但也曾被說成是優秀、有爆炸性又詩意。」[91]

希爾曼清楚覺察到在二十世紀之交發生的事件，評論了夏考、惹內、詹姆斯、普林斯、西迪斯和畢內等人早期的狂熱，到佛洛伊德觀點占上風之間發生的事：「多重人格當時正在結束「理性」的統治，所以這種現象變成理性捍衛者『精神病學家』的焦點。」[92]然而，希爾曼講得相當清楚，擁有複數自我不該被等同於有心理疾病：

圖6.15　詹姆斯・希爾曼

> 設想我們的心理本質是自然地被區分成部分與階段，是較早期與較晚期的歷史層面、各種地區與發展中的地層、許多情結與原型位格的一種組成。我們不再是以單一神的形象創造的單一存在，而總是由多個部分所構成：頑皮小孩、英雄或英雌、監督的權威、反社會的精神病態者，如此等等。因爲我們開始領悟到，每個人在正常狀態下是多個人物的流動體，我們不再需要被多重人格的概念恐嚇。我可能看到幻視、聽到聲音；我可能跟它們說話，而它們也跟彼此說話，卻完全沒有瘋。[93]

事實上，早期希爾曼在重新設想心理學，[12]以便創造個人流派的原型心理學時，是建立在榮格的作品上，他比我們目前談到的任何人都更接近健康多重性的鼓吹者。如同約翰·羅溫的說明：

大多數心理學家假定，無論我們找到多少子人格，最後都必須削減到一個。這是心理健康最普遍的概念架構。不過，瑪麗・瓦金斯（Mary Watkins）和她的導師詹姆斯・希爾曼，問了這個問題：「爲什麼？」與多重性共生，承認我們自己內在有超過一個中心，不會比較合理嗎？希爾曼提出看法，說這個爭吵相當像是一神教與多神教之間的爭吵。他說，心理學是祕密一神教，想要一切都簡潔地符合科層階序或官僚體系。不過，我們不能設想一個多神論心理學嗎？這種心理學承認可以有許多男神及女神、許多自我意識（egos）、許多身分、許多自我（selves）。[94]

希爾曼不只覺察到複數自我（有時候用榮格式的詞彙，稱之爲「情結」），他的多神論心理學觀念也觸及了前文談到的宗教中的複數自我與靈魂。一九七一年，希爾曼在文章〈心理學：一神論或多神論〉的開頭處，寫道：

> 「多神論或一神論」的問題，代表今日榮格心理學的一個基本觀念性衝突。哪種幻想主宰著我們對於造就靈魂與個人歷程的觀點？許多還是唯一？光聽這個問題本身，就顯示我們已經被偏向唯一的偏見宰制到什麼程度了。統一、整合和個體化，似乎是一種克服多重性與多樣性的進步。因爲自我似乎是對於阿尼瑪／阿尼瑪斯的進一步整合，所以一神論似乎比多神論優

12 希爾曼在一九七五年的大師之作，《重新設想心理學》（*Re-Visioning Psychology*），曾被提名普立茲獎。

越。把這個問題的心理學部分暫且放到一邊，讓我們先罷黜在宗教史或民族人種學上的主流觀念：一神論是一種脫離多神論、更進一步的更高發展。⑮

希爾曼進一步釐清，一個多神論心理學如何及為何寶貴：

榮格對於客觀的心靈使用了「多中心」的描述。（他把它想像）成一種部分意識的多重性，就像星辰或火花或發光魚的眼睛。多神論式的心理學呼應了這種描述，並且用我們這個文明的主要傳統語言，也就是古典神話學，提供它的意象主義式表述。藉著爲每個情結提供一個重要人物與力量的神聖背景，多神論心理學會爲每個火花找到位置。它的目標不在於把這些情結收集成一個統一體，而在於根據每個碎片的原則來整合它們，給每位神自己該有的那部分意識，那個症狀、情結、幻想需要一個原型背景。它會接受聲音的多重性（即阿尼瑪與阿尼瑪斯的巴別塔），而不去堅持統合它們成爲一個人物，而且也接受進入多樣性的分解過程，在價值上與進入統一的凝結過程是平等的。異教的男女神祇會被恢復到他們的精神領域裡。⑯

接著，他總結論文，號召回歸到承認並協調我們心靈中「內在固有多神論」的所有部分：

我們需要適當的心理學模型，它承認心靈的內在固有多神論的完整功勞，從而爲火花提供心理上的容器。要是這些火花在心理上被丟著不管，或者被迫進入不管用的一神論詮釋時，它們可能會迸發成宗教大火。恢復男神和女神做爲心靈支配者……可以爲我們的心靈騷動賦予神

聖的區別，而且能夠從傳統模式上歡迎它古怪的個體性。(97)

以希爾曼對於榮格的觀念所做的發揮，還有對於多神論心理學的復興，他應該得到很多功勞，因爲他提高了眾人對於承認並重視複數自我之重要性的覺察。

## 影響力的流動：從夏考到希爾曼只有三度分離

了解整個心理學史上對人格多重性的處理方式，有多重要？從某些方面來說，根本不重要。我們能夠總結前五章（包括第三章，以實用性傾向談論在正確時刻處於正確心態），同時完全不提任何歷史。然後在第三部提出更實際的忠告與建議，很少或完全不聚焦於歷史。

但歷史性的大背景還是可以揭露重要的趨勢，並且刺激洞見。所以，我們會進一步總結相關歷史，並希望在p.230圖表6.16「影響力的流動：對複數自我的開放性」的幫助下，釐清幾個重點。這個圖表是縱向的，按照時間由上而下排列（標出了一八〇〇年代晚期、一九〇〇年代早期，還有一九〇〇年代中期）。它也按照國家或區域來劃分心理學家。英國人與美國人在左邊，法國心理學家在中間，其他歐洲人則在右邊。有箭頭連接的思想家，顯示出影響的方向，而線的粗細度指出他們的關係強度。舉例來說，我們可以看到，佛洛伊德在早期不只是受到尚—馬丁．夏考的影響，也受到皮耶．葱內的影響，葱內則受到夏考的強力影響。

這張圖表裡的資訊，讓我們做到兩件事。首先，我們可以讚歎這麼多男性以類似室內遊戲「凱

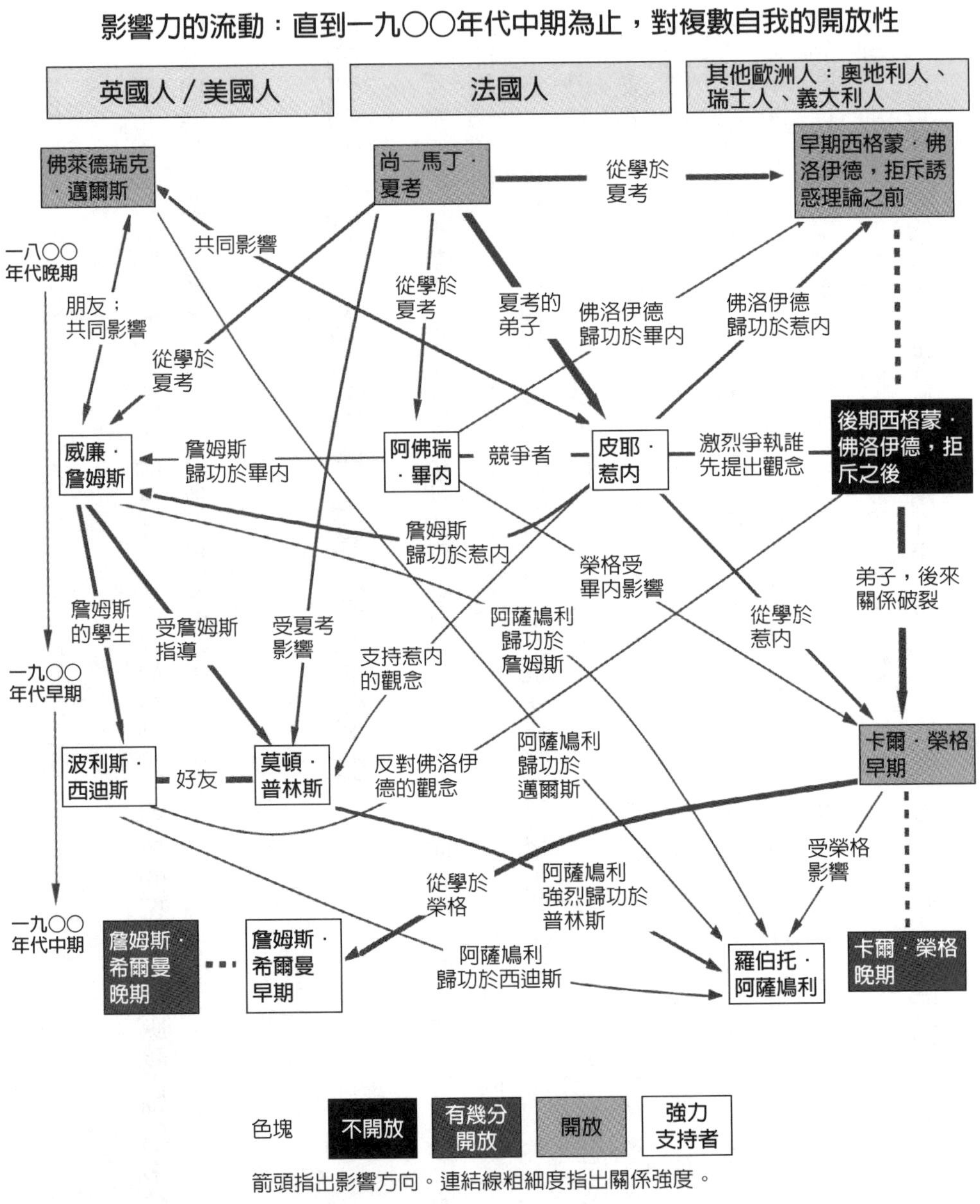


圖6.16　直到二十世紀中期為止，從對複數自我的開放性看影響力的流動。

文．貝肯的六度分離」的方式，認識彼此又影響彼此。（這個遊戲奠基於「六度分離」的概念，仰賴的前提是，地球上的任何兩個人之間，只相隔六個或更少熟人的連結。）

其次，我們可以藉由追蹤這些男士的個人關係，還有他們之間的影響力流動，更清楚地看到心理學與多重性的整體故事如何展開。舉例來說，我們可以從夏考開始，他是第一批對多重性的現實抱持開放態度的人，然後是他的弟子葛內，在他發展解離觀念時，變成了第一個公開支持者。榮格明顯受到葛內的影響，他曾從學於葛內，但榮格也必須化解導師佛洛伊德的影響，佛洛伊德從早年（與約瑟夫．布羅伊爾）寫到「雙重意識」時抱持的開放態度，並且讚揚葛內叔姪（皮耶與他的哲學家叔叔保羅）的影響，到後來卻完全不抱開放態度了。雖然榮格抱著開放態度，但他的開放是關乎內在原型的，而不是人內在的獨立複數自我（病態或非病態）的眞實存在。

我們可以在圖表裡的任何一個位置開始，然後衍生出有用的洞見。[13]因此，從威廉．詹姆斯開始，我們可以看到他身上的多重影響，是來自美國的邁爾斯，還有法國的夏考、畢內與葛內，然後

---

13 另一個要考量的要素是，在這些思想家之中，只有夏考與葛内（或許還有佛洛伊德）覺得複數自我只會以病態歇斯底里的症狀出現。安．塔夫斯（Ann Taves）在聲望卓著的《美國宗教學院期刊》（*Journal of the American Academy of Religion*）裡寫道：「在這個時候，葛内追隨導師神經學家尚—馬丁．夏考，把所有第二自我的表現當成是有歇斯底里症狀的，因此在本質上就是病態的。他的立場不同於畢内……邁爾斯，還有詹姆斯，他……相信意識的第二中心可以存在於健康的人之內。」[98]塔夫斯的期刊文章在本書付梓前才出現，同時釐清了邁爾斯的影響力有多強（包括他發展了像是「閾下自我」〔subliminal self〕、「多樣化心靈」〔multiplex mind〕，還有能區分成分離部分的「分裂自我」〔fissiparous self〕等概念），還有另一位十九世紀晚期心理學家艾德蒙．葛尼（Edmund Gurney），他因爲實驗性工作而經常得到詹姆斯與葛内的讚揚，也能夠被包含在影響力流動圖裡。

看出這種結合的影響，如何從詹姆斯散播到他的學生普林斯與西迪斯身上，他們兩人都影響了羅貝托．阿薩鳩利。追溯這些思想家倆倆之間或更多人之間的關係與影響力流動，幫助我們打開這個深刻互相滲透並演化的歷史敘述，它至今仍然影響著我們。

## 其他值得注意的二十世紀心理學家

我們接下來會簡短地探討另外六位對於多重性有一些有趣的意見，或是聚焦於複數自我或「部分心理學」的心理學家。這些廣爲人知的思想家，對複數自我的存在有一些覺察，而且有一些例子裡是架構完整的觀念，但這不一定是其理論或策略中心，而是一種附屬，但從其努力成果的更寬廣脈絡來看，是很合理的。

### 卡爾．曼寧格

精神病學家卡爾．曼寧格（Karl Menninger，一八九三至一九九〇），被稱爲「美國精神病學的政治耆老與泰斗」，[99]他寫道：「觀念的群集，再加上它們的情緒伴隨物，可能從主要人格裡分裂出來……然後繼續一種分離的存在。」[100]曼寧格是廣爲人知的人道主義者與心理健康的鬥士，他「強調要爲住在其中的病患創造一個人道環境」，並且「堅決主張大多數犯罪是心理或情緒病態的一個階段，也應該這樣被對待」。[101]他的核心信念是，生理疾病患者與其他人沒有多大的不同，[102]另外，他對環境觸發因素的著重，都跟健康複數自我模型一致。

圖6.17 卡爾．曼寧格

圖6.18 弗利茲．伯爾斯

## 弗利茲．伯爾斯

德國出生的精神病學家暨精神治療師弗利茲．伯爾斯（Fritz Perls，一八九三至一九七〇）發明了「全形療法」（Gestalt therapy）這個詞彙，來描述他與妻子蘿拉（Laura）共同創造的方法。彼得．鮑德溫提到，伯爾斯與其他全形治療師都體驗到，病人是散亂、破碎而分裂的，由於嚇人的人生經驗讓他們脫離了此時此刻，使得他們的某些部分「消失了」。全形療法的目標是「幫助人開始察覺到他們的分裂與碎片，還有失落的部分，重新擁有並再整合他們所有的部分，成爲一個有功能的整體」。[103]

約翰．羅溫也提到，在伯爾斯的療程裡，他會在旁邊擺一張空椅給我們內在世界的各種成員，用來促進與它們的溝通，甚至是它們之間的溝通。在這麼做的時候，支配者與墊底者通常都會變得很明顯。根據伯爾斯的說法：

> 支配者是自以爲是而權威主義的；他知道

得最清楚。他有時候是對的，但總是自以爲是……他用要求與災難的威脅來操縱……墊底者則用防衛、道歉認錯、哄騙、哭哭啼啼等來操縱……墊底者是米老鼠。支配者是太空飛鼠。(104)

衝突部分或複數自我的浮現，像是支配者與墊底者，對於那些初步開始覺察到他們全部自我的人來說，並非不尋常，而且也有其他幾位作家接續發展下去。

## 艾瑞克・伯恩

艾瑞克・伯恩（Eric Berne，一九一〇至一九七〇）是加拿大出生的精神病學家，以一九六四年的著作《人間遊戲》（*Games People Play*）爲基礎，利用遊戲理論創造了「人際溝通分析」（Transactional Analysis）這個廣受歡迎的療法。伯恩的觀念在某些方面類似佛洛伊德的觀念，認爲每個人內在都有三個人，或者三種「自我意識狀態」：父母、小孩與成人。對許多人來說，這些觀念給他們一張入場券，考量他們內在確實有複數自我的可能性。伊莉莎白・歐康納寫下自己對伯恩這本書的經驗：

> 我沒有再跟許多自我的概念有新的邂逅，一直到我在艾瑞克・伯恩的《人間遊戲》裡碰到它爲止。那本書讓廣大的閱讀大眾知道每個人身上有的三種心理現實……父母、小孩與成人……這是對於心理現實的深刻觀察，被轉譯成一般讀者容易掌握的詞彙，好讓他們能夠用這些詞彙來觀察自己之內的這些狀態，並且注意到什麼時候從一個狀態轉換到另一個狀態。(105)

圖6.19 艾瑞克・伯恩

圖6.20 米爾頓・艾瑞克森

另一本類似的暢銷書是湯瑪斯・安東尼・哈禮斯（Thomas Anthony Harris）的《我好，你也好》（*I'm Ok—You're Ok*, 1967）。讓人把自己看成在大多數互動（或社交往來）裡扮演三個預先決定的角色之一，是進一步承認內在複數自我實際存在的一個良好的開始。

## 米爾頓・艾瑞克森

美國精神病學家米爾頓・艾瑞克森（Milton H. Erickson，一九〇一至一九八〇）對於個人與家庭治療走的是一條非傳統途徑，大多利用故事、隱喻，特別是催眠。有一位作者聚焦於「多重人格之間的平行對比，靈魂媒介，還有從歷史、人類學與臨床觀點出發的催眠」，他這麼寫道：「我強調，米爾頓・艾瑞克森的多重人格觀點並不必然視之爲病態的，而是視爲潛在資源。他應用催眠去取得通往各種人格的管道，並且把它們的行爲從不情願轉化成自願的行動。」[106]

謝莉雅．拉摩斯提出了相同的論點：「米爾頓．艾瑞克森出名的評論是，多重性可以被看成是潛在的資源……他進一步說明，它不應該被看成是現實的扭曲，而是一種正常使用個人能力的準備就緒狀態。」[107]最後，約翰．瓦金斯（John Watkins）與海倫．瓦金斯（Helen Watkins）總結了艾瑞克森的兩項貢獻：

> 在米爾頓．艾瑞克森獨具巧思的治療策略中，對於個人可能是多重體，也可能是統一體的事實，展現出一種眞正的覺察。他在不只一個層次上與病患們溝通。然而，他這麼做時，幾乎是把它當成一種無意識的藝術，並不是一門系統地加以闡述而變得容易傳達的科學。[108]

## 維琴妮亞．薩提爾

維琴妮亞．薩提爾（Virginia Satir，一九一六至一九八八）是一位社工與治療師，如同她在一九六四年的著作《聯合家族治療》（*Conjoint Family Therapy*）裡所描述的，她的家庭治療方法獲得廣大的肯定。其作品的一個面向，牽涉到識別當事人的身體語言並對此工作，以便辨識出這個人體現出五種不同「壓力反應」的哪一種：討好型（Placater）、指責型（Blamer）、超理智型（Computer）、打岔型（Distracter）、一致型（Leveler）。[109]

在薩提爾對家庭治療的創新方法中，複數自我被稱爲一個人的「部分」：

圖6.21 維琴妮亞．薩提爾

圖6.22 米哈里．契克森米哈伊

首先，你可能還沒有發現你內在也有許多「部分」，不論你是否掌管他們，他們確實存在你裡面。認識這些「部分」可以幫助你控制他們，而非淪爲他們的奴隸。你的每一個「部分」都是重要的能力資源，他們各有諸多用途，如果彼此取得和諧，就能帶給你更大的幸福。[110]（譯註：此處譯文出自《心的面貌》（*Your Many Faces*）中譯本，朱麗文譯。）

約翰．羅溫注意到，薩提爾把人類比喻成一種旋轉中的活動物體，只有在所有部分都被認出，然後經過恰當平衡以後，才能夠運作良好。[111]

## 米哈里．契克森米哈伊

我們將引用匈牙利出身的心理學家米哈里．契克森米哈伊的話來結束這個章節，他最知名的是對於「心流」與「心流狀態」所做的研究，也就是在某人變得極其沉浸於他們所做的事情上，以至於愉悅的無時間感發生了，進而產生格外良好的表現。運動員、音樂家、藝術家等人，在範圍廣泛的種種環境下都體驗過心流。或許眞正的祕訣在於先進入正確的自我，也就是本來就容易進入心流的那一個。契克森米哈伊寫道：「如果我必須以一個詞來解釋他們的個性爲什麼和其他人不一樣，那就是『複雜性』。他們顯現出的思考與行動傾向，在大部分人身上是分離的。他們極端矛盾；他們每一個人不是『個體』，而是『群體』。」[112]（譯註：此處譯文引自《我的混亂，我的自相矛盾，和我的無限創意》中譯本。）

## 進步派多重人格疾患治療師，催眠的回歸，以及其他近期工作

如同先前提過的，佛洛伊德的影響變成主流之後，就沒有多少作品或興趣是走在分身、多重人格、解離或催眠這條路線上了。大致上從一九一五年或一九二〇年起，直到一九七〇年代與一九八〇年代晚期，在承認複數自我的存在與重要性方面，幾乎沒有什麼進展，雖然有某些圈外人與實踐者繼續在這些路線上的工作（包括榮格、阿薩鳩利、希爾曼，還有先前提到的其他知名二十世紀心理學家）。

然而，《西碧兒》的書籍及電影，在一九七〇年代刺激了大眾意識，後來又有其他病態多重性案例迅速浮現以後，狀況就改變了。幾位進步派精神病學家與治療師，把寫下綜合性著作的工作視爲己任（本質上來說，是給治療師使用的深入工作手冊），這些書協調、組織，並且在一些例子裡，還發想出處理病態多重性病例的新理論與介入機制。

這些書籍通常會包括多重人格疾患歷史、診斷，以及治療形式與技術的段落。四本較佳的書籍

包括：

- 《多重人格疾患治療》（*Treatment of Multiple Personality Disorder*），班奈特・布隆醫學博士編輯（一九八六）
- 《多重人格疾患的診斷與治療》（*D*（Frank W. Putnam）著（一九八九）
- 《多重人格疾患》（*Multiple Personality Disorder*），科林・羅斯醫學博士著（一九八九）
- 《多重人格疾患的臨床觀點》（*Clinical Perspectives on Multiple Personality Disorder*），理查・克拉夫特與凱薩琳・范恩編輯（一九九三）。

還有兩本談催眠的書值得注意：

- 《分裂的意識：人類思維與行動的多重控制》（*Divided Consciousness: Multiple Controls in Human Thought and Action*），恩尼斯特・西爾格德博士著（一九七七）
- 《統一與多重：催眠、精神疾患與心理健康中的多層次自我意識》（*Unity and Multiplicity: Multilevel Consciousness of Self in Hypnosis, Psychiatric Disorder and Mental Health*），約翰・比爾斯（John O. Beahrs）醫學博士著（一九八二），其中部分章節是由其他執業者與理論家執筆。

## 恩尼斯特．西爾格德與催眠

恩尼斯特．西爾格德（一九〇四至二〇〇一）通常被讚譽爲重建了催眠在臨床背景中的合法性與實用性。如同彼得．麥凱樂所寫的：「心理學家西爾格德已經指出，在夢中，我們的一部分是我們身上另一部分安排的戲劇之『旁觀者』……西爾格德認爲，催眠提供了一組有望運用在解離過程研究的現象。」[113]或許更重要的是：「恩尼斯特．西爾格德透過他在催眠方面的工作，發現解離的形式顯然是沿著從正常延伸到病態的連續體而分布的。」[114]

西爾格德的突破以一種稱爲「隱藏觀察者」的現象爲中心，這是威廉．詹姆斯在一八八〇年代晚期曾經研究過的東西。基本觀念是，在催眠之下，某人的一部分可能覺察到發生在身體上的某些事，同時另一部分卻完全不知不覺。詹姆斯曾經報告說，「一個被催眠者的右手在書寫中提到這隻手被針刺。在被人問起的時候，被催眠者沒有覺察到這種身體感覺，而且在讀到他自己手寫的內容以後加以駁斥。」[115]

圖6.23　恩尼斯特．西爾格德

西爾格德執行了同樣類型的實驗，「並且提到有看來明顯的分裂覺察，也就是人格的兩個部分，同樣有能力而聰慧，但對彼此毫無所覺」。[116]研究自我意識狀態的有用概念的約翰．瓦金斯與海倫．瓦金斯，在爲比爾斯的《統一與多重》所寫的前言裡，詳細說明了西爾格德的作品讓催眠復興的重要性，同時把這一點連結到自己的工作上：

恩尼斯特・西爾格德……在他的實驗室裡展現出不同認知結構系統的存在，指出並存意識的出現與聽力、痛覺感知之間的關係。而我們對自我意識狀態的研究，還有那些由……（比爾斯）所做的研究，已經相當清楚地解釋了，解離並不只是一種「非此即彼」的現象，只是幾個奇怪的個人有「多重人格」，其他人則通通被建構成一個「統一體」……身為治療師，如果我們要做得比大致上往正確方向開出治療上的霰彈槍更好，那麼在一個人與其各個面向的自我互動時，我們需要更好的細膩處理。⑪⑦

約翰與海倫・瓦金斯繼續寫道：

與處於催眠狀態下的研究受試者工作時，我們已經發現，那些沒有顯示出心理疾病跡象的個人，可能還是表現出人格中有片段的區隔，行為會像是「隱藏的」多重人格。然而，把它們從其他這類狀態分離開來的邊界，是更有滲透性的，而且不一定適應不良。這些部分通常彼此有所覺察，但保持它們獨立的身分意識……另一方面，在多重人格疾患裡，解離的部分存在於接近分化—解離連續體的極端上。在自我意識狀態之間，通常有嚴格、無法滲透的界線，在它們之間容許的溝通少之又少；它們通常沒有覺察到彼此。⑪⑧

雖然這些治療師、理論家與執業者都接近於承認正常、健康的人有複數自我，但在他們的許多文字與理論底下，還是看得出單一自我假設。他們沒有人做出結論說，多重自我是正常而健康的，而且鮮少考慮到複數自我可能因爲創傷以外的理由而開始存在。

由於這些作者大多都是治療師，而且大半職業生涯都與不健康的人有關，會有這個狀況並不讓人意外。基於他們的教育、眞實生活經驗與專業立場，他們通常很難放下單一自我假設，看到在那之外的東西。

## 最近的進展

這些近期的書（全都是我們引用過的）增加了我們對複數自我的集體知識與欣賞：

- 《擁抱我們的複數自我：自我內心對話手冊》（*Embracing Our Selves: The Voice Dialogue Manual*），哈爾・史東博士與席德拉・溫克爾曼博士著（一九八五），這本前衛的作品主要講述「自我內心對話」這種治療與個人成長體系，我們隨後會談到。
- 《許多心靈，一個自我：一種激進範式轉移的證據》（*Many Minds, One Self: Evidence for a Radical Shift in Paradigm*），理查・史瓦茲與羅伯特・佛克納著（二〇一七）
- 《第七感》（*Mindsight*），丹尼爾・席格醫學博士著（二〇一〇），中譯本李淑珺譯，時報出版（二〇一〇）
- 《多重之人：探究附身與多重人格》（*Multiple Man: Explorations in Possession and Multiple Personality*），亞當・克拉比崔（Adam Crabtree）博士著（一九八五與一九九七）
- 《多重心靈：療癒心靈與世界的分裂》（*Multiple Mind: Healing the Split in Psyche and World*），葛蕾卿・史力克博士著（一九九二）

- 《論多重自我》，大衛·雷斯特博士著（二〇一五），這本內容詳盡的書裡充滿了密集但引人入勝的理論概念。
- 《部分心理學：爲了達成情緒療癒，一個以創傷爲基礎的自我狀態療法》（*Parts Psychology: A Trauma-Based Self-State Therapy for Emotional Healing*），傑·諾力克斯博士著（二〇一一）
- 《你這樣的人》，莉塔·卡特著（二〇〇八）
- 《子人格：我們體內的人》（*Subpersonalities: The People Inside Us*），約翰·羅溫著（一九九〇）
- 《複數自我》（*The Plural Self*），約翰·羅溫與米克·庫伯編輯（一九九九）

## 丹尼爾·席格醫學博士所寫的〈多重自我〉

〈多重自我〉是席格二〇一〇年的著作《第七感》的第十章。他特別利用自我狀態概念，寫道：「健康的發展……是要認知、接受，並整合一個人各種不同的狀態；發掘出截然不同狀態的連結方式，甚至合作，形成一個包含許多部分的統合整體。」（譯註：此處譯文引自《第七感》中譯本。）

他的其他論點是：

- 自我狀態是每個人人生的一部分，就算我們沒有創傷史也一樣。
- 我們必須接納自己的多重性，接受我們在運動、知性、性欲、性靈及其他狀態下，能夠表現得相當不同的事實（種種狀態的異質性集合，在人類身上是完全正常的）。

- 幸福安適的關鍵是不同狀態之間的合作，不是某種嚴格的大整合。「我們可以擁有一個單一、全體一致的存在方式」這個概念，理想化卻又不健康。
- 不幸的是，這種分化後毀滅的方法（違背複數自我的意願去「整合」它們）就是不管用。[119]

如同這些書所指出的，雖然健康複數自我的概念開始浮現了，卻似乎突然停下來，沒能夠浮現在更廣大的普遍大眾意識之上。藉由一開始就質疑單一自我假說，並且呈現複數自我跨越時間、文化、學科與領域的宏觀觀點，我們希望喚起對於健康複數自我觀點的普遍覺察，好讓它變成對所有人都有益的更寬廣對話的一部分。

Chapter
7
# 佛學、科學與後現代思考的匯聚之處

你愈明白沒有自我，就可以成爲愈多自我。

——克利斯提娜．拉札爾（Krisztina Lazar），視覺藝術家

許多神經科學家、佛教徒和後現代哲學家都有一個共通點，就是他們不支持單一自我假設。不管是奠基於數千年的宗教沉思、科學方法的應用，或是後現代主義對於先前範式強而有力的洞察，「單一自我」都被視爲有限的眞相或是徹底的錯誤。

請想想負空間（negative space）的概念：照片或畫作中物體之間或周圍的區域，是用來更有效地表現形狀與尺寸。這三個學科（神經科學、佛教與後現代哲學）及其實踐者，在實效上來說，創造了一連串彼此重疊的負空間並擺在一起看，藉著表現主體周圍的一切，而非直接展現主體本身，來描繪主體。在這種狀況下，他們做出結論，主體本身（單一自我）從一開始就不是眞正在那裡。

# 行為主義、人工智慧、神經科學、認知科學，以及經濟學

我們在談論多重人格疾患的研討會上待了整整兩天，然後某人開了個玩笑：那些不信有多重人格疾患的人，問題出在他們有單一人格疾患。

——尼古拉斯・漢弗萊（Nicholas Humphrey）與丹尼爾・丹尼特（Daniel Dennett），〈爲我們的複數自我說話〉（Speaking for Our Selves）

上一章是從那些聚焦於心靈內在運作的心理學與心理學家的觀點，來看待人格多重性。不過其他科學家，特別是涉及硬性科學的心理學家和科學家，對於複數自我的可能性與現實，有持著開放態度嗎？

## 史金納：激進行為主義與做為解釋性虛構故事的自我

史金納（B. F. Skinner，一九〇四至一九九〇）在美國長達數十年都是最知名的心理學家。他的作品之影響，遠超過專業心理學的範圍之外。他對於心理、主觀、干涉，或者他所謂的「虛構」解釋，既厭惡又不信任，導致他把焦點放在可觀察的行爲，以及觀察、測量與預測行爲的公式化方法上。

史金納認爲，只有行爲能夠被研究，而他主要針對動

圖7.1　史金納。照片由愛斯基羅（Esquilo）修飾過。

物的行爲。至於人類，他認爲，「如果可觀察的行爲是定義自我的基礎，那討論人格或自我的內在運作就變得不必要了。」①說到底，史金納覺得「自我」這個詞彙本身只是一種解釋性的虛構：

> 如果我們無法證明是什麼要爲一個人的行爲負責，我們會說他本人就要爲此負責。物理科學的先驅追隨相同的慣例，然而，風不是由風神伊歐洛斯（Aeolus）吹來的，雨也不是降雨者朱比特（Jupiter Pluvius）灑下的……自我的概念在行爲的分析上並不是必要的。②

此外，他認爲，如果容許自我的觀念進入心理分析，這樣的解釋性虛構會迅速地降低客觀而科學地考量行爲的可能性。路易絲．麥克修（Louise McHugh）與伊安．史都華（Ian Stewart）擴展了史金納的概念，「有機體做出行爲，自我則啓動或指導行爲」。他們爲史金納寫道：

> 就像許多從行爲中推論出的假設性概念一樣，做爲一個實體或動因（agent）的自我，就行爲分析上來說是很可疑的，或者更糟，因爲它貶低或忽略了環境是對行爲控制的源頭。考慮到自我做爲一種假設性建構物，通常被具體化，變成一種實體。一旦被具體化，它太常變成行爲的原因（動因）。這又導致我們太熟悉的循環論證問題，並且創造出史金納……所說的「解釋性虛構」。③

接著，我們從二十世紀心理學最具影響力的實踐者，佛洛伊德與史金納的觀點來看待它。如同前一章已解釋過的，佛洛伊德否定本書所考慮的複數自我，而是以縱向的本我／自我／超我模型來替代。另一方面，史金納徹底規避了內部運作：沒有單一自我，沒有複數自我，只有行爲。加總起來看，這兩位在心理學上舉足輕重、具決定性的巨擘，在二十世紀的大半時候，讓任何人都很難對複數自我進行研究，只有少數例外，像是阿薩鳩利與希爾曼。

## 馬文．閔斯基，人工智慧與複數心智社會

馬文．閔斯基（一九二七至二〇一六）是一位認知科學家，專精於人工智慧。他與其他人共同創建了麻省理工學院的人工智慧實驗室，也是麻省理工媒體實驗室的創始成員。神經科學家大衛．伊葛門提供了關於閔斯基研究內容的一些寶貴背景資訊：

> 縱貫一九六〇年代全期，人工智慧先驅在夜間趕工設法創造出簡單的自動控制程式，期望能用來操控小塊積木：找到積木並撿起來堆成各種樣式。這是表面看起來很簡單，實際上極其困難的問題之一……當電腦科學家閔斯基和同事面對這種困難的自動控制問題時，他們便導入一種革新構想：或許機器人可以把工作分派給特化的子程式來解決這些問題，也就是分交給小型電腦程式，各自擺平問題的一小部分……這些沒有思想的子程式可以分層相連，就像公司行號，而且各子程式可以互相匯報並對上司負責……
>
> 子程式構想……讓一種有關生物大腦運作的新概念成爲眾所矚目的焦點。閔斯基推想，人類心智也許是由繁多類似機器的相連子代理程式共組而成……關鍵概念是，大批特化的小型勞動單元可以生成類似社會的成果，產生種種豐饒的特質，而這些是子代理單元單獨所不具備的。閔斯基寫道，「各心理代理單元本身只能從事某種完全不必動用心智或思想的簡單事項。

然而，我們把這些代理單元結合（並採行非常特殊的作法）來組成社會，結果就能孕育出智慧。」依這種架構來看，數千個細小心智會比單一大型心智更好。④（譯註：此處譯文引自中譯本《躲在我腦中的陌生人》，蔡承志譯，漫遊者文化。）

閔斯基進一步寫道：

> 所有這一切指出，認爲你的大腦裡存在著一個由不同心智構成的社會，是合理的想法。就像一個家庭的成員，不同心智可以共同合作以幫助彼此，每一個都有自己的心智經驗，是其他心智永遠不會知道的……就像一間寄宿房屋裡的房客，分享你大腦的過程，不需要分享彼此的心智生活。⑤

請注意閔斯基如何陳述我們的心智（我們的自我）可能規律地彼此合作，或者至少彼此同棲共

圖7.2　馬文．閔斯基。
由拉瑪（Rama）拍攝。

圖7.3　大衛．伊葛門。由馬克．克拉克（Mark Clark）拍攝。在許可下使用。

居，就算我們沒有覺察到它們這樣做。

沿著相同的思路，瑪莉琳·佛格森寫到閔斯基，說他「把這些次自我（subselves）視爲一種特化腦功能的結構，一個代理者組成的社會，能夠爲了我們而合作。閔斯基說，如果我們有辦法精明地檢定智能到足以偵測個人之間的性質差異，我們可能會發現，這跟一個人同時有多少這樣的代理者在競爭注意力具有相關性」。⑥

## 歐恩斯坦與葛詹尼加：腦科學、調節性與小心智

現在來看一下兩位美國心理學家的作品，他們對於人類大腦的解剖構造與功能特別有興趣。第一位是麥可·葛詹尼加（Michael Gazzaniga，一九三九年生），他擴展老師羅傑·斯佩里（Roger Sperry，一九一三至一九九四）[1]的研究，深入探究在胼胝體（此部位連接大腦左右兩側）基於醫學理由必須被切斷時，會發生什麼事。葛詹尼加在一九六七年於《科學美國人》（*Scientific American*）發表了文章〈人的裂腦〉，展現了他與斯佩里的研究成果：「人類的大腦

圖7.4a　羅傑·斯佩里

圖7.4b　麥可·葛詹尼加

圖7.4c　羅伯特·歐恩斯坦

實際上是兩個大腦，每一個都有能力做到高等心智功能。在腦部經過外科手術分開的時候，就好像頭蓋骨裡裝著兩個分開的意識領域。」⑦

切斷胼胝體可能產生顯著的改變。如同一個資料來源所說的：

裂腦病患……現在有兩個意識嗎？有相當好的證據可說明答案是肯定的。這不只是「左手不知道右手在做什麼」的例子，而是有種現象是左手／右腦不同意右手／左腦在做的事情。

這個現象被稱爲「雙手衝突」（intermanual conflict）。舉例來說，一位病人發現他的右手掙扎著要把褲子往上拉，同時他的左手掙扎著要把褲子往下拉。在另一個場合，這位病患的左手企圖打他太太，而他的右手抓住左手去阻止它。

也就是說，我們是一種集體實體，（至少）由我們的左右兩腦組成。⑧

這種現象也被稱爲「異手症」（Alien Hand Syndrome），也就是某人體驗到自己的一個肢體（通常是非慣用手）自主動起來的病症。如同一個研究團隊所寫的，「異手症是一隻手不受心智控制的一種現象。當事人失去對那隻手的控制，而那隻手的行爲就好像有自己的心智似的。」⑨

葛詹尼加的重要之處，有一部分是因爲「他的貢獻證明了子人格不只是一種心理學概念，而是

1 葛詹尼加是羅傑．斯佩里在帕薩迪納（Pasadena）加州理工學院收的一位博士生。斯佩里因爲裂腦研究，得到了一九八一年的諾貝爾生醫獎。

有客觀解剖學基礎的。」⑩葛詹尼加曾說到：

> 我想，這種線性的、統合的意識經驗概念是大錯特錯的。相對來說，我主張人類大腦有一種模組型的組織。所謂的模組化，我的意思是大腦被組織成相對獨立、平行運作的功能組。心智並不是一個不可分割的整體，以單一方式運作來解決所有的問題。倒不如說，有許多特化且可分辨的不同心智小組，處理著暴露在它們面前的所有資訊。那些進入我們大腦的廣泛豐富資訊，被分解成各個部分，而許多系統立刻開始在上面工作。這些模組活動頻繁地在我們的意識口語自我（conscious verbal selves）之外運作。⑪

另一位心理學家是羅伯特．歐恩斯坦（生於一九四二），其研究與寫作焦點在於物理大腦的結構與運作。他在《多重心智：看待人類行爲的一種新方式》（*Multimind: A New Way of Looking at Human Behavior*, 1986）裡，把人類心智定義爲「私生子雜種系統」。⑫歐恩斯坦在他的網頁上這麼寫道：

> 雖然我們活在一個徹底現代的世界裡，但我們沒有徹底的現代心智。我們沒有單一的腦；我們有的是複數的腦。我們有的是一組複雜無組織的特殊目的解決方案，爲的是迎合不同的環境。我們有「小的」心智，用來反應緊急事件、偵測到環境裡的劇烈改變，還有許多控制健康的「身體的心智」。大腦包含好幾種不同而獨立的行動中樞，其中每一個都有「自己的心智」。在這些分開來的小心智意見不同的時候，要維持我們的健康就有顯著的問題了。⑬

歐恩斯坦承認我們的大腦有自主的部分（自己的心智），而如果我們的「小心智」沒有在工作或合作，我們可能會有顯著的健康與其他問題。在他的模型之下，一個「小心智」盡責做事，然後在另一個心智取代它的位置時退場，好讓下一個工作可以完成。他說：

> 心智不是一個單一智能實體，可以穩定地判斷許多不同種類的事件，而是多樣而複雜的。心智包含一個由「小心智」構成的可變聚合物，而每個小心智都有固定的反應、才智、靈活的思維，當這些不同的實體暫時被使用（被送進意識裡），接著在被使用過以後，通常就會被拋下，回到它們的位置。這些小心智裡的哪一個會被送進去，要仰賴許多因素，某些是在我們控制之內，其他則否。⑭

歐恩斯坦的概念是，我們並不總是掌控著自己的哪一個小心智（自我）會被送進去，所談到的問題是如何增加在正確時刻處於正確心態的可能性。他提到：「在我們情緒冷靜，而且可以看出許多行動方式的時候，很可能可以決定在一個情境下如何舉止，但這並不表示這種事就做得到。我們認爲自己可以從中選擇的小心智，在我們需要它們的時候，在意識裡卻可能無法被利用。」⑮最後，歐恩斯坦對於跟我們的自我工作，提供了一個正面觀點：

> 這是誰在主事的問題。在大多數人身上，在大多數時候，心智作業系統（MOS）的自動化系統會安排哪個小心智被送進去，最有可能是靠著盲目習慣的自動化基礎。不過，在某個時

間點，一個人可能開始意識到多重心智，然後開始運作它們，而不是絕望地看著憤怒再度被推進去。⑯

歐恩斯坦也表示，倚靠我們不同的心智，讓我們有管道接觸自己的才智與能力的完整光譜。他解釋說，「我們的理性心靈觀念，嚴重低估了我們多樣的能力，也高估了我們的一致性，而且強調了心智中非常小的理性島嶼，並犧牲了圍繞在它們周圍的，範圍廣大的才智、機會與能力群島。」⑰在與其他人和諧共事這方面，歐恩斯坦精明地指出，他們也有各式各樣的自我，你不必然會偏愛它們全部。

你可能不會喜歡某個人的某些部分，或許是他的整批「子人格」，但這裡有個問題：人是大而內容不一致的包裹，就像其他的團體、團隊、公司之類的組織。這些人有時候帶來的是不同的小心智，而你可能會發現其中一些令人不快……用我們考量群體或群眾的相同方式，像是對我們的公司、最喜愛的隊伍或餐廳那樣，來考量其他人，這可能是我們爲了理解而需做的改變。「我喜歡食物，但不喜歡裝潢」，俐落地分開不同功能，然後我們就可以決定是否要再去那家餐廳。同樣的方法可以用在婚姻與其他密切關係上。⑱

## 道格拉斯．霍夫史塔特：內在聲音與競爭自我的奇異迴圈

道格拉斯．霍夫史塔特（一九四五年生）於一九七九年的著作《哥德爾、艾雪、巴哈：一條永恆的金帶》（*Gödel, Escher, Bach: An Eternal Golden Braid*, 1979）贏得了大眾非虛構作品的普

立茲獎，還有科學類的美國國家圖書獎。霍夫史塔特在一九八五年出版的文集《後設神奇主題》（*Metamagical Themas*）裡，有一章的標題是〈內在聲音的騷動〉，寫到他內在的不同聲音，還有不同部分之間的衝突：

這是一個知性、哲學性的問題：「我」這個字的意思是什麼？然而，這個問題也是實用性的，屬於眞實生活且撕扯靈魂的議題：在我所是的那許多人之中，我體內的許多內在聲音之中，哪一個會主宰？我會是誰，或者我會如何？哪一部分的我做決定？而那個部分，對於如何決定它想要讓哪個版本的我主宰，可能接著也產生內在衝突嗎？……

當我們是由許多各式各樣的部分組成，卻對其中任何一個都不理解的時候，如何能理解自我本質？那些部分如何組合在一起？這整體如何加起來成爲一個自我、一個靈魂，一個你或一個我？……

一部分的我打算今晚對你讀那段對話。一個內在聲音發言支持這個。但另一個更急切的內在聲音，雄辯滔滔地發言反對……誰是另外那個如此粗魯唐突的道格．霍夫史塔特？而他想要說什麼？爲什麼他爭搶著要控制我的頂層？他體內有什麼堅持著那個故事……並不恰當？⑲

霍夫史塔特也寫到「內在聲音」或「競爭的次自我」，是如何被容許偶爾掌控：

競爭的次自我無法無止盡地被克制住。它們無法被強行壓制、禁止行動。因爲每個「內在聲音」實質上是由數百萬較小的部分所組成，其中每一個都是活躍的，而在恰當環境下，那些小活動總有一天會全都「指向同一個方向」，而在那一刻，內在聲音會結晶成形，經歷所謂的階段轉移（phase transition），從隱匿狀態中浮現，表明自己是自我社群裡的一個活躍成員。⑳

然而，他的結論是，一定有個「管理人格」或「高階身體」，最終決定由哪個自我掌控：

> 我看到這種事時時刻刻在我體內發生。我有個「彈鋼琴的次自我」，他一度得到發言權，連續好幾個小時拒絕交出——直到……電話鈴聲或我的錶對著我嗶嗶作響，告訴我必須去照應人生中的某些其他面向。而不知怎麼的，在這樣的環境下，有個管理人格可以從這些「劫持者」那裡奪走控制權。事實上，在有電話打來的時候，趕出那個彈鋼琴的劫持者，或玩俄羅斯方塊的劫持者，或者任何其他次自我，根本就不難……選擇是非做不可的，所以一定有個最高階的身體，其目的就是迅速可靠地做決定，這個身體把次自我的優先順序釐清，只容許被認爲最重要的那一個發號施令。㉑

霍夫史塔特似乎沒有任何證據就做出結論：一定有個最高階的部分或管理體。儘管霍夫史塔特對於相反的狀況有詳細觀察，但當他要做出「我們一定有某種階序性的優越超級自我在最後負責」的結論時，單一自我假設就在此勝出了。

## 丹尼爾．康納曼：多重性與行為經濟學

除了行爲科學、認知科學、解剖腦科學及人工智慧等領域以外，我們也在經濟理論裡發現人

格多重性，尤其是在「行爲經濟學」中。榮獲諾貝爾經濟獎的以色列裔美國認知心理學家丹尼爾．康納曼（Daniel Kahneman），在著作《快思慢想》（*Thinking, Fast and Slow*, 2013）裡，提到每個人體內都有兩個完全不同的系統，擅長做不同種類的決定：

> 在過去二十五年裡，許多心理學家都曾經探討過快和慢兩種思考方式的區別……我使用系統一和系統二的比喻來描述心智生活，系統一代表快的思考，系統二是慢的思考。我會談到直覺的和特意的這兩種思考的特質，就好像是你心中有兩個人的人格特質。在最近的研究中得知，直覺的系統一思考遠比經驗告訴你的更具影響力，它是你許多選擇和判斷背後的祕密作者。[22]（譯註：此處譯文出自中譯本，洪蘭譯，遠流出版）

圖7.5　道格拉斯．霍夫史塔特。由莫利齊歐．康多諾（Maurizio Codogno）拍攝。

圖7.6　丹尼爾．康納曼

這個諾貝爾獎得主在提倡不同自我的眞實性嗎？正好相反，因爲康納曼在該書的〈有用的故事〉一節裡，講得很清楚，儘管他努力讓你認爲系統一和系統二是你體內分離的角色，但它們卻不是我們眞實的部分。他說：

> 請你把這兩個系統想成心中的兩個代理人，兩人各有人格特質、能力和缺陷……在我所處的專業圈子裡，這種擬人化的句子被認爲是邪惡的，因爲這好像是說一個人的思想和行動，是受到大腦中另一個人的思想和行動的指揮。……系統一和系統二攸關我在這本書中要告訴你的故事，所以我必須百分百說清楚它們只是虛構的角色。系統一和系統二不是一般認知的那種可以互動的系統。在大腦裡，沒有一個部分是這兩個系統可以稱爲「家」的地方。㉓（譯註：此處譯文引自中譯本。）

康納曼把重點放在我們如何有兩個非常不同的系統，兩者都「攸關我在這本書中要告訴你的故事」，而且適用於不同種類的決策，然後確保自己強調了這些系統只是虛構角色，它們並不眞正屬實。爲什麼他要這麼做？他很清楚，在他的專業圈子裡，正式挑戰單一自我假設並不值得，就算他寫的整本書似乎都在做這件事。在此向莎士比亞致意，我們想，這樣看來或許這位經濟學家抗議得太過了。（譯註：此處作者們更動了《哈姆雷特》第三幕第二景的一句台詞：「我想，那位女士抗議得太過了。」）

不過，其他重要的行爲經濟學家已經被複數自我模型的解釋力給吸引了。舉例來說，以博弈理論的研究成果贏得二〇〇五年諾貝爾獎的湯瑪斯·謝林（Thomas Schelling，一九二一至二〇一六），認爲「癮君子有兩個自我，一個渴望健康的肺，另一個渴望一支菸。自我控制策略牽涉到兩者之間的拉鋸戰」。㉔

## 佛教與無我的信條

有個知名的佛教故事與彌蘭王有關，他是大約西元前一五〇年的大夏（印度—希臘）國王。有一天，國王遇見佛教智者那先（Nagasena）。他們的對話據稱被記錄在《彌蘭王問經》（*Milindapanha*）裡，這本書是在大約西元前一百年以巴利語寫成。以下是他們相遇的節錄版。

圖7.7 那先在彌蘭王的宮廷

## 那先與雙輪馬車

故事起於彌蘭王造訪隱居處……在他旅行到隱居處的時候，那先來向他打招呼。

彌蘭王：大師如何稱呼，您尊姓大名，先生？

那先：我名叫那先，大王，每個人都叫我那先。就算我父母叫我那先，「那先」這個詞彙只是一個名字，一個標籤，一連串的聲音，一個概念。這只是個名字，沒有捕捉到真正的人。

彌蘭王：（對每個人說）大家聽好，那先告訴我說他不是一個真正的人。我怎麼能同意這種話？……

那先：陛下，我注意到您在極其舒適的狀況下被帶大。如果您在正午太陽底下走到這裡，走在尖銳的岩石與灼熱的沙子上，那麼您的腳會很痛，您會很疲倦。所以您是怎麼來的，用雙腳走還是騎馬？

彌蘭王：我坐雙輪馬車。

那先：如果您搭乘雙輪馬車過來，請解釋雙輪馬車是什麼。柱子是雙輪馬車嗎？

彌蘭王：不，尊者。

那先：它是輪子，或者車架，或者軛，或者任何一個部位嗎？

彌蘭王：不，尊者。

那先：它是各個部位的結合嗎？如果我們攤開輪子、車架、軛和所有部位，那會是一輛雙輪馬車嗎？

彌蘭王：不，尊者。

那先：那麼它在這些部位的結合之外嗎？

彌蘭王：不，尊者。

那先：那麼，像我這樣問過，我找不到一輛雙輪馬車。雙輪馬車似乎就只是一個聲響而已。雙輪馬車在哪裡？陛下，您剛才撒謊！

希臘人：（鼓譟歡呼）陛下，您要怎麼脫身呢？

彌蘭王：那先，我沒有撒謊。是所有部分的依賴與彼此合作，讓你有一輛雙輪馬車。一堆部位零件是不夠的。是在它們全都一起運作的時候，你才有「雙輪馬車」這個概念詞彙、聲音和名字。

那先：陛下對雙輪馬車說得正確。對於我來說也是如此。那先是身體所有部位和造就出我的五蘊的運作。不過在終極的真實裡，這個人還是沒有被捕捉到。㉕

無論彌蘭王與智者那先，是在看著那個叫做「那先」的人、國王的雙輪馬車，或者國王自己，那個被知覺的物或人，實際上是由許多獨立片段或過程組成的，其中沒有一個獨立自存。所以，被質疑的是這個概念：特定的事物都有一個獨立、非附屬的本質。

## 無我的信條

關於佛教的中心信條：「無我」，以下的說明有助於理解這個概念：

除了那些已經「遺失自我」的人以外，大多數人主觀上都相信有個「眞正的我」，這個核心自我，有一部分被我們樹立在不同社交環境下的（複數）門面自我隱藏著。然而，這主要是西方世界的觀點。在西方，心靈的類比是一顆桃子，在你把肉剝掉以後，會在中央找到果核，那個核心自我。在東方世界……沒有眞正的自我。在東方，自我的概念比較像是一顆洋蔥。你一層層剝掉，一片接著另一片，但沒有中央核心，只有最後一層。那麼在東方，如何可能有個自我？套用一種類比，自我或許比較像是一條河流。水沿著河流流動，河流裡的水總是在改變，絕對不會跟之前那一刻一樣，然而河流是存在的。㉖

我們再深入看一下佛教怎麼解說無我的概念。《東方哲學與宗教百科全書》（*Encyclopedia of Eastern Philosophy and Religion*）在梵語詞彙"anātman"（無我）底下，有這個論無我的條目：

Anātman　梵語（巴利語，anatta）；無我，無本質性；一切存在之物的三個標記之一……無我教條是佛教的中心教誨之一；它說，如果自我是指一個獨立存在中有一個持久、永恆、完整與獨立的實體，在這層意義上，並沒有自我存在。因此，佛教裡的自我意識，不過是一種短暫無常、變化不定的，因此也是易於受苦的經驗性人格。㉗

這裡有幾個值得注意的地方。首先，無我（還有同類的概念「無本質」〔nonessentiality〕，這與西方哲學家柏拉圖、亞里斯多德以降至康德的本質論立場相違）是佛教的中心信條。思想、觀念、感官知覺、記憶、投射、妄想與情緒，可以被看到、感覺到、偵測到，但沒有一個單一一致的自我在底下體驗到所有一切。其次，數千年來，佛教已經直言了假定人類是由單一自我構成的謬誤。

第三，佛陀認爲，是否有單一自我存在的問題，本身就是有問題的。因此：

> 佛陀在回答一個自我是否存在的問題時，從來沒有提出一個明確的立場，以免導致對於靈修無關卻有妨礙的新概念又興起。因此，無我的教誨最好理解成一種成果豐碩的教育性作法，而不是一種哲學信條。雖然如此，在佛教思想體系發展的過程中，對於自我存在的否定變得愈來愈明確。[28]

所以，對於佛教與佛教徒來說，是否有個單一自我的問題藏著陷阱，最好避開。關鍵點是不要相信自己的單一自我實在性，因爲這麼做會帶來執著，然後必定會帶來苦難。

爲了補充佛教對於根本的緣起（radical interdependence）與無我信條的普遍重視，某些藏傳佛教文化儀式也反映了一種不受單一自我假設束縛的世界觀。舉例來說，在一支以達賴喇嘛，以及一位進入深度出神狀態並預言未來的藏傳佛教官方人士爲主角的影片裡，旁白告訴我們這件事：

被出神附身經驗激起的自我問題，關鍵也許就在這裡。如果沒有任何東西是以徹底獨立的狀態存在，如果事物都只是相互依存的，那麼自我的整個概念就會從某個固定的觀念，改變成某種開放而有彈性的東西，某種可能只是臨時性的東西。㉙

## 神經科學與佛教

《紐約客》的專職作者亞當・高普尼克（Adam Gopnik）曾寫道：

（內觀老師約瑟夫・葛斯丁〔Joseph Goldstein〕）相信，佛教的信條與修行，預期到並肯定了許多當代認知科學支持的心靈「模組化」觀點。我們沒有一個單一、一致的笛卡兒式自我，在監看這個世界並做決定，反而是生活在一種一九九〇年代賴比瑞亞式的心靈狀態中，充滿了被演化植入的交戰獨立軍隊；它們用統一國家的方式代表自己，卻無法化解它們的差異，而在它們一個接一個短暫贏得爭奪首都之戰後，提供的只是暫時的控制與決策幻覺。藉著接受「固定的自我是一種被經驗銘印、被欲望強化的幻覺」，冥想搭著降落傘降落，執行某種維持和平的任務：如果它無法遣散這些軍隊，就讓我們看看它們的本質，並且暫時解除它們那些未成年士兵的武裝。㉚

佛教的無我觀點與某些現代神經科學家的作品之間的連結，已經有人注意到。奧莉薇雅・戈德希爾（Olivia Goldhill）就曾寫下文章〈你不一樣了：神經科學支持佛教信念，「自我」並不恆常，而是變動不居〉：

> 雖然你可能不記得身爲學步幼兒時的生活，但你可能相信當時的自我（你的根本存在），在本質上跟今天是一樣的。然而，佛教徒認爲這只是個幻覺，而此哲學已逐漸得到科學的支持。
>
> 英屬哥倫比亞大學的心靈哲學教授伊凡．湯普森（Evan Thompson）告訴「石英」網站（Quartz），「佛教徒認爲，沒有任何東西是恆常的，一切都會隨著時間改變，你有個經常改變的意識流，而從神經科學觀點來看，大腦和身體是恆常處於變動狀態。沒有符合『不變的自我』這種意義的東西。」
>
> 神經科學與佛教分別得出這些想法，不過某些科學研究者最近開始在作品裡指涉並利用東方宗教，而且開始接受數千年前由佛教僧侶最先假定的理論。[31]

在談到佛教與神經科學混合良好後，我們要轉向後現代主義。該主義走在時代尖端的批判思考、哲學與藝術，頻繁而明確地擁抱健康複數自我觀點。

## 後現代思維：解構自我

「後現代主義」很難定義，而且可能很難理解。首先，如果我們全都是後現代主義者，確切來說這是什麼，就變得很難辨認。其次，後現代主義的某些科技層面，像是「解構」敘事與後設敘事，很複雜而難以跟隨，就像這個運動的許多最重要的思想家與作家，包括德希達（Jacques Derrida）、艾可（Umberto Eco）、傅柯（Michel Foucault）、羅蒂（Richard Rorty）、李歐塔（Jean-François Lyotard）與拉岡（Jacques-Marie-Émile Lacan），在知性上都可能讓人感到吃力。最後，整體來說，後現代主義涵蓋了許多知性領域，從文學批評與哲學到建築、繪畫，還有其他藝術活動，以至於讓人很難看清它的整體圖像（甚或注意到所有部分）。

雖然如此，這裡有個非常簡短的概述。如果「現代主義」有一部分是「奠基於這個假設：自主個人是意義與真理的唯一來源」，那麼「後現代主義」有一部分是奠基於「對自主個人的拒斥，同時強調無政府式的、集體的、匿名的經驗」。㉜解構（拆解、打開並顯示出內在的矛盾）單一西方自我的概念，這種想法是後現代作者之間一再出現的主題。

一份資訊豐富的概要性法律評論文章：〈多重自我：探索現代性與後現代性之間及其後〉，提供了哲學與佛學理論的許多背景細節。文章裡提到被壓迫團體的成員與支持者，包括女性、非白種人，以及那些屬於LBGTQ（同性戀、雙性戀及跨性別）社群的人，廣泛運用後現代理論，以便幫助解釋、找到根據，並且合法化其權利與觀點。舉例來說，作者寫道：「當代女性主義理論家，藉著斷言『如果這樣一個分離而自主的自我存在，也肯定不是女性的自我』，對於拒斥現代性一元自我，做出了顯著的貢獻。」㉝

我們再來看看下面這段話，這是出自一篇由多名作者合著的文章〈後現代理論中的多重自我：一個存在整合式的批評〉的摘要：

自我在後現代時代裡，已經受到相當多的攻擊。在許多自我的解構與重新闡述之中，多種自我的迷思喪失了它們的永續性……有人提議，自我是一種社會建構實體，可以從各式各樣的觀點來加以概念化……

在整個西方思想史上，自我維持一個安全甚至神聖的地位。儘管人們對於是什麼構成了自我與自我的根本本質，有廣泛的不同意見，但鮮少有人質疑其存在。當代挑戰了自我的這種特權位置。科技與多元主義帶來多元自我的隱喻。後現代分析迅速地跟著質疑，一個單一的、本質性的自我是不是一種健康的建構。東方思維的影響，特別是佛教哲學，引進了無我的理想。文化分析提供了沒有自我概念架構的文化範例。到最後，對西方心理學來說這麼基本的自我概念架構，其必要性現在已經受到質疑了。㉞

另一篇線上文章〈身分與自我〉，把事情說得更清楚。文中提到，老派的現代性自我觀念已經差不多被取代了，而「我們是什麼人」的新興後現代版本，是相當不同的：

個體性的現代觀念，在很久以前就被取代了。人有超過一種存在方式，而且它們彼此之間有關係與連結。他們也是由許多常起衝突的部分所組成。在他們進出於不同環境、文化與多組觀念（以及進出於自己的不同部分之間）的時候，他們在跟其他人的關係裡，想法不同，舉止也不同。他們知道在不同的環境裡有不同的行爲規則，因此，在這些不同的環境裡，他們是以不同的方式被建構，也可以建構自己，而且……在某些環境裡比其他環境裡表現得更好。

因此，後現代的人是一個混合體。他們有的不是一個核心的、恆久的自我，而是許多自我。他們的自我，還有身分，並不是固定的，而是持續地在過程之中，同時，自己與其他人之間的界線，還有自己不同部分之間的界線，都在協商中。㉟

## 阿佛烈．諾斯．懷海德：歷程哲學與建構性後現代主義

阿佛烈．諾斯．懷海德（一八六一至一九四七）是英國數學家、邏輯學家暨哲學家。他脫離了稍早的邏輯與數學工作，[2]發展了一個形上學體系，稱爲「歷程哲學」（process philosophy），主張現實是由歷程構成，而不是物理性的事物。[3]歷程哲學假定：

> 世界，在它最基礎的層次上是由暫時的經驗事件構成，而非持久的物質實體。歷程哲學將這些暫時性事件稱爲「實際境遇」（actual occasions）或「實際存在」（actual entities），並推測它們在本質上是自我決定的、來自經驗的，而且內在彼此相關……實際境遇呼應到電子和次原子粒子，但也呼應到有位格的人（human persons）。有位格的人，是由數十億個境遇組成的一個社會（也

圖7.8　阿佛烈．諾斯．懷海德

就是身體），並由單一一個占優勢的境遇（也就是心靈）來組織與協調的。㊱

懷海德的觀點與東方觀點之間，有很多共鳴：

> 在東方傳統裡，許多道家與佛學信條可以被歸類成「歷程」。舉例來說，「一個人應該自發地樂於接受永無止盡的陰陽流變」這條道家的告誡，強調了一種歷程世界觀，就像佛學概念中的緣起（pratyityasamutpada，事件起源彼此依賴）和無我（anatma，否定實質或持久的自我）。㊲

懷海德「花在考量這套個人動力學的時間，遠多於思考這套動力學對實體社會有什麼蘊含的時間」。㊳至於懷海德確實直接寫到人格多重性的那一點，他似乎覺察到，歷程哲學爲承認健康複數自我的世界觀奠定了基礎：「需要被解釋的不是人格解離，而是統一的控制，因爲我們不只有可以被其他人觀察到的統合行爲，也有一個統合經驗的意識。」㊴盧卡斯二世（G. R. Lucas Jr.）引用懷海德的話並總結他的立場：「除此之外，這種統一控制的限制，『指出』在一個物理位置上『連續

---

2 這包括了他與伯特蘭．羅素（Bertrand Russell）合作寫下《數學原理》（*The Principia Mathematica*, 1910-1913），史上最重要的邏輯與數學基礎書籍之一。

3 早於蘇格拉底的哲學家赫拉克利圖斯（Heraclitus），以「我們從未踏入同一條河川兩次」這句格言聞名，他可能是最早的一位觀點與歷程理論相容的西方哲學家。

交替的人格解離、多重人格，甚至是共同占有的多重人格』……懷海德的人格解離成了……片段式的經驗，或者佛學式的事件，因此容許對於……位格人狀態（person-states）的身分、分裂與融合的許多特色進行討論。」[40]

雖然懷海德覺察到多重人格，但他身爲哲學家，而非心理學家，並沒有太深入探究這些路線。但某些追隨他腳步的人確實往這裡延伸了。舉例來說，蘿素（H. T. Russell）與蘇卡奇（M. H. Suchocki）做出這個結論：

> 由於懷海德哲學中的人類自我不只是一個實際存在（actual entity），而是由許多實際存在構成的一個社會，這種增加的複雜度引進了自我性的一個面向，但要是只考量到一個實際存在的動力狀態，就會失去這種面向……
>
> 但是這不足以探究在人類位格性（personhood）中必然涉及的多重性。它太快把那種多重性化約成單一性，就好像它對於人類自我性的複雜度並沒有實質貢獻。如果我們認真看待那種多重性，就必須探索這種可能：自我性並不是這麼容易就化約成一元意義上的自我，而一元意義上的經驗，可能在某種意義上是虛幻的。[41]

最後一句話：「一元自我可能在某種意義上是虛幻的」，顯示出一種覺察的開端：健康的人格多重性是值得認真研究的。

## 看待事物的不同方式

這麼多自我的不同種類曾被探討過的這一事實，顯示超過一個自我的想法，如何在整個後現代文化裡散播。除此之外，如同左側的摘要圖表所呈現的：⑴我們在這一章回顧的所有途徑，都對於是否只有一個自我的問題說「不」，還有⑵關於人是否有許多自我，鮮少有共識。

| 觀點或方法 | 有一個自我嗎？ | 有許多自我嗎？ |
|---|---|---|
| 佛教 | 不 | 不 |
| 某些當代科學方法 | 不 | 是 |
| 後現代主義：解構自我 | 不 | 是 |
| 後現代主義：懷海德的建構性歷程哲學 | 不 | 也許 |
| 健康複數自我世界觀 | 不 | 是 |

## 關於如實看待事物的寓言

為了用更好的方式，展現健康複數自我世界觀與本章討論到的觀點和方法有所關聯，我們想講一個寓言故事。

故事背景是，你發現自己會對於複數自我感到不確定，是因為你的文化與宗教訓練，讓你擔憂著人類身上可能（或必須）只有一個自我。你發現自己因此而無法完全超越單一自我假設。所以，你決定去「完整複數自我服務視野診所」。

身為眼科專家的醫師，讓你坐在一台驗光機前（就像圖7.9顯示的），用這台機器來幫助決定你的最佳配鏡處方。基本上，這台機器能讓一個人透過範圍寬廣多樣的輪替矯正鏡片去看，同時還有往水平面或垂直面切換，鏡片也可以彼此疊合，直到決定最佳處方為止。

在你把下巴靠到舒適的位置上之後，醫師說：「你用來觀看的某些較老舊世界觀，似乎扭曲了你正在看的東西。這很常見。幸運的是，隨著這些新的概念性世界觀鏡片問世，你的狀況已經變得相當容易治療了。」

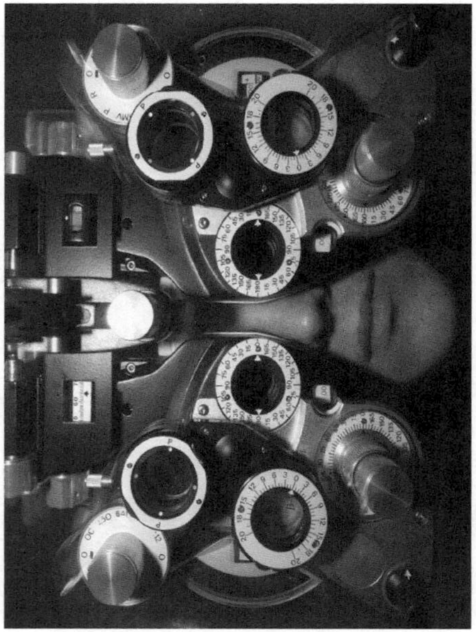

圖7.9　驗光機幫忙釐清處方評估。

醫師把第一個濾鏡轉進來，突然間，你就可以看得非常清楚，而且你或其他人身上不只有一個自我。「醫師，這真是太棒了！你做了什麼？」

「我只是應用了非常有幫助的『驅散』鏡片，上面有四種清晰眼力組合：佛教世界觀、科學世界觀，還有兩種後現代世界觀。在你透過這個鏡片觀看的時候，不會再看到不在那裡的東西了。換句話說，它校正了單一自我假設造成的扭曲。」

「那真是太驚人了，醫師。你是對的：我在任何地方都不再看到單一自我了。但我還是無法真的辨識出我和其他人身上是不是真的有許多自我。這件事你也可以幫我嗎？」

「當然可以！我把許多自我矯正鏡片轉進來。」當醫師轉好後，突然間你就清楚看到在你和其他人身上都有許多自我。「哇！我們全都有複數自我！這讓每件事都變得清楚了。真是太感謝你了。這樣就結束了嗎？」

「是的。」醫師說：「現在你跟好幾種尖端科學方法看齊了，也跟解構後現代主義、歷程哲學達成一致了。你可以自由離開，把這個世界看得更清楚。」

你感覺很棒地離開了診所。你已經做好準備，意願十足又充滿渴望地想更認識自己的多重自我。

下一章的內容組成，是更細膩地觀察複數自我一開始如何匯聚成形；也就是，它們可能是由什麼所構成的、可能從哪裡來，它們的時間線是什麼樣，還有它們是否是真的。

SECTION III

# 理解、承認，並與我們的自我工作

Understanding, Acknowledging, and Working with Our Selves

# Chapter 8 複數自我的解釋——起源、屬性與角色

**鬆散的部分**　　戴夫．布萊澤克（Dave Blazek）繪

圖8.1 「我不知道，醫師……有時候感覺好像我體內所有的其他人格，就等著要跑出來了。」
——戴夫．布萊澤克繪，二〇一六年十二月四日。在許可下使用。

讀到這裡的讀者，可能會落入兩個陣營之一。第一個，身爲好奇的人類，許多人會想知道事實。我們渴望發現事物底層到底「什麼是什麼」，以確定有沒有任何對於複數自我的事情是眞正已知的：

- 說真的，什麼是複數自我？
- 它們起源於何處？
- （通常）有多少個？
- 它們會以固定模式出現嗎？

我們並沒有提出形式化的理論，但確實有三個前提及幾個定義，能夠運用在一個更大的脈絡下。這個脈絡包括我們在本章討論的有關複數自我廣泛多樣的解釋、事實、臆測、理論、推論，還有其他方法。

落入第二個陣營的讀者，會比較想要立刻接觸一些與複數自我合作的相關實用技術與工具。幸運的是，你不需要理解更多生物物理學或心理學，才能立即運用簡單、省力卻高回饋的方式，來與複數自我合作。對於複數自我的確切本質與構成取得更深的理解，不一定要變得更能覺察到你生活中的複數自我。

也許有關於自我的形上學、存有論、心理學與生理學的一些眞相，但對實用主義者來說，那些眞相只有在它們具有實際益處的時候才重要或相關。若是設法確定複數自我後面的潛藏眞理，可能讓我們的注意力偏離了學著看見這些自我並與它們和諧共處。[1] 儘管如此，我們邀請每個人仔細閱讀這一章。你可能會發現自己能用一種共鳴良好的方式，把各種碎片拼在一起。

我們在本書已經接觸到許多思想家、作家、科學家、藝術家和文化意義製造者所持有的複數自我觀念，同時也提供了許多個人故事與實際建議。你應該已經發現或建立了自己對於複數自我為何的直覺、感受與觀念（而且可以述說你自己生命中關於複數自我的一、兩個故事）。爲了讓事情進展得更順利，本章要來呈現下列問題的一些答案：

- 什麼是複數自我？
- 它們起源於何處（出於什麼來源）？
- 複數自我是什麼時候被創造的？
- 有多少類型的複數自我？
- 複數自我是真的嗎？
- 我們為什麼有複數自我？

在你讀完這些問題與答案以後，盡可能進一步感受各種解釋裡對你有吸引力的部分。哪個解釋對你來說最合理，而哪個是最有用的？

舉例來說，如果你支持意識是一種從物質身體及其組成成分中產生的副現象，那麼你可能想要把你的理解聚焦在物質層次的解釋（像是那些與大腦相關的解釋）。如果以時間線或年齡爲基礎的模型（複數自我是由創傷事件、正面事件或兩者一起創造出來的），讓你覺得比較自在，那麼或許你可能想要把你的理解放在由時間驅動的心理動力架構下。再來，一部分的你可能在尋求一個直接的哲學解釋。也許你更接近於藝術家或性靈戰士，是一個在體現才華洋溢的複數自我或成功原型時，才會感覺最好的人。我們建議你，使用對你來說最合理的概念與解釋性元素。

## 名稱裡有什麼？

> 我曾經在文獻裡看到至少二十五個用來稱呼子人格的名稱……而這表示如果數字愈多愈保險，那麼子人格的概念就是很保險的一個。
>
> ——約翰・羅溫，《子人格》

這個部分將呈現複數自我在長時間內得到的許多不同名稱。之前，我們請你暫時別太關注我們對複數自我的確切措辭或名稱，這是因爲術語會隨著時間改變，在許多不同的脈絡下，有許多不同的詞彙和名稱曾經被使用過。不過，這份列舉許多不同詞彙與名稱的清單，可能對你有益。

1 我們理解有些人可能眞的想先確定一個連貫、全面又廣泛被接受的複數自我理論，但現在這種理論還不存在。考慮到涉及的許多因素，還有改變中的感受、意見、證據，甚至是做科學研究的方式，還需要一段時間才會合併出一個有凝聚力的健康正常複數自我理論。

## 「自我」的許多名稱

- 實際存在（actual entities）
- 副人格（alters）
- 另我（alter egos）
- 另類身分（alternate identities）
- 輪替人格（alternating personalities）
- 副人格（alter personalty）
- 原型（archetype）
- 面向（aspects）
- 自主情結（autonomous complex）
- 性格（characters）
- 情結（complexes）
- 工作人員（crew）
- 更深的潛能（deeper potentials）
- 分解的自我狀態（disaggregate self-state）
- 分身或雙重人格（doubles or double personalities）
- 自我意識狀態（ego states）
- 表面自我（facade selves）
- 面向（facets）
- 碎片（fragments）
- 固著意念（idée fixe）
- 意象（imagos）
- 內在工作小組（inner crew）
- 內在人群（inside people）
- 內在自我幫助者（inner self helpers）
- 內在自我狀態（internal self-state）
- 內投射（introjects）
- 腦內夥伴（headmates）
- 小孩（kids）
- 左腦／右腦（left brain/right brain）
- 小心智（little minds）
- 小我（me's）

- 心靈（minds）
- 多重心靈（multiminds）
- 多重（multiples）
- 群像（multitudes）
- 心靈架構（mindframes）
- 部分（parts）
- 部分自我（part-selves）
- 人格面具（personas）
- 人格（personalities）
- 階段（phases）
- 多重心智（polyphrenia）
- 複數人格（plural personalities）
- 複數自我（plural selves）
- 程式（programs）
- 保護者（protectors）
- 角色（roles）
- 次要單位（secondary units）
- 祕密身分（secret identity）
- 自我狀態（self-states）
- 自我（selves）
- 肩上天使（shoulder angels）
- 側邊（sides）
- 小心智（small minds）
- 實體的社會（society of entities）
- 心智的社會（society of minds）
- 靈魂（souls）
- 分裂（splits）
- 次要代理（subagents）
- 次身分（sub-identities）
- 次要者（subs）
- 子人格（sub-personalities）
- 次自我（subselves）
- 系統一與系統二（system 1 and system 2）
- 軍隊（troops）
- 變體（variants）

要說明的是，使用這些詞彙的所有作者與資料來源所指的，並不是完全相同的東西。大多數人肯定不是這樣。然而，把焦點放在這些詞彙有什麼相似之處，像是它們喚起的聯想、它們興起的環境條件，還有使用這些詞彙講述的故事，可以幫忙帶出它們全都指涉到的共同核心。

我們覺得必要且不證自明的定義和斷言，包括下列這些：

- 每個人都有複數自我。
- 雖然某些人有不健康或病態的複數自我，而這樣的病態自我肯定需要也應該得到特殊的注意，但它們對於理解健康複數自我，以及與之合作，提供了一個糟糕的模板與指南。
- 不同的複數自我真的不相同，它們有不同的想法、特徵、欲望與行為。
- 複數自我是自主的：它們可以有自己的偏好與日程表，而且在行為上，可以做出跟一個人的典型或現在想要的行為不同或不一致的選擇。
- 實用上來說，把自我當成真實又有內在價值的事物來看待，承認它們、欣賞它們，並且學著跟它們合作，能帶來更大的生命滿足。
- 若是嘗試關掉、完全忽略、融合，或者用別的方式殲滅或「殺死」特定自我，將會適得其反，最好避免。
- 學著在正確時刻處於正確心態，會得到豐厚的真實世界紅利。
- 開始覺察並看到單一自我假設以外的世界，將會以好幾種方式帶來益處。

## 複數自我、自我狀態與重現的生理學模式

「自我狀態」（Self-states）是從自我意識狀態的概念中興起的。西格蒙．佛洛伊德的同事保羅．費德恩（Paul Federn，一八七一至一九五〇年）「首先創造出『自我意識狀態』（ego states）這個詞彙，去描述人格的部分。」①後來，這個詞彙在一九六四年被艾瑞克．伯恩使用在著作《人間遊戲》中。

在一九八〇年代與一九九〇年代，進步派治療師開始寫作談論多重人格疾患的時候，約翰與海倫．瓦金斯等人取用了這個詞彙，變成自我意識狀態療法的倡議者，這個療法是「用團體與家庭治療技術，來化解不同自我意識狀態之間的衝突，在此模型裡，這被理解爲在單一個人內在構成一個『自我的家庭』」。②

自我狀態的觀念也是從論「意識變化狀態」的作品而來，第一個提出的人是阿諾．路德維希（Arnold Ludwig）。③後來，查爾斯．塔特（Charles Tart）在一九六九年的著作《意識變化狀態》（*Altered States of Consciousness*）裡發展了這個觀念並加以普及。塔特把一個「離散意識狀態」（discrete state of consciousness）定義爲：

> 心理結構或次系統的一種獨特型態或體系。我們可以分辨的心靈部分或面向……被安排成某個特定種類的模式或體系。這種模式或體系就是意識狀態。一個意識狀態是一種動態過程；它的種種面向持續地在改變它們的詳細情況，即使在此同時，整體模式仍維持可辨識出的相同狀態。④

現在我們需要補上關於身體的部分。在過去幾十年裡，科學界愈來愈廣泛地承認，心智與身體並不是分離的，而是深切且無可避免地彼此連結。科學界對於身心相互關聯日益增加的這種覺察，有兩個例子：普遍承認安慰劑的效力（最好想成是「自然的療癒過程」），還有指出冥想能夠停止或者逆轉端粒（基因末端避免染色體磨損的蓋子）縮短的研究。⑤換個說法，心智與身體事實上是同一個物體或過程的兩面。

以塔特爲基礎，必然要把「意識狀態」的定義延伸到包含身體；也就是說，身體在任何一刻的化學、神經學、荷爾蒙與整體身體狀態。於是，湯姆．羅伯茲（Tom Roberts）使用「身心狀態」（mindbody states）來替換「意識狀態」。

> 以塔特對意識狀態的定義，身心狀態就是認知與身體功能在任何一刻的整體模式。它們是由被視爲一個統合整體的身體加上心智所組成……認知科學藉著使用「身心」來取代「意識」，在考量任何一刻的心智與身體功能整體模式時，就可以避免模稜兩可，並且具體指出他們使用的意義。⑥

從「自我意識狀態」（ego states）和「意識狀態」（states of consciousness）轉移到「身心狀態」之後，只差一小步就可以用「自我」這個詞彙來替換掉「身心」，然後抵達「自我狀態」。因此，在任何一刻，我們的身心都聚合成一種生理學、神經學、化學與荷爾蒙模式或情境，而一個特定的自我就跟那個模式或情境並肩出現，就如同湯瑪斯．謝林所述：「根據當代人體化學，把人類塑造成『一個思索推測的個體』並不是最好的，而是有好幾個輪替者才對。」⑦因此，我們的定義裡的最後一小塊，正是模式的觀念：複數自我是自我狀態持續的、長壽的模式，會定期重現。[2]

**複數自我是自我狀態，而自我狀態是一個人類身上的身心化學、能量、知覺與行為的重現模式。**

菲力普·布倫堡曾經提出一個「關於心理生活的觀點，將心理生活視爲自我狀態型態的一種非線性的、會自我組織的重新模式化，製造出『我』的變動表徵」。⑧葛瑞格·亨利克斯（Gregg Henriques）也曾經將多重自我狀態觀念視爲重複行爲模式：

> 把「自我」想成是一種經歷時間的行爲模式。雖然我們通常把自我想成一種「東西」，但也可以把自我想成一種經歷時間的行爲模式。從這種觀點來看，這個「我」等同於我隨著時間不同所感覺、思考與做出的事。從這種角度檢視的時候，在我們隨著時間不同會做出非常不同的事情的意義上來說，有多重自我狀態的觀念就變得清楚了。這種基本洞見解放了我們，能用一種更動態的方式來思考自我，這跟嘗試把它界定成一種特殊、固定又不變的物體相反。⑩

2 複雜系統的科學已超越我們討論的範圍，但它可能闡明複數自我的起源，還有從一個自我（一個「吸引人的流域」）到另一個自我的轉換之本質。⑨

彼得・鮑德溫應用「自我意識狀態」一詞，說了類似的話：

> 我提出的看法是，人格總是由多種自我意識狀態組成，換言之就是人格面具，其中每一個都代表一種完整的子人格……我們的每一個自我、每一個人格面具，都等同於一種行爲模式型態的擬人化。每一個人格面具都是一種行爲模式，在思考與行爲表現獨具特色的方式上，是可以辨識的，而且有別於其他的人格面具。[11]

再說回來，我們提出的定義：「**複數自我是自我狀態，而自我狀態是一個人類身上的身心化學、能量、知覺與行為的重現模式**」，足夠充分嗎？複數自我本身並不是從外面可以看到，或者在科學上可以測量的。但特定自我重複出現的行爲，是可觀察也可測量的，而一個自我狀態的生理學相關性，包括在腦部掃描、血液化驗、荷爾蒙濃度等狀況裡看到的人體化學、神經學與大腦活動，則是物質性的，而且可以測量。所以，我們的定義至少提供了兩種方法可以評估複數自我的眞實性，也就是行爲與可測量的身體相關性。這一章會提供有助於做這種評估的額外觀點。

## 複數自我可能起源於何處？模型與隱喻

我們的下一個問題是「複數自我起源於何處？」當然不是指地理上的起源，而是要理解複數自我是從哪個來源產生或出現。請注意，在一個可能的來源被列出來的時候，意味著**複數自我或許會**

**（或可能可以）從這個來源出現**。因此，任何潛在來源都只是可能引發或以其他方式，強力影響複數自我形成與存在的**數個可能來源之一**。

另外要注意的是，雖然潛在來源彼此之間有廣大的差異，是從一些非常不同的地方或存在領域開始，但**它們不一定互斥**。舉例來說，你可能同時主張某些自我有個自然或生物物理性的起源，同時也有一些自我具有與其他人類互動的心理學基礎，還有一些是來自內在，從原型中產生的。

## 身體層次：生物學

從身體層次開始，人類是同時由人類細胞與非人類細胞組成。[3]最近有一份論文如此說明：

> 心理學家與精神病學家通常不太知道(a)大腦與腸子中的微生物能夠改變我們的行爲；(b)心理疾患涉及在數百萬年前被合併到DNA裡的病毒DNA；(c)許多人在大腦裡攜帶著別人的細胞；還有(d)在病毒式的元素規範之下，某些基因的父系遺傳與母系遺傳副本，會在後代身上競爭主導權，而它們在後代身上有相反的身體與行爲影響……整體訊息是，我們並不是一元性的個體，而是超個體（superorganisms），同時是以人類與非人元素造出來；是它們的互動決定了我們是誰。⑫

3 這裡的焦點主要在於細菌與病毒，因爲人體也會藏匿或攜帶酵母菌、塵蟎、致病有機體、寄生蟲和其他移民者。此外，不只是粒線體及細胞共生體有非人的DNA，一份二〇一六年研究還顯示「你的DNA有八%是外來的，是由非人的病毒碎片構成的」。⑬

至於相對的數字，根據國家衛生研究院，「人體包含了數百萬兆微生物，以十比一的比例遠超過了人類的細胞量。然而，因爲微生物的尺寸很小，它們只構成身體質量的大約一%至三%（在一個兩百磅重的成人身上，等於二到六磅的細菌），卻在人體健康上扮演一個重要角色。」[14]一則二○一五年的ＢＢＣ報導：〈有另一個人類活在你體內嗎？〉則給了我們其他背景，並且描述弓形蟲這種細菌如何嚴重影響到老鼠的行爲，可能也會影響人類。這篇文章裡引用了彼得・克拉瑪（Peter Kramer）所說的話：「人類並不是一元性的個體，而是超個體……非常大量的不同人類與非人類個體，全都不間斷地在我們體內爭奪控制權。」這篇文章繼續聲明：

> 這聽起來可能讓人心生警覺，但長期以來我們已經知道，我們的身體其實是許多不同有機體的大雜燴。你腸子中的微生物，可以製造出改變你心情的神經傳導物質；某些科學家甚至提出見解，說微生物可能改變你的胃口，讓你渴望它們最喜歡的食物。在此同時，感染一種名爲弓形蟲的寄生蟲，可能就會引導你走向死亡……這種微生物似乎會讓某個人變得愛冒險，而且增加他們罹患思覺失調症或自殺性憂鬱的機率。[15]

科學界對於細菌、我們的健康以及如何思考和感受之間的關聯，愈來愈關注。[16]大衛・柯恩（David Kohn）寫道：

> 到了現在，腸道細菌影響個人健康的觀念，已經不是革命性的了。許多人都知道這些微生物會影響消化、過敏狀況與新陳代謝。這種趨勢已經變得稀鬆平常了：相關的新書定期出現，

詳細說明哪種膳食會維持好菌的健康狀態。

但這些微生物的影響範圍可能延伸得更深遠，進入了人腦。世界各地有愈來愈多研究人員，在探究微生物群基因體（microbiome，即細菌生態系）如何管控人怎麼思考與感覺。科學家已經發現證據，指出這種由大約一千個不同種的細菌，總重量介於一到三磅之間的數百萬兆細胞的集合體，可能在自閉症、焦慮症、憂鬱症及其他疾患中，扮演關鍵性的角色。[17]

最近，隨著自閉症患者在全球的數量增長，認爲腸道細菌在其中扮演了某個角色的猜測也逐漸增加，有人認爲「自閉症的行爲症狀與腸胃不適通常是攜手並行的」。[18]

在更巨觀的層級上，我們需考量這個概念：身體細胞與器官及意識有所牽連。哲學家暨科學家伊曼紐爾．史維登堡，認爲細胞與器官有自己的一種意識。在道家哲學裡，認爲「正面和負面情緒與內臟有關。良好健康的其中一個關鍵，是開始覺察到寄寓於器官中的情緒能量，並且將負面情緒能量轉化爲正面的美德。」[19]此外，某些身體工作者（bodyworkers，編註：協助調理人體的呼吸或能量的工作者）回報了不同的器官保有情緒的獨特意義。連恩．嘉樂蘭（Liam Galleran）寫道：

> 在我身爲身體／能量（身心靈）工作者的時期，在能量與身體的層次上，我能夠發現記憶、創傷與未經處理的情緒，可以被儲存或隱藏在整個身體裡。當這些身體的位置在以觸碰、能量，或者透過心／靈被聚焦之後，當事人在能幹執業者的協助下，會再度經歷被埋藏的經驗／情緒，以便得到處理。所以我有個人的經驗知識，知道組織／神經／器官確實有記憶、智商與情緒，而且有能力溝通。[20]

一些哲學家與思想家曾經直接表明，細胞與器官是活生生而有意識的。大約在一百多年前，賀伯特・寇林（Herbert Coryn）寫道：

> 身體上的每一個細胞，就像任何一種物質上的每個粒子一樣，都是一個生命，是一個意識力量的中心。每個這樣的意識點，都能夠照著人類的意識行動，並且在某些層面上產生某種感覺……其中某一些喚醒激情；其他的喚醒屬於我們自身過去的圖像，而這就構成了記憶；某些喚醒屬於遙遠時空區域的地方與場景的圖像；某些在我們的意識裡滋生出性靈的觀念構成。[21]

無論細菌與微生物是否能影響我們的心情，或者可以導致像是自閉症這樣的功能失調，還有細胞或器官是否有意識且能影響我們，「心智在腸道中」和「心智在心臟中」的這些概念，早就有漫長的歷史。「我們一直是從心裡表達愛與情緒，從腸子裡表達直覺；因此，會有衷心／由衷的（heartfelt）和內在直覺（gut feeling，直譯爲腸感覺）這種說法。研究指出，它們可能有科學解釋。」[22]如同達林・史蒂芬森（Darin Stevenson）所說：

> 雖然你的大腦「極端有趣」，但你的腸子在這麼多領域裡更老、更聰明、更成熟十億倍，以至於它在很多時候、許多情境裡，會告訴你的大腦要變成什麼樣子。如果你觀察腸內的感覺變成大腦或心智形式的過程，將會對結果感到極端驚訝。
>
> 你不相信我？就看看你在生病、迷醉狀態（任何形式的），尤其是在迷幻甚至解離經驗的

「開端」時，你自己的腸子裡發生什麼事。在發笑、憤怒、挫折、激動的開端，或者感覺到愛的時候，去感受你的腸子。感覺你的腸子，然後看看「心智」或甚至「其他有位格的人」如何看似起自那裡。㉓

至於人類的心臟，有許多句子與諺語講到心臟得知事情的能力，像是「信任你的心」，十七世紀數學家布雷茲·巴斯卡（Blaise Pascal）所說的「心有它自己的理由，是心智永遠不會知道的」，還有諾亞·班席（Noah Benshea）說的「我的心知道我的心智只想著它知道的事」。

我們來看一下「心臟知道事情的能力」的科學基礎。近期的研究已經顯示，心臟會送出信號給大腦，大腦不但理解這個信號，而且遵從了。科學家已經發現了，有些神經通道與機制能夠讓來自心臟的輸入信號通往大腦，以抑制或促進大腦的電流活動，就像腸子能夠做的一樣。因此，「腸子」和「心臟—心智」兩者都有助於思考過程。㉔

複數自我有兩種可能的生物層次來源。第一個是由我們的個體基因構成。雖然每個人都有複數自我，但很可能某些人在基因上傾向於創造出更多或不同種類的複數自我。同樣地，某些人可能天生更有意識地能與複數自我同調，對於覺察它們的態度更加開放，因此更能夠與它們合作。

最後的潛在來源是整個身體或者有機體的覺察。有時候，我們的身體似乎就是知道要做什麼，甚至在我們根本不知道的時候。尼采寫道：「你身體裡有的智慧，比你最深刻的哲學裡還多。」或許，就像隱藏的觀察者，我們全都有一個總是開著的有機覺察，而且比我們所知的更常幫助我們。完整地聆聽、仰賴並信任自己身體的經驗，會在下列的情境裡發揮作用：

- 介入並維持心流狀態（創意、運動、音樂與性方面等）。
- 用比思考更快的速度避開一輛車。
- 抓住某樣落下的東西，然後才發現你已經抓住了。
- 注意到有危險存在的身體徵兆（感覺恐懼、覺得想吐），尤其是在不熟悉的地方及長途旅行時。

## 身體層面：大腦解剖學與預設模式網絡

一八七四年，威廉．卡本特（William Carpenter）在《心理生理學原則》（*Principles of Mental Physiology*）裡寫道：「有兩種不同的心理行動思路同時在進行，一個是有意識的，另一個是無意識的。」如同卡本特和其他人從那時就已經假定的，大腦的解剖構造是複數自我的潛在來源。

舉例來說，思考一下廣爲人知的三重大腦概念，保羅．麥克林（Paul MacLean）在《演化中的三重大腦》（*The Triune Brain in Evolution*, 1990）裡首次清楚說明。對於我們和爬蟲類共有的大腦最古老部分（爬蟲類情結）；調整情緒的古哺乳類動物複合體（paleomammalian complex），又稱邊緣系統（limbic system）；以及跟較高等人類思維與認知最緊密連結的新皮質，麥克林展示出三者之間的不同。根據麥克林，我們大腦中與爬蟲類相關的部分，要爲整個物種的直覺性行爲，像是牽涉到宰制、地域性和攻擊性的行爲負責。[25]我們的古哺乳類動物複合體（邊緣系統），處理「牽涉到餵食、繁殖行爲與親職行爲的動機與情緒」；我們的新皮質則主要牽涉到思考、語言、計畫與知覺。[26]瑪莉琳．佛格森進一步描述了麥克林的觀念與相關性：

這三種腦在結構、化學與演化史上都有差異。如同麥克林所說的，我們不得不透過三種相當不同的心態之眼睛來看世界。讓事情進一步複雜化的是，腦中的爬蟲腦與邊緣腦這兩個腦，看起來缺乏語言能力。人類的偏見之一是，以為最新的就是最好的。不過，那兩個比較老的大腦，雖然沉默，卻比我們先前想像的更有意識。它們非常處於當下。㉗

從麥克林第一次發表以來，其他人曾經進一步把大腦分解成更多層次，例如，人類的語言和理性的眞正所在處，不只是額葉皮質，還有前額葉皮質。不過，這些辯論遠超過我們的討論範圍。更重要的事情是，任何曾經被觸發或轉換到攻擊或迴避的爬蟲層次的人，[4] 或者曾經發現他們對於另一個人類、小孩或寵物，湧現積極正面情緒的人，會覺察到有個層次的能量與意圖，似乎完全繞過了一般狀況下可供利用的心智思考部分。

超越日常覺察的另一部分腦功能，是預設模式或稱「預設模式網絡」。這種網絡被定義成「一個互動腦區網絡，已知具有與彼此高度相關的活動，而且有別於腦中其他網絡」，㉘路易斯．梅爾—馬卓納（Lewis Mehl-Madrona）指出預設模式讓「我們說故事的腦……有能力產生多重的『自我』」。㉙他進一步解釋複數自我如何從預設模式網絡產生出來：

---

4 有許多研究和文章談論的，是杏仁核（位在顳葉中的腦結構）在即時體驗到壓倒性情緒時所扮演的角色。丹尼爾．高曼創造了「杏仁核劫持」（amygdala hijack）一詞，來描述這種強烈的情緒反應。

在我們休息的時候……這個網絡是活躍的；這意味著我們的心智在「漫遊」，或者聚焦在內在認知上，像是記得我們過去的故事，創造自己在未來的故事，並且享受那些向我們顯示其他人如何思考與感覺的故事。預設網絡讓我們用過去的故事，去想像可能從社交互動中浮現的可能性。㉚

所以，預設模式網絡是我們目前在檯面上的心靈或自我沒有特別聚焦於任何事時的所在之處，而預設模式網絡的持續活動，至少有一部分代表我們不同自我寄寓並運作的神經解剖學位置；也就是說，它們在思考、感覺、記憶與其他方面存在的地方。[5]

梅爾—馬卓納做出的結論是：

> 我們與塡滿心靈的角色或化身有內在的……對話。這些想像出來的角色，是從我們正在互動、曾經互動，或者希望互動的眞實生活人類身上對應出來的。他們可以在視覺、聽覺與動態感覺上相當鮮明。我們可以有這麼強勁的內在經驗，讓我們的心臟狂跳，臉孔泛紅。更重要的是，在中間的額葉……受損的時候，我們變成一大堆似乎分離的聲音與角色，每一個都掙扎著要被聽到、要爭先恐後。在我的經驗裡，大多數人在反省他們的心靈實際上是怎麼運作的時候，可能體驗到這種狀況，但在日常生活裡，我們受到的訓練是要把這種對話壓縮到最小，而且把自己看成是自主、單一的自我。㉜

## 與他人之間的強烈事件與互動

自我通常被認爲是來自與他人及外在世界的互動而產生；也就是說，不同於生物學及解剖學來源，以及接下來會探討的內在精神性靈來源，在此，複數自我是在一個人有某些種類的眞實世界經驗而創造的，其他人常常處於這種經驗的核心之中，卻不一定會如此。

當進步派治療師與精神病學家在應付一九七〇年代數量增長迅速的多重人格疾患時，很快就出現的共識是，解離本質上是對於恐怖環境（身體虐待、性虐待、酷刑折磨等）的適應性反應。換句話說，他們認爲，複數自我的產生，是在與其他人的強烈負面互動下，由自我保護機制的作用而導致的。

對於那些假定只有心理生病者有複數自我的人，還有看出虐待行爲與創造複數自我之間有連結的人而言，關於多數或所有自我都是以這種負面方式成形的觀念，再合理不過了。然而，這是非常狹隘且侷限的觀點，並沒有考慮到快樂愉悅的時刻，以及嶄新、不同或強烈的經驗，也有可能孕育出複數自我的出現或創造。

---

5 不只有預設模式網絡持續在運作，意識焦點也幾乎沒有增加大腦利用的能量總量。深層專注只會導致大腦中的能量消耗上升大約一%。雷納．曼羅迪諾（Leonard Mlodinow）寫道：「無論你的意識在做些什麼，潛意識仍占了大部分的心智活動，也因此消耗了大腦大部分的能量。無論你的意識在發呆或在工作，潛意識都努力做著腦力版的伏地挺身、深蹲和衝刺賽跑。」㉛（此處譯文出自《潛意識正在控制你的行爲》〔*Subliminal: How Your Unconscious Mind Rules Your Behavior*〕，鄭方逸譯，遠見天下文化。）

舉例來說，幾年前喬丹在維吉尼亞州小鎮查爾斯角（Cape Charles）渡假。他有機會趁著連續兩天的溫暖天氣，躺在一個輪胎上，漂浮在切薩皮克灣（Chesapeake Bay）的寧靜水域中，一躺就是好幾個小時。這兩天，他都懶洋洋又滿足地躺了大概兩、三個小時，好像被帶回了童年時代。當他還是年輕男孩時，每年夏天的許多日子裡，都會花好幾個小時在海水裡玩耍，大多數時間都在一艘帆布筏上漂浮。所以，那個出現在切薩皮克灣假期中，讓喬丹重新經歷到的那個特定自我，是很熟悉的，而且肯定是快樂時光的結果。

同樣地，喬丹在一次單車意外後，有將近三年不曾騎單車。當他再次騎上單車的那一刻，立刻被種種感受和記憶淹沒，還有一個被突顯的感受：自從父親和姊姊在他五歲時教他怎麼騎車以後，他有多愛騎車。回到單車上，立刻把喬丹送回那一部分的自我：對於能夠迅速又有力地讓自己衝進物理世界裡，感覺到自由、喜悅，還有深藏的滿足感的那部分自我。

如果跟其他人的負面互動（性與身體虐待、身體與情緒折磨等），可以激發複數自我的形成，而如果積極互動也能做到這一點，那麼與他人之間的混合負面/正面的互動呢？似乎是與他人之間的任何獨特、強烈或長時間的經驗，都可能導致複數自我出現；也就是說，會導致複數自我產生的事件，不一定是該經驗的正面性或負面性，而是以下這個事實：一個不同部分的我們被叫出來，對面前的環境做出回答與反應。如果是這樣，當一個人沒有與別人同在的獨特、強烈或長時間經驗，例如一個孤獨的夢想追尋、在被轟炸的城市裡躲藏，或者處於幽閉狀態，也能夠引出複數自我。

與其他人的互動，也可能導致複數自我。首先，李夫．維高斯基（在第四章曾經討論過）指出，思考本身可能仰賴一個孩子內化並仿效與他人進行外在對話的能力。

其次，更普遍的命題是，在某種程度上我們全都仿效環境裡的人所做出的行爲，包括走路、說話的方式，到思考、感覺的方式。如果一個小孩有愛音樂的父母與家人，而且定期觀賞樂器演奏和歌曲演唱，那麼這個孩子的一部分會仿效這種行爲，並且演化出一個強大的音樂自我，不會讓人感到驚訝。對於父母會去划船或打獵、出席演奏會或宗教儀式的小孩來說，同樣的道理也成立。身爲人類，我們必然會模仿所處環境裡的那些人，而且仰賴能夠導致一個或多個自我產生的環境與周遭情勢。

## 精神性靈來源

一些認爲唯物主義世界觀並不完整的人，提出一種複數自我的建議來源。對這些人來說，人類存在有超越日常或是精神性靈性質的領域，此領域可能是我們生命意義的來源。無論一個人是從生物直覺上或榮格的原型來思考，或是相信某種多變原則之類的東西，或是古埃及宗教或苗族信仰中的靈魂，我們在大部分文化、語言和宗教體系裡，都發現有非物質的、性靈的或超自然的存在。在此，有一大群內在性格可以扮演廣泛多樣的內在角色與身分。

- 天使
- 外星人
- 惡魔／神靈
- 祖先
- 轉世的靈魂
- 本質
- 未來的自我
- 過去的自我
- 夢中的自我
- 較高的自我
- 內在的幫手
- 教師（複數）自我

從我們的「能量解剖構造」中衍生出來的自我，也屬於從精神性靈面滋生的範疇。舉例來說，某些作者曾經描述自我是與脈輪（chakras）或質點（sephirot）有關。脈輪是分為七層的東方身體能量中樞體系；而質點是根植於猶太教卡巴拉研究的十種不同能量中樞、屬性或散發來源。雷・葛拉斯寫道：

> 或許大多數人可以被看成是同時表達出不同脈輪的複雜混合，有自己獨特的內在能量匯聚，代表其人格的整體狀態。然而，這個脈輪或質點中樞的匯聚並不是一種靜態、不變的模式，而應該被視為一種與個人心情或思緒變化中的動力狀態相符的持續改變。
>
> 我們先將科學可驗證性的問題擺在一邊，關於這種系統最有趣的事情是，它們把人類本性描繪成在本質上就是多重性的，是不同層次狀態彼此相關的匯聚。我們有可能在這些古代哲學觀念裡，碰上現代探究者才剛開始發現的事，那是對於人類人格更深層多重性的早期直覺嗎？……因為對於現代多重人格疾患理論家和傳統密契主義者（esotericist，編註：密契主義屬於西方神祕學及祕術主義）來說，健康人格可以被描述成：在這種人格裡，一個人所有的子人格（或者能量中樞），已經變得和諧地整合在一個平衡的整體之中。[33]

## 擁抱自我的多重來源的三種理論

這個部分呈現三份複數自我潛在來源的摘要，分別是由亞當・克拉比崔、約翰・羅溫，以及我們提出的。

亞當・克拉比崔認為，多重自我是人類在世界上生活的工具，對他來說有四種潛在來源：

1. 社會多重性：在日常生活中出現，而且大多數時候會增強功能的互動人格。
2. 內在多重性：透過內在探索的過程而發現，可能增強或抑制功能的人格。
3. 病態多重性：在日常生活中出現，（雖然它們可能被塑造成幫忙發揮功能），但大半時候卻造成妨礙的人格。
4. 表現多重性：爲了表達創意驅力而成形的人格。㉞

對於社會多重性，克拉比崔說明：「在許多方面，這種型態的人格工具呼應了卡爾．榮格心理學的人格面具，他把這定義爲『個人對於世界的適應系統，或者他採用的處理世界的方式』。」㉟內在多重性自我中，可能包括一個「拯救者」或「內在自助者」，能夠現身處理某些內在需求或危機，它可以透過治療性的探究而被發現，或從性靈探究中出現，可能是一個前世的人格、「隱藏觀察者」或是「虛構人格」，是某種從無意識中揑造出來的東西。㊱至於病態多重性，「它包含一切，從心靈分裂碎片的暫時表現，到徹底的多重人格疾患與附身症候群都在內。分裂碎片或無意識的解離元素，可能偶爾會以人格或部分人格的狀態突圍而出。」㊲

克拉比崔的最後一個範疇是表現多重性，或者「創造型的人格，這方面的功能不在於回應社會環境的期待，而在於建構一個有用的載具，來實現一種成就某件事的個人內在驅力」。㊳回想一下赫歇爾．華克的成功嘗試：建立新的功能特化自我，以便應付特殊挑戰，或者先前討論到的，擁有不同類型的自我可以在後現代世界裡生存茁壯的必要性。

另外，對約翰．羅溫來說，至少有六種子人格來源：

1. 集體無意識：如果榮格是對的，這裡就是原型的來處。
2. 文化無意識。
3. 個人無意識：榮格及其他人描述過的情結與內在客體。
4. 衝突或問題：有時候一個內在衝突或問題處境的雙方或更多方，可能變得鮮明頻繁到足以看似需要每一方都有個身分。
5. 角色：我們在一個團體面前的樣子，可能跟我們在另一個團體面前的樣子很不同，而每個角色都帶出一個不同的子人格。
6. 幻想形象：我們可能認同一位英雄或英雌，或者認同一個我們仰慕的團體，然後採用了他們的某些特徵；或許有時候兩位或更多位英雄或英雌，可能會融合在一起。而這些幻想形象可能是來自過去或未來，也會來自現在。他們甚至可能量身打造。㊴

亞當．克拉比崔與約翰．羅溫提出的系統，與這一章呈現的材料相互重疊，如同圖表8.2總結的。這些自我似乎來自大量不同的潛在來源，但這一點不該讓我們感到驚訝：就像每個人身上都有超過一個自我，它們的起源很可能多於一個。

圖表8.2：自我可能的起源或來自何處？

**自我可能的起源或來自何處？**

| **物質層次：生物學與解剖學** | **與他人和世界的強烈互動** | **內在精神性靈來源** |
| --- | --- | --- |
| ● 細菌：作為超個體的人類<br>● 器官<br>● 腸道內的心智<br>● 心的覺察<br>● 垂直腦結構<br>● 水平腦結構<br>● 整體基因傾向<br>● 整個身體的覺察 | ● 負面的與創傷性的<br>● 正面的與愉悅的<br>● 混合的：負面與正面的<br>● 以他人的話為模型塑造出來的思考<br>● 以與他人的整體互動為模型 | ● 直覺<br>● 原型與自主情結<br>● 轉世<br>● 非物質實體：<br>－天使與惡魔<br>－靈魂<br>－教師<br>－更高的自我<br>－內在的助手 |

## 不同的語言，不同的自我？

能夠講多種語言的人，常常會體驗到他們隨著講的語言不同而會成為不同的人。愛麗絲．羅布（Alice Robb）在線上版《新共和》（*New Republic*）裡寫到資深編輯諾亞姆．謝柏（Noam Scheiber）。「在成長的過程裡同時講希伯來語和英語的謝柏，解釋了為什麼他不再只對三歲的女兒說希伯來語。『我的希伯來語自我比較冷酷，個性更認真，而且，我們面對現實吧，表達比較不清楚，』他這麼寫道。『用英語，我天生的感性是有耐性又低調的。我的希伯來語風格是作威作福，像個檢察官似的。』」

我理解這種感覺。我那個沒那麼流利的法語自我，在講到教室備用品的時候最自在。然而，讓人驚訝的是，實際上兩種語言都很流利的人，也在語言之間切換時感覺到人格的轉變。研究人員已經肯定了這件事：在二〇〇一年到二〇〇三年之間，語言學家尚－馬克·迪瓦雷（Jean-Marc Dewaele）與阿尼塔·帕福蓮科（Aneta Pavlenko）詢問過一千位以上的雙語人士，他們在講不同語言時是否「感覺像是不同的人」。幾乎有三分之二的人說確實如此。[40]

## 自我們是什麼時候出現的？

柯林·威爾森在講到「惹內的階梯」（我們稍後會談到）時，曾經這麼說：「所有人是由一系列的『自我們』組成的，每一個都是完整而獨立。這些自我們似乎早就在那兒——在新生嬰兒的身體內，就像毛毛蟲、蛹和蝴蝶早就同時存在於新生的幼蟲裡一樣。」[41]（譯註：此處譯文引自《超自然之謎》中譯本上冊。）反過來說，如果「我們所有的自我一直都跟我們同在」這個假設並不完全正確，那麼關於「何時」的問題就自動出現了：

- 複數自我什麼時候會出現在一個人的生命裡？
- 複數自我第一次通常是在何時出現？
- 對大部分人來說，有許多自我的時間線看起來是什麼樣子？
- 是否在某個特定時間點之前，大多數人都不會經歷新的或不同的自我？
- 是否在某個特定時間點之後，大多數人都不會經歷新的自我，或者稍早的自我回歸？

爲了回答這些問題，我們先回想一遍之前討論過的，關於複數自我可能是從何處出現的來源。如果生物學或大腦解剖構造是複數自我的重要來源，就算有隨著時間流逝而發生的成熟改變，自我的大多數潛在生物基礎，都必須在非常早的階段就到位。

至於與世界和其他人的強烈互動（無論是負面、正面或混合性）的形成方式，則不是一出生就到位，而且可能發生在任何歲數。同樣地，內在的精神性靈產生的複數自我，像是原型或更高的自

「好，我們全都在這裡了。讓我們來同步內在自我。」

**圖8.3 「讓我們來同步內在自我」，BART繪。在Cartoonstock.com許可下使用。**

我，可以在出生後的任何一刻出現。如果我們讀過克拉比崔所說的複數自我來源摘要（社會的、內在的、病態的或表現的），這些自我在一個人的人生中，幾乎任何一刻都可以扮演一角。

雖然某些我們已經指出的自我源頭，可以在任何年齡開始起作用，並不表示「自我在何時成形」一事沒有模式可言。舉例來說，在這些解釋的架構下，我們所謂的「與世界的互動」，在自我成形的時機上扮演關鍵角色。

如果社交互動是關鍵，那麼那些在某人的形成時期體驗到的互動，在創造他們的成群自我時，會扮演很重大的角色。負面的發展挑戰與中斷，包括因爲搬家、貧窮、轉學、個人疾病、家長之一、手足或其他家人死亡，以及常見的霸凌與許多種類的虐待，可能是最容易追蹤的，而且很可能告訴我們，關於何時、如何及爲何不同的自我會在個人身上浮現。

當然，不只有強烈的負面經驗，還有其他強烈經驗也會軋上一角，尤其是對小孩子來說。大家族聚會、宗教集會、假期、夏令營、健行與露營、一起觀賞媒體、唱歌、玩耍、摔角、一起做藝術品，無論每天的日常狀態是什麼樣，在其中不免會產生情緒強烈的時刻與經驗。這些經驗都可能是形成新自我的肥沃土壤。

## 一而再，再而三：一個人人皆知的隱喻

在大多數人對於自己現在是什麼樣的人，還有自己怎麼變成這樣的認知中，時間的元素也扮演一個熟悉的角色，就算這些人從來沒有從多重性的角度來思考。像是「我跟過去的我不是同一個人了」、「在我比較年輕的時候，我是非常不一樣的人」等，在文學與日常對話裡很常見。我們的人生處於不同階段的觀念是普遍被接受的，我們是（或可以是，或曾經需要變成）不同的人。

當一個人在談起過往艱困時期的時候，偶爾會說：「我就是得長大。」同樣地，有個觀念是某些類型的經驗「把男孩變成男人」（像是軍旅生涯），「把某個人的童年從他身上磨掉了」（因父母死去而必須迅速成熟，以便照顧自己或家人的小孩），或者教導年輕成人要「長大」（得到第一份工作和公寓）。同樣地，許多人講到關鍵性的事件改變了他們，或者幫助他們變成全新、更好或更強壯的人，或者傷害到他們，並且讓他們變成更差或意氣消沉的人。而任何曾經經歷過一段劇烈的專業、運動、學術或其他訓練計畫的人，尤其是訓練營風格的那種，就理解這種讓新自我能夠迅速浮現的動力。

回想你的童年或成人早期。花個十秒或十五秒去接通你有過的任何特別鮮明的回憶。如果你能夠記得當時有何感受，再想想今天的自己，或許你能夠扎實地理解到自己如何轉變並演化變成今天的樣子。柯林．威爾森回溯個人時光的嘗試，還有對於他在不同自我之間轉換的描述很有啓發性。他回憶道：

> 假如我打開家族的相本，就會看到自己十八個月大時坐在祖父肩膀上的照片。後來的一張照片是我十歲時彆扭的樣子，頭歪歪的，笑容僵硬。如果我夠努力，就可以想起「那個」柯林．威爾森的模樣，因爲他剛剛得到一具化學儀器，剛開始閱讀科幻小說。幾頁後，我看見自己穿著皇家空軍的制服。我還記得「他」，沒錯。我還保留他寫過的許多東西。我還記得他對漂亮女孩的感覺有多彆扭。閱讀他的作品，回想起他的一些尷尬情況……我大概還可以進入他的皮膚裡。他是「我」嗎？不，當然不是。我是他嗎？這比較難想；但是當我想清楚的時候，我發現答案是肯定的。他是我的一部分。我希望整合得還不錯。㊷（譯註：此處譯文引自《超

自然之謎》中譯本上冊。）

所以，以時間的向度爲基礎，有許多人都理解自己已經體驗過廣泛多樣的複數自我。

## 惹內的階梯

柯林．威爾森在一九七八年的作品《超自然之謎》裡的〈究竟有多少個我〉中，對於卡爾．榮格、莫頓．普林斯、皮耶．惹內，針對多重性所做的早期臨床工作，提供了一些絕佳的詳盡描述。威爾森以惹內的觀念爲基礎，發展出「惹內的階梯」做爲一種隱喻，來講述以時間爲中心的自我創造機制：

> 惹內的研究讓他相信，可以在生物身上區分出意識的九個不同層次。第一個是反射層次……最後到達的是「進步層次」……馬斯洛稱呼這個層次是「自我實現」，意識努力進化……它是一幅人類層次階級的精確圖像。惹內深信，每一層就像爬階梯一樣，步步都不同……
>
> 想想惹內那個像一架階梯的「意識階層」。你和我以及每個人都知道，打從娘胎出生的那一刻開始，我們就必須攀登這架階梯，必須經歷一個壓縮版的人類進化過程。（著名臨床病例中的個人）的問題，在於他們被困住、他們停止攀登了。㊸（譯註：此處譯文引自中譯本上冊。）

柯林·威爾森接著解釋了惹內的階梯：複數自我就像是我們體內的種子，種植在生命中的不同深度：

> 我們可以將人想成一座小花園，在不同的深度下含有不同的種子。如果一切順利，人類努力爭取自我實現，發揮潛能，那麼「種子」就會一一甦醒，悄悄地整合到那些已經開始發育的種子裡。但是，如果嚴重受挫，拒絕攀登惹內的「階梯」，整個人格就會靜止。種子開始發育，長出幾個花苞，然後便「凍結」了。[44]（譯註：此處譯文出自中譯本上冊。）

如同威爾森所發展的，「惹內的階梯」以複數自我適時成熟與整合的概念爲中心而建立。如果一個自我變得受挫，如果它停止攀爬到發展階梯順序的下一個層級，那麼我們的那個部分隨後就會浮現，成爲一個獨特的自我。

## 誰在那裡？類型、角色與數量

那些希望爲自己的個人自我系統繪製圖表或匯聚整體圖像的人，在不同時刻用不同方法這麼做，可能會得到不同的結果。但要對於不同類型的自我及其扮演的角色有個概念，回顧其他人怎麼組織複數自我，還是很有用的。莉塔·卡特把自我分組成主要人格（majors）、次要人格（minors）和微型人格（micros）：

> 一個主要人格是完全有血有肉的角色，有思想、欲望、意圖、情緒、野心與信念。次要人格是比較不複雜（雖然通常非常強）的人格，在特定情境裡會「出櫃」。微型人格是人格的基石，像是個別反應、思緒、觀念、習慣……
>
> 可相容的微型自我傾向於彼此依附而形成次要自我，次要自我接著連結成主要自我……某些人有一個主要自我和好幾個次要自我……而其他人有不同數量的次要自我……有少數人只有一個幾乎完全整合的主要自我……
>
> 一個主要人格是從極長時間裡結合起來的濃密經驗之網中建立的……主要人格比次要人格更常明顯可見，它們藉著大多數時候「在舞台上」累積的較大範圍經驗，讓它們成爲主要人格。一個人的主要人格，是其他人通常看到的那一個，因此它傾向於被自己，也被其他人看成是這個人的「眞正」自我。[45]

喬丹在撰寫本書的早期，發現在對自己的某些習慣與模式下工夫的時候，由卡特提出的「自由漂浮的微型人格」概念很有用。他領悟到他可以孤立、指出、承認、欣賞，然後學著對特定的功能失調模式與習慣工作，卻不必特別指認出牽涉在其中的自我。他學到的重點是：就算一個麻煩重重的自我不全然那麼消息靈通或維持長久，在一次性且即時的基礎上，透過處理卡特所說的「微型人格」或「碎片」，還是可能有奇蹟般的效果。

## 角色點名時間

「複數自我可能扮演的不同種類角色」，是我們在這本書持續談論到的重要主題。不讓人意外的是，談論多重性的作者（許多人聚焦於病態多重性）樹立了給自我們的角色體系。莉塔・卡特在一個稱爲〈會見家人〉（Meet the Family）的章節裡，在她的主要／次要／微型人格體系之後，追加一個複數自我分類法，告訴我們：

> 每個複數人格構成的「家庭」都是獨特的，但它們是在腦內被創造的，是用差不多相同的方式，從對所有人來說都很普通的經驗與需求組合起來的。因此，每個人都有個具備大致相同結構的內在家庭。舉例來說，我們全都有主要目的是保護我們的人格。其他人格可能被視爲「控制者」，驅策並操縱我們的行爲……我們讓人格去處理特定角色：學校、約會、工作、親職。而大多數人把舊版本的，一度有用但現在很累贅的自己，帶著到處走。㊻

最後，卡特提出了以下的分類法，指出大多數人在每個群體裡都有一、兩個人格，但某些人格卻無法落入任何一個範疇中：

- 捍衛者：保護並守衛著我們以對抗威脅，包含眞實與想像的威脅。
- 控制者：驅策並操縱我們的行爲。
- 懲罰者：能量已經誤入歧途的控制者或捍衛者。

- 角色扮演者：爲了特定情境或目的創造的人格。
- 遺跡：不再具備有用功能的舊次要人格。
- 創意者：原創出新的觀念、目標、視野。[47]

史都華・夏皮洛（Stewart Shapiro）拓展了艾瑞克・伯恩的研究，提出另一種分類法。約翰・羅溫則概述了夏皮洛式的複數自我，並爲每個種類舉例：

1. 撫育型家長自我：保護性的家長兼守護天使。
2. 評價型家長自我：檢察官、奴隸主或大人物。
3. 中樞組織自我：執行長自我、主席自我，或者協調性的自我。
4. 良善、社會化、適應性的孩童子自我（subselves）：順從的孩童自我或表演者。
5. 自然的孩童自我，創造型自我：有原創性的孩童或創意自我。[48]

另一個全面性的角色分類，是我們在創傷解離網的網頁上發現的。此網站聚焦於病態多重性，使用「副人格」（alters）一詞來稱呼自我，列出的副人格型態如下：

- 動物副人格
- 施虐者副人格
- 寶寶與嬰兒副人格
- 照顧者/安撫者
- 兒童副人格，小可愛
- 核心/原初
- 死的副人格
- 惡魔，惡魔般的，且「邪惡的」副人格
- 失能副人格
- 名人（內投射）
- 虛構角色
- 碎片
- 守門人副人格
- 主人，出現的部分，門面人物或代表
- 局內人
- 內在自助者
- 內投射/複製副人格（introject/copy alter）
- 經紀人副人格/系統
- 軍隊與政治副人格
- 異性副人格
- 非人副人格（nonhuman alters）
- 物體副人格
- 迫害者
- 保護者
- 精神病副人格
- 機器人或機器副人格
- 性欲副人格
- 空殼
- 精靈、鬼魂、超自然存在，以及「附身」副人格
- 次要部分（sub-parts）
- 自殺傾向副人格，內在謀殺犯
- 青少年副人格
- 雙胞胎副人格[49]

有一種定期出現在文學裡的自我是內在自助者。雷・葛拉斯提供了下面的描述：

> 在多重人格疾患病例裡出現的許多種類的子人格之中，有一個因爲具有潛在的建設性面向，贏得愈來愈多的注意。賴夫・艾利森（Ralph Allison）所稱的「內在自助者」（ISH），是一種獨特形式的副人格，它的出現是爲了評價一個性靈的特徵，像是一個超凡的觀察者。相對於最傳統的子人格通常有詳盡的個人歷史與不同的年齡，內在自助者通常沒有年齡，而且對於多重人格疾患患者和治療師雙方都有嚮導的功能。這曾經導致某些研究人員揣測，內在自助者可能跟許多密契主義傳統裡描述的「較高的自我」或「內在大師」（Inner Guru）是同義詞。[50]

除了剛才回顧的那些系統以外，還有其他特殊系統建立了自己的角色分類體系，隨後會討論其中一些。

## 自我的數量

大部分人有多少自我呢？對自己（或別人）做這個探究的每個人，可能會找出不同的數量。此外，根據他們什麼時候問這個問題，還有使用哪種方法來分隔與指認自我，都會得到不同的結果。

進步派治療師與精神病學家在一九八〇年代與一九九〇年代寫到多重人格疾患的時候，對於病態案例普遍接受的經驗法則是：大多數病患有二到十五個副人格。近年來，很少有注意力放在回報臨床研究上的副人格數量或特徵上。副人格的數量在《精神疾病診斷與統計手冊》第五版裡也沒有提到。[51]

在大多數體驗到日常健康多重性的人身上，發現的自我數量是多少呢？按照你使用的是哪種方法或系統，可能會找出相當不同的答案。每個人擁有的自我數量並不重要；重要的是它們承認彼此且合作的意願與能力。

## 動物似乎有複數自我

至於寵物和動物呢？牠們有複數自我嗎？在寫這本書的期間，我們確實觀察到寵物是有複數自我的。

舉例來說，吉姆的妻子、製片人桃樂西·法第曼，在講到他們的小狗亞當時說：「我在想我們的兩個亞當……一個是深情而被馴養的，會送出無限的熱吻，另一個是狂野嚎叫，而且如果不加以注意，會變成齜牙咧嘴咆哮的威脅。」吉姆思索過，由於亞當是一隻被救援的狗，牠的恐懼/攻擊性反應，暗示了牠還是小狗時曾經被毆打過的經驗。

同樣地，喬丹的貓拉飛奇也是被救援的寵物，牠展現出截然不同的行爲模式（或是自我狀態），有時候會迅速地在不同自我之間來回切換。牠是：

- 一隻碰到一點噪音或擾動就失控狂奔的貓。
- 一隻不可思議地深情、放鬆、跳到你腿上、睡在你胸口好幾個小時的甜心貓咪。
- 一個愛玩、快樂的獵人，熱情地享受與其他貓咪摔角和貓玩具（追逐而且總是可以抓到！）或者探索世界。
- 一隻定期把自己放到水槽裡，長時間舔舐滴水水龍頭的貓，就算附近就有滿滿一碗的水。

之前描述過的一些人類自我的可能來源，或許可以應用在動物身上。我們無法得知寵物跟其他非人動物是否有自我，但這是有可能的，而且從經驗上來說，可能性很高。

## 複數自我有多真實？

我們現在回到最一開始的問題：複數自我到底有多「眞實」？我們會考量四種觀點：

- 行為觀點
- 生理學觀點
- 主觀觀點
- 實用觀點

### 羅伯特・安東・威爾森論艾略特：它們夠真實了

喬丹・葛魯伯：看似實體？這些實體是真的嗎？

威爾森（Robert Anton Wilson）：我還沒下定決心。

喬丹：真的？

威爾森：唔，這就像那則關於艾略特的知名故事。他在一艘從法國回到英國的船上，當他們接近多佛白崖的時候，有人說道：「它們這麼美，讓人很難相信它們是真的。」而艾略特說：「喔，它們夠真實了。」一位文學評論家指出，我們可以用五種不同方式解讀它。我們這麼習慣於他詩裡的晦澀曖昧，就連對他的日常語言都賦予了這種特色。比起我們，它們夠真實了，或者它們夠真實嗎？你必須有多真，才能真正為真？[52]

## 複數自我的現實：一個行為觀點

從人類的行爲可以被行爲者與他人發起、看見與體驗的程度來看，行爲是眞的。在這本書的前文中，我們曾詢問你是否能夠回憶起某次你做了某件令人驚訝的事。在此之後，我們一直指出，對於不一致、令人驚訝、有時功能失調的行爲實例與模式，只要承認我們全都有複數自我，就能夠輕鬆解釋這些狀況。

在這種意義上，當你做了某種跟意圖相反的事情，尤其在這種事屬於你制止不了的模式的一部分時，你就可以看出自己的複數自我有多眞實。例如以下的事件，就是吉姆眞心希望他永遠不必回想的：

> 我一邊吃早餐，一邊跟一位很棒的年輕男性開會，他是醫療研究人員，婚姻美滿，生活進展得非常順利。然而，在整個早餐過程裡，我發現自己一直攻擊他的心理學訓練、性靈信念，還有持續進行的研究……感謝老天沒讓我去講他的婚姻。

在這整段時間裡，一部分的我在說：「到底出了什麼事？」但看得出這一些攻擊粗魯、惡意又不必要的那部分的我，卻沒有控制權。而做這一切事情的那個人，剛好是我太過熟悉的惡毒任性鬼。

後來，我和這位醫療研究人員的友誼恢復了，現在也還在繼續，但要承認我的那個自我能夠做出多不一樣的行爲，肯定是讓我震驚的。事實上，直到本書最後版本時，我還不願意承認這樣沒吸引力的自我，是我整體存在的一部分；我本來還想把這個故事寫得好像發生在一位朋友身上。不過，誠實是最佳策略，我覺得承認這一部分的我，讓我更完整一點，而且要是它又冒出來，我可能就不會驚訝到無法與它合作了。

有許多例子是每個人都能從自己的生活中想到的。從掙扎於暴食或物質濫用，在自知不可爲時直言不諱或寄出憤怒的電子郵件，到變成比我們希望的更不耐煩、更不仁慈的人，幾乎所有人在某些時候所採取的行動，都與我們宣稱的意圖、希望的結果與福祉相衝突，而且目的相反。

此外，有時候我們的行爲改變，只是因爲內在改變了；也就是說，我們已經「改變我們的心意」，一個新的自我出現了。舉例來說，有一位朋友來跟喬丹同住，在早上大約九點半時，喬丹問他是否想跟某些他不怎麼認識的家族親戚共進父親節早午餐。「不，」他說：「我不想。爲什麼我會想那樣做？」可是一個小時後，當別人詢問他時，這位朋友立刻抬頭說：「我覺得聽起來不錯。」

不小心聽到這件事的喬丹，帶著幾分困惑去問他：「我很驚訝你現在想去了，因爲我之前問你的時候，你明確地說不感興趣。」這位朋友回答：「唔，先前你問的時候我並不餓。當有人再度問我的時候，我餓了，而且這個建議聽起來不錯。」

是心意改變、自我改變，還是飢餓或腸道細菌，使這位朋友改變了負責主控的那部分自我？這沒有簡單的答案，但下次你發現自己在做某種讓你驚訝的事，或者做了違反你認爲自己想做或表示會做的事情，就設法感覺這種可能性：這超越了簡單而莫名異常或心情的改變，而是你確實轉移到一個不同的自我。

## 複數自我的現實：一個主觀觀點

一個常見的斷言是，現實是主觀性的。或許現實並不只是主觀性的，但很清楚的是，每個人在任何一個既定的自我狀態中，都具有獨特而個人性質的觀點。雖然超過一個自我的並存意識確實發生過，但大多數人一次只體驗到一個自我。

所以，我們邀請你去做的，是接觸你自己一個以上的自我的主觀性，你最近體驗過的，或者很久以前體驗過的都好。隨後，就算你無法記得處於任何其他特定自我是什麼感覺，或許還是能夠把握住這種感覺：這是實際發生的事，而從那個自我的內部，每件事看起來和感覺起來都有實質上的差別。

有幾種方式能做到這一點。一個是回想你「不是你自己」，做出某種驚人事情的時刻（這類事件通常很容易記得）。盡你所能鮮明地（且運用盡可能多的感官）回憶那一刻，看看你是否能夠接通做爲那個自我時，在內部是什麼感覺。或者（對新手來說比較容易），你可以挑一個人生中歡欣鼓舞的時刻，從運動、人際關係、假期、創造藝術到你最愛的任何東西都可以，然後鑽進當時在場的那個自我裡。

另一個方式是在下次替你出頭的那個自我改變時，記得把注意力就放在「你」有什麼感覺。在一個外在或內在觸發物，把你轉換成一個不受歡迎、不太理想或功能失調的自我時，或者你有意識地選擇主動提早轉換自己的時候，你就可以這麼做。在你練習去注意置身於不同自我之內是什麼感覺之後，會變得更容易注意到你從一個自我轉換到另一個的時候，是什麼感覺。

接下來是一個故事，講到喬丹如何察覺到他如何無意識地從一個自我轉換到另一個：

在我被叫去吃晚餐的時候，我輕快地從樓下的辦公室裡走出來，在這個過程中關掉了浴室的燈。但其實我沒有。我沒把一盞燈關上，而是把第二盞燈打開了。我知道自己做了這件事，也回頭看到我留著另外兩盞燈，包括我辦公室裡那盞大燈，還有走廊上的那一盞。雖然如此，我繼續加快腳步，好讓我可以一次跨下兩階台階，不至於遲到。

在那一刻，我的其他部分開始察覺到那個不顧我原本意圖的自我，它知道它打開了更多電燈，讓狀況變得更糟了。我的其他部分聽到那個自我在咯咯竊笑：「看看我做了什麼好事卻沒被抓到！」在那個過程裡，其餘的我有自己的集體洞見：「我們並不是眞的想要留下所有的燈不關，是吧？無論如何，現在是誰在主控大局？」

所以我轉過身去，關掉所有的燈，然後因此覺得好過一些了。我提煉出的工作原則是，如果我聽到部分的我在笑我如何在此時此刻做了某件事，卻避開了後果，那就是一個絕佳的機會，可以暫時停下來、評估並回歸中心……然後決定整體而言最佳的作法。或許可以說我只是有一陣「良心不安」，但這樣的說法繞過了關鍵問題：這種不安是從哪裡來的？

不管你是透過鮮明地回憶過往的自我狀態，或者在日常生活裡，把注意力放在內部，感受你的自我轉變切換的動力，你的不同自我從它們的角度，從每個自我的主觀性之內得到的經驗，都是指出它們是眞實的具說服力的跡象。

## 離開的愛人，劈腿的伴侶

你曾經跟某人初次共度一夜，結果早上提早醒來，突然（或偷偷地）離開？或者曾經有人對你做過這種事？

為什麼會發生這種事？前一晚，你或伴侶熱情洋溢、心醉神迷，但到了早上，這個經驗不只被忘記了，還被完全相反的感受所取代？

可能的解釋包括荷爾蒙和腦內的化學物質轉變了，性能量已經消散，或是你們兩人之間從來沒有太多真正的交流。或者，有可能在前一晚，至少你們其中一人是來自非常不同的自我。[53]

「是哪個版本的妳自己搞砸了這段關係？」

**圖8.4 「是哪個版本的妳自己搞砸了這段關係？」**
**德魯．鄧納維奇（Drew Dernavich）繪。**
**在www.CartoonCollections.com許可下使用。**

## 複數自我的現實：一個生理學觀點

如果某樣東西實際上、客觀上存在於物理世界中，而且可以被測量，那它可以說是眞的；也就是說，它必須在時空中延展，而且能夠進行外在客觀的測量。假設複數自我是自我狀態，而自我狀態的每一個都有獨特的身心屬性組合，那麼其中有些屬性是可以測量的。如果這些可測量的屬性在複數自我之間有可靠的實質差異，那麼在這種意義上，不同的自我眞的會有實質上的差別。

記得第一章裡喜歡柳橙汁的提米嗎？他大多數的自我都受不了柳橙汁，但對於人稱「提米」的較年輕自我來說，這樣是沒有問題的。有許多案例的報告，包括經過控制的科學實驗與眞實世界的即時事件，都講到個人在不同的自我中表現出非常不同的生理參數。[6]這些報告包括比利・密利根能夠控制他的腎上腺素，赫歇爾・華克關掉痛覺等等。

證明這些報告或實驗的眞實性，超過了我們的討論範圍，尤其是因爲（就我們所知）還沒有實驗室的研究在比較健康正常者不同的自我狀態。雖然現有的這類研究只針對病態多重性的案例，但如果其中一些報告很精確的話，呈現出什麼意涵呢？在此有三個可以考慮的摘要分析或報告：

- **《科學美國人》**：「子人格之間的差異可能極其驚人……某些（治療）實踐者聲稱子人格可以藉由客觀特徵來辨識，包括不同的字跡、聲音模式、眼鏡度數和過敏症狀。支持多重人格觀念的人，也做了子人格之間生物差異的控制研究，揭露出他們可能在呼吸率、腦波模式與皮膚導電性方面有所不同，最後一項是一般接受的激發程度（arousal）衡量基準。」[54]
- **亞當・克拉比崔論比利・密利根與美國國家心理衛生研究院**：「從第一次確認這種稱爲

『雙重人格』或『多重人格』的狀況之後，一直有人把它視爲受試者的刻意欺騙。就連比利・密利根，都有某些照顧他的人認爲他是很聰明的騙子。然而，從過去一百年來的臨床工作與心理測試中收集到的證據，只能肯定這種現象是貨眞價實的。最近，在美國政府的國家心理衛生研究院所做的研究……已經提供了這個方向上的進一步證據。」㊺

● **創傷與解離焦點網站**：「子人格可能……跟其他人有心理上的差異，例如不同的視力、藥物反應、過敏、在糖尿病病患身上有不同的血糖濃度、心跳率、血壓讀數、膚電反應、肌張力、偏側性、免疫功能、腦波圖（EEG）讀數等等。（接著是對五個不同來源的引述）……不同子自我在神經成像測試裡會顯示不同的結果，其中包括功能性核磁共振造影活化度、腦部活化與局部血流，還有在正子斷層造影掃描中的差異（接著是對兩個不同來源的引述）。」㊻

毫無疑問的，在不同的自我中，我們會有比較多或比較少的能量與社會驅力。我們也會有更多或更少的能力可保持專注、忍耐飢餓或身體不適，進入並執行我們的專業與藝術能力，還有成功維持創造性的努力。所以，對於身體測量值隨著在場的自我不同而有重大的差異一事，我們眞的不該這麼驚訝。

6 二〇一六年的恐怖片《分裂》（*Split*），有一部分是奠基於這個前提上，不過一如常見的情況，好萊塢把事情放大、扭曲，變得更聳動。這部電影很快就轉變成一個超自然精神病態的恐怖故事。

**腦波模式可當作複數自我的證據**

一九八二年，《科學新聞》（*Science News*）刊出一篇短文談〈三腦夏娃：腦波圖資料〉，同時報告了法蘭克．普特南和科林．皮布拉多（Collin Pitblado）的研究，發現「多重人格者的每一個人格都跟一種獨特的腦波模式相關，而且進一步認為，這樣的神經生理變化性不可能是裝出來的。」[57]對於普特南和皮布拉多雙方的研究，最詳盡的後續討論來自哲學家馬丁．海德格的文章〈擁有的許多臉孔〉。[58]

## 複數自我的現實：一個實用觀點

從實用主義觀點來看，如果複數自我爲眞，這世界會更合理。如果我們體驗到某些長期重複出現的身心模式，那麼從實用上來說，承認此事非常有用。對實用主義哲學學派的共同創始人威廉．詹姆斯來說，眞理的測試是先假定一個觀念或信念爲眞，然後問這個眞理是否讓你的生活更好過。當你在自己的存在中體驗到複數自我的現實時，請考量這麼做是否讓你的生活過得更好。如同丹．米爾曼（Dan Millman）建議的，請自問：「『我人格中最強壯、最勇敢、最有愛的部分，現在會怎麼做？』然後就照做。全心全意照做。而且現在就做。」[59]

## 我們為何擁有複數自我？

我們把「爲何」這個問題留在最後，因爲這是最困難的。「爲何」的問題通常導向含糊不清或難以評估的性靈式答案，而且可能預設「終極目的」的存在。儘管關於複數自我的研究確實存在，終極的結論卻還未達成，而關於複數自我的意見仍在分裂狀態。

### 有彈性的自我性質

與其進入純粹形上學的領域，我們願意提出三個簡單而夠分量的答案：

1. 複數自我是人類—動物身心生化學的一種突現屬性（emergent property）。
2. 複數自我是一種演化上的適應，也是對創傷的解決方案。
3. 複數自我是一種普遍化的演化適應。

首先，複數自我可以被看成是複雜的人類身心的一種「突現屬性」。所謂的突現屬性，是你無法以一個物體的元素或部分爲基礎，從而預測到的某種東西。因此，水是一種突現屬性，來自於用正確比例結合氫和氧。生命本身是存在於這個行星的化學物質，以及該生命被發現的環境的一種突現屬性。以同樣的方式，我們可以說複數自我或自我狀態，是從我們這種腦子很大的生物實體演化過程的複雜性當中，自然而然地產生。

其次，複數自我可以被看成是一種演化的必然性，爲的是處理與外在世界的強烈負面互動，尤其是身體與性方面的創傷與虐待，並且盡可能做最大的利用。在這種廣爲人知的適應性解離觀點之下（此觀點第一次被觀察到，是在多重人格疾患病例的殘酷背景裡），不同人格的分裂對心理生存是必要的，或許對身體的生存也是；也就是說，要保持神智正常而健康，我們必須有能力在必要的時候創造新的自我並移入其中。

第三個答案把這種適應性解離的概念加以擴充，所以複數自我是我們在與外在世界和他人的強烈互動，包含正面、負面或混合之中創造的，以便讓我們可以處理所面對的許多機會與挑戰。布倫堡曾說：「透過解離的創意使用，心靈選擇在某一刻最適應的任何一種自我狀態型態，卻沒有破壞情感上的安全。」[60]傑．諾力克斯總結了這個整體的「爲何」的答案：

> 部分（自我）自然而然地出現在我們的生活中，是一個全面性、發展性過程的結果。在我們需要適應生活中的新事物時，無論那是我們自身發展裡的某件事（如青春期），或者外在環境裡的某種東西，像是我們被父母教養的方式，額外的子人格會自動出現，讓我們對那些有所改變的處境進行調適。因此，在我們成長發展的時候，每當存在的部分無法輕易處理一個新挑戰時，新的部分就會出現。部分心理學主張子人格是心靈的自然基石，要是少了它們的發展，我們會缺乏必要的人類彈性，來讓我們得以調整適應在這個星球上會碰到的每一種社會與物理環境。[61]

我們邀請你來思考這個「爲何」的問題。對於你的複數自我想到的事情，你可能會覺得很佩服而驚訝。

# Chapter 9 複數自我如何合作——隱喻與模型

想像我們每一個都是複雜而多變的。想像我們內部的所有自我，是分歧而神奇的物種，帶著自己的名字，共存於某個特別的生態區位。想像多重的自我是自然而健康的現象……

——迪娜．梅哲（Deena Metzger），「我們體內所有的聲音」工作坊（All the Voices Within Us workshop）傳單

每個人都可以學著增加跟自己的複數自我溝通與協調的能力。我們會讓你參與一個先進的逐步旅程，幫忙加強你在這個領域的技巧，首先講到自我的現實，然後是與自我合作的價值。

這一章純粹是實用性的。我們先回顧幾個主觀寫成的複數自我經驗陳述，再談論讓自我們共同工作的價值。本章的其餘部分，則展現了形容自我如何合作且一起運作的多種隱喻與模型。這些隱喻與模型將爲具體聚焦於自我工作的工具、技巧及策略的下一章打好基礎。

## 體驗複數自我：幾個陳述

到現在，你已經看過數十個例子和文字內容，說明複數自我的體驗像什麼。你可能也觀察到他人的複數自我每日的行爲，還有主觀感覺並意識到你自己的複數自我。接下來是一些說明性的陳述，可以跟你自己的經驗比較。

請記得，**體驗你的複數自我，沒有單一的正確方式**。這些陳述中，有一些指出了「一個人對複數自我有意識，跟大多數人已經體驗到的並沒有多大的不同」。對這些作者來說，注意到不同部分或聲音在體內有話要說，並不是什麼特別了不起的事。一般來說，他們在自我當中出入的時候，仍然對自己的自我沒有覺察。

一些陳述則強調了對複數自我的直接覺察，有連續性的體驗。一些人也體驗到並存意識，也就是同時意識到複數自我，還有那些自我在說什麼、感覺什麼或想要什麼的能力或狀態。在「體驗複數自我沒啥了不起」這一邊，讓我們先從菲力普．布倫堡開始，他寫道：

> 一個人類同時帶著眞誠與自覺意識過生活的能力，仰賴著一個人的自我狀態在分離與統一之間有持續的對話，容許每個自我達到最高功能，而沒有阻礙它們之間的溝通與交涉。在一切進展良好的時候，一個人只是隱約或短暫覺察到個別自我狀態的存在，以及它們各自的現實，因爲每一個狀態的功能，都是一個凝聚性個人身分的健康幻覺之部分，也就是一個全面性認知與經驗狀態被當成「我」來感受。每個自我狀態都是一個功能性整體的碎片，透過與其他狀態的現實、價值、感情與觀點做內在交涉的過程而得到資訊。儘管有牴觸，甚至有敵意……任何

一個自我狀態完全在「我」的意義之外執行功能，也就是說，在沒有自我的其他部分參與之下，是很不尋常的。①

同樣地，傑·諾力克斯寫道，一般來說，我們沒有覺察到我們的部分（自我）如何在正常的日常生活中混合在一起：

自我（The self）是許多自我的聚合體，而任何一個在某一場合以「我」的身分發言的自我，可能都不同於在另一個場合以「我」的身分發言的複數自我或整群的自我……一般來說，一個人並沒有覺察到一個部分的混合，而無論這個人是感覺到憤怒、哀傷、喜悅或其他情緒，混合都是極爲天衣無縫，以至於這個人完全擁有這個經驗。例如她會說：「我很憤怒。」卻對憤怒源於一個混合的子人格完全沒有任何意識。②

對路易斯·湯瑪斯來說，他對複數自我有明確的覺察，這通常是出現在一個「井然有序的行程表」裡，而有時候它們「同時全都在那裡」：

在我的人生裡，我已經有超過我可能數得出來或記錄下來的（自我）。讓我感覺正常的……在於我的（我們的）自我是一個接著一個輪流出現的，有井然有序的行程表……它們等著輪替，而且會在得到準備接手的通知時出現，有時候氣喘吁吁，而且對最後一分鐘的簡報挑剔不已，卻還是準備充分到可以繼續……

說眞的，有幾次它們同時全都在那裡，就像電視上的那些女孩子，吵吵鬧鬧地爭取注意力，它們是整個委員會……沒有主席，從來沒有，肯定不是我。我頂多就是某種行政助理。從來就沒有一個議程表。到最後我會端著茶點進去。③

大衛．奎格利（David Quigley）帶著這些洞見進入他的決策過程：

每個人在這個或那個時刻，都曾經有過這種錯覺：他或她是一個人，有彼此不相關的觀念與感受，有能力做決定，並且根據強烈的內在目的感來貫徹始終。

然而，大多數人遲早會發現沒什麼比這更遠離眞相了。在談到任何重大甚至次要的決定時，我們的感情與意圖的內在衝突造成這麼洶湧的糾葛，以至於能做出任何決定簡直是奇蹟！說眞的，通常一個決定之所以做成，只是因爲這些內在聲音裡的這個或那個，剛好在一個關鍵時刻接手控制，然後脫口說出它自己的訊息，同時人格的其他面向被推到下面去了。通常這種暫時主宰的子人格，會用操縱性質的感受（罪惡、恐懼、憤怒、貪婪），把我們推向一個可能很匆促或愚蠢的決定。然後在其他子人格浮現時，它們很生氣：在它們看來，它們被別人做的決定困住了。有多少人聽過那句老話：「我爲什麼會做這種事？」④

的確，如果只有單單一個你，你爲什麼會又怎麼能夠做出跟意向相反且違背最佳利益的事情？再一次，最簡單的答案就是：那裡不只有單單一個你。

## 共同合作的複數自我

保羅．布倫（Paul Bloom）在發表於《大西洋雜誌》的文章〈第一人稱複數〉裡，把焦點放在一個嶄新而改善過的概念架構，關於「我」意味著什麼且如何引導人得到更大的快樂：

> 更令人興奮的是……一個對於快樂本身的不同觀點出現了。我們以前認爲，「我如何快樂？」這個問題困難的部分，是跟鎖定「快樂」的定義有關。但是這可能跟「我」的定義更有關係。許多研究人員現在相信，在不同的程度上，每個人都是一個競爭複數自我的社群，某一個自我的快樂，通常導致另一個自我的悲慘。這個理論或許能解釋某些日常生活的謎團，像是爲什麼上癮和衝動這麼難以擺脫。⑤

布倫承認，體會自我困在成癮與衝動行爲的現實有無比的重要性。他也理解快樂本身需要我們處理自己的內在社群。在布倫的概念中，複數自我在彼此競爭，一個自我的快樂通常導致另一個自我的悲慘，那麼我們能做什麼來防止快樂變成一種零和賽局？或許我們可以擁抱唐諾．卡普斯（Donald Capps）的觀念：「健康人格的終極目標，是在構成『複合自我』或『我的意識』（sense of I）的好幾個自我之間，維持一種同志情誼。」⑥這樣的同志情誼能被創造且維持嗎？這牽涉到什麼樣的過程？對於自我能夠好好合作的許多方式，可使用的形容詞彙包括下列這張清單：

- 同意
- 合併
- 協調
- 組合
- 組隊
- 混合
- 建立友好關係
- 聯合
- 凝聚
- 一起來
- 協約
- 合作
- 調和
- 和諧
- 聚在一起
- 整合
- 合力
- 心靈交會
- 融合
- 嚙合
- 最佳化
- 協調安排
- 玩得好
- 拉在一起
- 交響
- 協同加強
- 合成
- 組成團隊
- 加入
- 一起工作

在複數自我體驗到同志情誼，而且貫徹始終地好好共同工作時，正面的實用影響明顯而有力。不幸的是，相反的情況也爲眞：想想一支運動隊伍或交響樂團在缺乏合作或者根本有意擾亂的狀況下，會發生什麼事。

在我們的複數自我彼此合作的時候，情況會好得多。稍早，我們檢視過讓自我們彼此好好合作的普遍益處。[1]然而還有更多：一種來自擁有和諧的複數自我，而且致力於意識到複數自我的工作，所導致的自我實現存在狀態。佩格·波以爾斯（Peg Boyles）寫道：

> 四十年的生活裡，我學到最重要的一課，就是我不是一元性的人，而是相當支離破碎的複數自我構成的混雜組合，每個自我都有自己的緊迫日程表……對我來說，人生的基礎任務是追蹤這些多樣化的內在自我，觀察它們，讓它們承認彼此的存在，建立它們之間的溝通網絡，指派恰當的工作給每一個自我，最後對我們的共同方向達成共識。⑦

對波以爾斯來說，意識到複數自我的工作是「人生的基礎任務」。而且這個基礎任務的實現，不只是透過承認我們的複數自我，也要讓它們承認彼此，這樣才能達到「共同方向」。就像赤夏貓對愛麗絲說的（喬治·哈里遜〔George Harrison〕也在他的歌〈任何道路〉〔Any Road〕裡重複過）：「如果妳不知道妳要去哪裡，任何道路都會帶妳到那裡。」意識到複數自我的工作，不但可能幫助你的整個人生運轉更順利，也會幫助你（整體的你）決定往哪個方向前進。

---

1 在此迅速回顧，這些整體益處包含一個逐漸變得更合理的世界；對自我（複數自我）更多的接納與欣賞；身體與情緒能量增加；技巧、才藝與創造力增加；身體療癒與痛苦管理能力增加；限制壞習慣與成癮，並且對此工作的能力增加；從接納並欣賞他人而得到更好的關係。

## 忘了打造一個「超級自我」船長的事吧

不同於佩格・波以爾斯把複數自我當成「人生的基礎任務」，也不同於保羅・布倫把複數自我當成快樂拼圖裡重要的一片，衛蘭・克勞佛（Verlaine Crawford）沒有正面給意識到複數自我的工作一個框架，反而聚焦在避免公然的叛亂：

> 任何憤怒的話、一次意外，以及任何數量的事件或經驗，都可能觸發我們內在的一種轉變，突然間，船長就不一樣了。誰是這個掌控我們人生的新船長？似乎在船上有過一場戰役，在深處扯開了我們的心智與心靈。
>
> 對，我們是自己這艘船的船長。但在我看來，這些船是海盜船。每位船員都是由許多活在我們體內的子人格構成的。而船員們正在計畫叛亂。
>
> （你可以）停止這場戰役，這場在你內部肆虐的戰火……藉著學習更多關於那些子人格的事情，你可以規畫一條滿足所有部分的航道。⑧

克勞佛在此的想法是「找到單一的『船長』是必須或不可或缺的」，呼應了幾位思想家對於與複數自我合作的觀點，以及對此建立的系統。舉例來說，我們隨後會提到的兩個系統，包括羅貝托・阿薩鳩利的統合心理學，以及葛吉夫的第四道，都要求甚或命令你去找到、接觸或鑄造一種負起責任的性靈超級自我。

同樣地，彼得・鮑德溫提出這個概念——發號施令的「紐帶自我」（vincular self）：

多少靠著命令，來照看並嘗試管理一個人的多種人格面具的活動，就是紐帶活動。紐帶（vinculum），或者紐帶自我，是在平等者之間以領袖身分崛起的人格面具，專注於一個非常特別的任務/角色：探路者，參與被觀察與被促進的活動。它仰賴自身的力量，把個人人格的多種面向捆在一起……可能是一個過分悲觀或是過度有控制欲的領導者。理想的狀況是有一位紐帶或後設自我隊的隊長存在，這位隊長在能合作打球的團隊成員身上，激發多采多姿、獨具特色的進取心。⑨

鮑德溫的「後設自我隊隊長」是一個很吸引人的概念。許多人斷言他們有個超級自我，一個更高的自我，或者一個小而安靜的內在聲音，他們是直接且親自聽到上帝、神靈或某種神聖存在或力量的聲音。

有時候在某個人的全套自我之中，確實有一位更高的自我或類似的自我，但就算這樣的自我具備驚人的能力或覺察程度，它們卻不是永遠無誤或全能的。丹尼爾·凱斯早就告訴我們，比利·密利根有個二十六歲大的超級自我，被稱爲「老師」：

> 老師，二十六歲，二十三個自我人格的融合體。他教導其他人格所有的知識。聰明、敏感，具高度幽默。他說：「我是融合完整的比利。」……老師對往事擁有幾乎完整的記憶。由於老師的出現協助，本書才得以完成。⑩（譯註：此處譯文引自《24個比利》中譯本，小知堂編譯組譯，小知堂。）

但在這本書的中段，有個非常生動的時刻。老師在面對某種程度的混亂、噪音與不確定性時，放棄了「那個位置」。老師被情緒壓倒而無法應付，完全退縮了，同時另一個自我接掌控制。

對於任何有超級自我傾向的系統來說，另一個更嚴重的潛在問題是，以這種方式抬高單一自我，其他自我的實在性與需要很可能被質疑，甚至被忽略。有時這可能導致高度可疑的作法：複數自我的強迫融合或整合（死亡）。

學著跟一個人自己的和他人的複數自我合作，是一個需要長時間以耐性、練習與覺察發展出來的技巧。想像一個單一超級自我，在最佳狀況下可能會分散注意力，在最糟狀況下則是遠離培養個人和諧的行動。

## 對於階序的教育性掙扎

約翰．羅溫對於由超級自我居於頂端的複數自我階序有所懷疑。他說：「沒有特定理由要認為階序是對這種事情的唯一一種看法……我的嘗試性觀點是，子人格大部分都相當沒組織，就像一個人可能從它們彼此欠缺適當溝通的情況中預期到的。在它們透過自我知識的過程，變得更有連結的時候，它們似乎會採用各式各樣的結構（視牽涉到的人而定），然後變得更像公社（如果這個人有民主化的傾向）或是委員會（如果這個人更有階序傾向）。」⑪

他做出結論：其實我們不知道在這一切底下有沒有一個超級自我，但從實用上來說，這其實不重要：「對於是否有真實自我或更高自我（超越的自我、更棒的自我、更深的自我、內在的自我、前面是大寫S的自我，如此等等……）這種東西，我們讓它保持模糊……從某方面來說，這不是特別重要的議題。不管我們可能多希望能回答這個問題……有很多其他工作要做。」⑫

## 群體自我的隱喻

與其把自己想成獨特、支離破碎的個人，我們需要轉而把自己理解爲我們的關係、記憶、文化、發明與經驗的複雜綜合，而且與時俱進。我們需要用一種沒那麼刻板的方式思考自己。

——路易斯・梅爾—馬卓納，《重繪你的心靈地圖》（*Remaaping Your Mind*），引用心理學家保羅・羅伯茲（Paul Roberts）

雖然隱喻可能造成誤導（因爲鮮少有一樣東西確實就像另一樣東西），但它也能幫助我們用新方式來看事物。藉著把不熟悉的事物拿來跟熟悉事物做比較，我們得到概念上的安慰，而且可以更清楚看出事情是怎麼運作的。隱喻促成的整體圖像比較，不但提供了其他觀點，還直接闡明了被注視的對象。由於我們有興趣的是複數自我如何跟彼此合作得更好，便來談談對於複數自我群體的某些實用流行隱喻：

- 交響曲、管弦樂團和樂隊
- 運動隊伍
- 工具箱裡的工具
- 辮子似的自我
- 戲劇與劇團裡的演員
- 討論小組、任務小組，以及董事會
- 家庭與民主制度
- 鳥群與獸群
- 星座

## 聲音隱喻

用來講健康多重性的最流行隱喻，是和諧、協調良好的交響曲或交響曲管弦樂團。彼得・鮑德溫寫道：

> 被複數自我占據，就是能夠覺察到一個自我是從哪裡來的，而且能夠指導此刻的行動，能夠作曲並演奏。我是木管樂器，也是打擊樂器。我是銅管樂器，也是弦樂器。我有時候就像許多音樂家一樣，會替他們的樂器暖身（譯註：此與調音不太相同），在演奏會之前，有隻耳朵只聽著我的樂器。這時，一陣刺耳不協調的聲音、噪音，就跟我在家聽到聲音一樣，不會打擾我的耳朵。我知道暖身和表演之間的差別。而且，在我指揮引導樂手們對樂曲的注意力時，我

們能夠演奏得像是許多人融爲一體，我們聚集到樂手們的整合軀體之中。⑬

一位《紐約時報》的科學記者討論了隱喻的扎實神經基礎：

> 你對於大腦的構造學到愈多，就愈會承認，發生在你腦袋裡的事情更像是一個管弦樂團，有數十位樂手貢獻給整體的混合，而非一名獨奏家。你可以聽到交響曲是一個統合的聲浪，但你也能區分長號和定音鼓，小提琴和大提琴。⑭

進步派治療師與精神病學家也接收這種隱喻。約翰．比爾斯就曾表示：

> 要用來理解並對人類行爲工作時，我最愛的隱喻是把人類心靈比喻成管弦樂團。就像整體的自我，管弦樂團是一個複雜的整體，有它自己的人格……就像任何多細胞生物或社會團體，它是由許多組成部分或管弦樂團成員所構成的，每個成員都有自己的身分意識和獨特的人格，而在經過協調的合作努力中，它們全部一起發揮功能，不只是對整體有利，對全部的部分都有利……它是靠著一個執行者，也就是指揮的領導來連成一氣，並且組織起來。雖然指揮沒有製造出任何實際的音樂，但他是負責的人。在一個層面上，這是基礎性的悖論，在另一個層面上，則是所有人都能得到的簡單常識性知識……被我比喻成管弦樂團的，是我們所有組成部分的這種集合體，它實際上製造出生命的音樂。⑮

回顧一下歷史脈絡，在此可能很有用。十九世紀早期，沒有專職的指揮，而是由管弦樂團全體的一位成員出馬指揮。而且，一個沒有指揮的管弦樂團仍然很常見，雖然一般來說只有比較小的編制才是這樣。請注意，比爾斯在似乎沒有指揮的時候，如何掙扎於擁有一個指揮的需要，並稱之爲一種悖論。謝莉雅．拉摩斯進一步反省了這個悖論：「雖然音樂是完全由它的部分組成的複合體所製造的，它卻是靠指揮的領導連成一氣並組織起來。雖然這位領導者沒有製造出任何實際的音樂，指揮卻負責音色，而在另一個層面上，是在音樂本身的指引下做指揮。」⑯

雷．葛拉斯也在「一個專職指揮是否必要」的問題上掙扎。葛拉斯說：「一個人在理論上可以學著激發自己的內在中心……以日漸複雜與相互關聯的方式，其運用的技巧在程度上可以比擬一位音樂廳鋼琴家從鍵盤上引出旋律時所展現的。」⑰

如果我們是由複數自我組成，而交響管弦樂團的隱喻是成立的，那麼我們內在是否必須有個專職指揮的問題，吉姆和威拉德．弗利克（Willard B. Frick）在二十多年前於心理學期刊上的信件裡考慮過了：

> 弗利克的立場是，我們是個管弦樂團，有不同的聲音與技巧組合。若是如此（而且聽起來極其合理），那麼一定有個指揮，一個跟每個部分合作，好讓整體效果就像有一百隻手的單一存在，在演奏我們生命中的交響曲。一個人可能會納悶作曲家要怎麼安插到這個類比裡……
>
> 我一寫下這段話，內在管弦樂團成員就開始爭論誰最適合帶頭……更糟的是，我的某些較激進的元素吵鬧著要一個更民主的程序，像是在一個學術部門裡的輪調式主席職位，或是飛行中的雁鳥持續地在輪替領導權，或者像是一支棒球隊，一旦有球在飛，每個選手都要負起責

任，觀察到其他選手的動靜。

在世界政治的競技場裡，我們看到一個又一個國家設法要脫離由上而下的政府形式。在意識形態中，我們嘗試從一種神授父權的觀點中抽離。然而，對於一位指揮的爭論，是很誘人的一種。這有可能爲眞，如同弗利克堅稱的，在我們個人的混亂內部，還是想要有個一選出來就終生執政的領袖，知道對所有人來說怎麼樣最好。被完整描述的多重人格者裡，有一些人嚮往有個指揮，但最後發現有正確的人在正確的時候做正確的工作，是更有效、更實際又更優雅的選項。⑱

在後文探討「在當下」（presence）和「回歸中心」時，我們會回到「誰指揮」的問題。從交響管弦樂團的規模往下降，是一個樂隊／一夥（band）的觀念，在Dictionary.com上面，樂隊／一夥（band）被定義爲一般來說是「一群人，或者有時候是動物或物體，一起加入、行動或發揮功能；聚集體；一幫人；軍隊」，還有更具體符合此處目的的說法，是「一群樂器演奏家演奏某種特定型態的音樂；搖滾樂團；卡利普索（calypso）即興諷刺民歌樂團；墨西哥街頭樂隊」。⑲

許多樂團和其他「團隊合作藝術家」[2]的團體中，持續輪流或轉換他們的領導權。舉例來說，爵士樂團與合奏演出的著名之處，在於他們會來回交換獨奏。或者回想一下披頭四：雖然通常是保羅・麥卡尼或約翰・藍儂在寫歌和主唱，有時候喬治・哈里遜和林哥・史達也會得到一些注目。有

2 這個用詞是由我們的好友，音樂家兼合氣道學生傑拉米・海爾（Jeramy Hale）所建議的。

人認爲林哥對於這個團體的成功是不可或缺的。[3]

許多知名搖滾樂團的不同功能是由不同的成員執行，包括最初的平克·佛洛伊德（Pink Floyd）、滾石（The Rolling Stones）和佛利伍麥克（Fleetwood Mac）都是如此。約翰·歐萊瑞（John O'Leary）的一篇文章〈誰是樂隊領導者？〉，提供了一些有用的洞見與觀點：

> 搖滾樂團確實有領導者，不過領導方式鮮少是(1)獨裁式；還有(2)只出於一人。音樂的創意本質，就是不會有助於指揮與命令模式。而以搖滾樂手桀驁不遜的個人主義來說，大多數都不會忍受獨裁領導。
>
> ……大多數最佳樂團都有超過一個領袖，甚至是在同時！
>
> 樂團通常有不同的領袖應付不同的功能……這符合我自己在十多個樂團裡演奏的經驗：工作的不同面向有不同的領袖，而不是一個全包型的領袖。一個人可能在預演時是創意總監；另一個可能在舞台上負責，並且喊出歌曲；另一個可能是技術專家，在採買器材時做決定；另一個可能是組織或商業上的領袖，工作是應付夜總會老闆或經紀人，還有發放酬勞。[21]

所以，如果你認爲自己就像一個搖滾樂團，讓不同的樂手（你的不同自我）做它們最擅長做的事，是很合理的。你愈信任你的自我們，不同的自我在輪到它們的時候就愈能夠領導，在不是領袖的時候也愈能追隨。這裡的說法與勵志演說家約翰·麥斯威爾（John C. Maxwell）的「人盡其才法則」（Law of the Niche）有強烈共鳴：「所有選手都有一個位置，是他們能增添最多價值的。就本質上來說，在正確的團隊成員處於正確位置的時候，每個人都獲益。若要能夠把人放到他們恰當的

位置，並且徹底運用他們的才華，把潛力最大化，你需要認識選手和團隊的處境。」㉒

最後，讓我們談談一個軍事戰鬥隊伍，就像一支軍隊、一個連或一班弟兄。史蒂芬・科特勒（Steven Kotler）和傑米・惠爾（Jamie Wheal）在二〇一七年的著作裡說，根據他們訪問過的指揮官，海豹部隊成員能夠超越其他一切，讓海豹六隊在極大危險與壓力的時期運作得這麼好，眞正的祕密就在於這些人融合同化、團結行動，然後進入一種群體心流之中的能力。他們寫道：

> 希臘人有一種形容這種融合的詞彙……ecstasis——「踏出自己之外」的行動。（指揮官）也有自己的用詞，他稱之爲「開關」，那一刻他們不再是分離的人了……柏拉圖描述ecstasis是一種變化狀態，這時候我們的正常清醒意識完全消失，被一種強烈的陶醉欣快感，還有一種與偉大智慧之間的強力連結所取代。
>
> 不管是什麼樣的描述，對海豹部隊來說，一旦開關切過去了，這經驗是不可能弄錯的。他們的覺察力轉變了。他們不再像個人那樣行動，而是開始運作如同一體——一個單一的實體，一個蜂巢式心靈……身爲孤立的個人，當他的手指扣在扳機上時，注定會抽搐。但作爲一個團隊，一起思考和動作呢？智慧倍增，恐懼倍減。整體不只是比部分的總和更大，而且聰明、更勇敢。㉓

---

3「藍儂—麥卡尼寫歌機器是靠著喬治・哈里遜靈活、情緒化的音樂性，才得以好好上油，保持潤滑。但可靠的林哥・史達也是如此。在過去二十年裡，對於『精確來說誰寫了什麼，以及哪位披頭四成員最重要』的音樂宅專注研究，常常阻擋了一個更基本的眞理：披頭四之所以偉大，只因爲這四個一起作曲演奏的人很偉大。這個混合中少了史達，他們聽起來會相當不同，而且可能就沒這麼棒了。」⑳

## 整體更棒

團隊的隱喻就跟交響曲／管弦樂團／樂隊的聲音隱喻一樣有用，這包括但不限於運動團隊的成員。想想一支足球隊運作的方式，球員們有不同的技巧、不同的身體形態、不同的優勢、不同的活動程度，而且可以做不同的事情。當他們對於「為什麼在那裡，以及每個人怎麼樣最能夠支持他人」的意識愈清楚，這支隊伍就愈健康、愈成功。

彼得．鮑德溫把「步調不一的人格面具」與「行動如同整合團隊成員的人格面具」拿來對比，讓我們對於團隊隱喻爲何如此珍貴稍有概念：

> 每個人格面具都反映一個人眞正自我的一個面向。每個面具都發揮功能，保護並增進每位個人基本人性面的福祉與潛能。每個面具都以他或她自己的方式，對於危險與機會發出警告。要是沒有跟其他面具整合，行爲混亂慌張，這個人就是雜亂無章而衝動的。對於每個環境都胡亂反應，而不是做出適當回應。當人格面具被放縱不管或在扮演獨行俠的時候，傾向於過度執行它們的任務……相較之下，當人格面具整合在一起的時候，行動就如同由不同種類球員組成的隊伍，可以欣賞彼此的特殊本性，在場上運作良好……每個優勢都是必要的。㉔

同樣地，對葛蕾卿．史力克來說，理想狀況下，子人格是在每個都做自己最擅長的事情時，會將功能發揮得最好。除了隊友的隱喻以外，她提出工具箱來類比：

> 就像木匠工具箱裡的工具，每個工具都有自己的功能，而它的技能在考慮到要達成的目標時，就會被彰顯；一個人絕對不會用鋸子來搥東西，或者拿槌子來鋸東西。說眞的，想要行動具有最高的創造力與生產力，需要平衡、發展良好的子人格們出現，並且像單獨的天才或一個團隊那樣運作。㉕

謝莉雅．拉摩斯在提及做爲工具的複數自我時，說了非常類似的話。「健康的人格是一組平衡的子人格，其中每個子人格都很強健，而且它的特殊才能都完全發展了。」㉖

亞當．克拉比崔也提供了把人格想成工具的基本理由：

> 我相信整個社會與情緒生活，也環繞著工具的發明與運用爲中心：那是我們稱之爲「人格」的工具。而我相信，在有需要的時候，我們有驚人的能力去創造這些人格工具。當然，這其中蘊含的是：我們全都是多重人格者，全都可以且確實創造出各式各樣的人格，來達成人生的任務。㉗

隊友和工具箱裡的工具的隱喻，都與另一個隱喻有良好的共鳴：「辮子般的自我」。瑪莉琳．佛格森告訴我們，「人類是很多樣的，名符其實是從許多股線編織出來的。單一自我的觀念可能只是一個有用的傳統，對於正式合約及活頁名片架的目的來說很必要。」㉘重要的是，就像隊友彼此同步工作的時候，當一條繩索或頭髮的不同股被編織在一起時，就比任何一條單股的線/頭髮要更強韌得多。潘蜜拉．庫柏—懷特（Pamela Cooper-White）同意：

所以是什麼把每個人凝聚在一起，成爲健康的「多重人格者」？如果我們不是像我們一度想像的，受到一個內核的重力束縛，有什麼讓我們不至於分散成碎片？有什麼讓我們健康的多重性不至於分解成不健康的分裂物，甚或碎片化？……有一條線或者許多線，把心理生活的構造結合在一起……我沒有把這條線指認成一個單一的有意識身分結構，而是提議把多重自我視爲辮子的隱喻，辮子的力量正是來自它迥異的有意識與無意識線段彼此交叉編織……這個線段蛛網或羅網，合併來看構成一個「整體」，不過這個整體本身的連貫性與束縛力，是由多重的主觀經驗與關係中的存在狀態所構成的。㉙

## 演員式自我

大多數人都熟知莎士比亞的話：「整個世界是一座舞台，所有的男男女女不過是演員罷了；他們有下場，有上場，一個人一生扮演好幾種角色」（《皆大歡喜》〔*As You Like It*〕，第二幕第七景）。似乎連莎士比亞都意識到多重性了。

從「子人格」回溯到「人格」，再到「人格面具」這個在討論多重性時常會出現的詞彙，對於把複數自我視爲演員的隱喻，亞當．克拉比崔給了一個好起點：

「人格」一字起源的拉丁詞彙，當然就是「人格面具」（persona）。這個詞彙的第一個也是最原始的定義，就是「演員戴的面具」。現在，關於古代演員的面具，有趣的事情是它不是用來遮掩的，而是用來揭露的。放在演員的臉上，這讓他可以把自己的身分放到一邊去，然後把表現力賦予那個戲劇角色。因此，人格面具的第二個意思是「一齣戲裡的一個人物，一個戲劇角色」，第三個意義則是「一個人在生活中扮演的部分／角色」。[30]

彼得．鮑德溫注意到，我們的人格面具讓我們能夠變成我們所是的一切，而且發展成完整的人：「我們可以把人類存在的特色描繪成一個世界裡的表演，每個人都在其中參與了活生生的劇場，整個世界就是一座舞台……在我們的人生過程中，每個人身上都出現了一組男性和／或女性心理劇角色自我，我們稱之爲人格面具。透過我們的這個或那個人格面具的特徵，任何一人描繪社會角色的方式都是『老練的』。」[31]

對於那些研究方法演技（method acting）的人，約翰．羅溫注意到，史坦尼斯拉夫斯基（Stanislavski）的知名著作《演員自我修養》（*An Actor Prepares*, 1936），可以被看成是給予詳盡的指導，能讓人建立一個反映被扮演角色的子人格。「方法演技的定義之一，可能是仰賴子人格來獲致成功的那種表演形式。」[32]整個劇場環境也以隱喻的形式出現。請看一下法國歷史學家暨文化評論家伊波利特．泰納（Hippolyte Taine）在超過一個世紀前之寫過的話：

> 一個人可以……把人的心靈比擬成一座有無盡深度的劇院，舞台口（布幕前）非常窄，但從舞台口往外，舞台就會變得比較大。在這個有光照亮的舞台口，有個房間是只給一名演員的。他進入，比劃了一下，然後離開；另一個抵達，然後又一個，如此繼續下去。在舞台布景和遠處的後台，有大量隱晦的形體，一聲召喚就可以把它們帶上舞台……而未知的演化不間斷地在這群演員之中發生。[33]

## 家庭與社會隱喻

複數自我的群體，也可以被比喻成整體的家庭或社會。關於前者，史都華・夏皮洛寫道：「在這種模式下，這個人被視爲一個內在家庭，有父母、小孩、青少年、成人等。內在家庭有尋常的喜悅與問題，爭吵、愛情、依附、悲劇，還有現代社會裡許多家庭都會有的共同命運。」㉞在某種意義上，就像個人與團體治療都可能對某個人有益處，內在的「家庭治療」對於承認與欣賞我們的複數自我，很有幫助。

至於跟大於家庭的團體比較，對於一個內在的「心靈城鄉大會」可以怎麼運作，彼得・鮑德溫提供了幾個選項：

> 因此擔負起自我的責任，就需要社群行動。而「心靈城鄉大會」或許可以在同意議事程序、由最有力者發號施令，或者比照教友派（貴格會）的實踐方法下進行……因爲人格面具在道德發展與價值觀點方面各有不同，對於心靈社群內部的關注與有效工作，要求的是有耐心與仔細的處理過程，這些處理過程鮮少靠著一人之力或多數人之力有效實行。㉟

最後，我們同意鮑德溫的觀點，在許多傳統自由派民主政體的理想中，每個人類的獨特價值觀與個人自身的價值，也可以應用在複數自我身上，而組織的獨裁模型效果就是沒那麼好。

## 做為同事的自我

討論小組（discussion groups）造就出一個好隱喻；也就是說，對我們的自我說話，還有在它們之間說話。同樣地，「聆聽且積極又有生產力地參與內在聲音」的這個觀念，在現在已經是非常熟悉的領域了。夏皮洛寫道，討論小組模型「強調談話、討論、對話；也就是說，子自我的聲音」。㊱

跟討論小組類似的是任務小組，對此，夏皮洛說：「在這裡，政治、溝通、權力、聯盟與衝突受到強調……有很多注意力放在目標或目的上，以及把事情搞定或有效發揮功能。這個模型強調子自我的行動與行爲，以及有效的自我管理。」㊲

回想你成功地跟別人的工作小組坐下來討論，並且實現重要共同目標的時候。從家庭生活、運動隊伍、音樂團體、商業到軍隊單位，我們全都知道當一個團體一起運作良好時是什麼樣子。如果一個工作小組可以被定義成「兩個或更多個人（或自我），按照慣例地像個團隊那樣發揮功能，在成就一個共同目標時互相依賴，但不一定會在同一個部門裡並肩工作」，㊳那麼學習如何在我們自己之內，爲了複數自我而創造臨時或長期經營的工作小組，可能會被證明是相當有用的。

## 鳥群、獸群與魚群

如果我叫一個男人去做他不想做的事，我就不再是酋長了。

——瓦納蒂（Wanadi），出自電影《翡翠森林》（*Emerald Forest*, 1985）

想想沒有明顯領袖的一群鳥如何全部同時轉向。你曾經納悶過是誰在發號施令嗎？或者領導權如何從一隻鳥轉換到另一隻鳥？或者一群牛羚如何知道往哪裡去、如何移動？或者一群高度協調的魚，怎樣游進游出充滿岩石的淺灘？作爲「複雜系統行爲」的一個子集合，許多科學家已經研究過動物群的領導方式了。

在好幾台高速攝影機的幫助下，一位科學家探索了鳥群裡是否眞有領導權的輪替，或者「是不是有個大無畏的羽毛領袖」會浮現。法蘭克・海普納（Frank Heppner）認定，「鳥群維持一種動態平衡狀態，不同的鳥會在不同時刻短暫地發現自己在鳥群的前緣。」㊴

科學家對信鴿的研究工作得到相同的結論。他們認爲有演化上的有利理由，讓一個鳥群、獸群或魚群的所有成員參與決策：

> 研究人員已經發現，一群鳥在飛行中的任一特定時刻都跟隨好幾個領導者。但鳥群的領導權可以改變，好讓低階的鳥有時候得到發號施令的機會……領導者並不總是一樣的，就算在單一次的飛行裡也是。而有時候，就連啄序（pecking order）底層的鳥，都會有短暫期間在領導鳥群。
>
> 這種安排讓每次飛行都更符合平等主義，但研究人員認爲理由可能是演化上的，而非來自政治性驅力。有可能這種群體決策比其他方法更精確或有益……如果鳥群裡的個體有時候參與引導團體，而不是一直服從於單一領袖，或許生存機率會比較高。㊵

隨後我們從中心、在當下以及「群體智能」（swarm intelligence）的角度，討論複雜系統行爲的時候，會再回到集體行為。

## 複數自我星座：一個關於星星的雙重隱喻

最後要探討的是星座的隱喻。我們以北斗七星這樣的星座形式看到的群星，它們各自與地球之間的距離有相當大的不同，而它們的「自行」（proper motion，實際上移動的速度與角度方向）變化很大。就像夜空中的星座一樣，你自己這個特殊例子裡的複數自我星座，可能看起來、感覺起來都非常不同，就看你使用的技術、系統或理論，還有你的哪一個自我在觀察而定。你繪出的任何複數自我星座，潛在來說，對你都有寶貴的價值。然而，就像天空中的星座，你自己的個人模式在本質上會反映你怎麼樣看事情，還有你在那一刻帶上桌的內在材料是什麼。

這為什麼重要？就像天空中的星座在客觀意義上不是真的，你繪出的任何複數自我星座都不會是固定的。你可以輕易地用不同方式為它們命名分組。然而，如果我們把星星隱喻帶到下一步，就會領悟到，就像星座背後的星星自身是非常真實的，它們是高熱、充滿力量、長壽而光芒四射的熔爐，且大部分的生命都在把氫轉變成氦，構成每個人類的自我星座的這些自我，做為自主、獨立與重複出現的身心化學、能量、知覺與行為模式，也是相當真實而有力的。

**複數自我的星座從未停止存在，會以我們現狀的新模式與安排，永遠在存在中盛放。**

## 最後一點建言

在麥可．莫非（Michael Murphy）一九七七年的小說《雅各．阿塔貝——一本推想小說》（*Jacob Atabet—A Speculative Fiction*）進行到大約一半的地方，出現了下面的段落：

他回到火爐邊，搓揉他的雙手取暖。

「一座城市，」我說：「對，它看起來像一座城市。而就在那之前，有一種感覺是，有某種東西在一個帷幔後面來回穿梭。這讓我想起某個我讀過的……」

「等一下，」他打斷我。「別拿它來跟科幻小說、童話故事，或者任何別的東西比較。試著如實看待它。」

「但它確實看起來像是科幻小說裡出來的某種東西。記得那些閃電戈登（Flash Gordon）的連載漫畫嗎？」

「它可能看似如此。不過別做比較！」他用手掌比出一個刀刃手勢，就好像正在切除任何我從日常記憶世界裡帶來的東西。「別比較，」他說：「就看著它。」㊶

這個教訓很明顯：每個人，一個人類個體，必須學著看到我們的複數自我是什麼樣子，看到它們實際的樣子。它們盡其所能地有趣、有用又充滿力量，模型與隱喻就只是你那些自我的地圖，而不是實際的領域。請試著從這一章呈現的隱喻與模型裡，汲取你能汲取的價值。在視覺上想像你的自我們是一個有效的團隊，試試看約翰．麥斯威爾的人盡其才法則，或者深入感受在正確時刻無縫轉換或進出正確自我的可能性，就像一個訓練有素的小型爵士樂團，或者挑選另一個隱喻。一如往常，去實驗對你來說有效的作法。

隱喻與模型只能做到一定程度。身爲一個人類，你已經是一個複數自我的星座，而你做爲你的整體，已經建立許多可用的協定，讓你在人生中走到這麼遠的地方。如果可以深入看到你（集體的你）如何及爲何已經以這種方式運作，就能將注意力放在已經生效的事情上，而且繼續做更多同樣的事。或者，你可以考慮效果可能沒這麼好的作法，然後實驗看看把程度降低一、兩級。這會帶領我們到談論複數自我工作的特殊工具、技巧與策略的下一章。

# Chapter 10 複數自我工作的工具、技術與策略

學習我們內在複數自我共存與共同延伸的可能性，教會了我們衝突、競爭、權力鬥爭與領域性，並不是對多重性與差異無可避免的反應，我們有機會與自己，以及當代生活讓人畏懼的歧異性與複雜性，形成令人驚奇的聯盟。

——迪娜．梅哲，「我們體內所有的聲音」工作坊傳單

如同先前提過的，覺察具有療癒力。光是承認多重自我的實在性，通常就會產生正面益處。下一個主動而刻意的步驟，需要做更多努力，但可以帶來額外的益處。在前一章對於自我如何合作的隱喻與模型的回顧之後，我們現在繼續考量多種有用的工具、技術與策略。

在覺察到複數自我的實在性並加以接納以後，下一個階段是學習欣賞所有的自我，並且和諧地與它們合作，或者讓它們同心協力。正面結果可能很快也很容易出現，但也可能要費點力氣。莉塔．卡特用先前討論過的主要人格語言，以這段話為此議題賦予架構：

承認我們不是孤獨的，並非在責任不存在之處創造出責任。一旦我們的人格領悟到有其他人格在分享它們的心靈，它們就能開始認識彼此，探索它們的優勢與劣勢，發現是什麼處境讓它們每一個誕生，並且容許每一位擁有公開出現的時刻。主要人格（定期出現的強勢自我）可以學會偶爾讓位給那些更退縮、有想像力或有耐性的人格。充滿恐懼、悲觀又不信任的人格，也可能學會只在它們真正有用的時候出現。過度認真勤懇的主要人格，可以同意給遊手好閒者和購物狂一些賴床時間與縱容時刻。①

現在讓我們來談談如何創造更多對於複數自我的覺察，並且從中得出更好的結果。

## 從一到二，到更多的你

皮耶洛．費魯奇寫道：「一個接一個地在我們的每個子人格上工作，是第一個必要步驟。隨後，我們可能會開始覺察到它們之間的動態交互影響。」②我們同意費魯奇的看法：一般來說，簡單的開始是好的。你可能會發現，從辨識一部分的你並且與之共事開始，是最容易也最有效的。

你要怎麼做到這件事？如果你至少放一部分注意力在所處的那個自我之上，可能會相當快就注意到一個或更多自我。舉例來說，你可能發現早上醒來的時候，你自己處於另一個自我，或者你被某種愉快或不快的強烈體驗觸發，以至於從前一刻的自我切換出去了，那麼你可能會在此之後開始領悟這種情況。所以，第一步就是開始覺察到至少一個截然不同的自我是在場的、可以觸碰到的，而且是眞實的。

下一步是同時承認兩個部分的你，而且與它們工作。如同米勒．邁爾（Miller Mair）所寫的：「引進『自我是一個複數自我社群』這個概念，最容易的作法或許是指涉到最小形式的社群，也就是兩個人的社群。」③幸運的是，只要辨識並承認兩個或更多自我，通常它們之間就會打開對話與溝通。皮耶洛．費魯奇說明：「在我們跟它們工作以前，子人格是相當不同的宇宙，會忽視或誤解彼此。不過一旦覺察穿透了它們，它們的溝通通常會增加。」④

如果你想要更有主動性，事情在某一刻對你來說可能會變得很明顯，也就是當兩個部分的你同時讓人知道它們的存在：彼此衝突的兩種感覺、兩種思路、兩組欲望。這種事可能發生在這些方面：要吃或喝多少、要熬夜到多晚、看哪部電影或電視節目、你是否應該現在就展開那個困難的對話主題，或者在任何有多重選擇、選項與結果時，顯然在拉扯不同部分的你往不同方向的情況中。一旦你對於這兩種相對的自我有個現在式的意識，就可以稍微實驗一下，把你自己的這些部分帶進對話裡。這是一個機會，能主動練習轉移進出一個不同的心理狀態，以此做爲解決異議的方法。呼吸幾次，也許試著從兩方的觀點看事情，然後找出最佳決定或者妥協方案。

至於已察覺到的緊張或異議，你可能學到自己的兩個部分之間有（或沒有）實際的衝突。如果有實際的衝突，你可能領悟到，事情就是如此，而這樣的衝突完全不要緊。請思考一下吉姆與一位受過日本曹洞宗訓練的知名佛教老師之間的經驗：

> 一位早期的英國禪宗老師法雲慈友（Kennet Roshi），在許多年前來我家拜訪。我們在晚餐前談到高度性靈的事情，然後她開始講到自己有多討厭她哥哥。不是她的「同修弟兄」，而

是她的親生兄弟。我聆聽著，同時想到這是個很好的機會，可以從老師的舉止中學到一點東西。

隨後，她立刻講到，爲了幫助哥哥，在這世界上沒有一件事情是她不會做的。法雲慈友老師能夠自在地在自己的各個部分之間移動，包括發育不良或者正在對抗的部分。但是當她需要變成明智的老師時，可以在一瞬間就變成那個部分的她。我也學到了，就算對一個禪師來說，有時對自己的兄弟有負面感受也沒關係。

一旦你辨識出兩個或更多自我，並且體驗到它們的交互影響與動力，就可以把更多自我引進這個方程式。當你這麼做時，事情可能很快在能量與情緒上變得更複雜。但由於你的某些複數自我星座，總是會在那裡，所以你不必急，採用一個好奇而愼重的方法可能比較合理。在你注意到複雜性升高、成長機會出現的時候，慢慢來，眞正深入感受事情如何改變。

## 對我們的自我說話，並且一起講話

一個常見的錯誤是：認爲如果你自言自語，就得要進精神病院了。事實上，應該是反過來的。從來不對自己說話，而且不知道怎麼跟自己說話的人，比較可能精神崩潰。跟自己說話是一種健康的作法。

——史都華・夏皮洛，《你體內的複數自我》（*The Selves Inside You*）

對我們的自我說話、跟它們一起說話、在它們之間說話，一直是本書的中心主題，從哲學家、宗教界人物、科學家、藝術家、運動員到作家，都參與了複數自我對話。我們有不同的方式可對自我說話，或是聽它們說話，例如，《屋頂上的提琴手》裡泰維的「一方面……但另一方面」的戲劇性使用，還有我們的子語音（subvocal）或內在語言，也就是聽到話語、思緒和對話流，以某種方式出現在腦中的某處。

每個人都會對自己講話。對許多人來說，這麼做是一種保持專注地完整處理一個問題或議題的可靠方式，就算此時沒有別人在旁邊。我們以不同方式對自己說話，效果也非常好。舉例來說，喬丹的密友安迪是住宿學院的桌上足球機冠軍。每次安迪的隊伍運氣開始變差時，他會開始出聲激勵自己：「安迪，你可以做得更好。來吧，我們專心一點。安迪，你可以做得更好！」一旦導向自己的談話開始了，安迪就會再度肯定他自己和隊伍會表現得更好。如同先前討論過的，科學性的腦部掃描已經顯示，在出聲對自己說話時，使用「我」以外的字詞，會把更新、演化更多且比較不會有情緒反應的大腦部位帶進場發揮，接下來通常會有更好的表現。

我們再次回到自我談話，因爲這是有效、熟悉又立即可用的工具。約翰·羅溫與米克·庫伯解釋了自我對話的關鍵重要性：

自我多重性的功能性，基本上與不同自我之間的對話程度相關。在缺乏溝通，自我彼此不承認，或是一個自我占優勢，排除其他所有自我的狀況下，結果會朝著吵雜的獨白發展，而一種不協調的鬼哭神嚎，總是比個別部分的總和更糟糕。不過，在複數自我對複數自我說話，不同聲音之間有接納與理解，還有欣賞歧異性與不同的狀況下，就有一同工作、相互合作的潛力，這是一種彼此交織的和諧聲音，可能超越部分的總和。⑤

這裡眞正的關鍵不是講話本身，而是「溝通」。舉例來說，你可能有個自我並不喜歡多說話，或者非常年幼，或者因爲別的原因不能說話。這個自我仍然能夠使用別的方式溝通，像是透過肢體語言、非口語與類口語的發音與驚歎，其他表達或示意感受、內臟感覺，或者回憶中的感官記憶。

如同卡爾．榮格等人已經指出的，不被承認或被關掉的複數自我，到最後會轉而用某種方式對抗我們。請回憶第五章哈爾與席德拉．史東（《擁抱我們的複數自我》）的評論，在古希臘，大家相信你忽視的男女神祇，會轉變成對付你、毀滅你的那位神。同樣的動力也出現在許多歐洲童話故事裡。沒有受邀來參加命名儀式或婚禮的仙子或神靈，到場時會充滿憤怒又存心報復，詛咒這個孩子或這對伴侶。在有人對複數自我說話，或者帶著承認和欣賞的感受以其他方式溝通，相反的事情就會發生。普遍來說，它們都會對與其他自我和諧相處、爲能量找到恰當宣洩管道，還有協助你的整體努力，具有更開放的態度。

## 接受所有的自我及其忠告

視覺藝術家克利斯提娜．拉札爾曾經對喬丹分享了以下的反省——

在我比較年輕的時候，甚至在初中與高中階段，我就知道有很多人「在那裡」，一大堆不同的人格在不同時刻出現。我總是會想：「這樣不好。我很沒條理又沒有焦點：我必須只挑一個。」所以我會把它們之中的某一些看成是壞的或好的，對於我應該當哪一個而下達很多判斷，甚至練習對體內的某些人壓制得比其他人更嚴重。

直到最近，我都還這樣想。不過，我學到要對自己安然處之，領悟到我就是所有那些內在的人。我學到承認我的每個人格都有其自主權，而且重視它們這個整體能夠提供並給予我的事物。

現在對我來說，與我的自我們同在已經沒問題了。我沒有嘗試鎮壓、隱藏或擺脫某些自我，我敬重它們全體實際上的樣子，還有它們要對我說的事。我愛威士忌、藝術、科學、特價、鍛鍊身體、時尚和珠寶，而且我愛製作事物和教學。全部這些和其他許多事物都是我。要是這些事物的其中之一缺少了其他部分，就不是我了。所以，我一直在跟它們每一位學習、共事、坐在一起，以便看出它們如何嵌入我這個人多面向的全面性整體之中。

這讓我如釋重負。現在，我再也不必讓自己緊繃地想著「我是一個沒有挑其中一樣去貫徹一輩子的壞人」。現在它們全都可以彼此交談，甚至變成能讓我運用的顧問。

視情況而定，我會讓每個人坐下來，聆聽單一個聲音說話。我一直在為過往的創傷做大量的療癒，而其中受影響最大的人格，對於當時我人生中發生的事情有很多話要說。我讓其他人全都坐在那裡，聆聽那一個聲音，然後提供安慰的話語和療癒，或就只是接納。

但要讓自我談話或對話有效，必須是真誠的對話才行。這需要承認並接納這些牽涉其中的自我是真的，而且有寶貴的事情要溝通，同時認真看待之。在《24個比利》（一九八一）裡面，比利的其中一個自我非常明確地向一位治療他的精神科醫師，提出這個現實論證：

喬哈丁醫師向亞倫（比利的其中一個副人格）解釋他將採取的方法，因爲同房的其他病患感到很迷惑，他們經常聽到（比利的）不同人格者的名字。

「有些人還不是稱自己是拿破崙或耶穌基督。」亞倫說。

「那是不同的，如果我和醫院其他工作人員今天稱呼你是丹尼，另外一天卻又必須稱呼你是亞瑟、雷根、湯姆或亞倫，這會讓我們搞迷糊。我的建議是，對醫院工作人員以及其他病患而言，你所有的人格最好都使用比利這個名字，而……」

「他們不是『人格』，喬哈丁醫師，他們是人。」

「爲什麼要這樣區分呢？」

「當你稱呼他們爲人格時，你似乎不相信他們眞的存在。」[6]（譯註：此處譯文引自中譯本，小知堂編譯組譯。）

約翰·羅溫提出同樣根本的論點，「一個人必須願意跟子人格進入眞正的對話。我們必須眞誠地敞開心扉聆聽。」[7]同樣地，羅伯特·強森（Robert A. Johnson）這位榮格派分析師與談論原型的暢銷作家，要求我們積極召喚並聆聽自我，如同以下所描述的：

> 一個人必須願意說：「你是誰？你有什麼話要說？我會聽你說。如果你想要的話，可以占據講台一整個小時；你可以使用你想用的任何語言。我會在這裡聽。」這要求大多數人在態度上做出驚人的再調校。如果你自己裡面有某種東西，被你視爲弱點、缺陷，對於有生產力的生

活是恐怖的阻礙，你必須停止把那部分的自己當成「壞蛋」來接觸。⑧

羅伯特．強森的焦點在於，爲了每個自我所做出的貢獻和貢獻的方式而欣賞它們，可能是治療成癮者最有效的辦法。比起大力撻伐上癮的自我，更好的第一步驟是找到一個方式去承認它，甚至欣賞它。同樣地，在你開始對任何一個自我說話或一起交談時，請帶著仁慈、溫柔，還有能走得長久的開放、不論斷的態度來進行。

如果你想開始積極參與複數自我對話，一種方式就是辨識出你的某些自我。約翰．羅溫寫道：「每個子自我都是一個明確的能量模式。每一個都有不同的臉部表情、姿勢、聲調，而且每一個都在自己的環境裡，創造出一組不同的能量振動。」⑨接著，他提供了一些問題，給希望積極參與複數自我對話的人參考。

- 你看起來是什麼樣子？
- 你的年紀有多大？
- 什麼樣的情境會把你帶出來？
- 你對世界的看法是什麼？
- 你想要什麼？
- 你需要什麼？
- 你有什麼要提供？

- 你來自何處？
- 你在這裡（這個世界上）的基本動機是什麼？
- 阻擋你完全發揮功能的障礙是什麼？
- 什麼會幫助你成長？
- 你如何與男人、女人和小孩建立聯繫？⑩

這種有結構或經過組織的方法，當然不是人人適用。但重要的是，你要經常慢下來到足以感覺你的哪一個自我現在最處於當下，或者最需要被看見、被體驗。然後，你可以開始自在地接受那個自我存在的現實，還有這不是你唯一的自我的事實。在放鬆的環境下，問一個簡單的問題，像是「這個自我想要什麼？」、「它提供什麼？」，可以導向非正式的小討論，還有對你們全體都好的最理想的做事方法。

## 為我們的自我命名

另一個有結構的方法（當然也不是人人適用），是替我們的某些或所有自我命名。對於替子人格命名，約翰・羅溫的看法舉棋不定。他覺得「如果我們想晚一點再回到它這邊」，這樣會很有幫助，「而且也讓它似乎更有人性、更容易接近。這樣的名字可以非常多變。舉例來說，一個人有這些子人格：銀河、強力水壩、火車，還有炸彈。另一個人則有：冒險一號、冒險二號、可敬的幸福輕浮社交狂，還有粉碎小姐。」⑪但他很快就轉向，提到某些人就是無法靠著名字工作，或許是因爲這樣的名字感覺不恰當、傻氣或勉強，然後做出結論說：「很顯然這種工作方式不見得人人適合。」⑫

命名的一個潛在問題是，一個名字可能發揮負面標籤的功能，主要做的是限制壓縮一個自我；也就是說，讓它感覺很糟，甚至永遠做出功能失調的行爲。舉例來說，喬丹認爲他弄丟了（但其實沒有）一把口袋小刀，然後像這樣徹底處理他的感受：

做爲搞丟過一大堆東西的人，我建立了某種「最後一分鐘環顧四周」的自我，無論我在咖啡店、健行、一輛車裡，都會在離開前看最後一眼。因此，我弄丟的東西少很多，但很明顯的，昨晚我回家以前沒有環顧四周。

所以，一部分的我相當擔憂，甚至是著魔了。接著，我跟自我們談了一下，然後讓憂慮的部分知道，無論那把刀發生什麼事，都不是它的錯。

「不是嗎？」擔憂的部分問道。「不是，」我的另一部分繼續說道：「事實上，我們知道你一直以來多努力於不弄丟東西。如果這是任何人的錯，也是其他某些人的錯，不是你要負責，所以你不需要這麼氣惱、不開心。事實上，我們知道你有多在乎，而你一直做得很好。如果有任何人弄丟了刀子，那不是你，所以你現在眞的可以放鬆了。而且，那只是一把口袋小刀；我們不但可以再弄來一把，也有另一把在等著，以備不時之需。」

到目前爲止都沒有問題，只是在喬丹把這個故事告訴吉姆時，他描述擔憂的那個部分是

「輸家賴瑞」。吉姆挑高了眉毛：「你給他的名字是什麼？」吉姆只說了這句話，喬丹就領悟到命名可能有傷害性，他現在比較不會這樣做了，尤其是對需要下工夫或支持的那些自我。

避免替你複數自我的某些部分用這種方式命名或貼標籤，讓那些部分覺得被藐視、被侷限，或者「變得比較差」。如果一個名字不請自來，或者對你來說變得很清楚，而那是正面、好玩、有趣、與原型有共鳴，或者普遍來說是肯定性的，你可以儘管使用，但要非常小心任何從那個自我的角度來看可能是負面或有失身分的名字或標籤。同樣的動力也適用於把某些自我標籤爲主要人格，其他則是次要人格或碎片，雖然有些作者在談論跟自我工作的時候，推薦這種作法。這樣做可能妨礙你與被這樣指定的自我們合作，因爲幾乎沒有人喜歡聽人家說它們很小或不重要。

## 兩種主要方法：「自願轉移」對上「與已就位的自我們工作」

這兩個跟自我們工作的主要方法，具有相當大的不同。其差別繞著一個中心問題打轉：你是在努力確定正確的自我到位了，或者跟一個已經堅決站定位置的自我工作，同時要改變它的思想、感受或行爲？

### 自願轉移：不是被觸發的切換

當代心理學講到自我的種種疾患。在我們呈現的作品裡，反而認爲複數自我中的一個配錯了他、她或它該處理的關係，而且需要被交換出去，換另一個更適當的自我來進行這個任務。

——路易斯．梅爾—馬卓納，《重繪你的心靈地圖》

第三章把焦點放在正確時刻處於正確心態的重要性。透過轉移或引導自己，好讓正確的自我可進場且負責，[1]我們的生活很可能運作得更好。相反的狀況會發生在我們由於一個外在觸發物，在不知道或不自覺的情況下，從一個自我被切換到另一個的時候，因爲這太常帶來對當前環境來說錯誤的自我了。

一個觸發物是指導致你從一個自我移動到另一個自我的任何事物，尤其是非自願的轉換。科林．羅斯寫道：「（自我之間的）切換觸發物例子，包括一種顏色、觸碰、性興奮、執行某種特定功能的需要、某些人的陪伴、一種恐懼或憤怒的具體情緒、望著鏡子、聽到嬰兒哭聲、來自過往虐待者的電話、生理痛楚、泡澡，還有心理治療預約。」⑬

對於一個復原中的酗酒者來說，這可能簡單到有人提供一杯酒。對某個浪漫關係觸礁的人來說，這可能是聆聽一首老歌，觸動一種連結到你在何時何地聽到這首歌的感受。發自你熟知的某人（或陌生人）的一句話或一個眼神，也可能具有觸發物的作用，就像壞消息或意料之外的消息。而且，各種環境狀況彼此堆疊，可能讓我們因爲壓力、筋疲力竭或不知所措而被觸發。幾乎任何事情都可以成爲一種觸發物或非自願切換開關，如果它讓我們「重新想起」（聯想到）過往的經驗、現在的擔憂或未來的恐懼，就會把我們轉換到一個對這個情境來說不盡理想的自我。[2]

當我們學著有意識並刻意地練習自主轉移，並且在有可能的時候認出（或更好的是完全避免，或至少降低影響）非自願的切換與觸發物，最大的益處就會降臨到我們身上。已故的超個人心理學家萊夫·梅茲納（Ralph Metzner），詳細說明這兩種動力如何共同工作；也就是說，避免觸發物，以及學習先主動轉換到想要的自我的益處：

> 如果我們可以在意識模式改變時，辨識出轉換或觸發點，就可以學著根據有意識的意圖，來利用正面的狀態：舉例來說，一位音樂家或其他藝術家，可能發現一段時間的冥想能促進接通提高創意表達的心流狀態。或許對於我們的福祉而言，更重要的是我們必須學習導引自己脫離負面、毀滅性的狀態：舉例來說，學著認出憤怒意識變化階段的口語觸發物，是人際關係中憤怒管理的一個重要面向。
>
> 不同狀態之間的轉換，是不同時間線的交叉點，我們可以有意識地選擇沿著另一條時間線移動，進入一個更寬廣的孕育新可能性的空間。如果我們不做有意識的選擇，就會根據業（karma）的盛行風向，或者習慣反應，被轉進一種不同的狀態。[14]

但是，有意識地選擇（自願地轉移），要花時間和練習才能學會。這也需要我們溫柔仁慈地對待自己和別人的複數自我。

1 有不同的詞彙被用來講述現在正在負責或在前端的那個自我，其中包括「在舞台上」、「在當場」、「開車」、「在前方」，還有「處於執行控制狀態」。

2 觸發物被認爲處於創傷後壓力症候群的核心。某個被創傷記憶觸發的人，會移入受那些記憶主宰的自我，而由於那個自我才重新經歷創傷記憶，會很難冷靜下來，或者讓另一個自我取代它的位置。

皮耶洛．費魯奇總結學習自願轉移，而不是無意識被觸發的有利之處：

我們需要逐漸發展出一種操縱方向的能力，讓我們不至於機械化地滑進這個或那個子人格裡。以這種方式，我們能夠如己所願地認同自己存在的每個部分。我們可以有更多選擇。這個差別是介於無力地被一輛雲霄飛車載送，還是開著一輛車，能夠選擇走哪條路以及爲了什麼目的而進行這趟旅程。⑮

## 對話、協商與療癒

我們注意到，一旦錯誤的心態進駐，通常會變得非常難驅逐。主動轉變通常比嘗試讓一個已就位的自我改變更有效，也更令人滿意，不過我們不一定能這樣做。

有時候，我們就是必須應付一個在這種情境下負面或功能失調，卻已經就位的自我。在此時，可以應用的作法有：承認並證實已就位那個自我的現實，學習如何溫柔仁慈又不帶批判地對它說話、與它對話。有三種有益的行動步驟，是你可以採取的：

1. 對它說話
2. 協商
3. 下工夫療癒已經就位的自我

第一個行動步驟是與一個難搞或讓人不太滿意的自我說話，並且找到一個方式跟它對話。如同約翰．羅溫所說的：「當然，第一個步驟就是去認識那個子自我，方法是讓它講話且互動。」⑯如果你只想嘗試凌駕就位的那個自我，很可能讓事情變得更糟，所以盡你所能地快點打開一條溝通管道，是非常合理。這不只是說你會有個內在或外在對話，裡面有完整的句子和小心建構的論證。這是有可能發生的，但是透過感覺聲調、視覺化，以及接通牽涉其中的不同部分，有許多不同方式可以建立溝通。

第二個行動步驟是協商。舉例來說，最近吉姆在寫給某個購物成癮者的信件裡，建議對方要與那個上癮自我協商，讓它緩慢但穩定地減少過度花費，容許牽涉其中的這個自我每個月買合理數量的新貨。對於喬丹的那個被標籤成「輸家賴瑞」的擔憂自我，討論爲何這不是那個自我的錯，也是有幫助的。有時，在清楚即將有挑戰性事件來臨時，先前討論過的奧德修斯協議，或者某種其他類型的事前協議（一個面臨挑戰的自我同意遵從某些規則，或者可靠地做到某些事），非常有幫助。

第三個行動步驟是下工夫療癒已經就位的自我。療癒可以透過跟其他自我的對話進行（類似精神分析裡的「談話治療」，先驅是惹內，然後是布羅伊爾與佛洛伊德等人），或者透過普遍使用的、已證實能自我撫慰與放鬆的技巧。在冷靜情緒、參與對話、從多個角度看事物，以及放鬆地與你的其餘部分合作上，就位的自我有它自己最喜歡的方式。

有時候，一個自我太過令人困擾或功能失調，可能需要外來的治療性介入措施。我們一直在說的是，我們全都有複數自我，承認這一點並致力於與它們工作，是健康而非疾病的特徵。然而，這全都不能否定以下的現實：有時候某些個人擁有心理生病的複數自我。赫歇爾．華克在玩俄羅斯輪盤的時候，是一個心理困擾很深的自我在掌控，它會得益於治療性的介入措施。我們在後文討論組織團體與學科對於多重性的回應與反應時，會提到幾種治療性介入措施。

要注意的是，與就定位的自我工作時，尤其是直接與那個自我協商，或者提議朝向療癒的初步步驟時，可能必須跟這個自我有個突然而強烈的對質。如同約翰．羅溫的說法，一種「切入改變問題」的辦法，「……就是藉著使用某種方式跟子人格對質，直接挑戰它的結構或內容」。⑰

然而，對質的問題在於可能把已經就位的自我鎖在裡面，從而讓情況惡化。此外，不承認、採取反對行動，或者嘗試直接傷害一個自我，可能產生反效果並出現糟糕的差錯，所以你應該盡可能有意識而小心翼翼地處理對質。

所以，從主動轉變開始，讓正確自我就定位，是比較合理的。如果要這樣做已經太遲了，先從對話開始，然後跟那個已就位的自我協商。如果到最後只有激烈對質才足夠，那麼在下一章提到的種種治療性環境裡進行對質，可能是最好的。

## 自然界的集體方法

科學作家艾德．楊（Ed Yong），與美國全國公共廣播電台的《全國話題》（*Talk of the Nation*）主持人尼爾．柯南（Neal Conan），在二〇一三年的一則訪問裡討論了群體智能：

楊：所以雖然個別的魚沒有在追蹤黑暗……就靠著一起游動（牠們）可以解鎖這個新能力，去尋找陰影並跟著它。

柯南：所以那指出了，做為一個集合體，具有一種不能應用到任何一個個體甚或是這些個體總和的智能。

楊：完全正確。就是這種觀念：有這種群體智能存在，有這種做決定把只存在於團體層級的計算付諸實踐的能力。單獨的魚不會有這種能力。牠們做不到，基本上無法做這件牠們的群體能駕馭的事。

柯南：當然了，還有其他東西可以成群，包括人類。⑱

有另一個方法能在長時間裡幫助你無縫地轉移自我，又跟在定位的自我共事得更好。這個方法始於某些觀念與可能性，關乎我們身爲生物有機體與活生生的動物，如何與我們的自我在集體層面合作。一旦我們承認是一個集合體、一個複雜系統或複數自我社群，就能夠以更好的方式接通整體智能。

舉例來說，在某種類型的情況下，音樂在實際效果上似乎開始自己演奏，即使沒有可辨識的固定領袖，也有許多種類的動物有種種方式，可以在最理想的狀態參與重大類型的行爲，卻不需要或不必得益於單一領袖。一種描述這個狀況的方式是「群體智能」，這可以用在昆蟲群體、動物群、魚群、鳥群，甚至還有人類社群。「群體智能對於整個社群來說算是益處，而對於造就出整體的個體來說，群體智能是一種不同層級的想法……就像任何智能一樣，這牽涉到有意識的選擇。不過，群體智能是突現的，其選擇是分配散布到多名行爲者的行動上。」⑲

凱文．凱利（Kevin Kelly）進一步描述這種群體模型：

我們發現有許多系統排序成平行運算的拼湊物，就跟大腦的神經網絡或蟻群非常像。這些

> 系統裡的行動，是在瀑布般大量而混亂的相互依賴事件中進行。不是離散不連續的因果滴答前進，讓一個時鐘運作，而是一千個時鐘發條設法要同時運作一個平行系統。由於沒有指揮鏈，任何單一發條的特定行動會擴散到整體，讓整體的總和比較容易壓過整體的部分。從共同體中浮現的，不是一連串關鍵性的單一行動，而是大量的同時行動，這些行動的集體模式更重要得多。這是群體模型。[20]

保羅・米勒（Paul Miller）補充說，「單單一隻螞蟻或蜜蜂並不聰明，但牠們的群體就很聰明。」[21]如果我們嘗試管理的那個複雜系統，是我們自己的整組複數自我，或者別人的複數自我，群體模型提供了幾個關鍵洞見：

1. 沒有單單一個人正在負責，或者能夠負責我們所做的每件事。真正有效的領導必須輪替，有一部分是因為沒有單一的自我知道每件事，或者包含我們所有的能力。
2. 我們的每個自我都有某種寶貴之處，可以貢獻給我們的集體智慧，以及做明智決定的能力。
3. 不管我們的集體智慧看起來像什麼，它屬於整個人的整體，而不是任何個別自我或者自我的子集合。如果我們想要盡可能聰明、有效又快樂，需要認真看待我們全部的自我，還有在後設層次上，從它們身上產生的集體智慧與行為能力。

這個突現過程看起來像什麼樣子？有一個模型牽涉到建立或回歸到我們內部的一種地方，我們可以把那裡想成是「中心」。中心不是一個自我；如同葛蕾卿・史力克所寫的：「中心是心靈的執行部門；這絕對不是一個子人格。」[22]的確，這比較像是內部的場地或空間，自我在裡面聚集。在我們回歸或觸及中心時，比較容易跟所有的自我工作，還有在考慮到我們即時環境與需求的狀況下，轉換到正確心態，或者脫離錯誤心態。如同哈佛談判課程的艾莉卡·愛瑞兒·福克絲（Erica Ariel Fox）所寫的：

> 無論是在會議桌還是餐桌旁，得到好結果的關鍵，就是進行我們自己內部的談判……到最後，我們得以精通如何彼此領導與生活的能力，是來自內在的某處，我稱之爲「福祉的中心」，或者我們的「中心」。在我們把自己定錨在中心時，是在正念中覺察到我們的反應與選擇。接著，我們採取的行動會製造出較好的結果、較強的關係，還有更多生命的更深層回饋。[23]

骨骼肌肉治療師莉茲·艾姆斯（Liz Elms）提出這個關鍵論點：當我們在中心的時候，可以選擇使用哪個自我，而不是發現我們自己被某個特定的，而且就情境上來說不太理想的自我利用了。約翰·羅溫也提出差不多的論點：「我的假設是，不同的領袖能夠在不同時刻走上前來，以一種相當健康的方式，也就是那個人將會使用子人格，而不是被子人格所用。」[24]

莉茲·艾姆斯也注意到，在我們做某一件對身體有傷害性或有不利之處的事情（可能簡單到駝背癱坐或暴食，或者像自殘或酒精／藥物濫用這麼嚴重）時，那是我們不在中心的一個清楚徵兆。雖然我們的許多自我並不一定那麼在乎我們的身體出了什麼事，在我們處於中心時，總是會發現自我在照顧我們的身體。

葛蕾卿·史力克在《多重心靈》（一九九二）裡，進一步發展了「中心」與「維持中心」

（Centering）的概念。她告訴我們，當她開始對一位客戶的子人格工作時，客戶會被要求學習往後退一步，並且從一個被稱爲「中心」的空間來觀察所有的部分（自我）。她覺得學習這個技巧「在子人格的發展上很重要。在子人格與中心之間來回移動，利用中心做爲一個觀察點，能獲得立刻認出有特色的子人格行爲模式的技巧。一旦承認，就會啓動修正。評價之後，就會跟著出現改變的選擇」。㉕

史力克接著進一步闡述「中心」的關鍵重要性：

> 理想上，個人從中心啓動所有生命功能，中心是立即的，專注於現在，而且不受過往歷史與未來預期的擾亂。從中心出發，世界會被精確地感知到。健康的心靈是由發展良好的中心所「管理」的，而且，在某個情況下行動的適當子人格，就是從中心（姑且說是導演的位置）所揀選出來的。轉型後的子人格是打磨得很好的工具，會帶來有效的行動。㉖

皮耶洛．費魯奇的說法被史力克贊同地引用了，他對於中心說了類似的話：「我們可以進入這個子自我，或者我們可以管控它們、糾正它們、照顧它們。要學會的訣竅是彈性，這樣才不至於被子自我給宰制，也不至於扼殺它們的表達、忽略它們的需要。換句話說，就是有一種同情中帶著玩心的支配意識。」㉗

在此可能有幫助的最後一個隱喻，是「在當下」的概念。「在當下」可以被定義成「一種值得注意的鎮定與有效性質」。㉘就像中心，「在當下」並不是一個自我或子人格。「在當下」不像中心意味著一種內在、精神或能量上的明確地方或空間，而是蘊含著一種明智的存在本質或性質。

3

培養在當下，與學習移向中心並從中心發起行動是不同的，但都會積極地強化動力狀態。持續練習把焦點放在變得愈來愈善於覺察複數自我，似乎會同時發展這兩者。

## 與自我工作的其他技術與策略

除了前面概述的多種方法以外，還有其他方式可與自我工作，例如前文中提出了的「一些轉變方式」的清單（p.90）。

以下是你可以嘗試的更多技術與策略。

### 「假裝就是這樣」（Act as If）

「假裝就是這樣」，或者「裝到弄假成眞爲止」的主意，在大眾心理學和吸引力法則的圈子裡廣爲人知。簡單來說，如果你裝得好像已經主動轉換到或者遠離某個特定自我，這種事情就變得更有可能會發生，尤其是你利用了多重感官模態；也就是說，如果你希望一個特定自我在場負責，就盡你所能假裝你已經在那個自我之中了，像是講話、走路或用你的手比出手勢的時候，比照那個自

3 一個現有的訓練模型包括：⑴部分（或自我）；⑵過程（自我們如何互動與做事）；⑶中心（一個中立地點，可以從那裡運作）；還有⑷在當下（在中心建立的感覺或性質）。㉙有時候，第五個元素「非二元」，會被加上去。

我的作法，甚或用那個自我通常會用的方式來運用你的感官（視覺、嗅覺等）。同樣地，你可以有意識地開始行動，做出跟你希望遠離的那個自我不像的行爲。

## 積極想像（Active Imagination）

這是「一種認知方法論，把想像當成一種理解的器官來運用」，原本是各種西方密契主義傳統在使用的，後來又由卡爾・榮格發展成「一種冥想技術，在其中一個人無意識的內容被轉譯成圖像、敘事，或者被擬人化，成爲分離的實體」。[30]如同瑪麗・瓦金斯提到的：「榮格派的積極想像作法是另一種手段，能用來進入想像領域，並且讓這個自我和他人參與自我各部分之間的對話，或者觀察多個他人之間的對話。」[31]

## 結盟以便合作

考慮在你的自我之間發展同盟關係。如前文提到的一位朋友，她即時成功地抱怨了警官。彼得・鮑德溫從治療性的觀點來看待這種事，認爲在這種狀況下對於一個自我或其行爲迎頭痛擊，很可能觸發防衛性的抵抗。爲了避開這種情況，我們可以與另一個有合作關係的自我一起工作，去跟有問題的自我溝通。就像鮑德溫所說的：「對於治療師的想法，各個人格面具的協作性與信任反應性各有差異。因此，對於某個特定議題，讓一個或多個不自在程度最低的人格面具參與，是很好的作法。」[32]

## 演練其他計畫並準備好

我們在前文討論過奧德修斯協議：與一個或多個部分的你自己做協議，無論發生什麼事，或者事情往哪裡發展，這就是你（這個整體）在這個潛在未來環境中會做的事，無論任何一個部分的你後來怎麼說、怎麼宣稱。對於這些協議和其他需要自願轉移的計畫，如果你事前在心裡預演並練習必要的轉移，成功的可能性會高得多。

一個方法是深入感覺你將來必須轉移進去的這個自我或複數自我星座，以便成功地徹底實踐你練習過的計畫。這與「假裝就是這樣」有關：想像並體驗從那個自我觀點出發的感受，還有你成功的時候會有多麼高興滿足。

舉例來說，消防隊讓每位成員事先在心裡預想可能的最終結果，好讓整支隊伍可以毫不猶豫地投入極端危險的情況中。或者，如果你總是聽從老闆的話，但這一次你眞的需要開口發聲，就盡你所能，深入感覺並體驗你勇敢的部分介入時，會是什麼感覺。這麼做將會大大增加你能夠爲自己提出主張的可能性。如果你知道不耐煩駕駛會在自己快遲到時出現，就想像一下，如果你讓有耐性且更明智的那部分自己待在駕駛座上，你的狀況會有多大的好轉。你練習得愈多，就擁有愈多的控制，你也會更快樂。

## 匿名微轉移

在正確的時刻主動轉移到正確的自我，或者在錯誤的時刻脫離錯誤的自我，不一定是這麼正式的大事。你可以做些小的轉移（微轉移），卻不知道哪個自我牽涉在其中，或者不放太多有意識的詳盡思考進去。基本上，你可以開始直覺感受到什麼會對整體的你有益，並且溫和地把自己慢慢推向正確方向，卻不必對此想太多，或者停下你在做的其他事情。（也請參考p.378的「動態從屬關係」〔Dynamic Subordination〕。）

## 開始覺察到別人的複數自我

如果承認你自己的複數自我實際存在，對你來說很困難，那麼就先把你的注意力放到其他人身上，看看從他們有複數自我的角度來看，他們的行爲是否合理。如果事實證明其他人有複數自我的想法，是看待事物有用而寶貴的方式，那麼你就可以把觀察努力放在自己身上。

## 伴侶的自我避靜

我們認識一對夫妻，莎莉與艾伯特，他們過著非常忙碌的日常生活，只有他們「一起上樓」的時候例外。以下是莎莉的描述：

> 艾伯特和我有個每週儀式。我們清出一個下午，點亮一根蠟燭，然後上樓去。我們內在累積的任何混亂、苛求、小氣心態或惱怒，都會立刻消散，而剩下來的是我們兩人最好的部分。在幾分鐘內，我們就變得更聰明、更有趣、更性感，而且比我們留在樓下的那兩個無聊傢伙更有趣無數倍。他們付房租、賺錢、準時去學校接小孩。他們每年把我們的錢交給國稅局和健康保險機構。但我們面對現實吧，在正常情況下，他們只是稍微超過平均水準，無趣卻充滿好意的中年白人。
>
> 我們很感激他們替我們維繫現狀所做的一切，但我們愈來愈常想辦法現身。這是眞的，樓

上的莎兒和小艾是懶惰鬼。我們吃很多，留下一片狼藉讓別人收拾，而且會取消我們應該保留的預約。不過，是樓上的莎兒和小艾帶來我們的第一次大成功，包含其中所有的溫暖與機智，而且一開始就是他們決定寫下來的。樓下的夫妻永遠不會辭掉他們白天的工作，然後全盤投入。我們的目標是讓最聰明的自我通知刻板的自我，以便讓分隔我們彼此的門能夠打開，而且保持開放。㉝

## 去除認同：「擁有一隻壞狗狗」對上「做一隻壞狗狗」

就算你有一個或更多個自我是壞的或功能失調的，請記得，這不是你的全部。在這樣的自我待在前方的時候，就算它正在採取行動，你要保持一點距離，不要過度認同它。根據霍華・薩司波塔斯（Howard Sasportas）的說法：

> 黛安娜・惠特摩（Diana Whitmore）用這個類比去解釋「身爲一個子人格」和「擁有一個子人格」之間的差別。她說，如果你是一隻咬人的狗，那麼你會咬人。但如果你有一隻會咬人的狗，那麼你可以選擇讓牠咬人，或者選擇替那隻狗裝上嘴套，或者教牠別去咬人。如果你完全認同於一個子人格，你就只會照著行動。但如果你領悟到一個子人格是你擁有的某樣東西，在你體內運作，那麼你就可以做些什麼事去改變、修改或轉化它。㉞

伊莉莎白・歐康納在別處提供了一個關於嫉妒的自我的例子：

如果我說，「我在嫉妒」這句話描述了整體的我，那麼我就會被它的種種蘊含完全壓倒了。這個陳述的完整性，讓我覺得看不起自己……但假定每個人都理解他生活的多重性。要是這是常識，那麼只有無知的人會說：「唔，如果他就是那樣，我不想跟他有任何關係。」好像只因爲一個人的其中一個自我被瞥見一會兒，就可以知道這個人的「作風」。如果我尊重自己的多重性，不再把嫉妒的自我看成整個我，那麼我就會得到所需要的距離去觀察它、聆聽它，然後讓它帶我了解自己的一段失落歷史。㉟

## 動態從屬關係

如同前一章討論過的，海軍海豹部隊學習在團體裡，讓任何一個當下適合領導的成員來回迅速轉移領導權。他們使用一種稱爲「動態從屬關係」的協定，「在這裡，領導權是流動的，由現場的狀況來界定，（而且）是團隊流動表現獲得加強的基礎。」㊱根據一位海軍指揮官的說法：

在海豹部隊掃蕩一棟建築物的時候……緩慢是危險的。我們想要盡可能迅速移動。要做到這一點，只有兩條規則。第一條是做跟你前面的那個傢伙正好相反的事情，所以如果他看左邊，你就看右邊。第二條比較弔詭：知道接下來怎麼做的人就是領袖。我們在那方面完全沒有階層區別。不過在戰鬥環境裡，半秒鐘就會天差地別的時候，沒有時間瞎猜了。在有人上前變成新領袖的時候，每個人就立刻自動跟他一起行動。這是我們取勝的唯一辦法。㊲

照著海豹部隊的模型，我們可以跟自己的自我開始練習動態從屬關係。這麼一來，我們不只會變得更擅長自由交換，或者交出領導權給此刻最合理的那部分自我，隨著時間過去，這種反應風格還可以變成一個熟練而有效的個人協定。

## 完整擁抱每個自我，以取回感激、滋養、合作

壓榨你的自我們，不會有好效果；到最後，它們的能量總是會以功能失調的方式跑出來。另一個選擇則是有意識而完整地一次擁抱一個自我。讓你的藝術家（合理地）想創造多久就創造多久；讓你的鼓手敲一鼓、你的舞者跳舞直到筋疲力竭；讓你的電視迷在一個週末裡看完全部的《冰與火之歌：權力遊戲》；招待你的暴食者吃一頓偶一爲之的吃到飽自助餐。在你完整擁抱任何一個自我時（只要它不是太有毀滅性或功能失調），那個自我就會變得滿足、更快樂，而且更能夠跟其他自我合作並往前邁進。大多數人都有一個或多個部分是鮮少釋放出來的；在我們確實容許那些自我出現的時候，它們會很感激、精力充沛，而且會是更好的團隊合作者。

## 用愛把它們變成整體

金特拉・史特萊克（Kintla Striker）是與所在地的司法系統合作，協助創傷受害者的瑜伽教師與演說家，她幫助客戶練習一種簡單但強而有力的技術。她解釋道：

> 我工作的一個面向是，給客戶空間去注意他們的各個部分，承認它們，開始與它們對話，到最後「用愛把它們變成整體」。如果一位客戶的一部分卡在焦慮或恐慌中，他們可以開始承認那個部分，然後展開一段對話，像是：「我聽到你說的了，你想再多說一點嗎？」或者「我

感覺到你了；我們一起做個呼吸練習如何？」但他們不會馬上就把自己所有的部分撈起來，然後用愛把它們變成整體，因爲其他自我可能不喜歡它們，或者有時候甚至會恨它們。雖然這可能是非常緩慢的過程，但長期來說，這是非常有力量的過程。在走這趟旅程的時候，來自另一個人類的慈悲心是很必要的。㊳

## 禮貌而簡潔地要求合作

一本由「柳樹，爲了所有人、團隊和小朋友們」所寫的自助（複數自我自助）手冊，提供了一些好點子和可測試的建議：

在我失眠的時候，我對著內在說道：「好。我現在需要去睡覺了。那些想醒著的人，現在去別的地方好嗎？……太好了！我現在有睡意了。感謝你！感謝你！感謝你！」……在我看不清楚的時候：「我需要可以看透這些玻璃的人……感謝你！感謝你！感謝你！這樣太棒了！」任何時候：「那些不想在這裡的人，如果我不需要你，你可以去別的地方。」

在我們發展出這種合作方式以前，我曾以爲直到我認出誰是誰以前，永遠不可能發展出任何系統性管理……現在我們有個非常棒的合作系統在運作！要求，而不是獨裁政權。它們可以決定是否合作。

這邊寫出我／我們如何做到這一點：

總是盡我所能地迅速感謝它們。

我從來不問任何「是誰？」的問題，因爲那樣會嚇到它們。我說「那些想要……的人」，像是那些會開車的、知道怎麼用電腦的、記得這件事的等等。它們知道它們是誰，而且它們會做決定。

我總是用正面的措辭提出要求，不會用「不」或「不要」或者任何負面的字眼，因爲負面字眼會混淆它們。

我在需要它們的時候要求它們來（或者告訴它們可以離開），不提早一個小時或一天，因爲除了現在發生的事情以外，它們什麼都不理解。

藉著告訴它們「只要身體還在做……」或者「直到身體做了……爲止」，來說明我需要它們存在多長的時間。㊴

## 透過別人的眼睛看你的自我們

在你處於不同自我（還有自我群時），努力從其他人的角度去看你如何說話、行動和舉止。長期來說，這讓你能夠體驗如何從「外面」看你確實在不同時候行動判若兩人。如果那是某個對你持有無根據負面意見的人，從他們的觀點來看事情，可能還是很有價值，至少就現在來說。[4]

## 強化或弱化特定的自我

如果你的其中一個自我有太霸道或造成問題的傾向，約翰．羅溫建議強化一個或多個子人格，來接掌某些或者全部霸道或有問題自我的功能。長期來說，過度膨脹的自我可能「陷進背景

4 感謝約翰．納德勒（John Nadler），他在和喬丹．葛魯伯對話時，清楚地公式化說明了這個概念。

裡」，[40]變得比較不是問題。

## 這些工具和技術有多大的幫助？

任何曾經有過一點機會檢視自己的人，會開始領悟到，我們並非統合、連貫的存在，而是由或多或少的獨立實體組成的不聽話共和政體，其中一些會遵從替它們訂好的規矩，另一些不會。而且，就像家庭裡的壞孩子一樣，雜亂無序的部分通常會贏得最多的注意。

——理查．史摩利（Richard Smoley），《內在世界的惡魔》（*Demons of the Inner World*）書評，刊登於《靈知雜誌》（*Gnosis Magazine*）第十九期（一九九一年春季號）

這一章呈現的素材多有用、多必要？當你和生命中其他人對於複數自我有簡單的覺察，這些就是你要開始走這條路時真正需要的一切。光是那種覺察，就會開始讓你對許多先前描述並討論過的益處敞開大門了。

如果你想要讓情況更上一層樓，你可以從第三章的標語：「**心理健康就是在正確時刻處於正確心態**」，還有這句話的變體開始下工夫。光是偶爾將這個簡單的觀念應用在真實生活裡，就可以讓你避免跟其他人發生衝突，並且保持專注於你正在做的任何事，或者瞄準的任何目標。

在那之後，你對健康複數自我模型的覺察變得愈高，你（還有人生中的其他人）可能得到的益處就愈多。說眞的，許多聽過吉姆和喬丹大致描述本書內容的個人朋友與家庭成員，都回報了他們在生活中得到的益處。

再進一步，你可以專注於「自願轉移」以及「與已就位的複數自我工作」這兩個主要方法的區別。然後，你可以加入「中心」和「發展在當下」的第三個後設練習。

長期來說，從健康複數自我的觀點來考慮事情，會更頻繁地引導你成功應用我們所說的那些技術與策略。

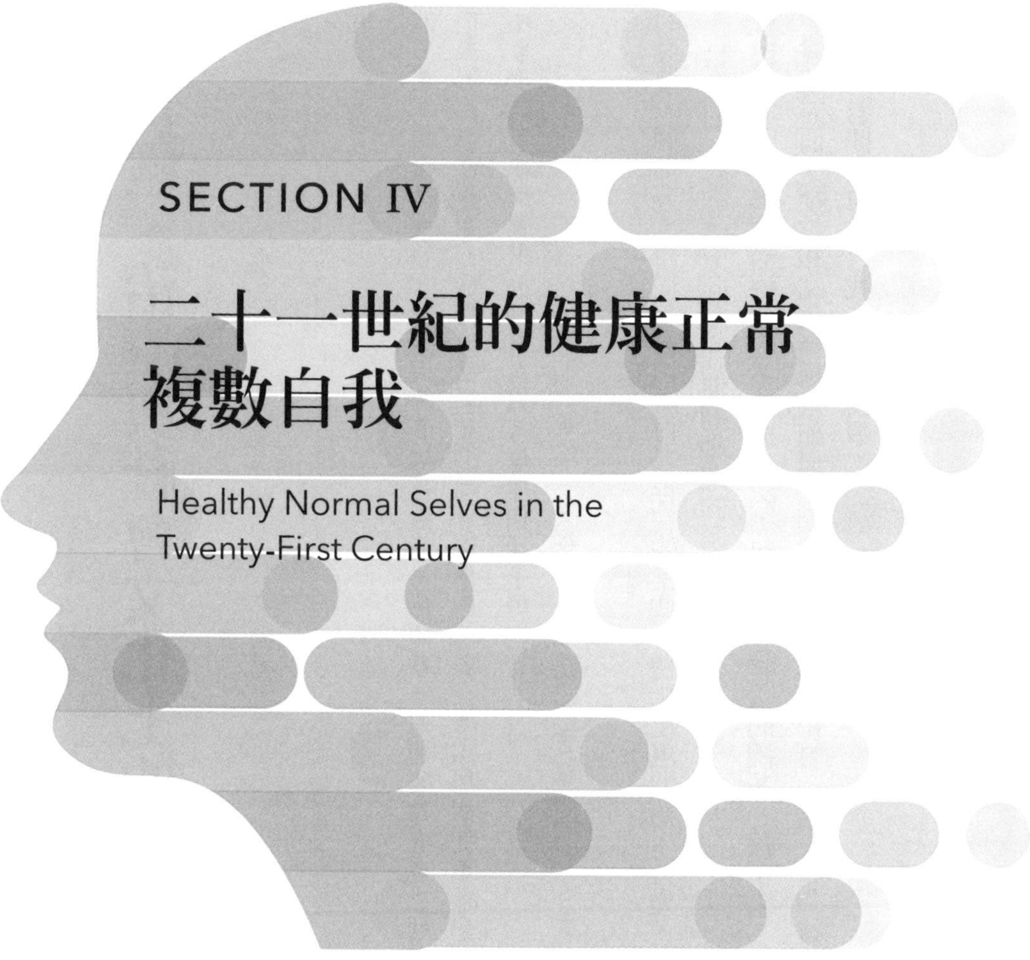

SECTION IV

# 二十一世紀的健康正常複數自我

## Healthy Normal Selves in the Twenty-First Century

# Chapter 11 性靈、治療與社會文化上的回覆

人不是一整塊構成的，而是由許多碎片構成，他的每一個部分都有自己的人格。這是大家還沒有充分領悟的事情，雖然心理學家已經開始瞥見一眼，但只在有顯著的雙重或多重人格案例時才會承認。在現實中，所有人都是像那個樣子的。

——斯瑞．奧羅賓多，《瑜伽書信集》（*Letters on Yoga*），卷一

我們的最後一個部分，將從對於複數自我存在的某些系統化反應開始。首先，我們會談論十九世紀和二十世紀的一些性靈導師，在他們創造的系統裡，培養複數自我扮演了一個核心角色。然後，我們會短暫地回顧幾個治療性的系統與方法，包括一些當代的體系。接下來，我們會觸及在法律、宗教與醫藥方面、社會和文化機構，如何受到健康的多重性影響。這一章最後會討論既有與潛在的未來科技，對健康複數自我造成的衝擊。

## 性靈教誨與導師們

一些性靈導師把複數自我的眞實性合併到他們的修行與寫作中。下面是三個著名的例子。

### 斯瑞・奧羅賓多：許多部分與複數人格

斯瑞・奧羅賓多（一八七二至一九五〇），原本的名字是奧羅賓多・戈斯（Aurobindo Ghose），是一位印度國族主義者、哲學家、瑜伽行者、詩人暨性靈改革家。他在英國接受教育後回到印度，在政治上反對英國統治，然後變成瑜伽行者與大師。他在印度本地治理市（Pondicherry）建立的修道院，至今仍然活躍。他的「整合瑜伽」著作具有很大的影響力，全世界的追隨者社群積極討論他的文章、詩歌與其他洞見。

圖11.1 斯瑞・奧羅賓多

奧羅賓多寫道，「我們是由許多部分組成，每個部分都對於我們的意識，我們的思維、意志、感官知覺、感受、行動的整體活動，有一些貢獻。」[1]奧羅賓多在其著作中的〈存在的部分——人不認識自己〉這一章的「許多部分，許多人格」的小節裡，闡述了他的觀念。

存在是由許多部分構成的。一個部分可能知道，其他部分可能不在乎那個知識，或者不想要照著行動……

意識之中有許多部分，還有許多活動，而且處於不同狀況與不同活動中，它會改變位置，並且用不同的方式安排它的活動，以便配合它在做的事情——但大多數人沒有覺察到這一點，因爲他們只活在表面上，並不往內看自己……

每個人都是不只兩個，而是許多個人格的混合體。去調和並變化它們，以便「整合」人格，是這種瑜伽裡的瑜伽式完美的一部分……目標應該是在瑜伽中發展（如果一個人還沒有發展到）一種強烈的中心存在，並且在它之下協調所有其他人格，改變必須被改變的部分。②

在《我們的許多自我》這本書裡，同時從奧羅賓多，以及他的門徒暨修道院共同創辦人，法國出生的蜜拉．阿爾法薩（Mirra Alfassa，一八七八至一九七三）那裡收集了相關文章，阿爾法薩又被稱爲「母親」。在你閱讀這些導論性質的段落時，請注意：

- 這種整合瑜伽系統如何自然而明顯地宣布，我們全都有複數部分或人格，就算大部分人沒發現到這一點。
- 某些語言被使用的方式，涉及到在一個神聖中心周圍尋找方向，並且創造在當下的狀態，而此方式很像前文概述過的、對自我工作的第三種普遍方法。
- 雖然焦點是放在一個性靈自我（一種超級自我），但這個自我跟其他方面討論過的人格或自我並不一樣，因此就算目標是在這個最高性靈自我之下的某種「統一」，也可能相當不同於強迫整合或統一複數自我的嘗試，我們之後會再談。

● 這裡直接指出的是，學習承認並且與一個人的複數自我工作，實際上是讓一支由複數自我組成的軍隊爲我們效力，會讓這個人成爲更有效力的人。

《我們的許多自我》的導論，是從引用奧羅賓多的話開始：

> 斯瑞．奧羅賓多透過這句話：「處於自我中的人是一個獨特的『人』（Person），但他在自我表現中，也是多重的人（multiperson）……」做出了一個根本的區別……在「人」和它的許多人格之間的區別。在我們的日常意識中，這個區別對我們來說並非明顯可見。
>
> 「日常心靈只知道自己是一個自我意識，有著亂成一團的自然活動，把自己等同於這些活動，想著『我在做這個，感覺那個，在思考，在開心或在悲傷等』。眞正的自我知識的第一個開始，是你感覺到自己與體內的自然本性及其活動是分開的，然後你會看到你的存在有許多部分，許多人格的每一個都代表自己、用自己的方式行動。」③

下一個來自《我們的許多自我》的段落，是「母親」阿爾法薩所說的：

> 有些人的身上揹著數千個不同人格的存在，然後每個人格都有自己的節奏與輪替，而且有一種結合狀態；有時候這裡有內在的衝突，還有種種活動的展示，是有節奏的，還有某些部分的輪替，它們來到前方，然後回去，接著又再度來到前方……

但也有人的不同人格就像是大批群眾，所以這一點給他們一種可塑性，一種行動上的流動性，還有異乎尋常的知覺複雜性，而這些人能夠理解很多事情，就好像他們能夠指揮一支名符其實的軍隊，根據環境與需求加以移動；而這一切都在他們之內。④

請注意，這段話裡的某些部分聽起來很接近先前引述過的其他人，包括路易斯・湯瑪斯、柯林・威爾森、道格拉斯・霍夫史塔特和比利・密利根。

## 葛吉夫：缺乏統一性

葛吉夫（約一八六六至一九四九年）是亞美尼亞與希臘裔，在俄羅斯統治下出生，最後定居在法國。身爲一位神祕主義者、哲學家與性靈導師，他吸引了來自世界各地的學生，因爲他創造了一個名爲「內在工作」（The Work）或「第四道」（the Fourth Way）的方法，藉此他們可以停止在功能上「睡著」，然後「覺醒」。（前三種道是苦行者之道、僧侶之道與瑜伽之道。）⑤現今，世界各地都有葛吉夫團體在提供「內在工作」的訓練、修行與團體經驗。

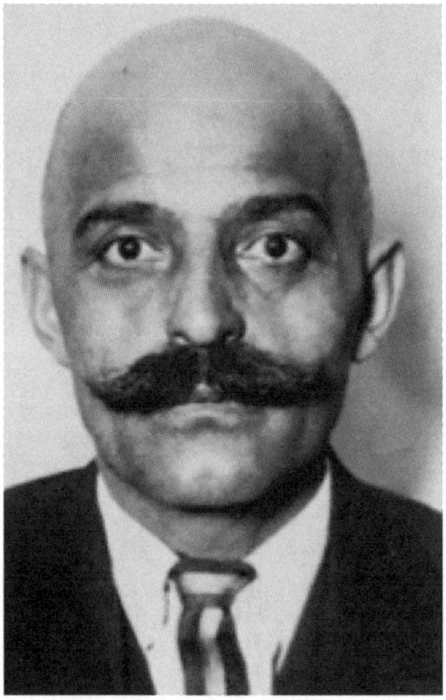

圖11.2 葛吉夫

葛吉夫的文章很難懂。他的許多觀念是透過門徒傳承給我們，其中包括了彼得・鄔斯賓斯基（Pyotr Ouspensky），他從「人的內在缺乏統一性」開始，澄清葛吉夫的立場：

> 一個人不可能長久維持同一人，他會持續不斷改變，即使只有半個小時，他也很少能維持同一個人。我們認爲一個名叫伊凡的人會一直是伊凡，但完全不是這樣，現在他是伊凡，再下一分鐘他是彼德，再過一分鐘之後他是尼可拉斯、塞吉斯、馬修或西蒙，但你們全都認爲他是伊凡。
>
> 你們都知道伊凡不會做某件事，比如他不會說謊，然後你們發現他說了一句謊言，而驚訝於他竟然會這麼說。這是眞的，伊凡不會說謊，是尼可拉斯在說謊……當你們發現竟然會有那麼多的伊凡和尼可拉斯等人住在同一個人裡，你們會非常驚駭。如果你們學會觀察，就不需要去看電影了。……這些伊凡、彼德和尼可拉斯們……都稱自己爲「我」，也就是說，他們認爲自己是主人，而沒有一個想要認識其他人，他們每一個都做一個小時的國王，不顧一切做他喜歡做的，隨後，其他人就得承擔後果。⑥（譯註：此處譯文引自《探索奇蹟》（*In Search of the Miraculous*）中譯本，劉蘊芳、黃梅峰、黃承晃譯，方智出版。）

人類身上不只是缺乏統一性，也要考量到某個人（伊凡）不可能做某件事的部分，實際上是被一個不同的自我（尼可拉斯）給取代了，而這個自我要做這件事是毫無困難的。這很接近於我們在本書裡描述過的人類行爲。另一個熟悉的主題是，做了某件事的那部分的你（舉例來說，喝太多酒的部分）很可能不是爲後果付出代價（醒來宿醉）的那部分的你。

接下來，這個鄔斯賓斯基作品的段落，結束在一個例子，說明人如何及爲何沒有對他們的決定貫徹始終，你應該很熟悉這個論調了：

就如我們所知人的樣子……不可能有一個不變而單一的我，他的「我」如同他的想法、感覺以及心情一樣快速改變。而他犯了一個很深的錯誤，認爲自己一直是一個，並且是同一個人……

人沒有單一性，沒有單一的大我，人被分裂成一大群的小我。每一個分別的小我都能以整體之名稱呼自己，以整體之名行動、同意或不同意、給予承諾以及做決定。而另一個我或整體必須去料理善後，這解釋了爲什麼人經常做出決定卻很少執行。⑦（譯註：此處譯文引自《探索奇蹟》中譯本。）

另一個知名的葛吉夫門徒，莫里斯·尼柯（Maurice Nicoll），把焦點放在某些人很難承認自己不只是一個單一的統合自我：

有很長一段時間，「他總是單一而相同的個人」的這個幻覺，會與他不帶批判地觀察自己的嘗試起衝突，而且讓他很難領悟到自己的觀察之重要性。他會找到藉口說自己有理，緊抓著這個觀念：他眞的是一個人，而且有不變的個體性。⑧

對於擁有多重自我或心靈的「問題」，葛吉夫的反應與斯瑞·奧羅賓多很類似。如同大衛·雷斯特所說的：「對葛吉夫來說，終極解答是讓這個人發展出一位眞正的大師，一個更高的自我，可以控制所有較小的自我。」[9]雖然葛吉夫的某些觀念正中核心，他對於衝突自我的描述也相當有啓發性，我們卻沒發現多少成功證據在背後支持他的「終極解答」：打造單一的超級自我，去監督一個人的其餘自我。

## 珍・休斯頓：多重心智與你的「內在工作小組」

美國作家暨人類潛能運動領袖珍・休斯頓（一九三七年生）的文章與工作坊，完全吸收合併了健康複數自我觀點。她的一個工作坊傳單上寫著，「你會發展內在工作小組的某些人格，以便增進你的知性、寫作技巧和資源」。在另一個課程裡，參與者被告知他們會發現「你體內擁有的不同種類智能，像是情緒智商、不同的意識狀態、接通創作狀態，還有照你的需要，協調你的『內在工作小組』中不同的成員，或者延伸的人格，以便幫助你達成那些你不知道自己做得到的事情」。[10]參與者也會得知「如何取用『內在的專家』、自願的幫手或人格面具，它們會幫助你帶著信心航行於人生的複雜面之中」。[11]

圖11.3　珍・休斯頓

休斯頓創造了「多重心智」（polyphrenia）這個詞彙來描述「一個高功能、多層次的意識，在它的各層次之內是組織良好且相輔相成的」。[12]曾訪問休斯頓的道格拉斯・艾比（Douglas Eby），進一步解釋：「休斯頓相信人在本質上有多重心智。『多重心智即我們許多自我的協調，是我們的延伸性健康。我們內部有大量的工作人員，以前被稱爲子人格。』」[13]

休斯頓在擁抱多重心智方面，採取一種實用主義路線。當她被問到如何做到這麼多事，從寫好幾十本書，到旅行世界各地數百萬英里辦工作坊，再到體驗政治上的負面名聲，[1]她的回應如下：

大家總是問我，我如何在我的人生裡做到這麼多事？我說這非常簡單。我支持這個信念：我們不是思覺失調（那是我們的病狀），而是多重心智。我們體內包含這麼多、這麼多的人。舉例來說，我是個教師、一個愛狗人士、一個旅行家、一個冥想者、一個廚師（這是我自己很認真的一個部分）、一個狂野的女人。我或許可以向你提起自己內部的二十個不同的人。我領悟到小而狹隘的珍，那是小我性質的自我，只是我的一小部分；小我不過是多重心靈意象中的一個意象。在我需要做某件我不特別覺得自己有技巧處理的事情時，我就利用另一個部分。

舉例來說，我不喜歡寫作。超級不喜歡！……為了寫作，我必須利用是個大廚的那部分自己。我是非常好的廚師。我沒有任何的障礙，徹底性急而厚臉皮。我進入廚師自我是為了能夠寫作，能攪拌種種想法的混合物，如果我需要某種真正生氣勃勃的東西，就添加一點點胡椒醬，然後這裡再加點能量香草，所以身為大廚，我就可以寫作。但身為珍的時候，我沒有辦法寫。⑭

## 心理學與治療性的途徑

這不只是保持正向的問題，這也是問我們在這個時間及空間裡是誰的問題……這些挑戰在召喚人使用自己過去從未使用過的範疇與層次，也就是多重的存在方式。

——珍・休斯頓，接受啓蒙網站（enlightenment.com）訪問

如同先前討論過的，在二十世紀開端的佛洛伊德與行爲主義興起的聯合影響下，心理學學科對複數自我的理解被推遲了。要花數十年的時間，心理學才會改變立場再看一眼，這是受到病態多重性（當時稱爲多重人格疾患，簡稱MPD）的故事啓發，同時也聚焦於此。這是從《三面夏娃》和《西碧兒》的書與電影開始的，最後導致進步派治療師與精神病學家在思維上的進展。他們承認，這種疾患的解離部分是一種適應性的演化機制，能幫助受虐的個人盡可能好好維繫一切。

然而，貫穿整個二十世紀，有一些先驅性的心理學家與治療師，不只用這種或那種形式想到並寫到複數自我（包括卡爾・榮格與詹姆斯・希爾曼），也產出特別針對與複數自我工作的有組織體系或治療方法。這一部分會簡短地提到其中最重要的一些，包括統合心理學、心理劇、自我內心對話和內在家庭系統，所有體系至今都還在積極實踐中。

接著，我們會迅速看一下當代的場景，以及（自我的）部分工作（parts work）在許多不同專業與治療背景下的興起。至於心理治療本身，我們會探討主流心理學家與其他治療師可以用來跟困擾或不健康自我工作的幾種技術與策略。最後，我們會談一下強迫統合的問題。

1　一九九六年，珍・休斯頓幫助第一夫人希拉蕊・柯林頓透過在白宮進行的一項想像練習，接通伊蓮諾・羅斯福可能會給她的任何建議。

## 統合心理學與阿薩鳩利

先前談過的義大利精神病學家羅貝托・阿薩鳩利，創建了一個整體論或超個人心理學運動，被稱爲統合心理學。[2] 阿薩鳩利是卡爾・榮格的友人（榮格引薦他進入蘇黎世的佛洛伊德學社），在一九一〇年之後，他開始發展並散播自己的觀念，而在一九二六年，他創辦了後來成爲統合心理學研究所（Institute of Psychosynthesis）的機構。

子人格（常常起衝突的多重人格）的觀念，是「統合心理學思想裡的中心線股」。⑮阿薩鳩利寫道：

> 我們不是統合的。我們常常覺得自己是統合，因爲我們沒有許多身體和四肢，也因爲一隻手通常不會打中另一隻手。不過，從隱喻上來說，我們內在發生的事情就是這樣子。好幾個子人格持續地扭打：衝動、欲望、原則、靈感，都參與在無止盡的掙扎之中。⑯

統合心理學發展了處理複數自我的五階段程序，從「承認」到「接納」，再到「協調」、「整合」、「統合」。達到統合階段的終極回報是，「導向超個人自我（Transpersonal Self）的發現，還有領悟到這就是個人的最終眞相，子人格卻不是。」⑲對阿薩鳩利來說，焦點從複數自我移開，轉向一個超級自我。

## 心理劇與雅各・莫雷諾

心理劇是由雅各・莫雷諾發展出來的，他是原籍奧地利，之後移居美國的精神病學家，在一九二五年來到紐約市，開始實驗團體治療（他是先驅）和「心理戲劇學」（psycho-dramatics）。⑳莫雷諾的心理劇「是一種行動方法，通常運用在心理治療中，個案使用自發的戲劇化表現、角色扮演和戲劇性的自我呈現，探究自己的人生，並且取得對此的洞見。」㉑

根據約翰・羅溫的說法，「（莫雷諾）未曾使用過這個詞彙（心理劇），但他確實使用了這個方法，用得非常無拘無束又與眾不同。」㉒如同心理劇共同創始者，同時也是雅各・莫雷諾的妻子澤爾卡・莫雷諾（Zerka Moreno）所描述的，心理劇的其中一個技術是「多重替身技巧」（multiple double technique），「患者在舞台上，跟自己的數個替身在一起。每一個都表現出患者的一部分。一個輔角（auxiliary ego）扮演現在的他，同時患者扮演自己小時候的樣子……患者的多個面具同時在場，而且每一個都輪流表演。」㉓羅溫做出結論說，「當然，在心理劇中發生的事情是，主角（個案、病患）遲早會扮演所有的角色，然後體驗到這些角色的每一個，從內部、做爲那個人去感受……我們必須藉著扮演那些子人格，從內部去認識它們，而不是從外部藉著觀察或描述去認識它們。」㉔

---

2 在阿薩鳩利之前，詹姆斯・傑克森・普特南、卡爾・榮格與歐拉奇（A. R. Orage）全都使用過統合心理學（psychosynthesis）這個名詞。⑰舉例來說，榮格曾經寫過：「如果有『精神分析』，必定也有根據同樣法則創造出未來事件的『精神統合』（psychosynthesis）。」⑱（譯註：此處譯文引自《危險療程》〔*A Most Dangerous Method*〕中譯本，陳雅馨、楊晴譯，商周出版。）

心理劇在角色扮演中積極運用了複數自我或子人格，卻沒有承認它們就是這樣存在著。所以，在談到複數自我與子人格的文獻裡，不常寫到心理劇。羅溫寫道：「從某個角度來說，對心理劇談得這麼少，是很荒謬的，因爲心理劇在某方面對於如何跟子人格們工作，掌握得比其他流派都好，可是……心理劇專家們不太常用這些詞彙。」㉕

## 自我內心對話，以及哈爾與席德拉．史東

哈爾與席德拉．史東發明了自我內心對話，他們在網站提到，這是「跟構成每個人的許多自我聯絡、學習、工作的基本方法」。㉖在《擁抱我們的複數自我》（一九九八）裡，他們寫道：

我們曾經指出這個事實：我們是由許多自我所構成……它們曾被稱爲許多的我、複數自我，或者部分自我、情結、多重人格，而最近的說法是「能量模式」（energy patterns）……某些人反對這個觀念，認爲這樣的理論讓人格變得破碎。我們覺得它已經是「破碎的」，而我們的任務是開始覺察複數自我的這種破碎化或多重性，好讓我們可以在自己的人生裡做出有效的選擇。㉗

自我內心對話特別強調不侮辱或拒絕自我，因爲這麼做會把這些「被否定的自我」推進無意識中，卻強化了它們，讓它們能夠「在我們內部以無意識的方式成長，取得力量與權威」。㉘史東夫婦寫道：

在談到我們厭惡的那些自我時，大多數人有外科醫師的心態。我們這麼努力去擺脫脾氣、憤怒、嫉妒、小氣、害羞、不足之感……這份清單可以無窮無盡……如果我們可以學著往後退一步，容許覺察運作，我們不只會與這些自我相遇，也會領悟到，拔除這些模式的願望，實際上是另一個自我的聲音。㉙

史東夫婦覺得「每個子自我都是一個獨特的能量模式，每一個都有獨特的臉部表情、姿態、聲調，而且在自己的環境裡都創造出不同的能量振動組合」。㉚他們也承認子人格們「就像人：它們喜歡感覺到擁有我們專一的注意力，而且有很多時間可以表達它們自己」。㉛

近年來，史東夫婦把自我內心對話重鑄成一個更廣大體系的一個面向，稱呼這個體系爲「複數自我心理學」（Psychology of Selves），「對於這些自我如何在你的生命中運作，還有它們如何阻止你領悟到全部的潛能，提供了一個清楚的解釋」。㉜所以，你可以「學習這些自我如何決定你看世界的方式、控制你的行爲，還有限制你的選擇」。㉝

## 內在家庭系統與理查・史瓦茲

內在家庭系統模型是理查・史瓦茲發展出來的心理治療方法。這個方法承認子人格的存在，然後應用家庭治療或家庭諮商的某些洞見與動力，來跟這些子人格工作。㉞以下是內在家庭系統的基本假設：

- 心靈的本質就是被細分成數量不定的子人格或部分。

- 每個人都有個大我（Self），而這個大我可以也應該領導個人的內在系統。
- 每個部分的非極端意圖，對於個人來說是積極正面的事。部分沒有「壞的」，治療的目標不是殲滅部分，反而是幫助它們找到非極端的角色。
- 隨著我們的發展，我們的部分會發展並形成它們自己的複雜互動系統；所以系統理論可以被應用在內在系統上。在這個系統被重新組織過以後，部分可以很快地改變。
- 內在系統裡的改變會影響外在系統的改變，反之亦然。這個假設的蘊含是，系統的內在與外在層次都應該受到評估。

內在家庭系統的整體目標包含：

- 在內在系統中達成平衡與和諧。
- 區分並提升大我，好讓它可以在系統中做個有效領導者。
- 在大我領頭的時候，部分會提供意見給大我，不過它們會尊重大我的領導權，還有大我的最終決策。
- 所有部分都存在，並且出借反映它們非極端意圖的才能。㉟

史瓦茲的根本理解是，人類心靈是由子自我自然構成的。他也強調，沒有壞的子自我，也不需要透過強迫統合，消滅它們之中的任何一個。史瓦茲重複一個熟悉的模式，接著大力強調發展根本的大我，以大我做爲這個系統的終極關鍵。

舉例來說，二〇一七年史瓦茲和羅伯特・佛克納合著的《許多心靈，一個自我》，涵蓋了跟我們相同的一些文化、心理學與神經學領域，但結論卻是極其強勢地回歸單一自我假設，甚至讓它登上了書名。史瓦茲和佛克納在建立了所有人之內都存在許多心靈以後，接著就告訴我們，跟這些心靈工作的方法，就是發展一個單一而根本的性靈大我。

## 一個單數致歉詞

這一章涵蓋的許多系統，跟這本書如何描述複數自我有很多共通點。每個系統可能都有自己的支持者、訓練法、與個案的多年工作經驗，甚至還有一本專業期刊。在大多數案例，每個系統的開始都是描述自身對於複數自我的觀察，包括：它們像是什麼樣子、如何被創造出來、如何接觸它們等。接著，每個系統轉向怎麼樣跟這些自我工作最好，聚焦於系統本身的治療性介入效力。

許多系統接著提出，在這些分離而可觀察的自我之上與之外，必定有某種別的東西：一個更高、更明智，或是道德優越的存在，或是處於完全不同層級的存在，一個超級自我或超越性自我，坐在所有其他自我的後方或上方。

我們不採用這些超越性自我系統，不是因為我們不同意或認為不可能這樣。我們不談論有個超越性自我的可能性，只是因為還沒有發現足夠的證據。然而，我們已經發現的是，承認、欣賞且協調複數自我的人，一致發現他們的生活改善了。我們知道，對於超越性自我的存在不抱立場，可能冒犯一些對於人格多重性既有及已確立的處理方法的追隨者。對此，我們預先致歉，然而我們總是設法把自己限制在明顯、可觀察的部分，而非揣測只具可能性的事情。

## 當代實例

複數自我、部分或子人格，在許多現行治療與支持模組裡經常被使用到。舉例來說，前文提到的四種方法：統合心理學、心理劇、自我內心對話與內在家庭系統，至今日都還在世界各地積極實踐中。再者，弗利茲．伯爾斯率先發展的全形技術，以及角色扮演與角色反轉，在各種治療、諮商與輔導中都被廣泛使用。對於範圍廣泛的種種治療方法如何使用複數部分與自我，可以參考理查．波斯塔（Richard Bolstad）的文章〈部分整合與心理治療〉。

還有其他的當代導師、教誨、技術與自我改善工具，以某種方式承認並與複數部分或自我工作。我們無法全部一一點名，但這裡有一些值得注意的方法：

### 神經語言程式學（Neuro–Linguistic Programming）

簡稱NLP，是由理查．班德勒（Richard Bandler）與約翰．葛瑞德（John Grinder）所創造的，通常指涉到「一部分的你」，而且有一些明顯與部分相關的技術，包括「六步驟重新架構」（6–step reframing），是在一個人的各個部分之間做協商。[36]據說是維琴尼亞．薩提爾把針對人格部分的工作（parts work）引進神經語言程式學裡。理查．波斯塔提到，早在一九七六年，班德勒與葛瑞德就拼湊出幾種對衝突的部分（自我）工作的方式，像是薩提爾的「面貌舞會」（Parts Party）

和全形心理學的「空椅程序」（empty chair process）。在「六步驟重新架構」這種合併了人格部分工作的早期模型裡，班德勒與葛瑞德解釋了它的基本原理，說道：「如果你有個信念系統說，『聽著，如果他是有意識地控制這種行爲，那麼狀況早就已經改變了』，這才是合理的。所以是某部分沒有意識的他在運作這種行爲模式。」㊲

**霍夫曼四位一體歷程（The Hoffman Quadrinity Process）**

分離出肉體自我（Physical Self）、情緒自我（Emotional Self）、知性自我（Intellectual Self）和靈性自我（Spiritual Self），並加以利用。㊳

**歷程工作（Process Work）**

由亞諾與愛美．閔戴爾（Arnold and Amy Mindell）發展出來並教導的，這個方法利用角色扮演與角色交換，因爲「一個衝突或討論中的所有不同部分，實際上是每個人在自己內在或多或少有的角色」。㊴

**內在團隊（The Inside Team）**

由辛西雅．洛伊．達斯特（Cynthia Loy Darst）創造的商業輔導歷程，直接利用複數自我。這個歷程幫忙把所謂的「內在團隊球員」帶進覺察之中，這些球員被定義成一個「聲音、信念，（還有）我們人格種種面向的集合」。參與者接著有意識地重新設計他們與自己的內在聯盟，以便做出選擇，並採取讓他們在生活中往前邁進的行動。㊵這裡跟先前提過的艾莉卡．愛瑞兒．福克絲的作

品有些共鳴，福克絲的作品也聚焦於自我之間的內在協商。㊶

## 哈科米歷程（The Hakomi Process）

一種以身體爲中心的心理療法，包含一個「統一原則」，「假定了我們身爲人類，是活生生的有機系統，是整合的整體，由部分組成，這些部分也參與更大的系統。這個系統的所有層級的互相依賴性，包括了哈科米承認的身體/代謝、心靈內在（intrapsychic）、人際之間、家庭、文化與性靈面。」㊷哈科米治療師瓊・艾斯曼（Jon Eisman）發展出來的「人類系統自我模型的再創造」（The Re-Creation of the Self Model of Human Systems, R-CS），「描述我們藉著這個方法，把意識碎片化，變成各種子自我或自我狀態的集合……每個自我狀態都是一種不同的意識狀態，或者出神狀態，而每個狀態對於我們自己和世界的本質，都抱有一種特殊的觀點與一套眞理。」㊸

## 某些自我可能需要幫助，但不是「強迫統合」

我們之前已經提過這一點，不過這是很重要的論點，我們想要徹底講清楚：擁有複數自我是正常的。我們所知的最健康存在方式，是承認自己的複數自我和其他人的複數自我全都眞實存在，而且學著有效地共同工作。擁有複數自我是正常的，但是許多人有一個或多個可能很令人困擾、功能失調、沮喪或深度不快樂的自我，而且需要幫助。所以，你或認識的某個人很可能有個自我，需要或可能得益於治療、諮商、輔導，或者其他介入措施。再說一次，**擁有複數自我並非本質上就不健**

**康，事實上正好相反，但是擁有沒有得到適當治療與協助的困擾自我，可能是非常不健康的**。

假設你有一個或多個自我行爲乖張，或者長期不快樂也不滿足。顯然，找到對付這些自我的辦法，是非常重要的。一旦傳統治療師承認部分或複數自我牽涉其中，也可能證明許多主流療法有幫助。因此，認知行爲療法、傳統心理療法，或者許多潛在治療方法中的任何一個，在處理某個特別有問題的自我時，可能被證明非常有幫助。

然而，強迫整合，或者「融合」，幾乎永遠都是錯誤的，這等同於殺死或摧毀一個自我。科林．羅斯提供了一些歷史背景，並分析爲什麼這是錯誤的：

莫頓．普林斯……在這個領域裡犯過另一個重大錯誤，蒂格伯與克萊克利在《三面夏娃》（一九五七）裡又重複了這個錯誤。他決定，多重人格疾患最佳的治療方式，就是逼迫大多數副人格消失，然後支持一個人格的優勢。這樣的治療是由嘗試擺脫「壞的」副人格，留下「好的」或「眞的」副人格所組成。這樣不會奏效，因爲壞的副人格是有某個功能的，只是在不被理解時看起來壞，而且是整體的一個必要部分。這種治療是驅魔的世俗版本，並沒有治癒痛苦、解消衝突或導致整合。㊹

蘇珊．羅伯茲（Susan C. Roberts）認同管弦樂團的隱喻，進一步解釋如下：

目標不是讓分裂的部分融合，「融合」這個字眼聽起來很有威脅性，像是要毀滅自我中充滿生命與能量的部分，我們的目標應該是練習「心靈的時間分享」，就像一位精神病學家的說法。因此，在成功治療後達成的整體性圖像，不太可能是一個扎實的單位，反而比較像是一個有功能的複數，也就是一個管弦樂團或大學划船隊，多種自我在此合作，朝著一個大家同意的目標前進。㊺

鄧肯（C. W. Duncan）也注意到一個朝著正確方向走的歷史運動，他這麼說明：

> 今日博學的治療師絕對不會指定一個「眞正的」人格，然後扮演上帝去「犧牲」一個副人格。既然整個人格是由所有副人格部分組成的，如果治療過程要成功，每個部分一定都要得到尊重並涉入。不幸的是，某些治療師實踐的是十九世紀的療法，企圖把多重人格疾患中的副人格驅離，而不是療癒多重人格疾患系統。㊻

如同羅斯、羅伯茲和鄧肯指出的，把目標放在融合或強迫整合的治療性介入，實質上是企圖殺死、摧毀或殲滅一個或多個不受歡迎的自我。嘗試鎮壓自己的某一個眞實且自主，具有內在價值，且擁有自己的能量與生命力的部分之能量，幾乎從來不會成功。被壓抑的能量會找到一條路冒出來，像迴力鏢一樣往回飛，或者用其他方式復返。就算在嚴重病態多重性的治療案例裡，強迫統合的結果，鮮少持續或導致穩定的複數自我形態。的確，病患通常會恢復先前的自我與問題行爲。

## 區分思覺失調症與多重性

美國國家心理衛生研究院定義思覺失調症爲「一種慢性而嚴重的心理疾患，影響一個人如何思考、感覺與行爲。有思覺失調症的人可能跟現實脫節了……症狀可能讓人嚴重失能」。㊼這種疾患也可以被定義爲「一種型態的長期心理疾患，這種型態包括思想、情緒與行爲之間關係的崩潰，導致錯誤的感知、不恰當的行動與感受，從現實與人際關係中退縮，進入幻想與妄想之中，還有一種心理破碎化的意識」。㊽

在大眾及某些心理衛生專業人士的心目中，一直有著把病態多重性和思覺失調症混爲一談的傾向。班奈特·布隆寫道：「羅森包姆（Rosenbaum）……猜測布魯勒（Bleuler）在一九一一年引進思覺失調症一詞，導致許多多重人格疾患患者被誤診爲思覺失調症。的確，在他們最近針對一百個連續性多重人格疾患案例的研究裡，普特南及其他人……報告說某些例子先前被誤診爲思覺失調症。」㊾對於廣泛的混淆與誤診，[3]科林·羅斯提出相同的論點：「思覺失調症無疑是一種腦部疾病，需要身體上的治療。但沒有證據說多重人格疾患的大腦有任何結構或生理上的問題。」㊿

3 科林·羅斯也提供了思覺失調症的詞源學背景，在布魯勒引進思覺失調症一詞以前，這種病被稱爲「早發性痴呆症」（dementia praecox）。他告訴我們，思覺失調症的意思是「分裂的心靈」，來自希臘文schizo（分裂）和phren（心靈），不過，「實際上，分裂的心靈是多重人格疾患的特徵。這種混淆的術語，導致對於思覺失調症的普遍混淆，這種病常常被想成跟人格分裂是一樣的。」(51)

肯恩·威爾伯描述了對這個術語的誤解，如何在當代文化裡透過電影製片人而被擴大：

所以，請注意，電影總是弄錯的某件事：思覺失調症，這是一種形式的精神病……幾乎被所有電影拍成某種通常被稱爲「人格分裂」的毛病（schizo似乎是這個意思）。也就是說，某個有多重人格疾患的人，例如《三面夏娃》的主角。在多部電影裡，角色的心靈碎裂成好幾個子人格，其中一個通常被描繪成冷血的連續殺人犯。這樣的人被貼上完全「分裂」，或者是「人格分裂」的標籤。但（在）眞正的多重人格疾患中（一種眞正的「心靈分裂」狀況）……每一個人格都是完全與傳統現實保持接觸的，沒有幻覺，或白日夢的碎片。(52)

這種術語上的混淆，以及總是會出現的連續殺人犯情節，仍然在發生，這在二〇一六年的恐怖片《分裂》裡明顯可見。

本書已經討論過擁有複數自我，與擁有一個或多個病態複數自我，或者功能失調複數自我系統，需要某種協助或治療的不同之處。思覺失調症是眞的，但是它並不直接與我們對健康正常多重性的理解有關係。

## 社會性與文化性的回應

如果這本書的主要論旨：「人類有眞實、具備固有寶貴價值，而且自主的複數自我，還有藉著學習承認並欣賞那些自我，與它們合作會變得更容易也更有效」是正確的，那麼對於許多主要社會與文化機構來說，眼前有實質的工作要做。我們對於整體心理與精神健康的底線，需要實質的轉移。

在變化範圍甚廣的文化、社會與機構環境中，會需要許多的討論與對話，以便消化並吸收這種修正版的概念。接下來我們會探討：

1. 法律系統與責任問題
2. 精神病學、心理學以及心理衛生系統整體
3. 健康、療癒與幸福的問題

## 法律系統與複數自我的責任

「我們全都有複數自我」的觀念，可能被視為對於倫理與責任的概念，以及法律與秩序體系的一種潛在威脅。如同彼得．鮑德溫所說的：「法律與秩序要怎麼說？這種思考方式會給人放縱的自由，說『那是我自己的某個人格面具做的事，不能叫我負責！』」[53]莉塔．卡特寫道：「為何大家不情願承認人類多重性，或許有一個理由是恐懼這樣會損害個人責任的原則。如果每個人都開始把比較讓人難以接受的行為怪到別人身上，就會出亂子，所以比較安全的作法是緊抓著單一性的幻覺。」[54]約翰．比爾斯說了類似的意見：「在我們的自我之中，可能躲著一些我們並沒有體驗成『我』的實體，而我們對這些實體的行動可能無法控制……這個想法威脅著人對於倫理責任的觀點。此外，如果一個單一的『個人』無法完全等同於一個單一的『身體』，如果我們不見得知道我

們在應付誰，那麼整個法學體系都受到威脅了。」[55]

在美國刑法（以傳統習慣法爲基礎）之中，典型狀況下，只有在某人執行了討論中的身體行爲（客觀構成要件），也在行爲當時具備必要的心理狀態（犯意），才能夠判此人有罪。[56]雖然以較嚴格的法定責任條款爲基礎時有例外情況，但一次刑法上的定罪通常同時要求一個惡行和一個惡意行爲者；也就是說，某個有犯罪意圖和非法目的的人。

如果我們有複數自我（我們確實有！），那麼已經不在場的一部分我們犯下某個罪行的時候，會發生什麼事？就算客觀構成要件仍然歸咎於同一個人類身上（因爲他或她只有一具身體），那麼犯意呢？如果這個人通常在場的這個部分或者許多部分，並沒有犯意或非法目的，這個人該被定罪嗎？「精神失常無罪」的觀念，在這裡適用嗎？應該如何適用？

我們經常提到的比利·密利根，基於多重人格疾患診斷而被判強姦罪名不成立，接著花了許多年待在維安精神病院裡，最後才被釋放。[57]然而，在山坡勒殺手案裡，肯·比安奇（Ken Bianchi）的解離性身分疾患辯護，被發現是僞裝出來的，因而被判終身監禁。[58]

一個相關類型的辯護，已經讓一種稱爲「神經法律」（neuro-law）新學科得以誕生。除此之外，神經法律利用腦部掃描，比較某些狀況下當事人的不同自我狀態：這些狀況裡，當事人吃過某種改變大腦化學狀態的藥或物質，所以聲稱他們無法爲所做出的行動、刑事罪行或民事侵權行爲負責。如同大衛·伊葛門在《大西洋雜誌》上所寫的：「腦科學的進步，讓許多犯罪行爲背後的意願被打上問號。」[59]這種狀況可能出現在某人正在服用處方藥物，或者在吃非處方或非法取得止痛藥（特別是鴉片類）的例子裡，或者就只因爲他們吃錯食物種類。（思考一下丹·懷特〔Dan White〕的辯護律師，對於他謀殺舊金山市督政哈維·米克〔Harvey Mick〕與市長喬治·莫斯康〔George

Moscone〕時提出的「甜點抗辯」。）[60]

另外，精神病學家西摩・哈勒克（Seymour Halleck）在文章〈解離現象與責任問題〉裡，對比了「最小化責任歸屬的例子」（通常跟病態多重性聯想在一起的那種負面人生經驗）和「最大化責任歸屬的例子」（長期來說對病患與社會整體而言都比較好）。[61]整體來說，似乎有廣大的共識是，複數自我的存在並不會（也不該）改變我們對於責任與法律途徑的基本概念。

約翰・羅溫寫道：

> 然而，這裡應該給出一個警告，也就是我不相信應該把子人格理解爲拿走了這個社會人的責任。有一些嘗試是這樣的：如果說子人格的觀念站得住腳，就可以說一個子人格犯了罪，不能叫另一個子人格負責。這種說法其實有人試過……
>
> 但就算在眞正的（病態的）多重人格例子裡……對於所有人都看得到的社會人，或者簽支票、擁有財產、簽訂合約等的法律人，縮減他們的責任是錯誤的……
>
> 所以，我的警告是，別拿著「子人格概念可以被用來縮減所有行動的任何人類責任」的想法來天馬行空地胡思亂想，無論這行爲背後的衝動有多偏狹、片面或不恰當都不行。[62]

對於這種類型的議題，法律系統將會改變得非常慢。那些處於解離性身分疾患確診者自助社群的人，似乎都很清楚，如果任何人格或自我犯下一個罪行，這個人都會被認爲要對此負責。如同詹姆斯・瓦鳩（James Vargiu）所說的：「我們要爲子人格負責，就像我們要爲自己的孩子、寵物和車負責。我們肯定需要確定它們不會對我們自己或其他人造成麻煩。」[63]

## 精神病學、心理學與心理衛生系統整體

我們想要對精神病學與心理學的執業者，以及所有相關的心理衛生專業人士提出邀請。這份邀請有兩個部分：首先，承認或確認普遍來說人類身上的複數自我與多重性的眞實性；其次，有鑑於此，重新思考你們所屬學科的目標與方法。

要承認並理解最健康的人不只有複數自我，而且要找到方法去跟自己的複數自我及別人的複數自我和諧相處與共同工作，這會需要在根本上重新構思精神病學、心理學和相關心理衛生專業的許多面向。如果我們對於最佳人類功能運作與幸福的看法是正確的，那麼有許多心理衛生專業人士與執業者會需要適應。

病態多重性的案例在將來還是必須處理，不過是在一個較大的架構之下進行：主張複數自我的存在，是一種不可否認的實用性事實。對於那些處於普通範圍內的不快樂、憂鬱，或者因爲其他理由而接受治療的人，病患的目標會是認識他們的自我，並且學習跟它們全體好好合作。

如果你是一位主流治療師，第一次跟某個覺察到自己擁有複數自我的人工作，那麼有幾種不同方式可以讓你往前推進。你可以利用的資源包括下面這些：

- 本書前面部分描述和討論過的方法與技術。
- 你可以從目前還在實踐的複數自我覺察模組，像是統合心理學或自我內心對話中借用方法與技術。
- 以下的兩個方案，分為簡單版和複雜版。

## 簡單方案

傑．諾力克斯推薦一種四部分方法，用來處理困擾的複數自我和它們的行爲：

透過跟內在世界合作而療癒的程序，非常直接了當。首先，找到有問題行爲的那個部分，同時保持覺察，有時候可能有超過一個部分牽涉其中。其次，引出那個部分持有的問題記憶。第三，抵銷連結到那個問題記憶上的能量。最後，在必要時幫助嶄新而有彈性的部分，調整到一個新界定出來的角色裡。[64]

## 多步驟方案

彼得．鮑德溫用「人格面具」一詞來計畫接下來的步驟，可以在一段心理治療的會心歷程（encounter）裡進行：

- 辨識出每個人格面具。
- 辨識出內投射的同胞、敵手，還有內投射的觀眾。
- 透過扮裝成每個人格面具來外化他或她，並且在治療環境下指派給每個面具一張椅子。
- 隨著處理重要議題與生活處境的過程，促進主體對每個人格面具產生的行爲的辨識能力。
- 發展對每個人格面具的長處與弱點的欣賞。
- 增加人格面具承認彼此共謀的能力，還有努力爲了解決問題而達成協議的能力。

● 對於隱性人格面具細微或迅速的「打帶跑」突現，持續保持警戒。
● 透過人爲的人格面具「團體治療」，激勵主體從過度意識、滿心想著解決問題的狀態中。逐漸釋放出來。
● 透過引進催眠故事，這一個或多個故事會激發並／或破壞一個人的生活所呈現的戲劇，以取得深層（無意識）與意識對這（些）故事的評價與再評價。[65]

如果你是一個精神病學家、心理學家，或者任何一種治療師、顧問或輔導教練，而某個人想要你幫助他們的一個或更多個自我，承認他們的複數自我的潛在眞實性，是很好的起點。一旦你個人體驗到複數自我的眞實性，還有欣賞它們、與它們合作的價值，在你幫助需要或想要複數自我覺察協助的客戶時，就會處於更有利的位置。

## 健康、療癒與幸福

先前討論過精神病學家艾倫．蘭格的作品，她把一群七十歲的男士置入年輕時的環境。在僅僅幾個星期的時間裡，她觀察到這些男士在許多身體與心理尺度上都表現得好多了。這些男士的進展，似乎有一部分要歸功於蘭格，因爲她讓他們看似生活在一九五九年，他們更年輕健康的時候，把他們更年輕、更健康的各式各樣自我們召喚出來，帶到現在。

組成我們的不同部分，分享了某些共同的需求與目標，但它們也是自身經驗與表達的自主中心。我們的自我中有一些需要非常特別的事物，才能讓它們健康快樂。一個自我可能需要畫圖；另一個可能渴望漫長的月下單人散步；另一個可能很想要一加侖的冰淇淋。請想想米勒（B. J. Miller）

的故事，他是一個三處被截肢的人，也是禪宗善終計畫（Zen Hospice Project）的執行主任：

米勒描述他在截肢手術以後，在一個沒有窗戶、無菌的燒傷病房凋萎。他聽到外面有暴風雪，但他自己無法看到。然後，一位護士偷渡一顆雪球給他，並且容許他握著。這違反了醫院的規定，而這正是米勒的重點：我們自己的有些部分，是傳統健康照護系統沒有能力療癒或滋養的，這加重了我們的苦難。

他描述握著那顆雪球是「偷來的片刻」，而且說：「但我簡直無法告訴你，我手中握著那顆球時感覺到的狂喜，還有滴落在我燒傷皮膚上的冰冷感，這一切就是奇蹟，在我看著它融化變成水的時候，多心醉神迷。在那一刻，處於這個行星的任何部分，處於這個宇宙中，對我來說比我是死是活更重要。」米勒的演講被觀賞了超過五百萬次。[66]

無論這關乎身體的療癒，還是像心流這種心理狀態的最佳化，我們身爲完整的人類，不太可能盡其所能地投入、健康而滿意，除非我們的複數自我在得到合理支持的狀態下，也盡可能地投入、健康而滿意。當然，必定會有妥協，不過妥協只能在承認我們的複數自我存在，而且得知每一個的需求與欲望以後才能出現。舉例來說，假定一部分的我們喜歡偶爾花一整個早上賴床。如果我們容許那個自我偶爾得到它想要的，我們可能會訝異於這對那個自我來說感覺有多好，而且我們會得到回饋：一旦我們搔到那個癢處，就有一波高漲的能量與靈感回到我們身邊。

當然這個論證有一種誇大的方式（哲學家會稱之爲歸謬論證），在這種狀況下，某人可能會說：「好吧，那麼我猜，這個部分的我會想要撞超我車的人，這個部分應該偶爾得到機會做這種事。」或者：「一個非常小部分的我，總是想要把我的腳踏車騎到街上，然後閉眼五分鐘。」

當然，我們並不是建議你應該做任何一個自我想要、要求或命令的任何事、每件事！然而，合理的，或是不會太古怪或危險的要求與欲望，應該得到誠懇的考慮，而且在有可能的時候，偶爾通融一下。對於我們的許多自我來說，一點點自我之愛可以走很長遠的路。

## 科技衝擊與機會

持續增長的溝通科技與社群網路，帶來許多關於健康複數自我模型與世界觀的重要問題。我們只談幾個簡短的評論與問題。

一方面來說，科技與社群網路似乎提供了許多角色扮演與探索不同自我的機會。舉例來說，對於熱門網站「第二人生」（Second Life），一位部落客寫道：

> 熱中的第二人生用户似乎了解，虛擬世界給人一個機會，能夠在新的環境裡表達他們實際上（或他們希望是）的面向。許多第二人生的用户不只是到處東敲西打，而是在表達他們的其中一個身分。這身分是否非常近似或不同於他們的「眞實」世界身分，並不重要，反之，一個第二人生的身分在一個人的整體圖像中，是有效的部分。[67]

此外，不管你的任何部分感興趣的某樣東西有多晦澀，你現在都可以發現其他對此有興趣的人，並且跟他們互動。從正式的線上角色扮演遊戲，到對線上的不同人扮演不同的角色，對於我們如何探索不同自我的需求與欲望，這裡似乎沒有限制。

另一方面，有些顧慮是，社群網路的迅速崛起，尤其是臉書無所不在的形式，限制了個人在不同環境下做不同自我的能力。如果每個人，從親戚到工作上認識的人、老友到剛認識的人，都可以看你打算做什麼、對什麼有興趣，那麼你要透過自己的生活常軌，在不同的環境變成（真正地轉換進入）不同的自我，會變得更加困難。

藝術家暨教授班傑明・葛羅瑟（Benjamin Grosser）曾經對這種動力寫過一份分析。[4]他寫道：

> 從網路一開始的時候，大家就已經使用網路科技來代表自己面對這個世界。有時候這種表徵是一種建構，奠基於他們在網路之外是誰，像是個人網頁或部落格。其他時候，人利用網路內建的匿名性，來探索並參與其他的身分。這種身分觀光……發生在遊戲空間裡（例如多使用者迷宮／空間／領土〔mult-user dungeon/dimension/domain, MUD〕、大型多人線上角色扮演遊戲〔massively multiplayer online role-playing game, MMORPG〕）、聊天室或論壇，還有在那些已經提過的空間，像是網頁與部落格……這份論文探索臉書的科技設計如何同質化身分，並且限制個人表徵……
>
> 根據臉書執行長暨創辦人馬克・祖伯格（Mark Zuckerberg）的說法，「你自己有兩種身

4 多謝吉賽兒・比森（Giséle Bisson）提醒我們注意到這些議題，以及班傑明・葛羅瑟的研究。

> 分，是缺乏誠信的一種例子……」臉書的設計與運作，是期待並迫使使用者只能基於他們的「眞正」身分來製作個人檔案，使用眞名以及精確的個人細節（臉書，二〇一一）。這種單一身分的意識形態位置，瀰漫在臉書的科技設計上，而且有部分是被這個網站提倡的透明性文化所強加的。[68]

所以，科技，尤其是社群網路，似乎是一把雙刃劍。它可以幫助帶來對於健康複數自我更大的理解與實踐，但可能也在本質上會讓我們移向同質化，以及單一自我假設的再強化。

同樣的動力狀態，可能也適用於兩種「下一件大事」：擴增實境（augmented reality, AR）和虛擬實境（virtual reality, VR）。擴增實境透過精靈寶可夢Go手機遊戲興起巨大波瀾，而虛擬實境持續變得更好、更便宜，讓個人能夠探索自己在其他狀況下很難接觸到的面向。有一個鬥劍的你，一個唱歌劇的你，一個爬山的你嗎？或許有個你正在另一個世紀或另一個星球養家？隨著這些種類的經驗變得更容易取得，它們很可能透過令人驚訝、有挑戰性也有啓發性的方式，與對於健康複數自我日漸增加的普遍興趣彼此交錯。

# Chapter 12 從傳統連續體到擴充版完整光譜

這一章呈現的是一個容易進入的視覺隱喻：「複數自我的完整光譜」。完整光譜顯示出健康人類的發展，擁抱的不只是認識我們所有自我的可能性，還有可取性與必然性。在這麼做的同時，對於最理想的功能發揮與健康看起來是什麼樣子，完整光譜爲傳統看法賦予了新的框架。

我們會以一連串的步驟，建立擴充版完整複數自我光譜：

1. 首先，我們會探討**傳統的解離連續體**，這幫助解釋並合理說明了病態多重性。這種傳統連續體興起於一九七〇年代開始的多重人格疾患早期相關作品，然後在解離性身分疾患變成新的官方《精神疾病診斷與統計手冊》診斷以後，又繼續在論解離性身分疾患的作品裡流行。
2. 我們來到**複數自我的完整光譜**，首先由科林．羅斯博士（以不同的名字發表）明確提出。完整光譜在實效上讓傳統連續體加倍了。
3. 我們爲一個定義性的插曲暫停一下，解釋如何及爲何我們用「凝聚性」一詞取代「解離」。

4. 擴充版完整光譜中，增加了「快樂與福祉」這種探究與評價的額外面向。這讓我們能夠清楚連接一個人的整體凝聚性，還有他們的快樂與生活滿足程度。

## 傳統解離連續體

一個連續體是「某種在性質上逐漸改變，或者以非常細微的階段改變，卻沒有任何清楚區隔點的東西」，①或者「一種連續序列，在其中相鄰元素並不是明顯不同於彼此，兩端卻是相當有區別」。②照看多重人格疾患病人的進步派治療師與精神病學家，在一九七〇年代晚期與一九八〇年代撰寫書籍和手冊時，將解離視爲存在於一個連續體上。[1]（傳統的連續體顯示在圖表12.1裡，這是從謝莉雅．拉摩斯的論文中衍生的，她則歸功於好幾個來源。）③尤里．伯格曼（Uri Bergmann）寫道：

> 所以爲了配合約翰．瓦金斯與海倫．瓦金斯的工作成果，有人建議把「解離」看成是另一條發展線……因此，就像在其他發展線上一樣，解離會被看成是一種動態連續體，從健康的／適應性的，一直到病態的。④

同樣地，約翰．羅溫寫道：

解離不是一種非此即彼的現象，而是存在於一個解離連續體上。在連續體的一端，是情緒波動……再遠一點……但仍然穩居正常經驗的範圍內，就是一些角色與自我意識狀態和子人格，在其中個人會執行專屬於某種狀態的任務，還有生活中的活動。再遠些……在正常範圍之外是……附身狀態……在連續體另一端是非常解離的狀態，特色是遁走（fugue）與失憶症。⑤

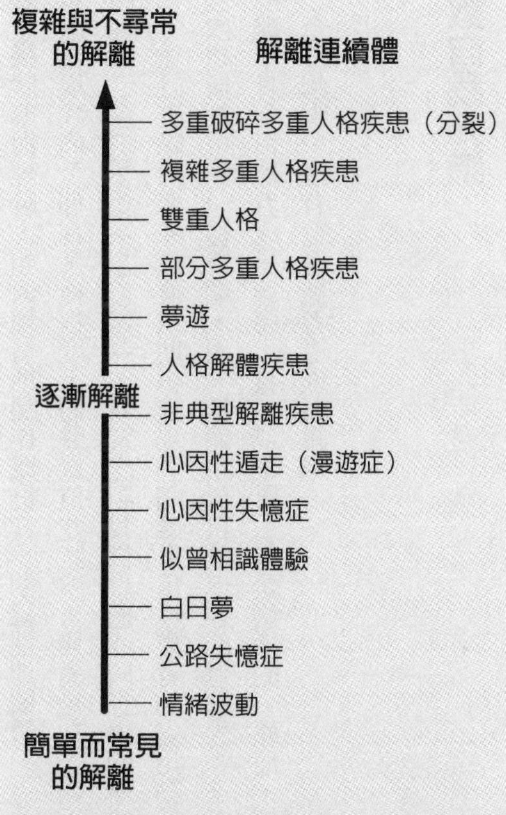


圖表 12.1　解離的傳統連續體，從謝莉雅·拉摩斯論文中衍生

1 對於解離的詳細討論（定義、用法、問題、其他選項），請見附錄。

在一個連續體上象徵性地表現解離，變得很流行，有兩個理由。第一，有助於用一種簡單易懂的圖像式表述，把各種意識狀態拉在一起。情緒波動、功能與記憶的問題、人格解體與喪失現實感的感受，還有體驗到超過一個身分，這些可能全都在一張圖表裡表現出來。前面展示的圖表12.1，闡明了不同的意識狀態與經驗，如何輕易地製作成符合一個線性連續體。

其次，藉由展現我們全都在某種程度上體驗過這些狀態，無論是在一場乏味對話中放空，體驗到「高速公路催眠」（highway hypnosis），或者忘記我們說過或同意過的事情，連續體開始把一般的解離正常化，並且去除污名。這能幫助重建那些病態多重性患者的立足點：這樣的個人只是把人類心靈的一個內建機制帶到一種極端，用一種適用於自我保存的適應性（甚至是演化性的）對策來保護自己。解離本身不再被看成是適應不良，或本質上就是病態的。然而，把多重、正常與健康複數自我的觀念合併起來，沒有普遍被考慮或討論過。

## 完整的複數自我光譜

我們來看一下莉塔．卡特對於傳統解離連續體的描述（她稱之為一種「光譜」）：

> 所以看待解離的最佳方式，就是把這看成一種光譜。在一端是日常的，完全正常地忽略背景中令人分心的事物。然後是白日夢和幻想這種狀態。沒聽到家人喊開飯了的青少年……專注於電腦遊戲、觀影者在感傷的結尾啜泣、迷失在白日夢裡，沒聽到老師說話的小孩……這些人

全都在解離……

在解離光譜上，超過這些範圍就變成病態的了。這是解離性疾患的領域，其中包括多重人格疾患……這裡有一條很細且在移動的線，介於適應性解離和疾患之間。適應性解離是大腦的一個健康而有用的花招，給予我們心靈上的彈性，與我們的人格保持一定程度的分離。⑥

儘管卡特是健康多重性的鼓吹者，仍然呈現有侷限性的連續體，只介於所謂的正常與徹底病態之間。但對於一幅更完整的圖像，我們需要的是一種對於複數自我[2]的完整連續體，或者光譜的表徵方式，包括健康、正常、多重性。科林・羅斯博士就是這麼看待的。

羅斯在一九九九年的一本文選的某一章裡，⑦呈現了一個簡單但深刻的視覺概念重構，說明光譜中要包括什麼。羅斯稱之爲「重新配置的連續體」，[3]他寫道：

2 卡特使用「光譜」一詞而非「連續體」來呈現她的觀念。在我們的定義中，一個連續體表示一種有連續數值的漸進序列，通常呈現在一個單一線性範圍中。另一方面，一個光譜指的是一個數值或性質可能發生的整個可能範圍。

3 爲求清楚起見，我們在這裡擅作主張，把科林・羅斯的用語「病態僞統合性」（pathological pseudounity）全部以「假定的統合」來取代。

正常多重性　　假定的統合　　解離性人格疾患

圖表 12.2 科林・羅斯重新配置的解離連續體

對於解離性人格疾患難題的解答……就是重新配置解離連續體。與其假定一個一端是正常解離，另一端是解離性人格疾患的解離連續體，我提議圖表12.2這種作法。在我們的文化中被稱爲正常的東西其實是（假定的統合）……重新配置連續體的左手邊是正常多重性……中間是（假定的統合），右手邊是解離性人格疾患……我們需要一種心理療法，可以把我們從（假定的統合）帶到正常多重性。⑧

彼得．鮑德溫也提供了完整光譜的另一種版本，把眞正健康的多面向人類放在中間。

鮑德溫寫道：

> 這些人格面具一起工作和玩樂，定義出一個「-10～0～10」的心理健康連續體。表現極端單一的人，在這個連續體的一端表現出病態的特色。人格面具中花俏混亂的分裂，表現出這個連續體另一端的病態特色……因此最理想的心理健康，特色是明顯多面向的人，他們體驗到自己，還有被他人體驗到的時候，都是有趣、有生產力的，而且基本上很快樂。⑨

我們會利用並延伸科林．羅斯的圖表，而非鮑德溫的。因爲羅斯的圖表

單一心靈（病態的） —— 多面向的 —— 混亂的「分裂」（病態的）

圖表12.3 彼得．鮑德溫重新配置的解離連續體

讓我們更容易描述完整光譜，並且擴充完整光譜；也就是說，雖然我們有可能像鮑德溫這樣表現完整的光譜，把那些體驗到健康、多面向多重性的人放在中央位置，但藉著使用羅斯的概念架構，我們可以更輕鬆地顯示一個清晰的進步性發展，從(a)那些特色是不健康多重性的人，到(b)那些（像許多人一樣）採用假定統合性的人，再到(c)所有人中最健康的，那些擁抱健康多重性，並且從中借力使力的人。

## 定義上的替代：凝聚性取代解離

前一章對於思覺失調症的討論，是我們第一次直接聚焦在重要而相關的詞彙上，而這一章則是著重在建構「解離」本身。這有一部分是因爲這個詞彙不一致的定義，以及普遍有問題的本質（如同我們在附錄裡詳細描述的）。我們也領悟到，這個詞彙並不眞的讓人需要或想要詳盡闡述完整的健康複數自我世界觀。

在本章接下來的圖表中，我們會把一個熟悉詞彙替代進去，事實會證明這個詞彙對任何討論多重性的人來說，都普遍有用。

因此，藉著使用「凝聚性」這個詞彙來替代，我們重新定義了「解離」。如同本書先前建議過的，凝聚性可以從這樣的角度來定義：**一個人類是否以有效而整合良好的方式，發揮功能與呈現。**

接下來，這些人到底多有效能，可以用下列事項做爲判定基礎：

1. 他們的言詞、行動與整體行為，跟先前的言詞、行動、意圖與計畫有多一致。
2. 他們在互動、溝通，以及與他人的關係上，有多連貫，也就是有多容易理解與合情合理。
3. 他們對於自己的複數自我與他人的複數自我，有多慈悲，也就是多仁慈、多有耐性、多體諒。

這個對於凝聚性的定義，不只是涵蓋了傳統上被指涉爲解離的最重要面向，也幫助我們以正面的方式看清整體圖像；也就是說，這個定義去除了聚焦於病態性，而這一點長期以來主宰著大多數對於複數自我的思考。這個定義讓我們朝著增進一致性、融貫性與慈悲的方向前進。

在使用凝聚性之後，傳統的解離連續體就可以被重新鑄造成圖表12.4的樣子；也就是說，從最左邊的病態複數自我開始，凝聚性整體增加，直到達成最右邊的「假定的統合」。

所以，複數自我的完整光譜，看起來像是圖表12.5的樣子。我們從最左邊功能失調的複數自我，到中間的「假定的統合」，再到最右邊的健康正常多重性，凝聚性一路遞增。

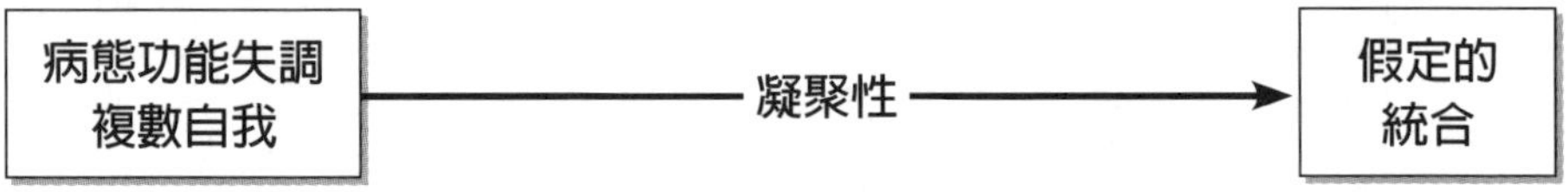


圖表 12.4　凝聚性如何在傳統解離連續體裡運作

圖表 12.5　凝聚性如何在複數自我完整光譜裡運作

## 擴充版完整複數自我光譜

到目前爲止，我們看過的兩種象徵性表現方式：傳統解離連續體，還有完整的複數自我光譜，都使用水平軸來代表某個人的複數自我凝聚性多高，還有雙方運作得有多好。

但我們可以藉著加入「快樂與福祉」而看到更多。因此，擴充的完整光譜同時顯示出⑴凝聚性，和⑵快樂與福祉（包括健康與滿足感）。

圖表12.6，擴充版完整光譜圖裡的灰色寬箭頭，代表我們的觀察：你愈有凝聚力，就愈可能體驗到更多快樂與福祉。具體來說，在組成每個人的自我星座這方面，我們朝著健康多重性移動得愈遠，愈可能體驗到逐漸增加的快樂與福祉。

快樂與福祉面向，不只是適用於整體的複數自我系統，也適用於個別的自我；也就是說，我們的每一個不同自我，在這個垂直的快樂與福祉維度上的某處，也都有一個位置。看出每個自我多有凝聚性（它與其他自我合作得有多好）是很

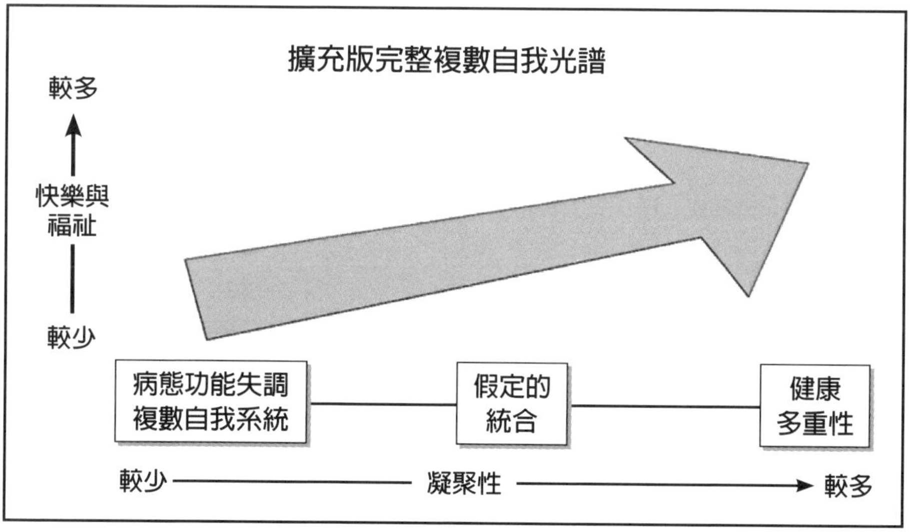


圖表12.6　凝聚性與健康和福祉，如何在擴充版複數自我完整光譜裡運作

重要的，不過覺察到每個自我的福祉與快樂，也很重要。

你的某些複數自我可能功能很好也很快樂，其他自我則不是如此，有一些可能需要幫忙、協助，或者教育性與發展性的選項。記得我們講到一個鮮少有機會出現或在場的自我，在有機會貢獻的時候，感覺有多快樂嗎？同樣地，思考一下在你開始處理並協助最不快樂或健康的複數自我時，你身爲一個完整人類，在感受與功能的發揮上，會變得多好。

## 超出單一自我假設之外的健康新正常

要看出我們探究的整體範圍，最簡單的方式就是在單一圖表中檢視朝向擴充版完整光譜的進展（見圖表12.7，p.429）。

如同擴充版完整光譜所釐清的，藉著踏出假定的統合之外，我們進入了新的領域。如同本書一直在說明的，有許多人已經（藉著這種或那種方式）搞懂了他們和其他人都有複數自我，而承認這個現實，並且與之合作，就算只是很小的程度，都增加了凝聚性，還會產生戲劇化的正面結果。

在這個領域裡，人有意識地承認自己的複數自我和別人的複數自我，並且與這些複數自我共同工作。我們相信，長期來說這個領域將會開始被認爲是「健康新正常」。這會是健康的，因爲這是以有意識又有效的方式擁抱健康多重性；這會是新的，因爲先前對於擁抱與理解多重性的嘗試，總是只聚焦於病態的版本與表現；而這會是正常的或變得正常，在於以下的意義上：這會開始被視爲某種定義所有人類特徵的事物。

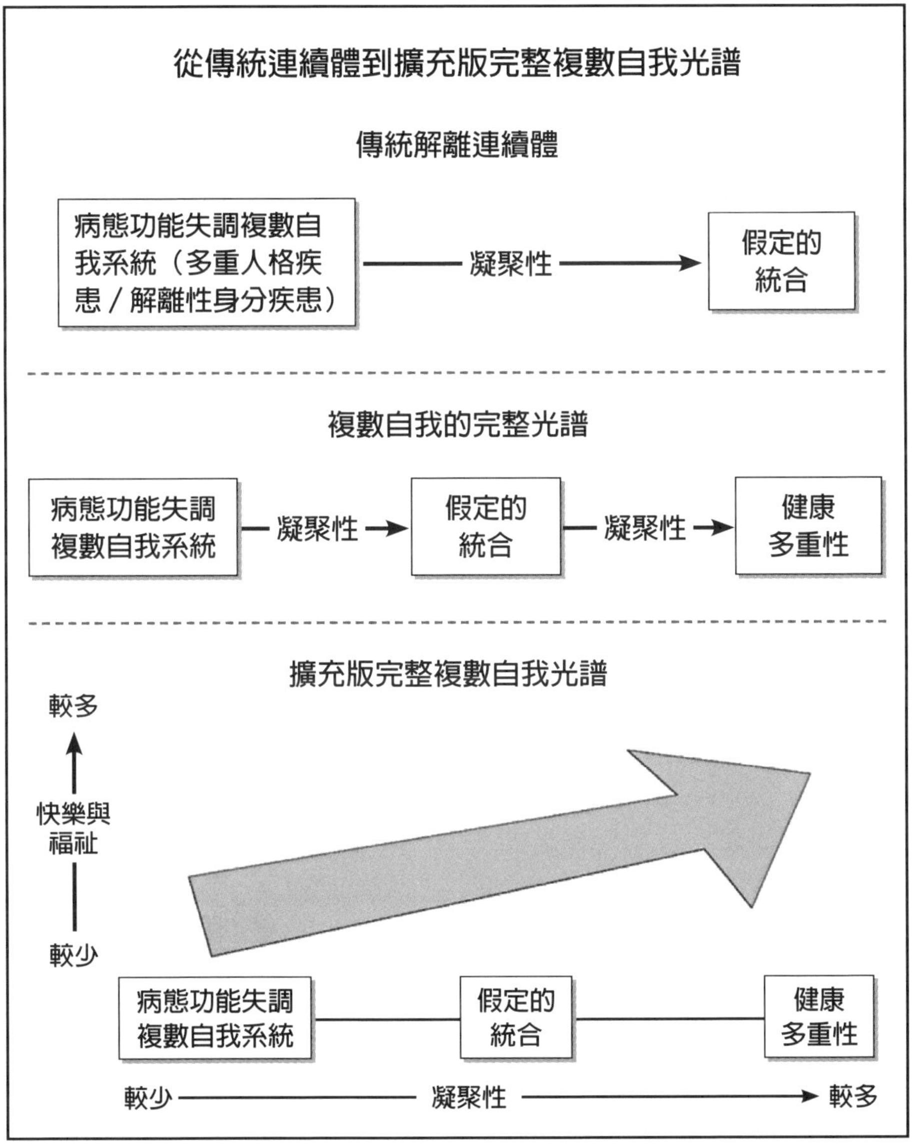


圖表 12.7　從傳統解離光譜（頂端），到擴充版完整複數自我光譜（底端）的凝聚性

社會與文化上的反應，包括從法律系統到精神病學、心理學，以及整體的心理衛生系統，會花一些時間迎頭趕上，並且承認健康多重性的實際樣貌。但如果我們是正確的，假定健康多重性的實在性並對此工作，確實會產生正面的效果與結果，那麼將會有愈來愈多人擁抱這些觀念與作法。

隨著愈來愈多人開始理解並擁抱健康複數自我世界觀，這不僅會變成更常見，而會變得正常化。這個世界觀變得愈正常化、愈常見，就會有愈多人發現自己放下了假定的統合。以這種方式，我們希望更明智、更健康、更有效、更知道如何取用自身能力的個人，會幫忙爲所有人造就出一個更好的世界。

Chapter 13

# 重述重點、反省與提醒

「我們全都有複數人格，但不是一種人格疾患」的觀念，起初可能很令人震驚。但對於這種正常多重性的證據……如此強而有力，甚至懷疑精神最強的讀者都可能改變他們的心意。

——傑．諾力克斯，《部分心理學》

對於本書主要重點的簡短重述，從三個核心前提開始：

- 我們全都有複數自我。
- 不同的複數自我真的不相同，而且有內在的寶貴價值。
- 最後，我們很容易看到單一自我假設之外的世界。

我們首先描述了潛在益處與優點：生活在一個更合理的世界中；身體與情緒的能量增加；技巧、才能與創造力增加；更好的關係；還有更棒的能力去療癒並管理痛楚，還有更輕鬆地克服壞習慣與成癮。接下來，我們擴充了一句簡單的話：「**心理健康就是在正確時刻處於正確心態**。」

在第二部分，我們呈現了在周遭的文化與知性上的人格多重性範例。我們踏上一段旅程，遊歷語言、聽到聲音的狀況以及流行文化。我們接著轉向世界宗教與西方哲學中的複數自我、靈魂與多重性。接下來，我們從心理學的觀點描述複數自我，同時特別強調這個觀念的演化，並透過重要心理學理論家與執業者的工作及人際關係來說明。最後，我們注意到心理學、現代科學、佛教與後現代思想中的觀念匯聚，全都指向複數自我。

在第三部分，我們提供了對於複數自我的起源、屬性與角色的猜測。我們檢視複數自我是什麼、它們可能如何崛起，還有人如何體驗到它們。我們轉向複數自我如何合作的模型與隱喻，包括交響曲、搖滾樂隊、演員、動物群，以及更多。接下來，我們呈現了複數自我工作的某些工具、技術及策略。

最後的部分檢視了對於與自我工作的有組織回應、反應與方法，包括靈修導師們提供的方法，還有幾種現行的心理學與治療的途徑。接著，我們探討了承認複數自我對於宗教機構、司法系統與健康照護系統可能造成的破壞性影響。最後，我們描述在恰當評價複數自我的狀況下，個人健康的擴充觀點可能看起來像什麼樣子。這本書以論「解離」一詞的附錄作結。

## 一種另類方法論上的重述

對於此書的另一種重述，是衍生自我們的整體途徑與方法；也就是說，我們做了什麼，還有我們為何這麼做？我們曾經努力嘗試從一開始就釐清這一點，如同以下的軼事所闡明的：

有一天，吉姆觀察到幾個色彩繽紛的紙風車在喬丹家的前院旋轉。吉姆注意到可能是每個紙風車上的一個小馬達（電池或太陽能動力）讓它們旋轉的。或者，也可能是愛爾蘭矮精靈、過世親戚的靈魂。但可能就只是風而已。起初，吉姆只是觀察到在那裡的東西：旋轉的紙風車。其次，他用常識與先前的經驗，開始搞清楚狀況，並在思考之後拋棄一些解釋。

所以，從最一開始，我們的主要目標一直是指出我們曾經見過與體驗過的事實：「人有複數自我」，還有理解並應用這種領悟，提供了範圍廣泛的種種益處。為了支持我們的觀察，我們呈現來自宗教、哲學、心理學、神經科學、電腦科學、經濟學、文學、電影、漫畫，以及其他更多的例子。而且我們納入了許多故事（包含我們自己和認識的人）是關於承認、鼓勵健康複數自我，並且與它們一同工作的益處。

這一切都是為了讓你受到刺激，去注意到你的複數自我和別人的複數自我。我們想要讓你變得愈來愈容易觀察到活動中的複數自我，對於這些事情做一些測試，並且採取適當的行動。

## 吉姆的個人反省

當喬丹建議在結論處，由我們各自寫下這本書如何改變我們自己的行為與覺察時，我並不確定要說什麼，因為我已經沿著這些路線思考很多年了。

喬丹交給我最後兩章與附錄的草稿，再加上這個要求後，就出門去渡一個短暫的家庭假期，同時知道我很快就會著手工作，提出建議與修改。超過一週過去了，而我還沒有碰這批材料。我納悶地思考（也很擔心）我的怠惰。然後，在加州聖塔克魯茲的一家咖啡廳裡（我曾在那裡做過編輯工作），我坐下來，幾乎立刻就變得沉浸於編輯作業中。

我對自己發笑，瞬間領悟到明顯的事實。我已經轉移到完全投入在這本書，而且想盡可能地把這本書寫得清楚而優美的自我裡。那個自我能夠（甚至很享受）認真做編輯作業（緊繃專注，停留在心流狀態，不會因為我當天要處理的其他問題而分心）。

隨後，在咖啡廳關門的時候，我結束了某一章的最後一頁，我覺得很放鬆而愉快。我已經編輯過許多書和文章，知道什麼時候狀況很順利。我有過同樣數量的記憶，是我回避編輯工作，然後做了各種其他任務來替代。那天的差別是，我觀察到自己的自我轉移，而且我有個精確的字詞可以形容這種狀況，並且看出這是自願的。我已經進入「在正確時刻處於正確心態」。寫這本書，大大增強了我注意到其他人和我在自我之間移動的能力。

在我們開始撰寫這本書的時候，喬丹和我來自非常不同的經驗領域。我已經琢磨這些觀念超過三十年，寫過短文、辦過工作坊、發表過演講、收集過例子、與親友們談過此事，甚至規畫過可能出版的書籍。雖然喬丹直覺地掌握到健康多重性的觀念，在一開始對於健康多重性的許多表現或潛在的正面影響，卻沒有任何知識。在我們決定一起工作的時候，我對喬丹說：「我給你一些檔案。」我交給他非常大又非常滿的檔案箱。幾週後，我打電話告訴他：「我找到更多檔案。」然後聽到電話另一端的輕聲哀鳴。如果第二個箱子有任何差別的話，就是比第一箱更大。然而，因為喬丹能夠轉移到他的研究人員、資訊過濾者與分門別類的自我，很快就在我的檔案中理出頭緒，開始編修更詳細、更廣泛、架構更好的資訊資料庫。幾個月之後，他已經準備好一份詳盡的內容表。我很震驚地（起初很尷尬，但很快就變得很高興）承認喬丹現在對於整個流行文化、哲學、宗教與科學中的人格多重性，了解的程度比我曾做到的還高得多。

隨著工作進行，我們交換故事（某些收錄在書中），講到我們覺察到進入並處於正確自我的時刻，或者發現自己處於錯誤自我的時刻，或者看到我們身邊的人處於這些情境，還有許多其他類似的自我轉移情境裡。對於我什麼時候會被觸發，也就是快要突然變成不同的（而且沒有比較好的）自我，我變得更加敏感。隨著我們繼續工作，我愈來愈常有辦法退後一步，讓自己及時擺脫一個觸發物，開始體會潛在的困難處境會如何自動解消，而沒有怨恨、憤怒與傷害性行為等中間步驟，也沒有後續的後悔與道歉。

就像自認為有解藥的科學家會在讓別人嘗試以前，先故意讓自己染病一樣，我們在過去兩年裡，曾經在自己身上，還有一小圈親友身上測試這本書裡的觀念。這個私人時刻，對我來說是一個機會，可以承認就算花了數十年看這份材料（而且我的家人都意識到它），實際上坐下來寫出這本書，已經造就出另一層差別。

一個最後的告白是：我的家人（我的妻子和兩個女兒）多年來一直在敦促我寫這本書。在喬丹遍讀我的檔案之後，他問道：「你知道你為這本書寫了八種不同的綱要嗎？」隨著這件事還有其他的揭露，事情對我來說變得很清楚：雖然健康、正常的多重性對我來說重要性非比尋常，我的家人和某些密友全都獲益於我們對複數自我的理解，但我似乎無法花時間專注於真正「做出我的書」。那個自我似乎不存在。然而，一旦喬丹變成合夥人時，這本書似乎就自己展開了，遠超過我本來想像的樣子。

## 我們還不打算提出理論

複數自我自然、尋常、健康且值得嚮往的普遍概念，只有在罕見狀況下是尋常每日對話的一部分。然而，許多人已經定期利用對於複數自我的覺察。他們聽到這個概念的時候就理解了，他們通常講到「一部分的我」，或者使用類似的語言或概念，而一些人甚至比較不會獨奏，而是有意識地練習演奏個人交響曲，當作他們整體狀態的表達，曲調優美而協調良好。

舉例來說，在我們兩個定居的北加州地區，有幾個治療師、身體工作者和其他身心健康促進者，覺察到且善加利用他們的客戶的複數自我存在。同樣地，許多朋友、同事，甚至是我們聊過天的陌生人，一講到健康複數自我就立刻理解，回頭告訴我們，他自己生命中的例子，肯定了他們的理解，並且補充到我們自己的理解中。毫無疑問，這個概念也滲透到世界上的其他部分了。

無論「一個調和了對於子人格所知一切的完整理論」[1]是否會被發展出來，還有一大堆基礎要打，眾人會把這些觀念付諸實踐，同時有很多可以輕鬆摸到的功能性與健全性果實可以摘。換句話說，我們距離一個徹底完整的理論還非常遙遠，所以過度擔憂理論，既不必要，也不特別有用。然而，我們相信呈現在這裡的初始核心概念是有效的。這些概念包括複數自我確實爲眞，它們本質上很寶貴，本質上很重要，你眞的不能且肯定不該嘗試違背它們的意願，逼迫它們整合消失，等等。

這些並不是理論性觀察，而是我們實際經驗的事實性觀察，觀察我們自己做爲複數自我，還有別人做爲複數自我。請應用這裡描述的這些觀念與作法，並且注意結果。是的，你可能必須軟化你的疑心，但幸運的是，我們已經呈現的事情都是經驗性的，不是理論性的。如果你心態開放而有覺察力，你可以體驗到健康複數自我的益處。

## 一個冷靜的建議：把實用性焦點的優先順序放在無盡懷疑前面

所以稱爲實用主義，是因爲這個學派主張，我們應該把哲學思想或理論視爲手段，而非眞理，並透過現實生活中的結果來印證。

——雷納·曼羅迪諾，《潛意識正在控制你的行爲》（譯註：此處譯文引自中譯本。）

從一開始，我們就已經講得很清楚，這是一本實用主義的書。我們希望你們會利用呈現在這裡的基本觀念，幫助你自己去體驗並測試種種事情。

然而，「層次」和「現實的層次」這種概念，可能擋住一個人的路。舉例來說，在撰寫本書的過程裡，我們常常聽到這樣的陳述：「姑且不管其他一切，你們不會同意嗎？在一個層次上，我們

1 約翰·羅溫在其著作前言裡寫道：「這本書設法把子人格放到地圖上。在此刻，這個概念不在那裡，而它應該要在的。因爲這本書是先驅性的努力，它……並不宣稱提出了一個調和了對於子人格所知一切的完整理論……（這是）以後的任務，在這個領域發展得更完善的時候。」① 我們還沒到達那個程度，不過多謝許多思想家與作家的努力，其中也包括羅溫，我們現在已經在路上了。

全都只是單一的人類？」或者：「你們不會這麼說嗎？在一個層次上，不同的自我就只是這個人不同的心情，或者也許是不同的面向？」

在一個層次上，這些言論似乎很合理：我們只有一個肉身，所以你可以說，我們確實是單一的人類，而且你可以說複數自我只是情緒狀態，儘管有我們詳細的解釋，講到爲什麼這樣的聲稱是誤導性的。不管這些話有多合理，這樣的抗議不只是錯失重點，也會誤導我們遠離了功能性與實用性的焦點。

同樣地，儘管我們從行爲、主觀感受、生理學與實用性等方向，提出複數自我眞實性的證據，某些人可能還是很疑惑複數自我是否實際上爲眞，或者是存在於某種內在心理的層次上。這種疑惑會耗費那些本來可以善加利用的時間與能量，請你去體驗從承認、欣賞複數自我並與之合作中流出的眞實世界益處。

所以，我們的建議是，不要被卡在「複數自我是否只在某些層次爲眞，在其他層次不是」的問題上。把這種含糊的探究擱置一旁，在咖啡店與社群媒體討論串裡談論就好。你要體驗並實驗這些觀念。如果你變得更快樂、更健康且功能更好，就有可能對複數自我眞實與否的論證與討論失去興趣。

體驗並跟你自己的複數自我、他人的複數自我工作，並不是一種知性或理論性的活動；這是一種實事求是的方法，會對你普通、日常、具體的生活與行動，確立一種強勁的正面影響。

## 喬丹的個人反省

在我建議我們兩人都應該寫一篇個人反省的時候，以為這對我來說會很容易。畢竟我已經對這個主題寫了數萬字草稿，其中包括許多個人故事。但在我的第一稿完成的時候，在我看來，我的反省文主要是來自一個編輯過的知性空間。我涵蓋了主要的高概念論點，但行文匆促而平板。看來我的最佳作者自我在別處。

所以我重寫了……但它仍然不是非常好。可能那部分有某些寶貴、有用或有趣之事可以說的自我，就是沒有空。甚至咖啡和巧克力都沒有幫助；儘管我做過所有的練習，要在正確時刻轉移到正確心態，但說起來比做起來容易。

不過，「堅持不懈」是我的其中一個自我的中間名，我今天拿著紙和筆，在一家咖啡廳裡開始。我已經透過經驗得知，實際手寫會讓我慢下來，讓我完全在當下，而且能夠開始起草你現在在讀的這種文字。有時候，就只需要最細微的環境或工具上的暗示，就能更輕鬆優雅地接通一個想要的自我。

在結束的時刻，這裡有三件重要的事情要溝通。

首先，做為一個完整的人類身心過程，一個皮囊包裹的複數自我交響曲，我練習了我們在這本書裡鼓吹的事物，讓整體的我狀況變好，做事也變得更有效。對我和別人的複數自我更有耐心，不只是一個想法而已；這已經變成我的生活現實了。而我／我們有能力知道，以哪個自我有空或已經在場的自我為基礎，能夠在何時做到某件專業或個人之事，已經讓我／我們對於所做的每件事都更在行。知道我有複數自我，包括覺察到哪個自我「在上面」，還有哪個自我可能有空或者最好在場（還有哪個自我應該回避或閃躲），真的是影響一生的關鍵改變。

其次，在我們寫這本書的時候，許多人已經獲益於這些觀念了。有幾位密友只是在工作與個人生活中堅守健康正常多重性的觀念，就能夠做出改變，他們已經對此表達了感激。就連我的女兒（她已經有好幾年一直忽視我大部分的建議）都獲得無價的洞見。她在整個高中時期都是一個專注的音樂家，在這本書完成的前幾個月，她開始直接面對最後的升學決定：選擇在農村地區中西部大學的雙學位學程，那裡有很好的音樂學校和名聲良好的文科學院，或是去上曼哈頓區排名很高的女子學院。在苦惱地反覆思考以後，她終於做了決定。之後她很快就發了訊息給我：「爸，我懂了。你是天才！部分的我確實想去曼哈頓，但更多的我肯定想去拿雙學位。我為何會覺得這麼衝突，現在完全說得通了，就像你書裡說的一樣。有超過一個部分的我存在，而那完全正常。」

最後，我想要講得非常清楚，所有的我真心驚歎於吉姆．法第曼的各個部分，從一九八五年左右就開始針對這個主題工作，而思考這些事的時間還更長。一九八九年，我這輩子第一次見到吉姆的時候，聽到他針對這個主題發表公開演講，而同樣那個部分的他，堅持了超過三十年在收集文章和研究所論文、辦工作坊，並且長時間辛苦地思考少了什麼東西。結果少掉的那個東西，就是我。

你們看，不同部分的吉姆和喬丹需要彼此。吉姆需要某個人能夠幫助他發聲、充實內容，並且延展他原創性的洞見……而且徹底讀過他的檔案與綱要。而喬丹需要某個像吉姆這樣的人，有一組強勁的洞見（對於健康、正常多重性的存在與令人嚮往之處，還有承認單一自我假設及其扮演的角色），而且有一本書需要被寫出來。

有物理上的接近性（我們的住處相距兩英里）、彼此交錯的社會與專業圈子，還有我們兩家加深的私人關係居中斡旋，命運的魔法在二十五年的友誼之後，才能夠把我們帶到一起，寫下這本書。對我所有的部分來說，我仍然極端喜悅而興奮，而且感到無止盡的謝意與感恩。

### 小軼事：一個渴求的願望實現了

我（喬丹）走在我家花園的中央小徑上，而在那裡，就在我眼睛水平高度的地方，有一根垂下的、開著花的紫藤樹枝正要打我的臉。正常來說，我會把它推到一邊去，同時短促惱怒地咕噥說它「違反走廊規則」，需要被修剪。

但我沒這麼做（這是奇蹟中的奇蹟），反而能夠轉換到變成某個人，天生就能放鬆、享受並欣賞這個眼睛高度的一束美景。我半路停下來不動；深吸了幾口芬芳的氣息；然後在一段長而美好的時間裡，陶醉在陽光閃爍的芳香紫色花朵中。

然後我就隨它去了，同時繼續做其他需要做的事。變成另一個我，是很容易而很有回饋的，正確的自我在正確的時刻，單純自然地開花了。主動轉移自我並不是大事，對任何人來說，這只是要求片刻的注意力。

## 從語言開始

在日常生活中利用「健康複數自我語言」，同時有趣又有益。先前，我們看過關於人如何對自己說話的研究（包括在他們腦袋裡，還有說出聲音來）。那些研究指出，以第一人稱以外的方式說話（用「我」以外的聲音），在艱難的處境中會帶來更大的情緒控制。一個近期的研究裡說明：「在壓力重重的時刻，默默用第三人稱對自己說話的簡單行為，可能幫助你控制情緒，卻不需要你用第一人稱自我談話時的任何額外心理努力。」② 要轉換你自己的語言，只要改用非我的字眼去指涉你自己（你的複數自我）。所以，你可以嘗試用「這個自我」替換「我」，或者用「複數自我」替換「自我」，依此類推。在此有些例子是你可能會說到的話：

- 「那讓部分的我真的很快樂。」
- 「對複數自我來說相當清楚，不是嗎？」
- 「那個自我今天過得怎樣？」
- 「真正讓那部分的我困擾的是什麼？」
- 「做了那件事的那部分的我……那不是全部的我。我需要跟那部分的我，把事情整理清楚。」
- 「不是所有的我都真的在背後指使」或者「全部的我現在對於那件事感覺相當好」。

同樣地，對於其他人，你可以嘗試像是：「我在跟哪個你談話？」或者：「全部的你都還好嗎？」（對於那些來自美國南方的鄉親，這是請出你們的傳統用語「你們〔y'all〕」和「你們全體

〔all of y'all〕」的好時機了。）

你獨自一人的時候，使用某些這樣的句子可能感覺很傻或很做作，或者讓你不自在。別強逼事情發生。反而要看這樣的句子在何時何地既合適又不會惹來太多麻煩，而且合理又感覺正確。到最後，你可能覺得很自在，甚至樂於在口語或書寫溝通裡，傳達關於你的一個或好幾個自我的事，這在喜劇、電影、電視影集與其他文化表述中，都是常見的策略。在我們變得更能夠覺察到並移入健康新正常狀態的時候，我們的語言與溝通模式已經在演化中了，很可能開始徹底擁抱健康的多重性。以這種方式，我們不只是在認知上，甚或是在經驗上移動到超越單一自我假設之外，在自我反省、描述與功能上也是如此。

## 最後的話語，以及對你們全體的許多祝福

羅伯特・安東・威爾森有個驚人的才能，可以帶領讀者去質疑他們不知道自己擁有的那些假設，然後重新定義他們無意識建構的現實概念。他有一種不可思議的能力，能引導毫無疑心的讀者進入一種可變的心理狀態，他們被開玩笑地騙進一種「啊哈！我發現了」的經驗裡，導致他們質疑自己對於何者爲眞、何者爲假的最基本假設。

——大衛・傑・布朗（David Jay Brown）&
羅伯特・安東・威爾森的《量子心理學》（*Quantum Psychology*）的新版導讀

我們不像羅伯特．安東．威爾森那麼細致，也沒有他那麼聰明。但我們希望已經引導你承認自己「可變的心理狀態」，包括你自己可改變的自我狀態，還有其他人的自我狀態。我們希望已經引發你去質疑一種不精確的基本心理學假設：單一自我假設，它假定只有單一的自我是眞的。

同時，只要覺察到你自己和其他人的複數自我，你可以變得愈來愈擅長有意識地轉換並協調複數自我，以便在正確時刻處於正確心態。你也可以逐漸開始覺察到，生命中的人如何轉換他們的自我，這會引導你變得更體諒、更有耐性，也更慈悲。普遍來說，在你將事情看得更完整而精確的時候，你與其他人的互動通常會變得更好。

隨著你變得更有凝聚性，而且學會一貫地利用許多你在自我星座中發現的能力時，就會體驗到新種類的成長，還有更多整體性的成功。把德爾菲神諭中的格言「認識你自己」擴充為「認識你的許多自我」，在本質上就是會有回報，而且可以自我驗證，在個人方面、人際關係和功能上都是如此。知識、回饋，還有更大的同胞情誼，都是立即可得的，就跟呼吸一樣簡單而免費，也一樣近在咫尺。

請寄電子郵件給我們：info@symphonyofselves.com，讓我們知道進展如何。

感謝你們與我們一起踏上這段旅程，給你們全體以及你們全部的自我許多祝福。

——詹姆斯．法第曼、喬丹．葛魯伯

附錄

# 解離：起源與用法，問題與建議

「解離」（Dissociation）被許多人使用在許多脈絡下，指稱許多事情。因為這一點，還有其他在此講到的理由，使它成為本身就有問題的詞彙。此外，儘管它一直是「近年來引起強烈學術與科學興趣的對象」，[1]但在理解並探索健康正常複數自我的時候，它確實看起來不是必要的，甚至不是那麼有用。如同第十二章提到的，我們非常少用到這個詞彙，就算提到了，也多半是在歷史性參考資料裡。

雖然如此，既然它如此無所不在又處處滲透，就像是擁擠房間中央的一隻術語大象，檢視解離的起源、意義，還有使用上的某些問題，可能很有用。

## 起源：從解離到désagrégation，再回來

就像關於「無意識」的觀念，「解離」的概念並不是突然間從單一個人的心靈中蹦出來。恩尼

斯特・西爾格德告訴我們，在十九世紀末，「『解離』的概念並沒有什麼特別新鮮的地方，它被定義成某些心理歷程從意識主體分裂出來，[1]有著不同程度的自主性。」②確實，後來被指認爲解離的東西，曾經是好幾個十九世紀思想家的焦點，其中包括班傑明・羅許、佛萊德瑞克・邁爾斯、夏爾・里歇（Charles Richet）、曼恩・德・比宏（Maine de Biran）、莫洛・德・圖爾、吉爾・德・妥瑞特（Gilles de la Tourette），還有尚－馬丁・夏考等人。[2]

「觀念的解離」這個說法，看來是由賈克－約瑟夫・莫洛・德・圖爾（Jacques-Joseph Moreau de Tours）在一八四五年第一次使用。[3]到了一八八〇年，約瑟夫・布羅伊爾（他與佛洛伊德分享了觀念、方法、金錢和論文出版的功勞）開始跟病患安娜合作，設法要藉著她承受的創傷，以及她似乎展現出來的「雙重意識」，來解釋她的歇斯底里症狀。[4]

然而，是由皮耶・惹內讓這個詞彙變成焦點所在。惹內在《哲學評論》（*Revue Philosophique*）裡的一篇文章中，③「在一八八七年五月第一次使用『解離』一詞，來描述催眠、歇斯底里症、靈魂附身與靈媒身上的『雙重意識』現象」。④然後，惹內在一八八九年的著作《心理自動化》（*L'automatisme psychologique*）之中，轉向désagrégation一詞（英語是disaggregation，崩潰、分解），在整本書裡使用這個詞彙數十次。舉例來說，第三章標題是〈各種形式的精神分解〉。⑧在一個名爲〈唯靈論與精神分解〉的小節中，惹內講到同事里歇與邁爾斯先前的努力，「這是我自己設法要完成的」工作，並且說這項工作在一本匿名的一八五五年「九十三頁的小手冊」裡「完美地表達出來」。⑨

在惹內發明désagrégation一詞的時候，威廉・詹姆斯（在一八九〇年的書《心理學原理》）接著使用「解離一詞……把惹內的分解概念……翻譯成英語」。⑩恩尼斯特・西爾格德的詞源學回顧，指出詹姆斯當初要是把 désagrégation 翻譯成「分解」（disaggregation）可能比較好：

在「聯想」（association）被用來形容兩個觀念之間連結的最佳歷程時，某個字被選來代表觀念之間的分離，或者「去—聯想」（dis-association），並不令人感到訝異。惹內（一八八九）使用法語詞彙 désagrégation，在英語中可能翻譯成「分解」會比較好。然而，「解離」（dissociation）一詞在英語中被接受了，如同威廉・詹姆斯在《心理學原理》（一八九〇）中的用法，而且惹內在他的哈佛講座《歇斯底里症的主要症狀》（一九〇七）中也這麼使用。⑪

---

1 我們從一開始就發現以下的說法：分裂是出自一個暗示中爲原初、單一、完整、眞正的東西，也就是假定的、原初的、特殊的單一自我。就算這個假定的分裂物、部分或自我，是健康、獨立而自主的，它還是被看成比較差的、破損的，或者不是眞的東西。但我們在這本書裡的假設是極端不同的：有獨立的複數自我（這是一個自然的蠻橫事實）存在，它們並沒有從單一的原初眞正自我中分裂出來，也沒有在任何方面比較差或有缺陷。

2 「沒什麼疑問的是，惹內的思維……深受他對當時同時代自動化理論權威的解讀影響，包含波斯培・德賓（Prosper Despine）、艾德蒙・葛尼、佛萊德瑞克・邁爾斯和夏爾・里歇。」⑤

3 一八四五年，賈克—約瑟夫・莫洛・德・圖爾「在一篇談意識變化狀態的論文裡『講到由大麻麻醉劑激發的酩酊狀態』，在其中第一次創造出『觀念的解離』這個表述方式。」⑥

4 「一八九〇年代中期，在法國的惹內，和在維也納的佛洛伊德及其合作者約瑟夫・布羅伊爾，都各自得出極爲相似的結論：歇斯底里症是由心理創傷造成的。創傷事件引發了難以承受的情緒反應，並因此使意識狀態改變，從而造成歇斯底里症的症狀。惹內稱這種意識狀態的改變爲『解離』；布羅伊爾和佛洛伊德則稱它爲『雙重意識』。」⑦（譯註：此處譯文引自《從創傷到復原》（*Trauma and Recovery*）中譯本，施宏達、陳文琪、向淑容譯，左岸文化。）

然而，「把désagrégation譯爲解離，只是一個糟糕的翻譯選擇」的這種概念，已經受到挑戰了。一封在二〇〇六年寫給《美國精神病學雜誌》（*American Journal of Psychiatry*）編輯的信件裡，強調「一個在北美研究解離的學生之間常見的誤解」：

> 確實，惹內在《心理自動化》之中講到désagrégation……然而，在這個里程碑式的出版品之前與之後，他都規律地使用「解離」一詞，從而遵循了可能從莫洛・德・圖爾就開始的一項傳統。因此，以惹內在哈佛演講（一九〇七年出版）使用「解離」一詞爲例，並不是單純的翻譯結果。還不如說，他使用「解離」一詞，反映了他和其他人先前在法文出版品中也用了這個詞彙。因此，在今日文獻中出現的「解離」一詞，其實也出現在惹內之前的法文文獻中，而且它在精神病學中的存在，並不是因爲它是法語詞彙désagrégation最接近的英語翻譯。⑫

我們猜想，如果詹姆斯把惹內的désagrégation翻譯成「分解」而非「解離」，而且這個用法持續下去，心理學史將會有所不同。無論如何，「解離」這個觀念有漫長而複雜的歷史。所以，後來的定義與實際使用上有不一致與複雜之處，應該不會讓人感到訝異。「雖然解離的概念在十九世紀末被皮耶・惹內引進精神病學中，這個詞彙還是缺乏一個連貫的概念化過程……儘管它在臨床上的重要性，但解離代表的是一種導致概念混淆的語意開放詞彙。」⑬或者如同臨床心理學家保羅・戴爾（Paul F. Dell）在二〇〇六年注意到的，「對於解離，儘管有了超過一個世紀的研究，還是沒有普遍接受的定義。」⑭

## 定義與用法

定義「解離」的方式變化很廣泛，視使用脈絡以及誰爲了什麼目的在使用這個詞彙而定。我們會簡短地檢視它在多種脈絡下的定義與用法：

- 在一般與醫學字典中的定義
- 在《精神疾病診斷與統計手冊》第五版與《國際疾病分類標準》第十版中的定義
- 做為現代心理學測驗工具中的計分輸出值
- 在日常對話中的使用

### 字典定義

考量下面三種普遍通用型字典的定義，先從免費字典（Free Dictionary）開始：

> 精神病學用語。心靈的瓦解或破碎化，在其中記憶、思想或人格的種種面向變得失去連結，就像多重人格疾患或某幾種失憶症的狀況。[15]

這個定義假定複數自我是眞的，並以比較老的「正式」詞彙：多重人格疾患（MPD）的形式出現，然後把解離機制界定爲某種瓦解、破碎化或者分離。

Dictionary.com 這樣定義解離：

> 一組心理歷程從意識主體分裂出來，就像失憶症或某些形式的歇斯底里症狀況。⑯

在這個簡單的定義中，「分裂」與複數自我的產生與存在之間，連結並不清楚。最後，韋伯斯特字典（Merriam-Webster）提供的定義是：

> 人格全部片段的分離（如同在多重人格疾患中）或者心理歷程離散（如同在思覺失調症中），脫離意識或行爲的主流。⑰

這個定義蘊含了在(a)人格的全部片段，以及(b)離散心理歷程之間發生的那種「分離」之中，有某種夠相似的東西，可以合理證成同時在多重人格疾患與思覺失調症兩方面都使用「解離」一詞。然而，如同先前討論過的，複數自我的存在，包含健康的和病態的，與思覺失調症包含的深層系統崩潰，是完全不同的現象。

在醫學字典上發現的定義比較詳細。

**1. 免費字典：醫學字典**

——一組心理歷程無意識地與其他歷程分離，導致這些歷程的獨立運作，還有失去通常的聯想；例如情感從認知中分離的一種狀況。

——一種狀態，被用來當成一種心理學與心理治療技術中的一個關鍵部分；舉例來說，在時間線療法（Time-Line therapy）的催眠或神經語言程式學的技術。[18]

**2. 醫學詞彙字典（MedTerms Dictionary〔MedicineNet.com〕）**

在心理學與精神病學中，是心靈從情緒狀態甚或身體上的一種感知脫離。解離的特徵是一種世界像是一個夢境或不真實場所的意識，可能會伴隨對特定事件的記憶品質低下。[19]

**3. MedicalDictionary.Com（出自細胞與分子生物學字典〔Dictionary of Cell and Molecular Biology〕）**

一種防衛機制，在其中一組心理歷程被分隔於一個人的其他心理活動之外，以便避免情緒痛苦，如同在解離性疾患中，或者一個觀念或對象被隔離於它的情緒意義之外的狀況……一種心理整合的缺陷，在其中一組或多組心理歷程變得跟正常意識隔離開來，而在這樣隔離開來以後，以單一整體的方式運作。[20]

免費字典的醫學字典指涉到一組心理歷程的「獨立運作」，而MedicalDictionary.com指涉到複數自我「以單一整體的方式運作」。然而，MedicineNet.com並沒有提到複數自我或子人格，反而把焦點放在人格解體（在這種狀況下，你感覺脫離了你這個人，就好像你是個假貨，或者不是真人），以及現實感喪失（在這種狀況下，你會體驗到對環境與其他人有脫節與不現實的感受）。雖然免費字典的醫學字典容許這種可能性，也就是在某些例子裡，解離狀態可以是「治療技術中的一個關鍵部分」，MedicalDictionary.com只斷然聲明解離是「一種心理整合的缺陷」。

整體而言，一般字典與醫療字典似乎都主要以一種製造出獨立複數自我（心理歷程、單一整體）的歷程或功能——某種分裂或隔離——的角度，來定義解離。然而，他們在定義上並不一致，而且很零散，把思覺失調症及其他功能失調疾病或症狀，像是失憶症、人格解體及喪失現實感都包括進去了。

## 《精神疾病診斷與統計手冊》第五版與《國際疾病分類標準》第十版

美國精神病學的聖經《精神疾病診斷與統計手冊》（以下簡稱ＤＳＭ）第五版，還有世界衛生組織的《國際疾病分類標準》第十版（ICD-10），都是從臨床醫學觀點來處理解離性疾患。我們只聚焦於二〇一三年釋出的ＤＳＭ第五版，列出五種解離性疾患，[5]其中最重要的是解離性身分疾患（DID），DSM-V編碼300.14（ICD-10編碼F44.81）。創傷解離網提供的歷史介紹如下：

> 解離性疾患被收錄在ＤＳＭ第一版中，被列爲「解離性反應」（dissociative reaction），而且在一九八〇年代隨著ＤＳＭ第二版的出版變成一個分離範疇。在這一版裡，多重人格疾患變成一種獨立診斷，而不是一種較普遍病症的子類型。多重人格疾患在一九九四年的ＤＳＭ第四版裡，被重新命名爲「解離性身分疾患」。㉑

根據創傷解離網，這些「解離性疾患是互相排除的，而且以階序出現，解離性身分疾患位置高過解離性失憶症（Dissociative Amnesia）和人格解體／喪失現實感疾患（Depersonalization/Derealization Disorder）」；㉒也就是說，其中的第一個是你能得到的「最糟」診斷，而且另外兩項包括在其中。所以說，人格解體和喪失現實感，在階序上低於解離性身分疾患。

DSM第五版陳述了五種解離性身分疾患的判準（300.14）。精簡地重述之下，這些判準是：

1. 身分的分裂，特色是兩個或更多個不同的人格狀態。
2. 在記憶中重複出現的空白，與一般的忘卻不一致。
3. 症狀在社交、職業或其他重要功能領域中，導致臨床上顯著的痛苦或缺損。
4. 這種混亂不是廣為接受的文化或宗教慣例中正常的一部分。
5. 這些症狀不能歸咎於某種藥物的生理影響。

請看看第一個判準完整版裡的前兩句話：「身分的分裂，特色是兩個或更多個不同的人格狀態，這在某種文化裡可以被描述成一種附身體驗。身分的分裂牽涉到在自我感與自主感上，有顯著的不連續性，伴隨在情感、行爲、意識、記憶、感知、認知，以及／或者感覺運動功能上的相關改變。」因此，DSM第五版承認，人可以體驗到「兩個或更多個不同的人格狀態」。這也可以被解讀成這個意思：擁有兩個或更多個不同人格狀態，在根本上是一種「分裂」。

5 這裡有五種診斷：解離性人格疾患（DID），DSM-V編碼300.14（ICD-10編碼F44.81）；解離性失憶症包含解離遁走（Dissociatvie Fugue），DSM-V編碼300.12（ICD-10編碼F44.0）；人格解體／喪失現實感疾患，DSM-V編碼300.6（ICD-10編碼F48.1）；其他特定解離性疾患，DSM-V編碼300.16（ICD-10編碼F44.89）；非特定解離性疾患，DSM-V編碼300.15（ICD-10編碼F44.9）。[23]（編註，以上DSM-V指《精神疾病診斷與統計手冊》第五版，ICD-10指《國際疾病分類標準》第十版。）

或者，ＤＳＭ第五版也可以被解讀成這麼說：擁有兩個或更多人格狀態，本身並非問題。首先，擁有這些狀態必定製造出一種分裂，不只是在「自我感」上，在「自主感」上亦然。除此之外，這種雙重分裂必定也「伴隨在情感、行爲、意識、記憶、感知、認知，以及／或者感覺運動功能上的相關改變」。

因此，假設某人確實有兩個不同而重複出現的人格狀態，而且因此體驗到他們「自我感」的分裂。不過，如果他們的「自主感」沒有出現分裂，例如有意識轉移自我的所有方式，可能增加一個人在世界上的效能與自主感，那麼這種診斷似乎就不符合。就算他們的自主感分裂了，這個診斷要符合，還必須伴隨著感受、行動、記憶、思考或活動身體時的問題。結論是，就算在ＤＳＭ第五版之下，雖然有「不同人格狀態」對解離性人格疾患來說是必要條件，卻絕對不是充分條件。

重要的是，**ＤＳＭ本身從來沒有單純而精確地定義出解離，或者解離背後的基礎機制**。它說明了五種不同型態的解離性疾患，在大標和小標上用了「解離性」一詞，而且在「解離性疾患」的序文裡告訴我們，「解離性疾患經常在創傷之後被發現。」在一個大標是「發展與過程」的小節裡，我們得知「解離在兒童身上可能產生記憶、專注力、依附與創傷性遊戲方面的問題」，但這裡沒有定義解離本身的機制或歷程。

如果我們想要建構一個一致且界定清楚的解離定義，反而要自己來回塡這個定義。看來這跟體驗到不同人格狀態有關，而且在某種程度上關乎失憶症與臨床上的功能失調。或者，如果我們看的是某些比較次級的診斷，似乎也跟失去時間感（遁走）、感覺疏離與不現實（人格解體或失去現實感）或記憶喪失（失憶症）[6]有關。因此，我們有一個連鎖的定義與症狀蓋成的大廈，被用來規範醫療業，卻沒有一個一致而直接的定義。

## 心理學測驗工具

心理衛生專業人士使用種種不同的測驗，如訪問、調查或其他計分工具，來決定一個人的解離程度。這些工具包括對病患或相關人士的結構性訪談、臨床/父母評分量表，還有自我報告評分量表。比較老舊的工具被取代或升級了，就算比較新的工具也常常修正。[7] 舉例來說，解離性經驗量表（Dissociative Experiences Scale〔DES-II〕）是來自原本由伊芙・卡爾森（Eve Carlson）與法蘭克・普特南發展出的DES-I。㉔接下來是從包含二十八個項目的問卷裡拿出的前兩個問題。

---

6 或許大多數失憶症，是一種在不同自我之間不容易（或者根本完全無法）分享的事件記憶。所以，在使用催眠或其他手段，把一個人轉換回一個或一群擁有這個記憶，而且可以溝通此事的自我時，「失去」的記憶通常可以恢復。

7 可用的測驗工具包括：解離性疾患訪問列表（The Dissociative Disorders Interview Schedule〔DDIS〕）、DSM-V解離性疾患結構性臨床訪談（Structured Clinical Interview for DSM-V Dissociative Disorders〔SCID-5-PD〕）、臨床管理解離性狀態量表（Clinician Administered Dissociative States Scale〔CADSS〕）、解離性經驗量表（The Dissociative Experience Scale〔DES, DES-II〕）、解離經驗問卷（Questionnaire of Experiences of Dissociation〔QED〕）、解離問卷（Dissociation Questionnaire〔DIS-Q〕）、身體化解離問卷（Somatoform Dissociation Questionnaire〔SDQ-5〕）、解離多向度目錄（Multidimensional Inventory of Dissociation〔MID〕）、多尺度解離目錄（Multiscale Dissociation Inventory〔MDI0〕、兒童/青少年解離檢查表（Child/Adolescent Dissociative Checklist）、兒童解離檢查表（Child Dissociative Checklist）、青少年解離經驗量表（Adolescent Dissociative Experiences Scale〔ADES〕）。㉕

1. 某些人曾有過這類經驗，在駕駛或搭乘汽車、巴士或地鐵時，突然發現他們不記得所有或者部分旅程中發生什麼事。選擇一個數字，顯示這種事發生在你身上的時間百分比。

0%（從來沒有） 10 20 30 40 50 60 70 80 90 100%（總是如此）

2. 某些人發現有時候他們在聆聽別人說話時，突然間發現他們沒聽見對方說的部分或全部的話。選擇一個數字，顯示這種事發生在你身上的時間百分比。

0%（從來沒有） 10 20 30 40 50 60 70 80 90 100%（總是如此）[26]

這兩個問題（還有其他問題，聚焦在有時候聽見聲音或在獨自一人時出聲說話）所關注的情況，如同這本書裡所討論的，一點都不算不正常的行爲。其他問題則是集中在功能失調的過度專注、記憶喪失或不眞實的感受。只有第二十二題直接處理擁有獨立自我的經驗。

22. 某些人發現在某一個情境裡，比起在另一個情境下，他們的作爲可能非常不同，讓他們覺得自己幾乎就像是兩個不同的人。選擇一個數字，顯示這種事發生在你身上的時間百分比。[27]

0%（從來沒有） 10 20 30 40 50 60 70 80 90 100%（總是如此）

就像DSM和《國際疾病分類標準》的狀況，這些工具的主要目的，是讓心理衛生專業人士能夠評估困擾的個人，並且爲了特殊治療與保險帳單的目的而診斷他們。這些測試的基礎，是對於什麼是否爲正常、有問題與可治療的一般共識。

然而，這些測驗工具鮮少具體並清楚地定義解離，而且沒有任何兩個工具用完全相同的方式定義「解離」。此外，在我們比較這些工具時，發現到在(a)體驗到分離的身分或自我；(b)出神或入神（缺乏焦點或過度專注）；(c)記憶喪失；(d)從自我、他人及世界疏離；或者(e)不恰當的行爲與社會功能失調這些方面，它們的聚焦程度有重大差異。簡言之，這些工具對於實質功能失調的病態例子，無法對他們的症狀提供標準化的評分。除此之外，在理解「解離」（不管它確切來說是什麼），以及病態與正常健康複數自我之間的關係時，這些工具並沒有讓我們有太多進展。

## 對話上的使用：斷言別人「所在的地方」和「行為方式」是錯的

在平均程度、沒有專業心理衛生背景的普通人，說別人（或可能是你）在解離的時候，他們通常指的是以下三種狀況之一：

- 這個人缺乏專注（出神），或是過度專注（入神），以至於不完全在場。
- 這個人與現實脫節了，不是人格解體，就是失去現實感。
- 這個人以一種顯著且可能很難受的方式，從一個自我移動到另一個自我。

在第一個狀況裡，那個人的專注焦點「在哪裡」被評估成錯誤或不恰當的。因此，某個展現出缺乏當下在場特質，而且沒有能力專注的人，會被看成是「出神了」、「人在千里之外」或「其實不在這裡」。或者說，某人可能過度專注或極端專注，或許沉迷於銀幕或一本書。在此，又一次（根據另一個人的看法），某人極其深切地涉入他們在做或體驗的事，以至於不在他們應該在的**地**

**方**，有時候就被說成是解離了。

第二個與第三個解離的日常用法，來自於**別人的舉止**是不恰當、錯誤或謬誤的。因此，在第二種日常用法裡，如果某人體驗到（或被認為體驗到）人格解體或喪失現實感，就會被說成是解離了。[8]

在第三種主要常見的用法裡，對別人說他們解離了，本質上就是通知他們，他們在此刻的**行為方式**是錯誤或不恰當的。他們以一種其他人已經注意到，而且通常並不贊同的方式，轉移或者切換自我。假設約翰最主要的自我之一在跟瑪麗說話，此時出現一個困難的主題。如果（從瑪麗的觀點來看）約翰突然明顯移入一個不同的自我，瑪麗可能會說：「你又解離了。」[9]可是從約翰的觀點來看，轉移到一個更有用的自我可能是明智的。這全都仰賴你採納的是誰的觀點。

## 這個詞彙在使用上的問題

「解離」一詞具有五個顯著的問題：

1. 多變與不一致的定義[10]
2. 充滿強烈情緒的用法
3. 根據文化規範而具體化
4. 對話性的解構

## 5. 單一自我假設四處瀰漫卻無意識的再肯定

第一個問題是給予「解離」的定義具有多變性且不連貫，迅速回顧如下：

- 一般字典與醫學字典，沒有兩本字典給出相同的定義，仰賴的是範圍廣泛的各種意義。
- 正式診斷，像是DSM第五版，從來沒有清楚具體地定義這個詞彙。
- 有評分輸出值的測驗工具，混合並拼湊變化極廣的種種定義，而且主要是被設計出來給醫療與保險業的。
- 普通的非專業人士用法，可能指涉到心不在焉或沒有焦點（處於錯誤的「地方」），或者某個人太疏離，或者太常從一個自我狀態或複數自我群移動到另一個（錯誤的「行為方式」）。

---

8 請注意，《默克診療手冊》（*Merck Manual*）裡的這個定義，在一舉呈現解離、喪失現實感或人格解體這方面，是相當典型的：「人格解體／失去現實感疾患，是一種解離性疾患，構成方式是持續或重複出現與自身身體或心理歷程疏離（解離）的感受，通常感覺是自己生活的外在觀察者（人格解體），或者跟自身的環境疏離（失去現實感）。」㉘

9 有趣的是，DSM第五版的編碼300.14，定義了解離性身分疾患，內文第一段結束時這麼說：「這些徵兆與症狀可能被他人觀察到，或者由當事人回報。」然而在對話使用中，大多數時候不是自我回報，而是一個人告訴另一個人說，另外那個人有問題，而且正在解離。

10 二〇〇六年《世界精神病學》（*World Psychiatry*）上的一篇文章談到在解離方面的近期發展，其中一節開頭的第一句話是「既然對於解離『是』什麼，並沒有一致的協議……」。㉙

這樣缺乏精確性，而且不存在簡單、一致的定義，讓人能夠把「解離」這個詞彙使用在變化範圍廣泛的種種脈絡裡，根據他們的目的運用在想要或需要這個詞彙含有的意思上。

第二個問題是，這個詞彙以這種情緒強烈的方式被使用，以至於進一步的討論或建設性的對話都不可能了。在很早之前，喬丹將這本書的主題告訴一位朋友。她毫不猶豫且斷然地說道，她跟某個「解離的人」很親近，「這個人完全毀了他自己的生活」，所以「以任何方式、形式或型態鼓吹解離，就是錯誤的」。

所以，人們對解離通常充滿了負面聯想與判斷，以至於任何可以被看成是解離的東西，甚至是類似被認爲是解離的東西，都可能帶來輕蔑、憤怒或負面的反應。反諷的是，在這種狀況下，光是提到「解離」這個字，就會觸發某個人，或者讓某人切換到一個對「解離」和健康人格多重性都非常有成見的自我。

第三個問題是一股欲望：想用文化上熟悉的簡單定義，保守處理解離的概念。史丹利・克里普納（Stanley Krippner）曾經寫道：

> 西方人傾向於把熟悉的詞彙附加到不熟悉的其他文化現象上。就像社會科學裡的其他假設概念，「解離」一詞是社會團體的一種嘗試，用來描述、解釋或以其他方式說明我們生活在其中的世界……所謂的「解離」現象，在不同的時代與地點，還有在多變的歷史與地理處境下的人際交流裡，一直被賦予各式各樣的標籤與詮釋。對於這種處境的一種理解，應該避免把這種表述具體化成「解離」或「解離性疾患」，以及不帶批判地接受西方對這些現象的建構。㉚

在克里普納談到避免把「解離」一詞具體化的時候，他的意思是不要藉著把它變成某種東西，然後給它一個確切的固定形式，結果過度簡化這個詞彙要表達的意思。

第四個問題關乎先前描述的第三個對話用法：根據另一個人的看法，那個人以一種明顯的方式從一個自我移動到另一個自我。繼續前面的例子，在一個困難的主題出現以後，瑪麗覺得約翰顯然移動到另一個自我，不是他正常而受到認可的自我，所以她告訴他，他解離了。

不過，從約翰的觀點，有好幾種不同的可能性。首先，他可能根本沒有改變自我，反而可能瑪麗是移入了另一個自我，而從瑪麗不同自我的觀點來看，可能是約翰改變了自我。其次，再度從約翰的觀點出發，他可能有意識地轉換（相對於倉促地切換）進入一個恰當的自我，因此瑪麗對於此解離不表贊同，對他來說很沒有道理。

接著，遵循後現代的解構技術，斷言說別人已經解離，可以被看成是一種操縱。如果我以你不喜歡、不贊同或感到不自在的方式，從一個自我移動到另一個，你就聲稱我解離了，但這或許比較關乎你有什麼感覺或做了什麼，而不是我做了什麼。

最後，「解離」這個詞彙，可以被看成是做了許多爲維持單一自我假設所需的持續跑腿工作。如果可能只有單一的自我，那麼任何脫離單一自我的活動或轉移，無論是透過溫和而有意的轉換，還是透過突然而無意識的切換或觸發，必然的特徵就是不受歡迎又病態。「解離」一詞的所有標準用法，都強化了單一自我假設。

## 定義上的替換：凝聚性替換解離

「解離」被認爲指涉到的歷程、功能或狀態，在今日連鎖式的醫療—心理學—保險系統的功能性文法中，扮演著一個根深柢固的角色。就算在這整本書裡，我們不需要或不怎麼常用這個詞彙，「解離」這個特定術語不太可能很快就完全消失。[11]

如同在第十二章裡提議過的，我們建議用「凝聚性」來替換「解離」，以促進成果更豐碩的討論。凝聚性是根據某個人在自己的功能與呈現上整合得有多好來界定。凝聚性可以根據下列各條件來進一步評估：

- 某人現在的言論與行為，跟他們先前的言論、行為、意圖與計畫並列時，兩者之間的一致相容度。
- 他們呈現的自己，還有在人類互動與關係之中，由別人體驗到的他們，兩者之間的連貫程度。
- 他們對於自己的複數自我，還有他人的複數自我所展現的慈悲。

下次有人在對話裡扔出「解離」這個詞彙的某種形式時，請思考一下可否爲討論的內容賦予新框架，好讓我們可以從凝聚性的方向來描述它。從一張非病理學衍生出來的正面地圖來進行工作，使用像「凝聚性」這樣直接了當的詞彙，而不是像「解離」這種含糊又問題重重到令人絕望的詞彙，會讓你走上一條更好、更有複數自我覺察意識的路線。

11 不意外的是，有人做過一些其他重新定義或擴充「解離」的有趣創意嘗試。這些嘗試包括班奈特・布隆的「BASK解離模型」（BASK Model of Dissociation），「沿著行爲（Behavior）、情感（Affect）、感官知覺（Sensation）與知識（Knowledge）這些路線，來描繪解離的歷程」；[31]史丹利・克里普納在論文中，對照了一條軸線上的「解離」（中斷的流動〔Interrupted Flow〕）與「整合覺察」（流動〔Flow〕），還有另一條軸線上的「控制」與「缺乏控制」；[32]還有茱蒂絲・史普琳傑（Judith Springer）一九九四年在超個人心理學研究所的碩士論文〈覺察、管道與選擇：對於解離、聯想、健康與疾病的一個超個人觀點〉中，發展出一種模型，顯示在橫跨好幾種體驗的維度上，我們可能會連結太深或太過解離。[33]

# 註釋

## Chapter 1


1. 海倫・葛林（Helen Green）的插畫，請看她的網站。
2. Jim Farber, “David Bowie Speaks on Musical Influences, ‘Ziggy Stardust’ Era and Getting Older in Final In-Depth Interview with the Daily News,” *New York Daily News* website, updated January 11, 2016.
3. Oliver James, “Upping Your Ziggy,” 47–48.
4. Oliver James, “Upping Your Ziggy,” 48.
5. Jevon Dangeli, “Transpersonal Psychology: New Perspectives,” at Authentic Self Empowerment website.
6. Goleman, “Probing the Enigma of Multiple Personality.”


## Chapter 2


1. William James, preface to *The Meaning of Truth*, ix–xxiv.
2. Kirkpatrick, “Walker: A Renaissance Man.”
3. Madison Park, “Nearing 50, Renaissance Jock Herschel Walker Breaks Fitness Rules,” CNN website, October 11, 2010.
4. The Athletic Build website, “Herschel Walker Bio, Workout, and Diet Plan,” June 22, 2012, accessed July 1, 2017.
5. Daniel Williams, “Football Fit: A Look at Herschel Walker’s Football Routine,” at NFL website, updated February 1, 2017.
6. Walker, *Breaking Free*, 13.

7. Walker, prologue to *Breaking Free*.
8. Walker, *Breaking Free*, 6.
9. Walker, *Breaking Free*, xv.
10. Carter Strickland, "Herschel Walker Reveals He Suffers from Multiple Personality Disorder," *Star Tribune*, March 15, 2008.
11. 謄寫自影片訪問：“Herschel Walker: Man of Many Talents,” YouTube, accessed June 1, 2016（現已下線）
12. “Herschel Walker: Man of Many Talents,” YouTube（現已下線）
13. “Herschel Walker: Man of Many Talents,” YouTube（現已下線）
14. Strickland, “Herschel Walker Reveals He Suffers from Multiple Personality Disorder.”
15. Strickland, “Herschel Walker Reveals He Suffers from Multiple Personality Disorder.”
16. Walker, *Breaking Free*, 14.
17. Walker, *Breaking Free*, 18.
18. Lester, *On Multiple Selves*, 176.
19. Shah, *The Commanding Self*, 7.
20. Rowan, *Subpersonalities*, 105，引自Genie Laborde。
21. Rowan, *Subpersonalities*, 189.
22. Fadiman, *Unlimit Your Life*.
23. Haddock, *The Dissociative Identity Disorder Sourcebook*, 50.
24. Kaufman and Gregoire, *Wired to Create*, xxvi.
25. Sliker, *Multiple Mind*, 35.
26. Kaufman and Gregoire, *Wired to Create*, xx.

27. Grierson, "What If Aging Is Nothing but a Mind-Set?"
28. Keyes, *The Minds of Billy Milligan*, xvii.
29. Walker, *Breaking Free*, 52.
30. Walker, *Breaking Free*, 54.
31. Walker, *Breaking Free*, 53–54.
32. Walker, *Breaking Free*, 130.
33. Kenyon, *Brain States*, 159.
34. "Psychotherapy and the Treatment of Alcohol Dependence," at Alcohol MD website, accessed July 1, 2017.
35. 《羅馬書》第七章第十五節至第十九節，Bible Gate網站的新國際版（New International Version），二〇二〇年一月十三日存取。
36. Rowan, *Subpersonalities*, 189.
37. Wikipedia, s.v. "Alvin Toffler," accessed July 1, 2017.
38. See Russell Goldman, "Here's a List of 58 Gender Options for Facebook Users," at ABC News website, February 13, 2014.
39. Mick Cooper, "If You Can't Be Jekyll Be Hyde: An Existential-Phenomenological Exploration on Lived-Plurality," in Rowan and Cooper, The Plural Self, 68–69.
40. Carter, *The People You Are*, 249.

## Chapter 3

1. 雷．葛拉斯，與喬丹．葛魯伯的私人談話，二〇一五年十一月十八日。
2. Ramos, *Dissociation*, 59.

3. “Howard Stern and Jerry Seinfeld Discuss Transcendental Meditation,” YouTube，二〇一七年一月九日存取（現已下線）
4. Ferriss, *The 4-Hour Body*.（關於他的所有線上資源，請見他的部落格〔Tim.blog〕上的身體調校工具〔“The 4-Hour Body Tools”〕頁面的連結“Becoming Uberman: Sleeping Less with Polyphasic Sleep”）。
5. 湯姆．麥可庫克，與喬丹．葛魯伯的私人對話，二〇一七年十月。

## Chapter 4

1. Ramos, *Dissociation*, 47.
2. Noricks, *Parts Psychology*, 2.
3. Baldwin, *Four and Twenty Blackbirds*, 31.
4. Carter, *The People You Are*, 81.
5. Carter, *The People You Are*, 81.
6. Lester, *On Multiple Selves*, xi.
7. Ferris, “Lent 1, Adam’s Legacy, Romans 5:12–19,” in Killen et al., *Sermons on the Second Readings*, 139–40.
8. 《屋頂上的提琴手》（*Fiddler on the Roof*）電影劇本，Script-O-Rama網站，二〇一七年一月七日存取。
9. Jen Nowell, “Keeble & Shucat Closing,” *Palo Alto Daily Post*, September 16, 2016.
10. Arika Okrent, “Can ‘Y’ all’ Be Used to Refer to a Single Person?,” at Mental Floss website, September 10, 2014.
11. Wikipedia, s.v. “Y’all,” accessed January 7, 2017.
12. Mencken, The American Language: Supplement 2, 337.
13. Okrent, “Can ‘Y’all’ Be Used to Refer to a Single Person?”
14. American Dialect Society, “2015 Word of the Year is singular ‘they,’ ” American Dialect website, January 8, 2016.

15. Augustine, *Augustine of Hippo*, 94.
16. Jad Abumrad and Robert Krulwich, "The Voices Inside You," RadioLab, at WNYC studios (podcast), June 26, 2013.
17. Peter Moseley, "Talking to Ourselves," *Guardian*, August 21, 2014.
18. Mental Health Foundation, "Hearing Voices," at Mental Health website, accessed January 6, 2017.
19. Mental Health Foundation, "Hearing Voices."
20. Nancy A. Stewart, "The Devil Made Me Do It?!?!," Faith & Grace blog, July 12, 2016（現已下線）
21. Laura Wiley, "Why Do People Talk to Themselves?"
22. Guy Winch, "Why You Should Start Talking to Yourself," at *Psychology Today*, The Squeaky Wheel blog, May 29, 2014.
23. Laura Wiley, "Why Do People Talk to Themselves?"
24. 也參見Michigan State University, "Talking to Yourself in the Third Person Can Help You Control Emotions," at *ScienceDaily* website, July 26, 2017.
25. 珍・休斯頓，接受Rebecca McClen Novick與大衛・傑・布朗訪問，"Jean Houston PhD Awakening Human Potential"，at Awaken website, posted April 3, 2015, accessed November 13, 2019.
26. James S. Grotstein, "The Alter Ego and Déjà vu Phenomena: Notes and Reflections," in Rowan and Cooper, The Plural Self, 33.
27. Cardin, "Those Sorrows Which Are Sent to Wean Us from the Earth."
28. Prince, *Psychotherapy and Multiple Personality*, 201.
29. Hesse, *Steppenwolf*, 40–59.
30. Nin, *The Diary of Anaïs Nin*, 47.
31. Nin, *The Diary of Anaïs Nin*, 241.

32. Joy, *Avalanche*, 61–62.
33. Joy, *Avalanche*, 69–70.
34. Colin Wilson, *Mysteries*, 210.
35. Colin Wilson, *Mysteries*, 223.
36. Colin Wilson, *Mysteries*, 229.
37. Kaufman and Gregoire, *Wired to Create*, xxi.
38. Gergen, "Multiple Identity," 31–35, 64–66.
39. Carroll, *Alice's Adventures in Wonderland*, 19–21.
40. Thomas, *The Medusa and the Snail*, 42–44.
41. Ellenberger, *The Discovery of the Unconscious*, 167.
42. Rowan, *Subpersonalities*, 9，引用Mary Louise von Franz，從一支訪問影片中謄寫出來。
43. Ferguson, *Aquarius Now*, 52.
44. Carter, *The People You Are*, xii–xiv.
45. Carter, *The People You Are*, 249.
46. Khakpour, "Epic: An Interview with Salman Rushdie," 54–65.
47. Maugham, *A Writer's Notebook*, 23.
48. Wikipedia, s.v. "Virginia Woolf," accessed January 7, 2017.
49. Woolf, *Orlando*, 308–9（在Bromberg, *Awakening the Dreamer*, 52中引用）。
50. Braun, *Treatment of Multiple Personality Disorder*, xi.
51. Wikipedia, s.v. *The Three Faces of Eve*, accessed January 7, 2017.
52. Lynn Neary, "Real 'Sybil' Admits Multiple Personalities Were Fake," at NPR website, October 20, 2011,

accessed January 7, 2017.

53. Lynn Neary, "Real 'Sybil' Admits Multiple Personalities Were Fake."
54. Eagleman, *Incognito*, 19.
55. Eagleman, *Incognito*, 104.
56. Eagleman, *Incognito*, 104.
57. "Lohan Says Fiance Was Abusing Her," *Palo Alto Daily Post*, August 8, 2016, 22.
58. Dave McGuinness, "A Brief History of the Comic Resurgence," at GeekOutInc.wordpress blog, accessed January 7, 2017.
59. Darrick Mattsen, "Creative Superhero Art Illustrates Their Secret Identities," at Walyou website, November 15, 2011.
60. See "Comic Book Characters and Multiple Personality Disorder," at Comic Collector Live web forum, accessed January 7, 2017.
61. Carter, *The People You Are*, 73.
62. Carter, *The People You Are*, 73.
63. Wikipedia, s.v. *I'm not There*, accessed December 16, 2019.
64. Tracy Smith, "Unraveling the Secret of 'Alters,'" CBS News website, March 8, 2009.
65. Gibran, "The Seven Selves"，收錄在 *The Madman—His Parables and Poems*。
66. Jalaluddin Rumi, "The Guest House"，Coleman Barks翻譯，Scottish Poetry Library網站上可以取得。
67. Czeslaw Milosz, "Ars Poetica?"，Czeslaw Milosz與Lillian Vallee翻譯，Poetry Foundation網站上可以取得。
68. Elton John, "Multiple Personality," YouTube, posted August 10, 2016.
69. Jules Evans, "On Pop Stars' Alter-Egos," at Philosophy for Life: The Website of Jules Evans blog, September 11, 2015.

## Chapter 5

1. Smith, *The Lost Teachings of the Cathars*, 59.
2. Schwartz and Falconer, *Many Minds, One Self*, 16.
3. Christine Wilson Owens, "Hmong Cultural Profile"，二〇〇七年五月一日，在EthnoMed（華盛頓大學健康科學圖書館與港景醫學中心〔University of Washington Health Sciences Libraries and Harborview Medical Center〕的網站）上可以取得。
4. Wikipedia, s.v. "Hmong Customs and Culture," accessed January 9, 2017.
5. "The Split Horn: Hmong Rituals"，PBS網站，對於塔加特・席格（Taggart Siegel）的影片《分裂的號角：一位苗族薩滿巫師在美國的生活》（*The Split Horn: Life of a Hmong Shaman in America*）所做的評論。
6. M. Alan Kazlev, "The Ancient Egyptian Conception of the Soul," at Kheper website, July 27, 1998, modified October 10, 2005.
7. M. Alan Kazlev, "The Ancient Egyptian Conception of the Soul."
8. 參見中國佛教百科全書（Chinese Buddhist Encyclopedia）網站上對多神教的基本描述。
9. 參見"What are some examples of polytheistic religions?" at Reference.com, accessed January 9, 2017.
10. 在Ferguson, *Aquarius Now*, 53中引述。
11. V. Jayaram, "An Overview of Hindu Gods and Goddesses," at Hinduwebsite.com, accessed January 9, 2017.
12. Subhamoy Das, "Symbolism of Hindu Deities Explained," at LearnReligions.com, updated February 20, 2019.
13. Webster, "Working Polytheism," 45–46.
14. Stone and Winkelman, *Embracing our Selves*, 243.
15. Hofstadter, *I Am a Strange Loop*, 222.
16. 參見See Wikipedia, s.v. "Akhenaten," accessed January 10, 2017.

17. Lynn Blanch, “Why Didn’t Monotheism in Ancient Egypt Work?,” at Classroom.Synonym.com, accessed January 10, 2017.
18. Green, *Radical Judaism*, 39.
19. 一般狀況參見Patai, *The Hebrew Goddess*.
20. Dell Markey, “What Effects Did the Babylonian Exile Have on the Jewish Religion?,” at Classroom.Synonym.com, updated June 25, 2018, accessed January 10, 2017.
21. 對於猶太「靈魂」概念的詳盡回顧，請見Kaufmann Kohler, Isaac Broydé, and Ludwig Blau, “Soul”, at JewishEncyclopedia.com, accessed January 10, 2017.
22. 加州帕羅奧圖生命樹會堂的阿里．卡同拉比，與喬丹．葛魯伯的私人通訊，二〇一六年七月。
23. 出自生命樹會堂新聞報，從佈道中謄寫出來的內容。
24. Sommer, *The Bodies of God and the World of Ancient Israel*, 129.
25. Augustine, *Augustine of Hippo*, 94.
26. Ellenberger, *The Discovery of the Unconscious*, 126.
27. Schwartz and Falconer, Many Minds, One Self, 24.
28. 請見“Good Angel, Bad Angel,” at All the Tropes (Wiki contributor website), accessed January 10, 2017.
29. O’Connor, *Our Many Selves*, 6.
30. Robert L., “Dissociative Identity Disorder and Demons,” at Great Bible Study website, accessed January 10, 2017.
31. Wikipedia, s.v. “Islam,” accessed January 10, 2017.
32. Zia H. Shah, “Possessed by Jinns: Many Medieval Muslim Scholars Need Exorcism,” *Muslim Times*, July 27, 2014.
33. Frager and Fadiman, *Personality and Personal Growth*, 388–90.
34. Arsen Darnay, “One Self or Many?,” at Borderzone blog, April 4, 2011.

35. Ramos, *Dissociation*, 22.
36. Luke Mastin, “Essentialism,” Basics of Philosophy website, accessed January 10, 2017.
37. Encyclopedia.com, s.v. “Essentialism,” updated October 22, 2019, accessed December 3, 2019.
38. Powell, “The Multiple Self,” 1482.
39. McKellar, *Mindsplit*, 9.
40. Hamilton and Cairns, *Plato: The Collected Dialogues*, 684–86.
41. Lee Archie and John G. Archie, “ ‘The Socratic Paradox’ by Plato,” chapter 18 of *Introduction to Ethical Studies: An Open Source Reader*, available online at Philosophy.lander.edu, accessed January 10, 2017.
42. Butler, *The Works of Bishop Butler*, 158.
43. Hood, prologue to *The Self Illusion*, xi.
44. Daniel Bonevac, “Notes on Hume and Kant,” University of Texas at Austin, accessed January 10, 2017 (no longer available).
45. Kluft and Fine, *Clinical Perspectives on Multiple Personality Disorder*, 374.
46. Nietzsche, *Beyond Good and Evil*, § 19.
47. William McDonald, *Stanford Encyclopedia of Philosophy* online, s.v. “Soren Kierkegaard,” Winter 2017 edition.
48. Russell, Irigaray, and Kierkegaard, *On the Construction of the Self*, 8.

## Chapter 6

1. Ross, *Multiple Personality Disorder*, 9.
2. Ross, *Multiple Personality Disorder*, 12–16.
3. Anonymous, “The History of Multiple Personality Disorder,” Dissociative Identity/Multiple Personality: Case

Studies and Presentations, at MultipleSelf.wordpress website, June 25, 2014, accessed December 8, 2016.

4. Richardson, Best, and Bromley, *The Satanism Scare*, 152.
5. van der Hart, Lierens, and Goodwin, "Jeanne Fery: A Sixteenth–Century Case of Dissociative Identity Disorder," 1.
6. Putnam, *Diagnosis & Treatment of Multiple Personality Disorder*, 28.
7. Russell A. Dewey, "Multiple Personality," Psych Web website, 2017–2018 revision, accessed January 27, 2020.
8. Ellenberger, *The Discovery of the Unconscious*, 128.
9. Putnam, *Diagnosis & Treatment of Multiple Personality Disorder*, 28.
10. Putnam, *Diagnosis & Treatment of Multiple Personality Disorder*, 29.
11. Ross, *Multiple Personality Disorder*, 30.
12. Ellenberger, *The Discovery of the Unconscious*, 89.
13. Ellenberger, *The Discovery of the Unconscious*, 89.
14. Paul R. McHugh, "Multiple Personality Disorder," cited in Skeptic' s Dictionary website, s.v. "hystero-epilepsy," updated November 5, 2015, accessed December 4, 2019.
15. *New World Encyclopedia* online, s.v. "Pierre Janet," accessed December 8, 2016.
16. *Encyclopadia Britannica* online, s.v. "Pierre Janet," accessed December 8, 2016.
17. Van den Berg, *Divided Existence and Complex Society*, 26.
18. William James, *The Principles of Psychology*, 227–28.
19. Ross, *Multiple Personality Disorder*, 23.
20. Duncan, *The Fractured Mirror*, 6.
21. Cohen, Giller, and W., *Multiple Personality Disorder from the Inside* Out, xix.
22. O'Regan, "Multiple Personality—Mirrors of a New Model of Mind?," 9.

23. Ellenberger, *The Discovery of the Unconscious*, 143–44.
24. Ross, *Multiple Personality Disorder*, 29–30.
25. Rowan, *Subpersonalities*, 16.
26. Myers, "Human Personality," 637, cited in *The Nineteenth Century* (Vol. 29): A Monthly Review, ed. James Knowles (London: Kegan Paul, Trench, Trubner, 1891), 158.
27. Kelly, "F. W. H. Myers and the Empirical Study of the Mind–Body Problem," 79.
28. Wikipedia, s.v. "Morton Prince," accessed December 8, 2016.
29. Lester, *On Multiple Selves*, 163–64.
30. Prince, *Psychotherapy and Multiple Personality*, 204.
31. William James，波利斯．西迪斯著作《暗示心理學》的導言。
32. Hilgard, *Divided Consciousness*, 5.
33. Bruce, "The Riddle of Personality," 242.
34. Rowan, *Subpersonalities*, 16–17.
35. Sidis and Goodhart, *Multiple Personality*, 58.
36. Sidis and Goodhart, *Multiple Personality*, 75–78.
37. Russell Goodman, *Stanford Encyclopedia of Philosophy* online, s.v. "William James," accessed December 8, 2016.
38. Robert D. Richardson, *William James*, 335.
39. Putnam, *Diagnosis & Treatment of Multiple Personality Disorder*, 3.
40. Frager and Fadiman, *Personality and Personal Growth*, 208.
41. Taylor, *William James on Exceptional Mental States*, 73–91.
42. Kluft and Fine, *Clinical Perspectives on Multiple Personality Disorder*, 357.

43. Kluft and Fine, *Clinical Perspectives on Multiple Personality Disorder*, 358.
44. Putnam, *Diagnosis & Treatment of Multiple Personality Disorder*, 28.
45. Steinberg, *Handbook for the Assessment of Dissociation—A Clinical Guide*, 184.
46. Janet, *The Major Symptoms of Hysteria*, 92.
47. Bromberg, *Awakening the Dreamer*, 1–2.
48. Hilgard, *Divided Consciousness*, 4.
49. Saul McLeod, "Id, Ego and Superego," at Simply Psychology website, updated 2019, accessed December 17, 2019.
50. Manning and Manning, "Legion Theory," 840.
51. 參見Pavi Sandhu, "Step Aside, Freud: Josef Breuer Is the True Father of Modern Psychotherapy," *Scientific American: Mind*（客座部落格），二〇一五年六月三十日。
52. Josef Breuer and Sigmund Freud, Preliminary Communications (1893), cited in Paul Kiritsis, "The Concept of Dissociation: Breuer, Freud, and the Break from Janet," Down the Rabbit Hole blog, July 12, 2013, accessed July 21, 2017.
53. Wikipedia, s.v. "Pierre Janet," attributed to Sigmund Freud, *Five Lectures on Psycho-Analysis* (1995): 25–33.
54. Kiritsis, "The Concept of Dissociation: Breuer, Freud, and the Break from Janet," Down the Rabbit Hole blog.
55. Wikipedia, s.v. "Pierre Janet," accessed July 21, 2017.
56. Kiritsis, "The Concept of Dissociation: Breuer, Freud, and the Break from Janet." 也參見Bennet, "The Freud-Janet Controversy: An Unpublished Letter," 52–53.
57. Mark L. Manning and Rana L. Manning, "Dissociative Identity Disorder and Freud," at LegionTheory.com website, accessed December 8, 2016（現已下線）
58. Ross, *Multiple Personality Disorder*, 103.

59. Cohen, Giller, and W., *Multiple Personality Disorder from the Inside Out*, xix–xx.
60. Mark L. Manning and Rana L. Manning, “Dissociative Identity Disorder and Freud.”
61. Sliker, *Multiple Mind*, 7.
62. Colin Wilson, *Mysteries*, 205.
63. Colin Wilson, *Mysteries*, 205.
64. Colin Wilson, *Mysteries*, 206.
65. Colin Wilson, *Mysteries*, 207.
66. Kendra Cherry, “Sigmund Freud Photobiography,” at VeryWellMind website, updated October 24, 2017, accessed December 5, 2019.
67. “The Well–Documented Friendship of Carl Jung and Sigmund Freud,” at Historacle.org website, accessed December 8, 2016.
68. Kendra Cherry, “Sigmund Freud Photobiography.”
69. “When Freud Met Jung,” All Psychology Schools website, accessed December 8, 2016.
70. Carl Golden, “The 12 Common Archetypes,” SoulCraft website, accessed December 8, 2016.
71. Wikipedia, s.v. “Jungian Archetypes,” accessed December 8, 2016.
72. Paul Levy, “Glossary of Terms,” at Awaken in the Dream website, s.v. “Archetypes,” accessed December 5, 2019.
73. Lester, *On Multiple Selves*, 3.
74. Sliker, Multiple Mind, 22–23，引用 Carl Jung, *Collected Works*, vol. 8, *The Structure and Dynamics of the Psyche* (Princeton, N.J.: Princeton University Press, 1960), 96.
75. Sliker, *Multiple Mind*, 22–23.
76. Jung, *Collected Works of C. G. Jung*, vol. 13, Alchemical Studies, 42.

77. Wilhelm and Jung, *The Secret of the Golden Flower*, 116.
78. Rosselli and Vanni, "Roberto Assagioli and Carl Gustav Jung," 7.
79. Sliker, *Multiple Mind*, 7.
80. Wikipedia, s.v. "Psychosynthesis," accessed December 8, 2016.
81. McGuire, *The Freud/Jung Letters*, 138.
82. Lester, *On Multiple Selves*, 73.
83. Dattilo, Ferrucci, and Ferrucci, *Roberto Assagioli in his own words*, 32–33.
84. Ferrucci, *What We May Be*, 42.
85. Sliker, *Multiple Mind*, 13–14.
86. Ferrucci, *What We May Be*, 3.
87. Ferrucci, *What We May Be*, 53–54.
88. Ferrucci, *What We May Be*, 55–56.
89. Sliker, *Multiple Mind*, 9, 26.
90. London, "From Little Acorns."
91. Sanford L. Drob, "The Depth of the Soul: James Hillman's Vision of Psychology," The New Kabbalah website, accessed December 8, 2016.
92. Hillman, *Re-Visioning Psychology*, 25.
93. Hillman, *Re-Visioning Psychology*, 24.
94. Rowan, *Subpersonalities*, 35.
95. Hillman, "Psychology: Monotheistic or Polytheistic?," 193–94.
96. Hillman, "Psychology: Monotheistic or Polytheistic?," 196.

97. Hillman, "Psychology: Monotheistic or Polytheistic?," 206.
98. Taves, "Religious Experience and the Divisible Self," 310–11.
99. "Karl Menninger, 96, Dies; Leader in U.S. Psychiatry," *The New York Times*, July 19, 1990.
100. McKellar, *Mindsplit*, 13.
101. "Karl Menninger, 96, Dies; Leader in U.S. Psychiatry."
102. Wikipedia, s.v. "Karl Menninger," accessed December 8, 2016.
103. Baldwin, *Four and Twenty Blackbirds*, 8.
104. Rowan, *Subpersonalities*, 78.
105. O'Connor, *Our Many Selves*, 13.
106. Richeport, "The Interface between Multiple Personality, Spirit Mediumship, and Hypnosis."
107. Ramos, *Dissociation*, 50.
108. John G. Watkins and Helen H. Watkins，約翰・比爾斯的著作《統一與多重》的前言，xiv.
109. Alistair Horscroft, "Understanding the 5 Human Stress Responses Can Help Us Create Powerful Relationships," at Soul Sessions website, September 1, 2013.
110. Satir, *Your Many Faces*, 63.
111. Rowan, *Subpersonalities*, 103–4.
112. 引自Kaufman and Gregoire, *Wired to Create*, xx.
113. McKellar, *Mindsplit*, 17.
114. Ramos, *Dissociation*, 30.
115. Frager and Fadiman, *Personality and Personal Growth*, 207.
116. Frager and Fadiman, *Personality and Personal Growth*, 207.

117. John G. Watkins and Helen H. Watkins，約翰・比爾斯的著作《統一與多重》的前言，xiv.
118. Watkins and Watkins, “Ego-State Therapy in the Treatment of Dissociative Disorders,” 277–79.
119. Siegel, *Mindsight*, 198, 200, 203–4, 208.

## Chapter 7

1. Frager and Fadiman, *Personality and Personal Growth*, 237.
2. Frager and Fadiman, *Personality and Personal Growth*, 283, 285.
3. McHugh and Stewart, *The Self and Perspective Taking*, 38.
4. Eagleman, *Incognito*, 106–7.
5. Minsky, *The Society of Mind*, 290.
6. Ferguson, *Aquarius Now*, 53.
7. Gazzaniga, “The Split Brain in Man.”
8. “Why Do the Borg Refer to Themselves as ‘We’ and Not ‘I,’” SciFi Stack Exchange web forum, October 29, 2014.
9. Panikkath, Panikkath, Mojumder, and Nugent, “The Alien Hand Syndrome,” 219–20.
10. Rowan, *Subpersonalities*, 166.
11. Gazzaniga, *The Social Brain*, 4.
12. Ornstein, *Multimind*, 81.
13. Robert Ornstein, “Current Lectures: Multimind,” at Robert Ornstein website, accessed November 21, 2016.
14. Ornstein, *Multimind*, 25.
15. Ornstein, *Multimind*, 143–44.
16. Ornstein, *Multimind*, 185.

17. Ornstein, *Multimind*, 103.
18. Ornstein, *Multimind*, 189-90.
19. Hofstadter, *Metamagical Themas*, §§ 781-82.
20. Hofstadter, *Metamagical Themas*, §§ 789-90.
21. Hofstadter, *Metamagical Themas*, §§ 788-89.
22. Kahneman, *Thinking, Fast and Slow*, 13.
23. Kahneman, *Thinking, Fast and Slow*, 28-29.
24. *The Economist*, Free Exchange, "A Cooler Head: Thomas Schelling," December 24, 2016, 94.
25. "Nagasena and the Chariot," at Practically Zen blog, October 23, 2009.
26. Lester, *On Multiple Selves*, xii.
27. Ingrid Fischer-Schreiber, Franz-Karl Ehrhard, Kurt Friedrichs, and Michael S. Diener, *The Encyclopedia of Eastern Philosophy and Religion: Buddhism, Taoism, Zen, Hinduism*, s.v. "Anātman" (Boulder, Colo.: Shambhala, 1989), 12.
28. Fischer-Schreiber, Ehrhard, Friedrichs, and Diener, *The Encyclopedia of Eastern Philosophy and Religion: Buddhism, Taoism, Zen, Hinduism*, s.v. "Anātman," 12.
29. Tashi Phuntsok, "Dalai Lama and Oracle"，臉書貼文，二〇一二年九月二十七日。
30. Gopnik, "American Nirvana," 71.
31. Olivia Goldhill, "You're Not the Same: Neuroscience Backs up the Buddhist Belief That 'the Self' Isn't Constant, but Ever-Changing," at Quartz website, September 20, 2015.
32. Christopher Keep, Tim McLaughlin, and Robin Parmar, "Defining Postmodernism," at Electronic Labyrinth website, accessed November 22, 2016.

33. Powell, "The Multiple Self," 1494.
34. Hoffman, Stewart, Warren, and Meek, "Multiple Selves in Postmodern Theory."
35. "Identity and the Self," at Shifting to 21st Century Thinking website, accessed November 22, 2016.
36. "Postmodern Psychology and Socially Constructed Selves," at All About Worldview website, accessed November 22, 2016.
37. J. R. Hustwit, *Internet Encyclopedia of Philosophy website*, s.v. "Process Philosophy," accessed November 23, 2016.
38. Hustwit, *Internet Encyclopedia of Philosophy website*, s.v. "Process Philosophy."
39. Russell and Suchocki, "The Multiple Self," 191–92.
40. Lucas, *The Rehabilitation of Whitehead*, 146.
41. Russell and Suchocki, "The Multiple Self," 191.

## Chapter 8

1. Watkins and Watkins, "Ego-State Therapy in the Treatment of Dissociative Disorders," 278.
2. Watkins and Watkins, "Ego-State Therapy in the Treatment of Dissociative Disorders," 279.
3. Ludwig, "Altered States of Consciousness," 225–34.
4. Tart, *Waking Up*, 4–5.
5. James Kingsland, "Could Meditation Really Help Slow the Ageing Process?," at The Guardian website, March 3, 2016.
6. Thomas B. Roberts, "Multistate Theory"，在Academia網站，衍生自"New Horizons: Potential Benefits of Psychedelics for Humanity"（演講，世界迷幻藥論壇〔World Psychedelic Forum〕，瑞士巴塞爾，二〇〇八年三月二十三日），二〇一七年三月二十七日存取。

7. Elster, *The Multiple Self*, 1.
8. Bromberg, *Awakening the Dreamer*, 3.
9. 參見Jim Rutt, "In Search of the Fifth Attractor"，在Medium網站，二〇一七年二月三日。雖然這個簡報把焦點放在過去、現在與未來的政治場景，卻很容易把它應用在對複數自我的分析上。
10. Gregg Henriques, "One Self or Many Selves?," at *Psychology Today* website, April 25, 2014.
11. Baldwin, *Four and Twenty Blackbirds*, 246.
12. Kramer and Bressan, "Humans as Superorganisms," 464-81.
13. Robin Andrews, "19 Pieces of Non-Human DNA Found in Human Genome," at IFL Science website, March 23, 2016, accessed July 11, 2019.
14. Raymond MacDougall, "NIH Human Microbiome Project Defines Normal Bacterial Makeup of the Body"，在National Institutes of Health網站的新聞稿區（News Releases），二〇一二年六月十三日。
15. David Robson, "Is Another Human Living Inside You?," at BBC Future website, September 18, 2015.
16. 參見Dietart, The Human Superorganism.
17. Kohn, "When Gut Bacteria Change Brain Function."
18. Ohio State University, "Autism Symptoms Improve after Fecal Transplant, Small Study Finds," at Science Daily website, January 23, 2017.
19. Spafford C. Ackerly, "Inner Smile and Six Healing Sounds Practices," at Universal Healing Tao website, accessed January 27, 2017.
20. 連恩．嘉樂蘭，與喬丹．葛魯伯的私人通訊，二〇一八年一月二十三日。
21. Coryn, "The Bodily Seats of Consciousness," 209.
22. Rajvanshi, "Brain, Heart and Gut Minds."

23. Darin Stevenson，臉書動態消息貼文，二〇一六年六月十四日，在許可下使用。
24. Rajvanshi, "Brain, Heart and Gut Minds."
25. MacLean, *The Triune Brain in Evolution*.
26. Wikipedia, s.v. "Triune Brain," accessed January 27, 2017.
27. Ferguson, *Aquarius Now*, 48.
28. Wikipedia, s.v. "Default Mode Network," accessed March 20, 2017.
29. Mehl-Madrona, *Remapping Your Mind*, 6.
30. Mehl-Madrona, *Remapping Your Mind*, 66.
31. Mlodinow, Subliminal, 35.
32. Mehl-Madrona, Remapping Your Mind, 71-72.
33. Grasse, "The Crowd Within," 43.
34. Crabtree, "The Phenomenology of Multiple Personality and Possession-Type Experiences," 5.
35. Crabtree, "The Phenomenology of Multiple Personality and Possession-Type Experiences," 6.
36. Crabtree, "The Phenomenology of Multiple Personality and Possession-Type Experiences," 7-9.
37. Crabtree, "The Phenomenology of Multiple Personality and Possession-Type Experiences," 9.
38. Crabtree, "The Phenomenology of Multiple Personality and Possession-Type Experiences," 13.
39. Rowan, *Subpersonalities*, 197.
40. Alice Robb, "Multilinguals Have Multiple Personalities," at *New Republic* website, April 23, 2014.
41. Colin Wilson, *Mysteries*, 223.
42. Colin Wilson, *Mysteries*, 232.
43. Colin Wilson, *Mysteries*, 227–29.

44. Colin Wilson, *Mysteries*, 231–32.
45. Carter, *The People You Are*, 23–26.
46. Carter, *The People You Are*, 160.
47. Carter, *The People You Are*, 160–61.
48. Rowan, *Subpersonalities*, 86–87.
49. "Alters in Dissociative Identity Disorder (MPD) and DDNOS," at Trauma Dissociation website, accessed December 8, 2019.
50. Grasse, "The Crowd Within," 42.
51. "Alters in Dissociative Identity Disorder (MPD) and DDNOS," at Trauma Dissociation website, accessed December 8, 2019.
52. Robert Anton Wilson, "Robert Anton Wilson—Interview—An Incorrigible Optimist" 在YouTube，出自Enlightenment.Com訪問（加州卡比托拉〔Capitola〕二〇〇六年三月一日進行），二〇一七年三月二十九日存取。
53. Perel, "Why Happy People Cheat."
54. Lilienfeld and Arkowitz, "Facts & Fictions in Mental Health," 64-65.
55. Crabtree, "The Phenomenology of Multiple Personality and Possession-Type Experiences," 88.
56. "Alters in Dissociative Identity Disorder (MPD) and DDNOS," at Trauma Dissociation website, accessed December 8, 2019.
57. Herbert, "The Three Brains of Eve," 356.
58. Heidegger, "Possession's Many Faces," in *The Principle of Reason*, 18–19.
59. Millman, *Everyday Enlightenment*.

60. Bromberg, *Awakening the Dreamer*, 3.
61. Noricks, *Parts Psychology*, 3.

## Chapter 9

1. Bromberg, "Standing in the Spaces," 4.
2. Noricks, *Parts Psychology*, 1-2.
3. Thomas, *The Medusa and the Snail*, 42-44.
4. Quigley, *Alchemical Hypnotherapy*, 51.
5. Bloom, "First Person Plural."
6. Capps, *Still Growing*, 164.
7. Baldwin, *Four and Twenty Blackbirds*, 16，引自佩格・波以爾斯，她則引自衛蘭・克勞佛（Verlaine Crawford）。
8. Crawford, *Ending the Battle Within*, 2.
9. Baldwin, *Four and Twenty Blackbirds*, 63.
10. Keyes, *The Minds of Billy Milligan*, xviii.
11. Rowan, *Subpersonalities*, 205-6.
12. Rowan, *Subpersonalities*, 207.
13. Baldwin, *Four and Twenty Blackbirds*, 250.
14. Steven Johnson, "Mind Wide Open," *The New York Times*, May 9, 2004.
15. Beahrs, *Unity and Multiplicity*, 6-7.
16. Ramos, *Dissociation*, 51.

17. Grasse, “The Crowd Within,” 43.
18. Fadiman, “Who’s Minding the Store?,” 133.
19. Dictionary.com, s.v. “Band,” accessed March 13, 2017.
20. James Woodall, “Ringo’s No Joke. He Was a Genius and the Beatles Were Lucky to Have Him,” *The Spectator* website, July 4, 2015.
21. John O’Leary. “Who’s the Leader of the Band?,” at Business Lessons from Rock blog, October 24, 2012.
22. Regine P. Azurin and Yvette Pantilla, John C. Maxwell的著作*The 17 Indisputable Laws of Teamwork*書評，在Refresher網站，二〇〇一年十一月一日。
23. Kotler and Wheal, *Stealing Fire*, 11–12.
24. Baldwin, *Four and Twenty Blackbirds*, 139.
25. Sliker, *Multiple Mind*, 69.
26. Ramos, *Dissociation*, 53.
27. Crabtree, “The Phenomenology of Multiple Personality and Possession–Type Experiences,” 5.
28. Ferguson, *Aquarius Now*, 47.
29. Cooper–White, *Braided Selves*, 214–15.
30. Crabtree, “The Phenomenology of Multiple Personality and Possession–Type Experiences,” 2.
31. Baldwin, *Four and Twenty Blackbirds*, 71.
32. Rowan, *Subpersonalities*, 150.
33. Ellenberger, *The Discovery of the Unconscious*, 270.
34. Shapiro, *The Selves Inside You*, 35.
35. Baldwin, *Four and Twenty Blackbirds*, 38.

36. Shapiro, *The Selves Inside You*, 35.
37. Shapiro, *The Selves Inside You*, 35.
38. Business Dictionary website, s.v. “Workgroup,” accessed April 2, 2017.
39. Weiss, “A Flight of Fancy Mathematics,” 172.
40. Berardelli, “When Pigeons Flock, Who’s in Command?”
41. Murphy, *Jacob Atabet*, 108.

## Chapter 10

1. Carter, *The People You Are*, 90.
2. Ferrucci, *What We May Be*, 52.
3. Winter and Reed, *Towards a Radical Redefinition of Psychology*, 106.
4. Ferrucci, *What We May Be*, 53–54.
5. Rowan and Cooper, *The Plural Self*, 8.
6. Keyes, *The Minds of Billy Milligan*, 61.
7. Rowan, *Subpersonalities*, 68–69.
8. Rowan, *Subpersonalities*, 70，引用 Robert Johnson.
9. Rowan, *Subpersonalities*, 70，引用 Robert Johnson.
10. Rowan, *Subpersonalities*, 198. 這份清單的順序重新整理過。
11. Rowan, *Subpersonalities*, 198–99.
12. Rowan, *Subpersonalities*, 199.
13. Ross, *Multiple Personality Disorder*, 103.

14. Metzner, *Ecology of Consciousness*, 254.
15. Ferrucci, *What We May Be*, 48.
16. Rowan, *Subpersonalities*, 200.
17. Rowan, *Subpersonalities*, 200.
18. Ed Yong, "What Bird Flocks and Fish Schools Can Teach Us about the Future"，與尼爾・柯南談話，二〇一三年六月十三日，NPR網站提供逐字稿，24.
19. Rolling, *Swarm Intelligence*, 89–90.
20. Rolling, *Swarm Intelligence*, 89–90.
21. Miller, "The Genius of Swarms."
22. Sliker, *Multiple Mind*, 81.
23. Fox, *Winning from Within*, xxiv.
24. Rowan, *Subpersonalities*, 202.
25. Sliker, *Multiple Mind*, 32.
26. Sliker, *Multiple Mind*, 79.
27. Ferrucci, *What We May Be*, 51.
28. *Merriam-Webster Dictionary* online, s.v. "Presence," accessed April 7, 2017.
29. Luther Kitahata，有執照整合教練（Certified Integral Coach）與喬丹・葛魯伯的個人通訊。
30. Wikipedia, s.v. "Active Imagination," accessed December 19, 2017.
31. Rowan and Cooper, *The Plural Self*, 259.
32. Baldwin, *Four and Twenty Blackbirds*, 176.
33. 一位朋友對詹姆斯・法第曼的私人通訊；人名已做更動。

34. Sasportas, "Subpersonalities and Psychological Conflicts," in Greene and Sasportas, *The Development of the Personality*, 191–92.
35. O'Connor, *Our Many Selves*, 23.
36. Jamie Wheal and Steven Kotler, "Opinion: What Navy SEAL Team 6 Can Teach Us about How to Succeed at Work," at Market Watch website, May 20, 2017.
37. Wheal and Kotler, "Opinion: What Navy SEAL Team 6 Can Teach Us about How to Succeed at Work."
38. 金特拉・史特萊克與喬丹・葛魯伯的私人通訊，二〇一七年六月二十七日。
39. Willow, "How We Work with Our Dissociation, instead of Struggling against It," 2.
40. Rowan, *Subpersonalities*, 201.

## Chapter 11

1. Aurobindo, *Letters on Yoga* 1:79.
2. Aurobindo, *Letters on Yoga* 1:80.
3. Aurobindo and the Mother, *Our Many Selves*, xvii.
4. Aurobindo and the Mother, *Our Many Selves*, 3–4.
5. Wikipedia, s.v. "George Gurdjieff," accessed May 24, 2017.
6. Ouspensky, *In Search of the Miraculous*, 53–54.
7. Ouspensky, *In Search of the Miraculous*, 59–60.
8. Nicoll, *Psychological Commentaries on the Teaching of Gurdjieff and Ouspensky* 1:20.
9. Lester, *On Multiple Selves*, 7.
10. Jean Houston, "Awakening to Your Life's Purpose," at Evolving Wisdom website, accessed May 24, 2017.

11. Jean Houston, "Awakening to Your Life's Purpose," at Evolving Wisdom website, accessed May 24, 2017.
12. "Polyphrenia," at Blogspot, April 30, 2007.
13. Jean Houston，接受Douglas Eby訪問，"Interviews"，在TalentDevelop.com，二〇一七年五月二十四日存取。參見Jean Houston，接受喬丹・葛魯伯訪問，在Enlightenment.Com（音訊檔），二〇〇三年一月二十八日。
14. Pamela Bloom, "The Moon, Jean Houston, and You," at Science of Mind website.
15. Wikipedia, s.v. "Psychosynthesis," accessed May 30, 2017.
16. Ferrucci, *What We May Be*, 42.
17. Wikipedia, s.v. "Psychosynthesis," accessed July 14, 2019.
18. Jung，引自Kerr, *A Most Dangerous Method*, 214–15.
19. Rowan, *Subpersonalities*, 74.
20. " "Jacob Moreno," at GoodTherapy website, last updated July 3, 2015, accessed May 30, 2017.
21. Wikipedia, s.v. "Psychodrama," accessed May 30, 2017.
22. Rowan, *Subpersonalities*, 76.
23. Rowan, *Subpersonalities*, 76.
24. Rowan, *Subpersonalities*, 77.
25. Rowan, *Subpersonalities*, 77.
26. Hal Stone and Sidra Stone, Voice Dialogue International website, accessed June 7, 2017.
27. Stone and Winkelman, *Embracing Our Selves*, 12–13.
28. Stone and Winkelman, *Embracing Our Selves*, 25.
29. Stone and Winkelman, *Embracing Our Selves*, 23.

30. Stone and Winkelman, *Embracing Our Selves*, 62.
31. Stone and Winkelman, *Embracing Our Selves*, 61.
32. Stone and Stone, at Voice Dialogue International website.
33. Stone and Stone, at Voice Dialogue International website.
34. Wikipedia, s.v. "Internal Family Systems Model," accessed June 7, 2017.
35. Center for Self Leadership, "The Internal Family Systems Model Outline," at Self Leadership website, accessed June 7, 2017.
36. Richard Bolstad, "Parts Integration and Psychotherapy," at Transformations International website, accessed June 7, 2017.
37. Bolstad, "Parts Integration and Psychotherapy."
38. Bob Hoffman, "The Hoffman Process: A Path to Personal Freedom and Love," Hoffman Institute website, last revised December 2015.
39. Amy Mindell and Arnold Mindell, "Deep Democracy's Relationship To 'Regular' Democracy," at Amy and Arnold Mindell website, accessed June 17, 2017.
40. "The Inside Team," at CRR Global website, accessed July 15, 2019.
41. Fox, *Winning from Within*.
42. "The Hakomi Principles," at Hakomi Institute Southwest website, accessed December 13, 2019.
43. "R-CS: Re-Creation of the Self Model of Human Systems," at Mindful Experiential Therapy Approaches (M.E.T.A.) website, accessed June 7, 2017.
44. Ross, *Multiple Personality Disorder*, 28.
45. Roberts, "Multiple Realities: How MPD Is Shaping Up Our Notions of the Self, the Body and Even the Origins of

Evil," 26.
46. Duncan, *The Fractured Mirror*, 7.
47. " "Schizophrenia," at National Institute of Mental Health website, accessed June 29, 2017.
48. Lexico website, s.v. "Schizophrenia," accessed December 13, 2019.
49. Braun, *Treatment of Multiple Personality Disorder*, 4.
50. Ross, *Multiple Personality Disorder*, 39.
51. Ross, *Multiple Personality Disorder*, 38.
52. Wilber, *The Religion of Tomorrow*, 275–76.
53. Baldwin, *Four and Twenty Blackbirds*, 37.
54. Carter, *The People You Are*, 84.
55. Beahrs, *Unity and Multiplicity*, xiii.
56. The Free Dictionary website, s.v. "Mens Rea," accessed June 7, 2017.
57. Hood, *The Self Illusion*, 243.
58. Hood, *The Self Illusion*, 243.
59. Eagleman, "The Brain on Trial."
60. Wikipedia, s.v. "Twinkie Defense," accessed June 7, 2017.
61. Halleck, "Dissociative Phenomena and the Question of Responsibility," 298–314.
62. Rowan, *Subpersonalities*, 19–20.
63. Rowan, *Subpersonalities*, 34，引用James Vargiu。
64. Noricks, *Parts Psychology*, 8.
65. Baldwin, *Four and Twenty Blackbirds*, 108–9.

66. Mooallem, "One Man's Quest to Change the Way We Die," *The New York Times* Magazine, January 3, 2017.
67. Betsy Carroll, "Demarginalizing Multiple Identities," at Leading Virtually website, March 5, 2009.
68. Benjamin Grosser, "How the Technological Design of Facebook Homogenizes Identity and Limits Personal Representation," at Ben Grosser blog, September 24, 2011.

## Chapter 12

1. *Cambridge Dictionary* website, s.v. "Continuum," accessed June 7, 2017.
2. Lexico website, s.v. "Continuum," accessed December 14, 2019.
3. Ramos, Dissociation, 59. 我們重繪了拉摩斯的連續體，她把她的連續體歸功於「從羅斯（Ross）的著作《多重人格疾患：診斷、臨床特徵與治療》（*Multiple Personality Disorder: Diagnosis, Clinical Features and Treatment*），以及比爾斯的著作《統一與多重》中改編來的條件」。
4. Bergmann, "Hidden Selves," 238.
5. Rowan, *Subpersonalities*, 9.
6. Carter, *The People You Are*, 67.
7. Ross, *Multiple Personality Disorder*.
8. Ross, *Multiple Personality Disorder*, 1194–95.
9. Baldwin, *Four and Twenty Blackbirds*, 68.

## Chapter 13

1. Rowan, *Subpersonalities*, 1.
2. Michigan State University, "Talking to Yourself in the Third Person Can Help You Control Emotions," at *Science-*

*Daily* website, July 26, 2017.

## 附錄

1. LeBlanc, “The Origins of the Concept of Dissociation,” 57.
2. Hilgard, “Dissociation and Theories of Hypnosis,” 69.
3. Janet, “L’anesthésie systématisée et la dissociation des phénomènes psychologiques,” 449–72.
4. *New World Encyclopedia* online, s.v. “Pierre Janet,” accessed July 5, 2017.
5. Dell and O’Neil, *Dissociation and the Dissociative Disorders*, 719. 參見 van der Hart and Horst, “The Dissociation Theory of Pierre Janet.”
6. Di Fiorino and Figueira, “An Introduction to Dissociation”，引用 Jacques–Joseph Moreau de Tours, “Du Haschisch et de l’Aleliénation Mentale, 1845”，Pyster 網站，*Bridging Eastern and Western Psychiatry* 1 no. 1 (2003).
7. Herman, *Trauma and Recovery*, 7.
8. Janet, *L’Automatisme Psychologique*, 366，由 Google Translate 翻譯。
9. Janet, *L’Automatisme Psychologique*, 397，由 Google Translate 翻譯。
10. Di Fiorino and Figueira, “An Introduction to Dissociation.”
11. Hilgard, “Dissociation and Theories of Hypnosis,” 69.
12. Van der Hart and Dorahy，給主編的信，1646.
13. Spitzer, Barnow, Freyberger, and Grabe, “Recent Developments in the Theory of Dissociation,” 82.
14. Dell, “The Multidimensional Inventory of Dissociation (MID),” 98.
15. The Free Dictionary website, s.v. “Dissociation,” accessed July 5, 2017.

16. Dictionary.com, s.v. "Dissociation," accessed July 5, 2017.
17. *Merriam-Webster Dictionary* online, s.v. "Dissociation," accessed July 5, 2017.
18. Medical Dictionary website, s.v. "Dissociation," accessed July 5, 2017.
19. MedTerms Dictionary, at MedicineNet.com, s.v. "Dissociation," accessed July 5, 2017.
20. Medical Dictionary website, s.v. "Dissociation," accessed July 5, 2017（現已下線）
21. "DSM-5 Dissociative Disorders," at Trauma Dissociation website.
22. "DSM-5 Dissociative Disorders," at Trauma Dissociation website.
23. "DSM-5 Dissociative Disorders," at Trauma Dissociation website.
24. See "Dissociative Experiences Scale II," at Trauma Dissociation website, accessed July 27, 2017.
25. Peterson, "Assessment and Treatment Tools for Dissociative Disorders."
26. See "Dissociative Experiences Scale II," at Trauma Dissociation website.
27. See "Dissociative Experiences Scale II," at Trauma Dissociation website.
28. David Spiegel, "Depersonalization/Derealization Disorder," at *Merck Manual* online, last revised March 2019.
29. Spitzer, Barnow, Freyberger, and Grabe, "Recent Developments in the Theory of Dissociation," 82.
30. Krippner, "The Varieties of Dissociative Experience," 82-83.
31. Braun, "The BASK Model of Dissociation."
32. Krippner, "The Varieties of Dissociative Experience," 82-83.
33. Springer, "Awareness, Access, and Choice."

# 索引

## 1劃

《24 個比利》*The Minds of Billy Milligan*—p.53,57,137, 139, 144, 333, 358
一神教／一神論—p.29, 161, 162, 167-170, 173, 176, 178, 180, 187, 226-228

## 2劃

〈七個自我〉The Seven Selves—p.150
《人間遊戲》*Games People Play*—p.234, 283
人際溝通分析 Transactional Analysis—p.234

## 3劃

《三面夏娃》*The Three Faces of Eve*—p.23, 43, 135, 139, 144, 395, 405, 408
《大腦狀態》*Brain States*—p.58
大衛・卡爾 David Carr—p.127, 128
大衛・克羅斯比 David Crosby—p.153
大衛・奎格利 David Quigley—p.328
大衛・柯恩 David Kohn—p.288
大衛・傑・布朗 David Jay Brown—p.443
大衛・鮑伊 David Bowie—p.19, 20, 52, 153
大衛・伊葛門 David Eagleman—p.26, 102, 139, 140, 248, 249, 410
大衛・休謨 David Hume—p.25, 183-185
大衛・雷斯特 David Lester—p.26, 47, 107, 200, 219, 222, 243, 392
〈小旅社〉The Guest House—p.151
山佛德・卓布 Sanford Drob—p.225
山姆・韋伯斯特 Sam Webster—p.166
山繆爾・拉森・米契爾 Samuel Latham Mitchel—p.190

## 4劃

丹・米爾曼 Dan Millman—p.322
丹・懷特 Dan White—p.410
丹尼爾・丹尼特 Daniel Dennett—p.246
丹尼爾・席格 Daniel Siegel—p.26, 242, 243
丹尼爾・高曼 Daniel Goleman—p.27, 293

丹尼爾・康納曼 Daniel Kahneman—p.256-258
丹尼爾・凱斯 Daniel Keyes—p.53, 57, 137, 333
內在工作 The Work—p.280, 390, 393
《內在世界的惡魔》*Demons of the Inner World*—p.382
內在家庭—p.73, 309, 346, 395, 399, 400, 402
《分裂》*Split*—p.321, 408
《分裂的存在與複雜的社會》*Divided Existence and Complex Society*—p.193
切斯拉夫・米沃什 Czes aw Mi  osz—p.152
《化身博士》*The Strange Case of Dr Jekyll and Mr Hyde*—p.120, 123, 144
尤里・伯格曼 Uri Bergmann—p.420
尤金・泰勒 Eugene Taylor—p.204
巴布・狄倫 Bob Dylan—p.52, 146
巴特勒主教 Bishop Butler—p.25, 183
《心的面貌》*Your Many Faces*—p.237
心流 flow—p.54, 237, 238, 292, 341, 365, 415, 434
《心理生理學原則》*Principles of Mental Physiology*—p.292
《心理自動化》*L'automatisme psychologique*—p.446, 448
心理劇—p.345, 395, 397, 398, 402
《心理學原則》*The Principles of Psychology*—p.203, 204
心理戲劇學 psycho-dramatics—p397
比利・喬 Billy Joel—p.152
《水母與蝸牛》*The Medusa and the Snail*—p.129
〈火箭浣熊〉Rocky Raccoon—p.149

## 5劃

《世界精神病學》*World Psychiatry*—p.459
出神狀態 trance—p.21, 263, 404
卡巴拉—p.171, 172, 298
卡里・紀伯倫 Kahlil Gibran—p.25, 150
卡洛琳・葛雷高爾 Carolyn Gregoire—p.53, 54, 127
卡爾・曼寧格 Karl Menninger—p.232, 233
卡爾・榮格 Carl Jung—p.25, 30, 73, 131, 174, 194, 211, 213-222, 225-231, 238, 297, 299, 300, 306, 357, 359, 374, 395-397
史丹佛—畢內 Stanford-Binet—p.196
史丹利・克里普納 Stanley Krippner—p.460, 461, 463
史考特・費茲傑羅 F. Scott Fitzgerald—p.124
史坦尼斯拉夫斯基 Stanislavski—p.345

史金納 B. F. Skinner—p.246-248
史都華・夏皮洛 Stewart Shapiro—p.310, 346, 347, 355
《史瑪瑟斯兄弟喜劇時間》*The Smothers Brothers Comedy Hour*—p.147
史蒂芬・科特勒 Steven Kotler—p.341
尼古拉斯・漢弗萊 Nicholas Humphrey—p.246
尼爾・柯南 Neal Conan—p.368, 369
《布偶歷險記：全面追緝》Muppets Most Wanted—p.143
布雷茲・巴斯卡 Blaise Pascal—p.291
布魯・喬伊 Brugh Joy—p.125, 126
布魯勒 Bleuler—p.407
布魯斯・胡德 Bruce Hood—p.185
布魯斯・葛里森 Bruce Grierson—p.54
弗利茲・伯爾斯 Fritz Perls—p.233, 402
本質論—p.179, 263
瓦納蒂 Wanadi—p.347
生活道基金會 Living Tao Foundation—p.55
皮耶・惹內 Pierre Janet（全名：皮耶・馬希・菲力克斯・惹內 Pierre Marie Félix Janet）—p.25, 191, 192, 194-196, 202-206, 209, 211, 213, 216, 223, 226, 229-231, 302, 306, 307, 367, 446-448
皮耶洛・費魯奇 Piero Ferrucci—p.31, 224, 225, 353, 354, 366, 372

## 6劃

伊安・史都華 Ian Stewart—p.247
伊波利特・泰納 Hippolyte Taine—p.345
伊芙・卡爾森 Eve Carlson—p.455
伊曼紐爾・史維登堡 Emanuel Swedenborg—p.165, 289
伊莉莎白・歐康納 Elizabeth O'Connor—p.175, 234, 377
伊斯蘭—p.167, 174, 176, 177
《伊斯蘭的正確之處》*What's Right with Islam*—p.176
伊森・克羅斯 Ethan Kross—p.116
伊爵斯・沙 Idries Shah—p.50, 51
全形療法 Gestalt therapy—p.233
《全國話題》*Talk of the Nation*—p.368
印度教—p.25, 162, 163, 165
《危險療程》*A Most Dangerous Method*—p.397
吉爾・德・妥瑞特 Gilles de la Tourette—p.446
《在兔子嚎叫時》*When Rabbit Howls*—p.138, 139, 144

《多重人格》*Multiple Personality*—p.202
多重人格疾患 multiple personality disorder, MPD—p.21, 43, 104, 135, 136, 142, 144, 188, 207, 213, 238, 239, 241, 246, 283, 295, 298, 299, 312, 324, 395, 405-408, 410, 419, 420, 423, 429, 449, 450, 452
多重心智 polyphrenia—p.254, 281, 393, 394
《多重心智：看待人類行爲的一種新方式》*Multi-mind: A New Way of Looking at Human Behavior*—p.252
《宅男行不行》*The Big Bang Theory*—p.147
安・塔夫斯 Ann Taves—p.231
安奈絲・寧 Anaïs Nin—p.25, 124
安東尼・哈禮斯 Thomas Anthony Harris—p.235
安德魯・史密斯 Andrew Smith—p.156
托勒密本輪 Ptolemaic epicycles—p.47
托德・海恩斯 Todd Haynes—p.146
朱爾斯・伊凡斯 Jules Evans—p.153
米克・庫伯 Mick Cooper—p.66, 243, 356
米哈里・契克森米哈伊 Mihaly Csikszentmihalyi—p.54, 237, 238
米勒 B. J. Miller—p.414
米歇爾・德・蒙田 Michel de Montaigne—p.183
米爾頓・艾瑞克森 Milton H. Erickson—p.235, 236
考特・巴瑞・考夫曼 Scott Barry Kaufman—p.53, 54, 127,
〈自我之歌〉Song of Myself—p.149
自我內心對話 Voice Dialogue—p.73, 166, 242, 395, 398, 399, 402, 413
艾巴哈特・格梅林 Eberhardt Gmelin—p.207
艾文・托佛勒 Alvin Toffler—p.65
艾倫・蘭格 Ellen Langer—p.54, 55, 58, 414
艾莉卡・歐克蘭 Arika Okrent—p.110
艾瑞克・伯恩 Eric Berne—p.234, 235, 283, 310
艾爾頓・強 Elton John—p.152
艾德・楊 Ed Yong—p.368, 369
艾德加・柏根 Edgar Bergen—p.118, 119
艾德蒙・葛尼 Edmund Gurney—p.231
西格蒙・佛洛伊德 Sigmund Freud—p.25, 192, 194, 198, 207-218, 221, 222, 225, 226, 229-231, 234, 238, 247, 248, 283, 367, 395, 396, 446, 447
《西碧兒》*Sybil*—p.23, 43, 136, 137, 139, 144, 193, 196, 238, 398
西摩・哈勒克 Seymour Halleck—p.411

## 7劃

亨利・艾倫伯格 Henri Ellenberger—p.130, 173, 190, 192, 211
伯特蘭・羅素 Bertrand Russell—p.269
《佛洛伊德：一個幻覺的製造》*Freud: The Making of an Illusion*—p.213
《佛洛伊德之前的無意識》*The Unconscious before Freud*—p.211
佛教—p.155, 178, 184, 245, 259, 262-265, 267, 271, 273, 354, 432
佛萊德瑞克・克魯斯 Frederick Crews—p.213
佛萊德瑞克・尼采 Friedrich Nietzsche—p.25, 185, 291
佛羅拉・蕾塔・史瑞伯 Flora Rheta Schreiber—p.136, 137
《你這樣的人》*The People You Are*—p.51, 132, 243
《你體內的複數自我》*The Selves Inside You*—p.355
克利斯提娜・拉札爾 Krisztina Lazar—p.245, 357
克莉絲汀・瓦秋 Christine Vachon—p.146
克莉絲汀・博香 Christine Beauchamp—p.127
《快思慢想》*Thinking, Fast and Slow*—p.257
《我好，你也好》*I'm Ok—You're Ok*—p.235
《我的混亂，我的自我矛盾，和我的無限創意》*Wired to Create: Unraveling the Mysteries of the Creative Mind*—p.53, 54, 127, 238
《我們的許多自我》*Our Many Selves*—p.175, 388, 389
〈我擁群像〉I Contain Multitudes—p.52
李夫・維高斯基 Lev Vygotsky—p.114, 296,
杏仁核—p.293
《狂人—他的寓言》*The Madman—His Parables*—p.150
狄恩・德夫林 Dean Devlin—p.140
《身體調校聖經》*The Four-Hour Body*—p.89
辛西雅・洛伊・達斯特 Cynthia Loy Darst—p.403
那先 Nagasena—p.259-261

## 8劃

並存意識 co-consciousness—p.94, 214, 223, 241, 317, 326
亞里斯多德—p.179, 187, 263
亞諾與愛美・閔戴爾 Arnold and Amy Mindell—p.403
佩格・波以爾斯 Peg Boyles—p.331, 332
尚—馬丁・夏考 Jean-Martin Charcot—p.25, 191-194,

196, 200, 204, 206, 208, 211, 213, 214, 226, 229-231, 446
尚—馬克・迪瓦雷 Jean-Marc Dewaele—p.302
帕拉塞爾蘇斯 Paracelsus—p.188
彼得・克拉瑪 Peter Kramer—p.288
彼得・麥凱樂 Peter McKellar—p.180, 240
彼得・鄔斯賓斯基 Pyotr Ouspensky—p.391
彼得・鮑德溫 Peter A. Baldwin—p.106, 233, 286, 332, 333, 336, 342, 345, 346, 374, 409, 413, 424, 425
披頭四 The Beatles—p.149, 339, 341
拉娜・曼寧 Rana L. Manning—p.212
拉爾夫・瓦爾多・愛默森 Ralph Waldo Emerson—p.131, 132
《明日之我》*What We May Be*—p.31
《明星論壇報》*Star Tribune*—p.43, 44
《東方哲學與宗教百科全書》*Encyclopedia of Eastern Philosophy and Religion*—p.262
法蘭克・海普納 Frank Heppner—p.348
法蘭克・普特南 Frank W. Putnam—p.190, 204, 322, 397, 407, 455
波斯培・德賓 Prosper Despine—p.447
爬蟲類情結—p.292
肯・比安奇 Ken Bianchi—p.410
肯尼斯・格根 Kenneth Gergen—p.128
肯恩・威爾伯 Ken Wilber—p.68, 408
金妮・拉伯德 Genie Laborde—p.50
《金花的祕密：中國的生命之書》*The Secret of the Golden Flower: The Chinese Book of Life*—p.220
金特拉・史特萊克 Kintla Striker—p.379
門肯 H. L. Mencken—p.110
阿尼塔・帕福蓮科 Aneta Pavlenko—p.302
阿佛烈・諾斯・懷海德 Alfred North Whitehead—p.25, 181, 268-271
阿佛瑞・畢內 Alfred Binet—p.25, 191, 192, 196, 197, 209, 211, 213, 226, 230, 231
阿里・卡同 Ari Cartun—p.170
阿里・阿諾那 Ari Annona—p.80
阿肯納頓 Akhenaten—p.168
阿諾・路德維希 Arnold Ludwig—p.283
附身 possession—p.21, 126, 131, 175, 176, 177, 188, 189, 195, 215, 242, 264, 299, 311, 421, 446, 453

## 9劃

俄利根 Origen—p.174

保羅・布倫 Paul Bloom—p.329, 332
保羅・米勒 Paul Miller—p.370
保羅・艾克曼 Paul Ekman—p.145
保羅・克里提希斯 Paul Kiritsis—p.211
保羅・麥克林 Paul MacLean—p.292, 293
保羅・費德恩 Paul Federn—p.283
保羅・惹內 Paul Janet—p.194, 211
保羅・戴爾 Paul F. Dell—p.448
保羅・羅伯茲 Paul Roberts—p.335
南納利・強森 Nunnally Johnson—p.135
《哈波新月刊》*Harper's New Monthly Magazine*—p.190
哈科米歷程 The Hakomi Process—p.404
哈爾・史東 Hal Stone—p.166, 242, 357, 398
威拉德・弗利克 Willard B. Frick—p.338, 339
威廉・卡本特 William Carpenter—p.292
威廉・馮特 Wilhelm Wundt—p.187
《威廉・詹姆斯論特殊心理狀態：一八九六年羅威爾講座》*William James on Exceptional Mental States: The 1896 Lowell Lectures*—p.204
威廉・詹姆斯 William James—p.25, 192, 194, 198-200, 202-206, 211, 213, 218, 230, 231, 240, 322, 446, 447-448
《屋頂上的提琴手》*Fiddler on the Roof*—p.107, 109, 356
《後設神奇主題》*Metamagical Themas*—p.255
柏拉圖 Plato—p.25, 164, 179-182, 187, 263, 341
查理・麥卡錫 Charlie McCarthy—p.118, 119
查爾斯・塔特 Charles Tart—p.283, 284
柯貝特・蒂格伯 Corbett H. Thigpen—p.135, 405
柯林・威爾森 Colin Wilson—p.126, 215, 302, 305, 306, 307, 390
《爲何佛洛伊德錯了：罪惡，科學與精神分析》*Why Freud Was Wrong: Sin, Science, and Psychoanalysis*—p.213
珍・休斯頓 Jean Houston—p.26, 118, 393-395
珍妮・菲西 Jeanne Fery—p.189
《皆大歡喜》*As You Like It*—p.344
祆教 Zoroastrianism—p.170
科林・皮布拉多 Collin Pitblado—p.322
科林・羅斯 Colin Ross—p.188, 191, 195, 197, 213, 239, 364, 405-407, 419, 423-425
《科學美國人》*Scientific American*—p.251, 320
《科學革命的結構》—p.47

《科學新聞》*Science News*—p.322
約瑟夫・巴特勒 Joseph Butler—p.181
約瑟夫・巴賓斯基 Joseph Babinsky—p.192, 193
約瑟夫・布羅伊爾 Josef Breuer—p.210-213, 231, 367, 446, 447
約翰・比爾斯 John O. Beahrs—p.239-241, 337, 338, 409
約翰・包威爾 John A. Powell—p.179
約翰・瓦金斯 John Watkins—p.236, 240, 241, 283, 420
約翰・麥斯威爾 John C. Maxwell—p.340, 350
約翰・葛瑞德 John Grinder—p.402, 403
約翰・歐萊瑞 John O'Leary—p.340
約翰・羅溫 John Rowan—p.50, 226, 233, 237, 243, 279, 298, 299, 300, 310, 334, 345, 356, 359, 360, 367, 368, 371, 381, 397, 398, 411, 420, 437
美國方言學會 American Dialect Society—p.111
《美國宗教學院期刊》*Journal of the American Academy of Religion*—p.231
《美國精神病學雜誌》*American Journal of Psychiatry*—p.448
苗族 Hmong—p.25, 157, 158, 297
范登堡 J. H. Van den Berg—p.193
軍團理論 Legion theory—p.212
迪娜・梅哲 Deena Metzger—p.325, 352
迪斯平 Despine Sr.—p.190, 191
《重新設想心理學》*Re-Visioning Psychology*—p.227
《重繪你的心靈地圖》*Remaaping Your Mind*—p.335, 364
韋伯字典 Merriam-Webster—p.111

## 10劃

《倒錯人生》*The United States of Tara*—p.23, 147
原型 archetypes—p.73, 217-221, 225, 226, 228, 231, 279, 280, 287, 297, 300, 301, 303, 359, 363
《哥德爾、艾雪、巴哈：一條永恆的金帶》*Gödel, Escher, Bach: An Eternal Golden Braid*—p.255
《哲學評論》*Revue Philosophique*—p.446
唐諾・卡普斯 Donald Capps—p.329
埃及—p.25, 159, 161, 167-170, 297
夏爾・里歇 Charles Richet—p.446
席德拉・史東 Sidra Stone—p.166, 357, 398, 399
恩尼斯特・西爾格德 Ernest Hilgard—p.209, 239, 240, 241, 446
格梅林症候群—p.206, 207

泰維 Tevye—p.108, 109, 114, 356
浩克—p.141
海倫・瓦金斯 Helen Watkins—p.236, 240, 241, 283, 420
海倫・葛林 Helen Green—p.19, 20
《海浪》*The Waves*—p.133
海豹部隊—p.341, 378
班奈特・布隆 Bennett G. Braun—p.135, 239, 407, 463
班傑明・桑墨 Benjamin Sommer—p.171
班傑明・葛羅瑟 Benjamin Grosser—p.417
班傑明・羅許 Benjamin Rush—p.189, 190, 446
納森尼爾・霍桑 Nathaniel Hawthorne—p.139
《紐約客》*The New Yorker*—p.36, 142, 186, 264
《紐約時報》*New York Times*—p.28, 127, 337
《純粹理性批判》*Critique of Pure Reason*—p.185
索倫・齊克果 Søren Kierkegaard—p.185
脈輪 chakras—p.298
茱蒂絲・史普琳傑 Judith Springer—p.463
《荒野之狼》*Steppenwolf*—p.122, 123
《逆時鐘：正念健康與可能性的力量》*Counterclockwise: Mindful Health and the Power of Possibility*—p.54, 58
馬文・閔斯基 Marvin Minsky—p.26, 248-250
馬克・祖伯格 Mark Zuckerberg—p.417
馬克・曼寧 Mark L. Manning—p.212
《馬男波傑克》*BoJack Horseman*—p.147
馬瑟爾・普魯斯特 Marcel Proust—p.25, 130

## 11劃

假定的統合—p.423, 424, 426-430
動態從屬關係 Dynamic Subordination—p.376, 378
啓蒙網站 enlightenment.com—p.395
基督教—p.25, 113, 115, 167, 173, 175-177
密契主義—p.298, 312, 374
《從創傷到復原》*Trauma and Recovery*—p.447
情結 complexes—p.30, 219, 220, 226-228, 280, 292, 300, 301, 398
《掙脫：我的解離性身分疾患人生》*Breaking Free: My Life with Dissociative Identity Disorder*—p.40
曼恩・德・比宏 Maine de Biran—p.446
梅根・法洛曼內許 Megan Farokhmanesh—p.143
梅樂蒂・碧緹 Melody Beattie—p.106
理查・史瓦茲 Richard Schwartz—p.156, 174, 242, 399-401

理查・史摩利 Richard Smoley —p.382
理查・克拉夫特 Richard Kluft—p.147, 184, 206, 239
理查・波斯塔 Richard Bolstad—p.402
理查・韋伯斯特 Richard Webster—p.213
理查・班德勒 Richard Bandler—p.402, 403
理查・費里斯 Richard Ferris—p.108
理查・懷斯曼 Richard Wiseman—p.78
《理想國》*The Republic*—p.180
異手症 Alien Hand Syndrome—p.251
第二人生 Second Life—p.416, 417
第四道 the Fourth Way—p.332, 390
統合心理學 Psychosynthesis—p.73, 221, 222, 224, 332, 395, 396, 397, 402, 413
荷馬 Homer—p.85
《莉西》*Lizzie*—p.135
莉姿・艾姆斯 Liz Elms—p.371
莉塔・卡特 Rita Carter—p.51, 66, 106, 132, 146, 243, 307, 308, 309, 352, 409, 422, 423
莎士比亞—p.258, 344
莫里斯・尼柯 Maurice Nicoll—p.392
莫頓・普林斯 Morton Prince—p.123, 127, 198, 199, 200-202, 206, 211, 213, 214, 223, 226, 230, 232, 306, 405
《許多心靈，一個自我》*Many Minds, One Self*—p.242, 401
連恩・嘉樂蘭 Liam Galleran—p.289
《部分心理學》*Parts Psychology*—p.26, 243, 431
《雪崩》*Avalanche*—p.125
雪莉・梅森 Shirley Mason—p.136, 137
雪莉・傑克森 Shirley Jackson—p.135
《鳥巢》*The Bird's Nest*—p.135
麥可・葛詹尼加 Michael Gazzaniga—p.250-252
麥特・卡丁 Matt Cardin—p.121

**12劃**

《傅斯科兄弟》*Fusco Brothers*—p.143
傑・諾力克斯 Jay Noricks—p.26, 105, 243, 324, 327, 413, 431
傑文・丹格利 Jevon Dängeli—p.23
傑米・惠爾 Jamie Wheal—p.341
傑克・齊格勒 Jack Ziegler—p.186
傑瑞・范・阿梅隆金 Jerry Van Amerongen—p.98
傑瑞・蒙加齊 Jerry Mungadze—p.42
傑瑞・賽菲爾德 Jerry Seinfeld—p.86

傑德．克蘭佩特 Jed Clampett—p.110
凱文．凱利 Kevin Kelly—p.369
凱西．吉思懷特 Cathy Guisewite—p.23, 143
凱莉．麥高尼格 Kelly McGonigal—p.60
凱薩琳．范恩 Catherine Fine—p.184, 206, 239
《喚醒做夢的人：臨床之旅》*Awakening the Dreamer: Clinical Journeys*—p.207
《喜劇小品》*Laugh-In*—p.112
喬伊斯．卡洛．奧茲 Joyce Carol Oates—p.134
喬治．哈里遜 George Harrison—p.331
提米—p.24, 56, 320
提姆．費里斯 Tim Ferriss—p.89
《揭發西碧兒：知名多重人格背後的不凡故事》*Sybil Exposed: The Extraordinary Story Behind the Famous Multiple Personality*—p.136, 137
斯瑞．奧羅賓多 Sri Aurobindo—p.26, 386-389, 392
《普羅達哥拉斯》*Protagoras*—p.181
湯姆．肯揚 Tom Kenyon—p.58
湯姆．麥可庫克 Tom McCook—p.89
湯姆．羅伯茲 Tom Roberts—p.284
湯瑪斯．孔恩 Thomas Kuhn—p.47
湯瑪斯．謝林 Thomas Schelling—p.259, 284
無我—p.259, 262-264, 267, 269
《無意識的哲學》*Philosophy of the Unconscious*—p.209
猶太教—p.25, 167-173, 298
琳賽．蘿涵 Lindsay Lohan—p.140
《發現無意識》*The Discovery of the Unconscious*—p.211
《發號施令的自我》*The Commanding Self*—p.51
華特．惠特曼 Walt Whitman—p.54, 128, 140, 149
菲力普．布倫堡 Philip M. Bromberg—p.207, 285, 324, 326
萊夫．梅茲納 Ralph Metzner—p.365
萊夫．瓦爾多．艾默森 Ralph Waldo Emerson—p.25
費薩爾．阿布杜．勞夫 Feisal Abdul Rauf—p.176
賀伯特．寇林 Herbert Coryn—p.290
《超自然之謎》*Mysteries*—p.126, 306
超個人心理學研究所 Insitute of Transpersonal Psychology—p.23, 463
集體無意識 collective unconscious—p.217, 300
馮．哈特曼 Karl Robert Eduard von Hartmann—p.209
黃忠良 Chungliang Al Huang—p.55, 56

## 13劃

傳統解離連續體—p.420, 422, 426, 427, 429
奧立佛・詹姆斯 Oliver James—p.20
奧坎的威廉 William of Occam—p.46
奧坎剃刀 Occam's razor—p.46
奧莉薇雅・戈德希爾 Olivia Goldhill—p.264
奧德修斯協議 Odysseus Pact—p.85, 367, 375
《奧德賽》The Odyssey—p.85
《意識變化狀態》*Altered States of Consciousness*—p.283
愛瑞兒・福克絲 Erica Ariel Fox—p.371, 404
愛麗絲・羅布 Alice Robb—p.301
《愛麗絲夢遊奇境》*Alice's Adventures in Wonderland*—p.14, 128
《搖滾啓示錄》*I'm Not There*—p.146
《新共和》*New Republic*—p.301
《暗示心理學》*The Psychology of Suggestion*—p.202
楊—亥姆霍茲理論 Young–Helmholtz theory—p.208
楚蒂・切斯 Truddi Chase—p.138, 144
《歇斯底里研究》*Studies on Hysteria*—p.210, 212
《歇斯底里症的主要症狀》*The Major Symptoms of Hysteria*—p.206
《歇斯底里精神狀態》*État mental des Hystériques*—p.204
《瑜伽書信集》*Letters on Yoga*—p.386
群體智能 swarm intelligence—p.348, 368, 369
聖保羅—p.60, 173, 174
聖奧古斯丁 St. Augustine—p.113, 173, 174
《腦筋急轉彎》*Inside Out*—p.145
葛吉夫 G. I. Gurdjieff—p.26, 332, 390, 391-393
葛瑞格・亨利克斯 Gregg Henriques—p.285
葛蕾卿・史力克 Gretchen Sliker—p.53, 220, 223, 225, 242, 342, 370-372
解離性身分疾患 dissociative identity disorder, DID—p.21, 40, 42, 57, 104, 189, 410, 411, 419, 429, 452, 453, 459
詹姆斯・瓦鳩 James Vargiu—p.411
詹姆斯・希爾曼 James Hillman—p.168, 221, 225-229, 230, 238, 248, 395
詹姆斯・瑟博 James Thurber—p.36, 143
詹姆斯・葛羅特斯坦 James Grotstein—p120.
賈克—約瑟夫・莫洛・德・圖爾 Jacques-Joseph Moreau de Tours—p.446-448
路易斯・卡羅爾 Lewis Carroll—p.14, 25, 128

路易斯・梅爾—馬卓納 Lewis Mehl-Madrona—p.293, 294, 335, 364
路易斯・湯瑪斯 Lewis Thomas—p.129
路易絲・麥克修 Louise McHugh—p.247
《躲在我腦中的陌生人》*Incognito: The Secret Lives of the Brain*—p.102, 139
道格拉斯・艾比 Douglas Eby—p.393
道格拉斯・霍夫史塔特 Douglas Hofstadter—p.26, 167, 254-257, 390
達林・史蒂芬森 Darin Stevenson—p.290
達契爾・克特納 Dacher Keltner—p.145
達飛 J. C. Duffy—p.143
雷・葛拉斯 Ray Grasse—p.76, 298, 312, 338
雷納・曼羅迪諾 Leonard Mlodinow—p.295
預設模式網絡—p.292-295

## 14劃

《對於心靈疾病的醫學探究與觀察》*Medical Inquiries and Observations Upon Diseases of the Mind*—p.189
《演化中的三重大腦》*The Triune Brain in Evolution*—p.292
《演員自我修養》*An Actor Prepares*—p.345
漫威—p.103, 104, 141
瑪莉琳・佛格森 Marilyn Ferguson—p.52, 131, 132, 250, 292, 343
瑪麗・路薏絲・馮・法蘭茲 Marie Louise von Franz—p.131
瑪麗・蕾諾德 Mary Reynolds—p.190
瑪麗・瓦金斯 Mary Watkins—p.227, 374
《瘋狂教授》*The Nutty Professor*—p.144
維吉尼亞・吳爾芙 Virginia Woolf—p.25, 133, 134
維琴尼亞・薩提爾 Virginia Satir—p.236, 237, 402, 403
《翡翠森林》*Emerald Forest*—p.347
蜘蛛人—p.141
蜜拉・阿爾法薩 Mirra Alfassa—p.388, 389
誘惑理論 seduction theory—p.207, 213, 230
《豪門新人類》*Beverly Hillbilles*—p.110
赫拉克利圖斯 Heraclitus Suchocki—p.269
赫曼・赫賽 Hermann Hesse—p.25, 122, 123
赫歇爾・華克 Herschel Walker—p.38-45, 49, 52, 57, 66, 76, 138, 299, 320, 367
赫爾巴特 Johann Friedrich Herbart—p.209

赫維・克萊克利 Hervey M. Cleckley—p.135, 405
《輕鬆駕馭意志力》 *The Willpower Instinct*—p.60
《銀河飛龍》 *Star Trek: The Next Generation*—p.148
《齊基・星塵與火星蜘蛛的崛起與衰落》 *The Rise and Fall of Ziggy Stardust and the Spiders from Mars*—p.20

**15劃**

《廣播實驗室》 Radiolab—p.114
德魯・鄧納維奇 Drew Dernavich—p.319
《數學原理》 *The Principia Mathematica*—p.269
歐拉奇 A. R. Orage—p.397
《歐蘭多》 *Orlando: A Biography*—p.134
潔拉婷 Geraldine—p.113
潘蜜拉・庫柏—懷特 Pamela Cooper-White—p.343
範式 paradigm—p.46, 47, 177, 178, 196, 242, 245
蝙蝠俠—p.141
衛禮賢 Richard Wilhelm—p.220
衛蘭・克勞佛 Verlaine Crawford—p.332
複數自我心理學 Psychology of Selves—p.399
複數自我光譜—p.34, 419, 422, 427, 429
《論多重自我》 *On Multiple Selves*—p.26, 47, 200, 222, 243
質點—p.171, 172, 298
鄧肯 C. W. Duncan—p.406
魯米 Jalaluddin Rumi—p.151

**16劃**

凝聚性—p.72, 326, 419, 420, 425-429, 444, 462
整合瑜伽—p.387, 388
歷程哲學 process philosophy—p.268, 269, 271, 273
《歷程與現實》 *Process and Reality*—p.181
澤爾卡・莫雷諾 Zerka Moreno—p.397
盧卡斯二世 G. R. Lucas Jr.—p.269
諾亞・班席 Noah Benshea—p.291
諾亞姆・謝柏 Noam Scheiber—p.301
霍華・史登 Howard Stern—p.86, 87
霍華・薩司波塔斯 Howard Sasportas—p.377
《默克診療手冊》 *Merck Manual*—p.459

**17劃以上**

彌蘭王—p.259-261
《彌蘭王問經》 *Milindapanha*—p.259
戴夫・布萊澤克 Dave Blazek—p.276

《聯合家族治療》*Conjoint Family Therapy*—p.236
謝莉雅・拉摩斯 Celia Ramos—p.77, 105, 178, 236, 338, 343, 420, 421
賽門・古哈特 Simon P. Goodhart—p.201, 202, 206
黛比・納森 Debbie Nathan—p.136
黛安娜・惠特摩 Diana Whitmore—p.377
叢束理論 bundle theory—p.184, 185
簡約法則 the law of parsimony—p.46
薩爾佩提耶 Salpêtrière—p.192, 194, 196, 200
薩爾曼・魯西迪 Salman Rushdie—p.25, 132
薩摩斯的畢德哥拉斯 Pythagoras of Samos—p.178
薩默塞特・毛姆 Somerset Maugham—p.133
藍斯洛・羅・懷特 Lancelot Law Whyte—p.211
寵物店男孩 Pet Shop Boys—p.153
瓊・艾斯曼 Jon Eisman—p.404
羅伯特・安東・威爾森 Robert Anton Wilson—p.314, 443, 444
羅伯特・佛克納 Robert Falconer—p.156, 174, 242
羅伯特・強森 Robert A. Johnson—p.359, 360
羅伯特・路易斯・史蒂芬生 Robert Louis Stevenson—p.25, 120, 122, 144
羅伯特・歐恩斯坦 Robert Ornstein—p.26, 250, 252-254
羅貝托・阿薩鳩利 Roberto Assagioli—p.26, 221-225, 230, 232, 238, 248, 332, 396, 397
《羅馬書》—p.60, 173
羅傑・斯佩里 Roger Sperry—p.250, 251
羅森包姆 Rosenbaum—p.407
邊緣系統—p.292
《寶瓶時代》*Aquarius Now*—p.52, 131
蘇卡奇 M. H. Suchocki—p.270
蘇非派—p.50, 151, 176, 177
蘇珊・羅伯茲 Susan C. Roberts—p.405, 406
蘇格拉底—p.179-182, 269
獾超人 The Badger—p.142
《魔戒》*The Lord of the Rings*—p.88, 114
蘿拉・懷利 Laura Wiley—p.116, 117
蘿素 H. T. Russell—p.270
《靈知雜誌》*Gnosis Magazine*—p.282

多重人格交響曲——發現與理解複數自我

作　　者—詹姆斯・法第曼（James Fadiman）& 喬丹・葛魯伯（Jordan Gruber）
譯　　者—吳妍儀
特約編輯—洪禎璐
發 行 人—蘇拾平
總 編 輯—蘇拾平
編 輯 部—王曉瑩、曾志傑
行 銷 部—黃羿潔
業 務 部—王綬晨、邱紹溢、劉文雅

出　　版—本事出版
發　　行—大雁出版基地
地址：新北市新店區北新路三段207-3號5樓
電話：(02) 8913-1005　傳眞：(02) 8913-1056
E-mail：andbooks@andbooks.com.tw
劃撥帳號—19983379　戶名：大雁文化事業股份有限公司
美術設計—COPY
內頁排版—陳瑜安工作室
印　　刷—上晴彩色印刷製版有限公司
2021 年 03 月初版
2025 年 01 月二版
定價　台幣699元

YOUR SYMPHONY OF SELVES: DISCOVER AND UNDERSTAND MORE OF WHO WE ARE
by JAMES FADIMAN AND JORDAN GRUBER

ISBN 978-626-7465-39-4



國家圖書館出版品預行編目資料
多重人格交響曲——發現與理解複數自我
詹姆斯・法第曼（James Fadiman）& 喬丹・葛魯伯（Jordan Gruber）／著　吳妍儀／譯
一.二版.一 新北市；本事出版：大雁文化發行，2025年01月
面　；　公分.－
譯自：Your Symphony of Selves: Discover and Understand More of Who We Are
ISBN 978-626-7465-39-4（平裝）
1.CST:人格心理學　2.CST:自我心理學
173.75　　　113016184